동서의 학문과
창조

동서의 학문과
창조

창의성이란 무엇인가?

엮은이 / 김상환 · 장태순 · 박영선
펴낸이 / 강동권
펴낸곳 / (주)이학사

1판 1쇄 발행 / 2016년 1월 30일

등록 / 1996년 2월 2일 (등록번호 제 03-948호)
주소 / 서울시 종로구 윤보선길 65(안국동 17-1) 우 03061
전화 / 02-720-4572 · 팩스 / 02-720-4573
홈페이지 / ehaksa.kr
이메일 / ehaksa1996@gmail.com
페이스북 / facebook.com/ehaksa · 트위터 / twitter.com/ehaksa

© 고등과학원, 2016, Printed in Seoul, Korea.
ISBN 978-89-6147-225-8 94000
      978-89-6147-185-5 94000(세트)

이 책의 저작권은 고등과학원이 가지고 있습니다.
저작권법에 의해 보호를 받는 저작물이므로 이 책 내용의 일부 또는 전부를
재사용하려면 저작권자와 (주)이학사 양측의 동의를 얻어야 합니다.

* 책값은 뒤표지에 표시되어 있습니다.

이 도서의 국립중앙도서관 출판시도서목록(CIP)은 서지정보유통지원시스템 홈페이지
(http://seoji.nl.go.kr)와 국가자료공동목록시스템(http://www.nl.go.kr/kolisnet)에서 이용하
실 수 있습니다.(CIP제어번호: CIP2016000368)

고등과학원 초학제연구총서
KIAS Transdisciplinary Research Library
004

동서의 학문과 창조

창의성이란 무엇인가?

김상환
장태순
박영선
엮음

고등과학원 초학제연구총서를 발간하며

　21세기에 들어, 모든 학문의 분과 영역들이 서로 협력하고 어우러져 새로운 지식과 문화를 창조해가야 하는 일이 커다란 화두가 되고 있습니다. 세계적 수준의 기초과학 연구를 수행하며 한국 기초과학 연구를 선도해온 고등과학원은 이러한 시대적 요청에 귀를 기울여 기초과학과 타 분야 간의 보다 근본적이고 창조적인 융합의 장기적인 기틀을 마련하기 위해서 2012년부터 초학제 연구 프로그램을 운영하고 있습니다.

　현재 국내외의 다양한 분야의 연구자들과 예술가들의 활발한 참여로 고등과학원 초학제 연구 프로그램은 새로운 지식 문화 교류의 장을 넓혀가고 있습니다. 이러한 교류 과정에서 자연스럽게 생산되는 논의들을 기초과학과 창의적 융합에 관심 있는 모든 이가 함께 공유하고, 보다 진전된 융합의 방향을 모색하는 데 기여하고

자 초학제연구총서를 발간하게 되었습니다.

  고등과학원 초학제연구총서가 한국 과학 문화의 창조적 분위기를 진작시키고 기초학문 간 융합을 통해 문화의 경계를 확장하는 데 기여하기를 희망합니다.

고등과학원 원장 금종해

머리말

　요즘 한국 사회에서 창조나 혁신만큼 자주 입에 오르내리는 말도 별로 없을 것이다. 정부와 기업, 그리고 대학의 수장들이 앞장서서 창조와 혁신의 중요성을 강조하고 있다. 무한 경쟁이 일반화될 수밖에 없는 세계화 시대에 창조와 혁신 이외의 다른 살길이 없다는 것은 자명한 사실이다. 그러나 문제는 창의성에 대한 논의가 기술혁신이나 이윤 추구의 문맥에 함몰되어 근본을 놓치고 있다는 데 있다. 창조 경제나 창의 교육을 주제로 한 수많은 모임이 열리고 있다고는 하는데, 창의적 사고가 무엇인지를 논하는 자리가 있었다는 이야기는 극히 드물다. 하물며 창의적 상상력이 무엇인지 진지하게 토론하는 사례가 있었다는 이야기는 아직 들어보지 못했다.
　이런 기이한 현상은 우리나라의 인문적 성찰의 수준이 낮은 나머지 그때그때 시대의 요구에 부응하지 못하는 데서 비롯되는 것일 수 있다. 거꾸로 현장의 인사들이 인문적 성찰에 대한 필요성을 처음부터 느끼지 못한 데서 비롯되는 현상이라면 더욱 슬플 수밖에 없다. 그러나 이런 정황을 떠나 창의성이라는 개념 자체가 워낙 애매하고 난해한 주제라는 사실을 지적하지 않을 수 없다. 창조를 정의한다는 것, 창의적 발견의 과정을 논리적으로 해부한다는 것은 그 어떤 학자에게도 처음부터 그렇게 쉽지 않은 일이다. 왜냐하면 거기에는 너무나 많은 우연과 신비한 요소가 개입하기 때문이다. 옛날부터 철학자들이 창조적 발견의 비밀을 푸는 문제를 철학의 영역에서 배제한 이유도 사실 여기에 있다.

가령 서양철학의 기원이라 할 플라톤에 따르면, 시인의 창조적 영감은 그의 마음이 이성과 분리되어 신적인 힘에 의해 사로잡힐 때, 다시 말해서 어떤 성스러운 광기에 빠질 때 일어난다. 현대 과학철학을 대변하는 칼 포퍼는 새로운 지식을 발견하는 문맥과 발견된 지식을 정당화하는 문맥을 서로 구별했다. 그리고 철학의 영역을 오로지 정당화의 문맥으로 국한했다. 발견의 문맥에는 비합리적인 요소가 반드시 끼어들기 마련이고, 그래서 결코 논리적 접근의 대상이 될 수 없다는 생각 때문이다. 이는 근대 철학의 정점에 있는 칸트의 유산이라 할 수 있다. 칸트는 형이상학적 독단주의가 철학의 원리에 대한 잘못된 이해에서, 다시 말해서 원리를 지식을 발견하는 도구(오르가논)로 오인하는 태도에서 비롯된다고 보았다. 그리고 철학의 원리는 단지 지식의 정당성을 합리화하는 법전(캐논)이 되는 것으로 만족해야 한다고 선언했다. 창의적 발견의 문제는 이런 식으로 서양철학사의 주류에서는 배제되었고, 그러다 보니 결국 미학이나 심리학 혹은 사회학의 영역으로 이전되었다.

1950년대의 미국에서 시작된 창조 심리학은 이합(bisociation)이라는 개념을 내놓아 세상의 주목을 끌었다. 이합은 연합(association)이란 말을 이용한 신조어이며, 서로 배타적이라 간주되는 두 영역(문맥, 틀, 체계) 사이의 연합을 가리킨다. 즉 과학에서든 예술에서든 창조적 관념은 언제나 과거에는 서로 무관하다고 여겨지던 두 가지 생각의 틀이 하나로 통합되면서 탄생한다는 것이다. 예를 들어 "너나 잘하세요"라는 이영애의 대사를 생각해보자. 유교적 전통의 윤리는 상하의 구별을 핵심으로 한다. 그런데 이 대사는 존대와 하대를 무자비하게 하나로 합치면서 웃음을 자아낸다. 대부분의 과학적 발견은 이런 이합적 결합의 산물이라 할 수 있다. 가령 17세기 이전까지의 사람들은 하늘의 달과 바다의 물(밀물과 썰물)을 따로따로 생각했다. 당대의 과학을 대표하던 갈릴레이조차 달과 썰물의 인과관계를 밝히는 논문을 읽고서는 일고의 가치도 없는 망상이라며 집어던졌다. 하늘의 일과 바다의 일 사이에 도대체 무슨 상관이 있을 수 있겠냐는 외침이었다. 그러나 데카르트가 대수와 기하학을 결합하여 해석기하학의 길을 연 것처럼, 대부분의 과학적 진보는 상호 무관해 보이던 체계를 가로지르는 횡단적 상상력에서 비롯되었다.
  횡단적 이합에 해당하는 철학적 개념은 헤겔의 변증법에서 찾을 수 있다. 변증법(dialectic)이라는 용어 자체의 어원적 의미를 생각해보라. 그것은 두 가지 말이 교차하며 엮여간다는 데 있다. 변증법은 서로 반대하는 말을 엮어갈 뿐만 아니라 서로 다른 두 수준의 말을 엮어간다. 오성의 언어와 이성의 언어가 그것이다. 오성의 언어는 무엇이든 분석하고 구별하고 그렇게 구별된 것들을 대립시킨다. 반면 이성의 언어는 그런 대립에서 비롯되는 새로운 종합과 탄생에 주목한다. 가령 존재와 무의 대립은 생성의 개념에 의해 지양된다. 생성은 있음에서 없음으로, 혹은 없음에서 있음으로 가는 이행이다. 따라서 여기서 존재와 무는 상호 대립하는 것이 아니라 상호 의존적으로 얽혀 있다.

헤겔은 생성의 개념 자체뿐만 아니라 온갖 생성 일반의 배후에서 상호 대립하는 두 가지 프레임이 하나로 통합되는 사건을 찾고자 했다. 변증법은 그런 이합적 사건의 논리적 형식을 가리키는 이름이다. 그러나 헤겔은 변증법을 과거를 설명하는 논리로 제한한다. "미네르바의 부엉이는 해가 질 녘에야 날개를 편다"는 그의 유명한 말에 실린 메시지는 여기에 있다. 이때 해가 진다는 것은 일정한 주기의 역사가 마감된다는 것을 말한다. 즉 미네르바의 부엉이로 비유되는 철학은 역사의 창조적 전개가 완료된 이후에야 자신의 개념을 만들어갈 수 있다. 철학의 개념에 담긴 본질(Wesen)은 역사적 현실의 본질이되 언제나 과거완료 시제(Ge-wesen-sein) 속에 존재하는 본질일 뿐이다. 변증법이 설명하는 창조는 현재로부터 미래를 여는 창조가 아니다. 그것은 단지 현재를 열어놓은 과거의 재-창조에 불과하다. 변증법은 이미 일어난 창조적 생성에 심오한 의미를 부여하는 데 국한되어야 한다. 이것이 헤겔 자신이 천명하는 변증법적 논리의 한계다.

이런 점을 볼 때 이합에 상응하는 개념은 철학보다는 미학에서 찾는 것이 좋을 것 같다는 생각이 든다. 가령 은유의 개념이 그것이다. 아리스토텔레스의 유명한 정의에 따르면, 은유는 "유사성을 간파(to homoion theorein)"하는 능력에서 온다. 이때 유사성은 하나의 부류가 아니라 서로 다른 부류에 속하는 사물들 사이의 유사성을 말한다. 같은 종류의 개체들, 가령 30대 미혼 여성들 사이의 유사성을 말한다는 것은 그리 어려운 일이 아닐 것이다. 그러나 30대 미혼 여성과 금붕어의 유사성을 찾기 위해서는 각별한 상상력이 필요하다. "깃발은 소리 없는 아우성"(유치환)과 같은 시적 표현을 보라. 그것은 은유이되, 그 은유는 전혀 다른 부류(아우성치는 사람의 얼굴과 바람에 나부끼는 깃발) 사이를 가로질러 발견된 유사성에 기초한다.

시적 언어의 참신성이 은유에서 온다면, 은유는 그것이 횡단하는 두 영역의 거리가 클수록 위대한 힘을 발휘한다. 그러나 은유도 변증법과 유사한 한계를 지닌다. 아리스토텔레스 자신이 지적하는 것처럼, 은유의 능력은 가르치거나 배울 수 없는 것이다. 은유가 무엇인지는 얼마든지 설명하거나 알아들을 수는 있어도, 실제로 은유를 구사하는 능력은 지적 이해의 능력과는 전혀 다른 차원에 속한다. 앎과 무관한 그런 창조적 조형의 능력은 보통 천재라 불린다. 칸트는 천재를 예술적 창조에만 적용할 수 있는 개념이라 했다. 반면 과학의 영역에서는 아무리 획기적인 발견이라 해도 천재의 개념을 적용할 수 없다는 것이다. 이는 과학이 누구에게나 학습 가능한 논리적 설명이나 방법적 전승의 영역이라는 신념에서 나온 말이다. 플라톤이 생각하는 시적 영감처럼, 칸트가 생각하는 천재는 이성과 분리된 마음의 능력이며 신적인 힘에 의해 지배되는 무의식의 세계에 속한다.

그렇다면 창조성은 천재와 같이 신에 의해 선택된 소수만이 향유할 수 있는 재능인가? 보통 사람들에게 창의성에 대한 열망은 그 어떤 것에 의해서도 채워질 수 없는 헛된 욕망인가? 창의 교육은 창의성에 대한 욕구를 불러일으킬 뿐 어떠한 허기도 채우지 못하는 그림의 떡에 불과한가? 사실 서양에서는 창조의 주체가 신에 의해 선택되거나 신의 규범에 도전하는 영웅으로 그려지는 경향이 있다. 가령 신의 세계에서 불을 훔쳐 인간에게 전해준 프로메테우스가 위대한 창조자의 표상이 된다. 이런 신화 덕분에 창조는 비싼 대가를 치러야 한다는 믿음이 생겼다. 불을 훔친 대가로 프로메테우스가 고통스러운 벌(쇠사슬에 묶여 독수리에게 간을 쪼이는 형벌)을 받는 것처럼, 위대한 창조자일수록 불행한 운명의 주인공이 되거나 광야를 떠돌아야 할 일탈자가 되기 쉽다는 것이다.

하지만 요즘과 같이 창의성이 일상의 구호가 되고 있는 현실에서 이런 이미지는 어울리지 않는다. 하루가 멀다 하고 기술적 혁신의 사례가 보고되고 있는 실정에서는 창조의 개념 자체가 혁신의 대상이 되어야 할지도 모른다. 사실 창조라는 것을 소수의 특권이나 신비로 가득한 예외적 사건으로만 볼 필요는 없을 것이다. 보통의 삶과 정상적인 생활 속에서도 얼마든지 창의적 재능을 발휘할 수 있는 길이 열려 있기 때문이다. 가령 어떤 추상적인 개념의 핵심을 직관적으로 이해할 수 있도록 해주는 적절한 사례를 찾는 것도 창의적 상상력을 발휘할 좋은 기회가 된다. 특정한 개념을 두고서 배우거나 가르칠 때, 혹은 남에게 전달하거나 설득시킬 때는 적절한 사례가 있어야 한다. 사례는 추상의 세계로 나아가는 미숙한 정신에게 습보차(걸을 때 의지하는 보조 수레)와 같다. 사례는 산만해지기 쉬운 대중의 관심을 한데로 모으는 구심점이 될 수도 있다. 대중에게 영향을 미치는 연사가 되기 위해서만이 아니라 위대한 스승이나 영적 지도자가 되기 위해서도 멋진 사례를 통해 심오한 의사를 전달하는 능력이 요구된다.

사례 들기는 감성과 개념, 특수와 일반이라는 두 영역을 통합한다는 점에서 창의적 이합의 능력을 전제한다. 사례 들기 이외에도 평범한 정신이 이합적 상상력을 발휘할 수 있는 길은 많다. 대표적인 것으로는 도식이나 다이어그램(개념도)을 그려야 하는 경우를 들 수 있다. 칸트의 『순수이성비판』과 같이 두꺼운 책을 읽을 때는 거기에 나오는 개념들이나 문제들 사이의 관계를 그때그때 도표로 정리할 수 있어야 한다. 그리고 마지막에는 개념들 전체의 관계를 하나의 단순한 도식 속에 압축할 수 있어야 한다. 그런 전체적인 개념도가 없다면 칸트의 이론이나 개념을 창의적으로 활용할 수 없을 것이다. 이는 서울의 복잡한 전철을 효율적으로 이용하기 위해서는 머릿속에 대충의 노선도가 들어 있어야 하는 것과 같다. 그런데 개념의 세계를 도식화하는 능력은 사람마다 다를 수 있다. 가령 생산 현장의 업무를 상사에게 보고하기 위해 차트나 그래프, 혹은 다이어그램을 그리는 경우를 생각해보자. 어떤 사람은 10장으로 번잡하게 설명할 때, 어떤 사람은 2-3장의 그림으로 깔끔하고 효율적으로 전달할 수 있다. 이것이 일상에서 창의적 상상력을 설명할 수 있는 좋은 사례다.

사실 상상한다(imagination)는 말은 원래 이미지(image)를 만든다는 뜻을 담고 있다. 창의적 상상력은 무엇보다 개념적 내용을 이미지화하는 능력이다. 특히 개념들 간의 관계, 독특한 기능을 산출하는 메커니즘의 작동 방식 같은 것을 완전히 파악하거나 남에게 전달하기 위해서는 그것들을 시각적으로 가시화하는 도식이 있어야 한다. DNA 이중나선 그림이나 상용 마이크로프로세서의 기원에 있는 인텔 4004 칩의 도면이 이를 말해주는 사례들이다. 과연 어떤 그림을 그리지 않고서도 위대한 발명이 이루어질 수 있을까? 위대한 발견이 아니라 소소한 발견이라 해도 새로운 아이디어는 언제나 어떤 다이어그램과 더불어 최종적으로 완성된다고 할 수 있다. 그리고 이런 것은 어떤 영웅적인 천재만이 감당할 일이 아니다. 평범한 두뇌도 수많은 시행착오를 무릅쓴다면 얼마든지 해낼 수 있는 일이다. 현대의 기술적 혁신의 사례들이 보여주는 것처럼, 한 개인이 아니라 집단의 작업을 통해 훨씬 더 효율적으로 창의적 상상력이 펼쳐질 수 있는 경우도 많다.

평범한 재능으로 창의적 재능을 발휘할 수 있는 또 하나의 길은 도구를 사용하는 기술에서 찾을 수 있다. 우리는 더 이상 도구나 기술을 어떤 목적이나 이념에 종속된 하위개념으로만 이해하던 시대를 살지 않는다. 이제 도구나 기술은 점점 더 그 자체가 새로운 목적이나 이상이 태어나는 모태가 되어가고 있다. 새로운 악기의 등장은 새로운 스타일의 음악이 열리는 기회였다. 가령 전자 기타가 몰고 온 음악의 세계를 생각해보라. 컴퓨터와 같은 기계는 과거의 과학자들이 상상할 수 없었던 측정 및 모델링의 기법을 낳았고, 이로부터 기존의 분과 과학의 경계를 가로지르는 새로운 범위와 목표, 그리고 방향이 설정되었다. 오늘날 우리 주변에서 거듭 갱신되고 있는 기술적 장치들은 기존의 아이디어를 실현하는 수단으로 그치는 것이 아니라 새로운 차원의 잠재적 아이디어가 들끓는 어떤 풍요한 원천이 되어가고 있다. 세상은 점점 더 기술적 숙련에 기초한 장인적 창조성에서 가장 위대한 은유적 상상력이나 이합적 횡단의 사례를 찾아야 할 시대로 접어들고 있는 것처럼 보인다.

　이런 점을 고려할 때 창조적 새로움이란 것은 특정한 아이디어의 내재적 속성이라기보다는 오히려 그 아이디어를 평가하는 기준이나 사회-문화적 환경에 의해 결정되는 속성임을 알 수 있다. 그리고 특정 시대나 지역의 사회-문화적 환경은 저마다 고유한 사상사적 전통에 뿌리내리고 있음은 더 말할 나위가 없다. 우리가 이번에 출간하는 책의 의도는 고대에서 현대에 이르는 동서 사상과 문화의 전통에서 창의성 개념이 주제화되는 방식을 정리하여 오늘날 널리 퍼지고 있는 창의성 담론에 필수적인 인문학적 자양을 제공하는 데 있다.

　이 책은 고등과학원(KIAS) 초학제 패러다임 독립연구단의 3년차 작업(2014. 05-2015. 04)의 결과물을 엮은 것으로 서론 격의 글과 두 개의 부로 이루어져 있다. 제1부 '동서 사상과 창조'에서는 동서양의 사유 전통에서 창조라는 문제가 어떻게 다루어졌는지를 살펴본다. 제2부 '동서 과학과 창조'에서는 동서양의 과학 전통에서 창조의 문제를 어떻게 이야기하고 있는지에 관해 과학자와 인문학자들이 의견을 개진한다.

　이 책의 서론에 해당하는 「동서 합류 시대의 창의성: 21세기의 이념들」에서 김상환 교수는 21세기의 역사적 현실을 끌고 갈 이념들을 정리하고 그에 부합하는 창의적 인재상의 밑그림을 그린다. 김상환 교수에 따르면 세계화, 정보화, 동아시아의 부상이라는 세 가지 큰 흐름 속에 놓여 있는 21세기는 새로운 존재-인식론적 이념, 사회-역사적 이념, 예술-문화적 이념을 요청하며, 이러한 이념에 부응하는 인재는 수학적인 것과 시적인 것, 개념적인 것과 영상적인 것, 무의식적인 것과 의식적인 것, 나아가 서양적인 것과 동양적인 것을 서로 연결하고 번역할 수 있는 개통의 역량을 가져야 한다. 개통이야말로 현대적 창신(創新)을 설명하는 술어이며, 동서 합류의 시대가 기다리는 인재는 동양의 온고적 창의성, 서양의 비판적 창의성에 이은 제3의 창의성인 체계 횡단적 창의성의 주체라는 것이다.

제1부의 첫 글인 「창조와 조화 그리고 추월」에서 신정근 교수는 중국의 전통에서 창조 개념에 해당하는 것이 무엇인지를 논의한다. 이 글에 따르면 고대 중국에서는 세계의 생성을 '창조' 대신 '개벽(開闢)'으로 설명했다. 개벽 이후에도 세계는 외적 요인의 개입 없이 음양이 주기적으로 교체하면서 지속되는데 이를 조화(造化)라고 부른다. 천지의 조화에 참여하는 존재로서 인간은 개인과 사회를 개선시키고 진화시킬 수 있다. 『논어』의 온고이지신(溫故而知新)은 이런 전망을 제공하는바, 온(溫)은 고(故)에 없던 것이 신(新)으로 나타나도록 한다는 점에서 창발을 의미한다. 글쓴이는 이런 인간의 특성을 망라하여 '추월'이라고 명명한다. 한자로 追越과 推越을 모두 포괄하는 추월은 이전 단계와 연속성을 유지하되 멀어지는 동시에 더 넓어지는 거듭남의 과정이다.

다음 글인 「『주역』에서의 창조와 변화」에서 성태용 교수는 『주역』에서 직접 창조의 논리를 끌어내기는 매우 힘들다고 말한다. 『태극도설』의 우주생성론과는 달리 『주역』에서 태극, 양의, 사상, 팔괘 등은 실체가 아니라 부호 체계이며, 따라서 『주역』의 사유는 기본적으로 관계론적이기 때문이다. 이런 사유 체계에서 창조와 변화를 이야기하기 위해서는 새로운 개념이 요청되는데, 그것이 기(氣) 개념이다. 주역의 부호들은 정태적인 것이 아니라 서로 영향을 주는 역동적인 관계성 속에 놓여 있다. '음(陰)'과 '양(陽)'이 '기(氣)'의 도움을 받아 상호작용하고 순환하는 것이 『주역』의 생성이며, 이러한 생성은 내적인 규칙을 따르므로 의지를 지닌 창조자에 의한 창조와는 다른 것이다. 이런 점 때문에 다산 정약용은 『주역』에 인격적인 상제를 정점으로 하는 사유 체계를 접목시키려 시도하기도 했다고 글쓴이는 설명한다.

「창조성으로서의 성(誠): 로저 에임스의 『중용』 독해를 중심으로」에서 이장희 교수는 『중용』의 '성(誠)' 개념을 '창조성(creativity)'으로 번역한 로저 에임스의 생각을 소개한다. 이 글에 따르면 이전까지는 '성실성(integrity)'이나 '정성됨(sincerity)'으로 이해되었던 '성'을 '창조성'으로 번역한 것은 에임스가 중국어의 특성과 중국인들의 세계관을 종합적으로 고려하여 그것을 (실체의 언어와 대립하는) 과정의 언어로 집약한 결과다. 여기서 말하는 '창조성'은 장(場)의 외부에 권력을 지닌 자가 있어서 무언가를 결정하거나 만든다는 서구적 의미의 창조성이 아니다. 존재론적으로 동등한 만물이 함께 우주의 생성에 참여한다는 중국적 세계관에서는 인간도 자기실현을 통해 '새로운 것의 창발적 생산'의 과정에 공동 창조자로서 참여한다.

「동양철학에 있어 창조의 변증법」에서 나성 교수는 기존의 중국철학 연구 방법론의 문제점을 비판하고 새로운 방법론을 제안한다. 현대적 방법론의 효시가 되는 막스 베버의 이념형과 역사주의는 오리엔탈리즘의 성격을 벗어날 수 없었다. 메츠거의 신베버주의도 서구의 지적 제국주의의 성격을 드러낸다. 중국철학을 처음으로 세계에 체계적으로 소개한 펑유란의 경우 서양의 도식을 적용했던 탓에 중국 철학사를 서양철학사에 종속시키는 '자발적 오리엔탈리즘'이 되고 말았다. 모든 형태의 비대칭적 오리엔탈리즘에서 자유로운 보편주의의 방법론의 가능성을 묻는 나성 교수는 슈워츠의 작업을 높이 평가하는 가운데 리처드 니버와 데이비드 칼루파 하나의 방법에서 시사를 받아 "의미(해석)의 맥락화"라고 부르는 자신의 방법론을 제안한다. 이 글에 대한 논평인 「중국철학의 새로운 '방법론'에 대한 번민과 모색: 나성 교수의 「동양철학에 있어 창조의 변증법」에 대한 논평」에서 최재목 교수는 서구의 중국철학 연구 동향을 국내에 소개한 나성 교수의 공헌과 학문적 역정을 소개하고 이 글이 미처 다루지 못한 점을 자세히 보완한다. 또한 우리나라의 중국학이 가지는 중층적 맥락을 확인하고 이를 바탕으로 보편주의적 관점의 실효성에 대해 의문을 던진다.

문창옥 교수의 「화이트헤드의 '창조성': 반복과 차이의 생산자」는 화이트헤드의 생성 철학에서 창조성이 나타나는 방식을 보여준다. 이 글에 따르면 화이트헤드는 "궁극자의 범주"에서 창조성을 다(many)에서 일(one)로 가는 과정으로 정의한다. 이는 다수의 존재들로부터 하나의 새로운 존재가 출현하는 과정에 대한 형식적 표현이다. 따라서 창조성의 작동 방식에 대한 범주적 해명은 어디까지나 다에서 일이 출현하는 현실적인 과정의 사례에 대한 범주적 분석을 통해서만 가능하다. 우리는 현실적 계기가 생성 소멸하는 내적 여정을 따라가면서 계기의 생성이 어떻게 반복과 차이의 작인으로 작동하는지를 살펴볼 수 있다. 나아가 이렇게 창조성을 구현하는 현실적 계기들 간의 반복과 차이는 거시 세계의 상대적 동일성과 상대적 변화를 설명한다. 이는 사회의 범주에서 개괄적으로 확인할 수 있다.

「진리, 주체, 강제: 알랭 바디우 철학에서 새로움의 문제」에서 장태순 박사는 현재 왕성하게 활동하고 있는 철학자 알랭 바디우의 대표작 『존재와 사건』에서 창조를 해명하는 수학적 논리를 살펴본다. 이 논문에 따르면, 전통적으로 철학의 영역으로 간주되어왔던 존재론을 수학에게 넘겨준 바디우에게 존재는 수학적 개체인 집합을 통해 사유되며, 따라서 존재 자체가 변화하는 것은 생각할 수 없다. 바디우에게 변화와 창조는 존재론을 벗어나는 철학의 고유 영역이며, 특히 새로움의 탄생인 창조는 한 세계가 그보다 큰 새로운 세계로 이행하는 것으로 설명된다. 새로운 세계에는 원래 세계에 속하지 않는 요소가 들어 있는데, 이 요소를 '진리' 또는 '유적 집합'이라고 부르며, 확장된 세계를 '유적 확장'이라고 한다. 기존의 세계 안에서도 유적으로 확장된 새로운 세계에 대한 진술이 참인지 거짓인지를 알 수 있는 방법이 있다. 이를 '강제법'이라고 부르며, 진리를 만드는 주체는 강제법을 통해 새로운 세계를 파악하고 그에 따라 행동한다.

제2부를 여는 이정민 박사의 「과학의 목적으로서의 창조성」은 데이비드 봄의 생각을 바탕으로 과학의 목적에 대한 기존의 논의에 새로운 관점을 제시한다. 이 글에 따르면, '과학의 목적은 무엇인가?'라는 질문에 대해 전통적으로는 '진리'와 '경험 적합성'이라는 두 가지 답이 제시되었으며, 이는 과학철학 내에서 실재론과 반실재론의 대립으로 이어졌다. 데이비드 봄이 이야기하는 창조성은 과

학철학자들이 제시하는 과학의 두 가지 목적과 구별되며 과학의 목적에 대한 대안적 답이 될 수 있다. 봄은 창조적 발견의 과정을 은유로 설명하면서 창조성을 새롭게 해명한다. 즉 그것은 '비슷한 차이'와 '차이의 비슷함'을 지각하는 것이며, 이들은 어떤 구조를 이루고 질서를 형성한다. 은유로서의 창조성은 과학적 활동의 근본적인 가능 조건이라는 점에서 과학의 독립적인 목적으로 유효하다.

이어지는 「디지털 시대의 창조: 선에서 점으로」에서 이찬웅 교수는 미디어의 이동으로 인한 변화와 단절을 페터 슬로터다이크의 휴머니즘 분석과 빌렘 플루서의 매체 철학을 통해 살펴본다. 슬로터다이크에 따르면 휴머니즘의 목표는 문자를 통한 '인간 길들이기'에 있으며, 따라서 문자 매체에서 이미지 매체로의 이동은 이제 휴머니즘의 시대가 끝나가고 있음을 의미한다. 플루서는 미디어의 변화에 입각해 인류의 역사를 세 시기로 구분하고, 추상이 심화될수록 매체가 표현하는 차원은 축소되어 디지털 시대에는 0차원의 점에 도달하였다고 본다. 매체가 선에서 점으로 변화함에 따라 선형적이고 유일한 역사는 복수 가능성의 우주에게 자리를 내주며, 고전적 진리 개념은 붕괴되고, 인간을 척도로 하는 고전적 휴머니즘은 다양한 크기의 수준에 입각하여 각 수준에 맞는 사유 체계를 제시하는 '새로운 휴머니즘'으로 이행한다.

「생명체에서 새로움의 출현을 이해하기 위한 한 가지 조건」에서 폴-앙투안 미켈 교수는 시몽동의 개체화 개념을 중심으로 생물학적 체계 내에서 새로움을 설명하기 위한 가설을 제시한다. 시몽동에 따르면 개체화 과정은 복잡한 물리계들 안에 그저 단순한 대상들이라고만 이해할 수 없는 어떤 순환성의 형태들이 있다는 것을 암시하며, 그는 이를 "구조화의 퍼텐셜"이라고 부른다. 하나의 복잡계는 환경과의 관계에 의해 규정되며, 구조 변화를 특징짓는 강제적 결정화는 그것의 한계 조건들과 상호작용들에서 비롯된다. 생물학적 체계는 환경에 적응하면서 진화한다. 적응 가능성과 진화 가능성은 새로움의 근본적 조건이다. 생명체는 결정이나 분자와 달리 개체화 과정의 결과가 다시 그 과정이 발생하는 무대가 되며, 물리계와 생물학적 계의 결정적인 차이가 무엇인지에 대한 시몽동의 답변은 여기에 있다.

제2부의 마지막 세 편의 글은 초학제 연구의 일환으로 2012년부터 진행해왔던 공동 연구 프로젝트의 결과물이다. 「체화된 인지와 몸의 분류」에서 강신익 교수는 신체와 관련된 분류 이론의 계보를 살펴보고 최근의 생명 이론과 부합하는 새로운 분류 체계를 제안한다. 이 글에 따르면, 몸에 대한 고대 서양의학, 동아시아 전통 의학, 근대 서양의학의 분류법은 모두 특수한 문화적 환경에서 나온 것이며 시대적 한계 내에서 나름의 역할을 해왔다. 서양 고대의 사체액설과 동아시아의 오행설은 몸에 대한 서로 다른 분류 체계의 전형적 사례들이다. 근대 서양의학이 주류가 되면서 이 틀은 몸을 기계-전장-시장으로 보는 은유 체계로 대체되었다. 이 은유는 사회 문화적으로 비판을 받고 새로운 과학적 사실과도 어울리지 않는다는 주장이 있지만 아직 뚜렷한 대안은 없다. 강신익 교수는 2세대 인지과학으로 불리는 체화된 인지의 설명법을 활용하여 정원-창(窓)-이야기꾼의 은유를 그 대안으로 제안한다.

이정우, 심경호, 이상욱 교수의 「분류의 다양성과 원리: 지식의 탄생을 중심으로」는 동서양을 막론하고 분류가 얼마나 다양한 원리들에 입각해 이루어졌는지를 보여주고, 그런 분류 작업이 배후의 존재론적 전환과 병행하면서 어떻게 새로운 지식의 탄생에 기여했는지를 탐색한다. 저자들은 먼저 서양 자연과학에서 분류가 어떻게 수행되었고 그것의 인식론적, 존재론적 의의가 무엇인지를 주로 '자연종' 개념에 대한 분석을 중심으로 해명한다. 다음으로 서양 인간과학이 대상들을 어떻게 분류했으며, 그런 분류법의 바탕에서 작동하는 존재론적 재분절화가 어떻게 새로운 인간과학을 도래하게 했는지를 설명한다. 마지막으로 조선 시대에 이루어진 분류의 작업이 어떻게 성리학적 분류 체계로부터 경험적 분류 체계로 이행했는지에 대해 유서(類書)를 중심으로 논의한다.

마지막 글인 「로봇의 존재론적 지위에 관한 동·서 철학적 고찰: 비인간적 인격체로서의 가능성을 중심으로」에서 이중원 교수와 김형찬 교수는 미래에 등장하게 될 인공지능을 갖춘 휴머노이드 로봇의 정체를 존재론적으로 어떻게 규정할 수 있는가라는 물음과 씨름한다. 저자들은 주로 인간에게 귀속돼왔던 지능, 감성, 자의식, 자율성, 자유의지 등과 같은 능력들을 일정 수준 로봇도 갖추어 인간처럼 판단하고 행동하게 될 수 있다고 보고, 그런 로봇은 비인간적 인격체로 간주할 수 있다고 평가한다. 그리고 이를 지지해줄 수 있는 존재론적 차원의 논거들을 동서의 철학에서, 특히 서양의 근현대 철학과 동양의 유학에 주목하여 찾는다. 전통적인 인간 개념과 구별되는 로크의 인격 개념과 인지과학의 '체화된 마음' 이론, 흄과 데닛의 자아 개념, 오상(五常) 개념을 둘러싼 전통 유학과 성리학의 논의가 그 근거가 된다.

마지막으로 글을 마무리하며 고등과학원(KIAS) 초학제 패러다임 독립연구단의 사업에 호응하여 발표에 참여하고 토론해주신 분들, 귀중한 원고를 보내주신 필자 분들, 그리고 3년간의 연구 대장정이 무탈하게 마무리될 수 있도록 물심양면으로 지원해주신 고등과학원에 깊은 감사의 마음을 전하며 이 존경받는 기관이 국내 초학제 연구의 대들보로 발전해나가기를 기원한다.

2016년 1월 4일

김상환, 장태순, 박영선

차례

고등과학원 초학제연구총서를 발간하며 5
머리말 7

동서 합류 시대의 창의성: 21세기의 이념들 | 김상환 **27**

제1부 동서 사상과 창조
창조와 조화 그리고 추월 | 신정근 **55**
『주역』에서의 창조와 변화 | 성태용 **77**
창조성으로서의 성(誠): 로저 에임스의 『중용』 독해를 중심으로 | 이장희 **89**
동양철학에 있어 창조의 변증법 | 나성 **113**
중국철학의 새로운 '방법론'에 대한 번민과 모색:
나성 교수의 「동양철학에 있어 창조의 변증법」에 대한 논평 | 최재목 **143**
화이트헤드의 '창조성': 반복과 차이의 생산자 | 문창옥 **163**
진리, 주체, 강제: 알랭 바디우 철학에서 새로움의 문제 | 장태순 **195**

제2부 동서 과학과 창조
과학의 목적으로서의 창조성 | 이정민 **221**
디지털 시대의 창조: 선에서 점으로 | 이찬웅 **239**
생명체에서 새로움의 출현을 이해하기 위한 한 가지 조건 폴-앙투안 미켈 **264**
체화된 인지와 몸의 분류 | 강신익 **278**
분류의 다양성과 원리: 지식의 탄생을 중심으로 | 이정우·심경호·이상욱 **309**
로봇의 존재론적 지위에 관한 동·서 철학적 고찰:
비인간적 인격체로서의 가능성을 중심으로 | 이중원·김형찬 **356**

엮은이 및 글쓴이 소개 389

동서 합류 시대의 창의성
21세기의 이념들

김상환

역사는 시대마다 서로 다른 인재, 서로 다른 창의성을 요구한다. 21세기는 세계화, 정보화, 동아시아의 부상이라는 세 가지 커다란 흐름 속에서 예측 불가능한 미래를 향해 질주하고 있다. 한국은 불운과 낙후로 얼룩진 역사의 궤적에서 벗어나 선진화의 대열을 겨우 따라잡기 시작했음에도 불구하고 선진국에 비견될 탄탄한 문화적 생태계를 구축하기까지는 아직 요원한 실정이다. 한반도를 둘러싼 지리정치학적 정세의 변화는 19세기 말의 비극이 재연될 조짐마저 보이면서 통일 한국의 가능성과 그 미래를 더욱 어둡게 만들고 있다. 우리나라는 과연 세계화, 정보화, 동아시아의 부상이라는 시대의 흐름 속에서 이런 격차와 불안을 해소하고 동서 세력의 균형자이자 동서 문화의 교차로서 거듭날 수 있을 것인가?

한국이 동서 문화의 교차로로서 제3의 교양 세계를 구축하기 위해서는, 그리고 이를 바탕으로 21세기 문명의 위기에 대응하기 위해서는 무엇보다 그에 합당한 인재를 길러내는 일부터 시작해야 할 것이다. 동아시아의 정치-경제학적 통합을 뒷받침하고 아시아-태평양 시대의 번영을 새로운 이념적 패러다임 속에 안착시킬 문화 전략도 미래의 인재 전략과 맞물리지 않는다면 공염불이 될 것이다. 동아시아의 문화유산을 21세기의 민주주의와 자본주의에 긍정적인 변화를 유도할 수 있는 자원으로 탈바꿈시키고 동서 사상사 전통의 시너지 효과를 극대화할 수 있는 길도 여기에 있을 것이다. 아래의 글은 이런 이중의 과제를 놓고 토론할 수 있기 위한 예비적 성찰로서 21세기의 역사적 현실을 끌고 갈 이념들을 거칠게나마 정리하고 그에 부합하는 창의적 인재상의 밑그림을 그려보고자 했다.

1. 21세기는 어떤 이념을 요구하는가?

1) 존재-인식론적 이념

현대 철학은 차이의 철학으로 귀결된다. 차이의 철학은 기존의 사상사를 지배해온 동일성의 철학에 반대한다. 동일성의 철학은 세계가 어떤 변하지 않는 본질, 실재, 위계에 근거한다는 전제 위에 있다. 차이의 철학은 그런 모든 것을 그 자체로는 무의미한 요소들이 어떤 차이 때문에 생기는 관계로 진입하기 때문에 생기는 결과로 설명한다. 사물은 처음부터 완결된 정체성이나 의미를 가지는 것이 아니라 수렴하거나 발산하는 관계의 그물 속에서 잠정적으로 조직되는 형상을 취한다는 것이다. 서양 사상사의 말미를 장식하는 개념들, 가령 하이데거의 게슈텔(Gestell), 아도르노의 성좌(Konstellation), 푸코의 배치(Dispositif), 데리다의 텍스트(Texte), 들뢰즈/과타리의 기계(Machine)나 배치(Agencement) 등과 같은 개념들은 상호 공명하는 가운데 이런 관계의 존재론을 대변하고 있다. 배치, 조립, 짜임 등으로 옮길 수 있는 이상의 용어들은 과거의 사고방식에 작별을 고하고 전혀 새로운 존재론적 풍경을 열어젖혔다.

과연 사물들 사이에 수직적 위계를 설정한다든지 목적론적 질서를 상정하던 시대가 있었다. 지식은 주체가 자신에게 주어진 선험적 원리를 통해 능동적으로 구성해낸 결과이고, 최종적으로는 수미일관한 체계를 이룬다고 믿던 시대가 있었다. 지성의 사고 틀인 이항 대립의 논리가 사물의 존재론적 논리와 일치한다는 믿음도 오래된 신념에 속한다. 반면 미래의 존재론에서 사물은 선험적 형상이나 불변의 위계 안에 고착되어 있지 않다. 존재의 세계를 관장하는 선험적 법칙 같은 것이 있다면, 그것은 사물이 부단히 자신의 한계를 넘어 형태를 바꾸어가야 한다는 운명뿐이다. 트랜스포머는 우리 시대를 대표하는 공상과학영화의 제목이기에 앞서 미래의 존재자가 걸머져야 할 이름이다. 미래의 사물은 그때그때의 상황에 따라 자신의 내적 조직을 바꾸어가며 새롭게 마주친 문제를 해결해가는 트랜스포머와 같다.

트랜스포머의 정체성은 부단한 형태 변화에 있다. 그러나 형태를 바꾼다는 것은 내적 배치를 바꾼다는 것만을 말하지 않는다. 그것은 또한 따라야 할 규칙을 바꾼다는 것을 말한다. 새로운 형상 안으로 진입하기 위해서는 먼저 그 형상을 고안해야 하고, 그것에 부합하는 규칙을 발견해야 한다. 선험적으로 주어진 형상이나 규칙은 없기 때문이다. 미래의 존재자는 내외의 환경에 발맞추어 끊임없이 자기 자신을 다시 배치해야 하고, 이를 위해 안과 밖의 관계를 조율하는 새로운 도식을 창조해야 한다. 그리고 기존의 정체성을 규정하던 이러저러한 경계를 다시 설정해야 한다. 과거의 존재론이 형상(形象)의 존재론이었다면, 배치의 존재론은 변상(變象)의 존재론이다. 변상의 존재론에서 존재자의 존재는 자발적 변신 가능성, 창신(創新)의 가능성에 있다.

형상의 존재론이 추구하던 가치는 일반성에 있다. 반면 배치의 존재론에서 추구되는 가치는 독특성(singularity)에 있다. 일반성이 특수성과 대립한다면, 독특성은 규칙성이나 평범함과 대립한다. 일반성이 기존 규칙의 타당성 범위를 확장하려는 노력에 결부되어 있다면, 독특성은 새로운 규칙의 도입과 결부되어 있다. 일반성이 개념의 기계적 적용을 담보한다면, 독특성은 문제의 발견과 구도의 변화를 유도한다. 배치의 존재론이 독특성의 인식론으로 이어지는 것은 그것이 차이를 종합의 원리로 하기 때문이다. 일반성은 개념적 동일성의 확장 가능성을 가리킨다. 반면 독특성은 분리되어 있던 계열들이 유의미한 관계를 맺을 수 있는 가능성을 가리킨다. 독특성의 함량은 서로 무관해 보이거나 배타적인 것으로 간주되는 집합들 사이에서 관계가 발견될수록 증대한다. 독특성을 추구하는 배치의 논리에서 종합이나 조직화의 원리는 개념적 동일성에 있는 것이 아니라 관계 구성적 차이에 있다. 배치의 존재론에서 사물은 관계 구성적 차이가 일으키는 어떤 종합의 산물이다.

동아시아 사상사의 전통에서 배치의 존재론이나 독특성의 인식론에 부합하는 개념을 찾는 것은 어려운 일이 아니다. 유가 전통의 역(易), 중용(中庸), 권도(權道) 같은 개념이 그것이다. 노장 전통에서는 천망(天網), 승승(繩繩), 병작(並作), 제물(齊物) 같은 개념이 있다. 불가의 화엄종에서는 사사무애(事事无涯), 이사무애(理事无涯) 같은 개념을 찾을 수 있다. 우리는 이런 개념들을 통해 서양 사상사가 최후에 도달한 존재-인식론적 전망을 동아시아의 전통 안으로 번역-이동시킬 수 있어야 하며, 나아가 동아시아의 정신적 유산을 미래의 역사적 현실 속에 재영토화할 수 있어야 한다. 21세기를 특징짓는 세계화와 정보화는 일상적 현실 자체 속에 이미 배치의 존재론과 그에 상응하는 인식론적 이념을 침투, 확산시키고 있기 때문이다.

2) 역사-실천적 이념

동아시아의 전통에서 역사는 조화로운 전체가 분열과 회복을 반복해가는 과정으로 요약된다. 동아시아의 역사는 왕조의 교체에 불과했으나 서양의 역사는 정치체제 자체의 변혁을 동반했으며, 마침내 자본주의와 민주주의를 양대 축으로 하는 근대적 사회체제를 구축했다. 근대의 서양인은 자신의 역사를 어떤 진보의 과정으로, 그리고 진보의 과정을 어떤 해방의 과정으로 이해했다. 서양인에게 역사는 인류가 동물의 세계로부터 해방되어 동양의 문명이 성립하는 과정이었고, 다시 동양의 문명으로부터 해방되어 서양의 문명이 발전해가는 과정이었다. 즉 인류 역사의 최대 변곡점은 동물의 세계와 인간의 세계가 나뉘는 지점과 동양의 세계와 서양의 세계가 나뉘는 지점에 있었다.

서양인은 동양과 서양이 분기하는 지점을 기원전 4세기의 그리스 문명으로 거슬러 올라가 잡는다. 그러나 서양의 문화가 지구촌 전체로 일반화되고 자본주의가 심화됨에 따라 이른바 세계화가 시작되었다. 세계화는 2000년 이상 진행되어온 동서 분기의 역사가 합류의 역사로 전환되는 국면이다. 세계화는 화폐의 추상적 보편성뿐만 아니라 정보 기술의 보편성에 기초한다. 세계화는 자본주의가 심화되는 과정으로 그치는 것이 아니라 자본주의가 정보화에 의해 재구조화되는 과정이다. 디지털이라는 단일한 언어에 의해 다양한 기술 분야가 통합되고 휴대 컴퓨터가 일상화되면서 세계를 촘촘히 연결하는 온라인 네트워크가 구축되었다. 가속적으로 진화하는 거대 네트워크는 세계를 하나로 묶을 뿐만 아니라 인류의 삶을 과거와 다르게 조직해가고 있다.

21세기는 세계화, 정보화, 동아시아의 부상이라는 세 가지 흐름 속에서 인류사의 새로운 변곡점을 통과하고 있는 중이다. 자본과 상품의 유동성이 극대화되는 가운데 시작된 세계화는 지구 전체를 영향권으로 하는 거대 단일 시장의 가능성을 배태했다. 정보화는 일상의 세부로까지 파고들면서 인간들 상호 관계는 물론 사물들 상호 관계마저 재편해가면서 인류의 거주 방식 자체를 변화시키고 있다. 중국의 경제적 도약은 이미 세계의 정치경제학적 판도를 뒤흔들고 있거니와 근대화에 성공한 한자 문화권 국가들이 일정한 번영을 구가하면서 동아시아가 유럽에 버금가는 새로운 정치경제학적 통합체로 발전할 가능성을 내다볼 수 있게 되었다.

21세기를 특징짓는 이런 세 가지 흐름은 저마다 각각 위기와 기회를 동시에 몰고 오고 있다. 세계화와 정보화는 역사-문화적 공간을 무한한 유동성 속에 빠뜨리고 있다. 우리는 이 시대의 지구촌이 점차 미끄러운 공간으로 탈바꿈되어가고 있음을 실감한다. 사물 일반은 부단한 탈코드화와 재코드화의 순환에 빠져들고 있고, 무한한 등가적 교환의 질서 속에서 시도 때도 없이 시간과 장소를 바꾸어야 할 운명에 처했다. 모든 것이 하나의 형상, 의미, 위계, 역할, 관계 속에 고착되어 있는 시대는 지나가버렸다. 존재자의 재탄생. 왜냐하면 사물 일반이 상업적 수요와 기술적 요구 앞에서 부단히 재배치되는 가운데 자신의 고유한 중량을 잃어버리고 있기 때문이다. 오늘날의 사물은 처음부터 실체의 자격을 지닐 수 없다. 다만 자신이 속하게 된 새로운 영토에서 실체적 함량과 구심점을 만들어가야 한다. 실체성은 주어진 어떤 것이 아니라 만들어가야 할 어떤 것이 되었다.

세계화와 정보화에 의해 주도되는 21세기의 역사적 현실에서 우리는 두 가지 상반된 흐름을 관찰할 수 있다. 하나는 단일화로 가는 흐름이고, 다른 하나는 다양화로 가는 흐름이다. 한편으로는 지구촌 전체가 화폐와 기술의 추상적 코드에 의해 묶이면서 획일화되어가는 모습을 보여준다. 세계의 거리는 동일한 상품과 소비 기호에 의해 점차 닮아가고 있다. 다른 한편 노동, 자본, 상품이 부단한 탈영토화와 재영토화의 순환 속에 놓이면서 지구촌의 국지적 문화, 인종, 관습, 종교, 역사가 뒤섞이고 있다. 그러므로 21세기의 역사적 현실은 두 가지 상반된 윤리적 이념을 요청한다. 하나는 단일화에 부응하는 보편주의의 이념이고, 다른 하나는 다문화적 혼종에 부응하는 차이 존중의 이념이다.

기존의 보편주의 윤리학은 추상적 인격이나 인권의 개념에 기초하여 개인주의를 옹호했고, 공동체에 대한 개인의 의무를 최소화했다. 그러나 "나는 무엇을 해야만 하는가?"라는 물음에 집착한 나머지 "나는 어떻게 살아야 하는가?"라는 물음을 배제해버렸다. 반면 차이의 윤리학은 새로운 공동체의 구상과 함께 갈 수밖에 없으며, 개인의 도덕적 역량과 심성을 강조한다. 그러나 공동체주의가 요구하는 덕의 윤리는 이상적 삶의 모델을 제시해야 하는데, 서로 다른 문화적 배경이 이합집산하는 대도시일수록 단일한 모델을 사회 구성원 전체에게 강요한다는 것은 어려운 일이 되었다. 미래의 윤리학은 보편주의 윤리학과 차이의 윤리학, 의무의 윤리학과 덕의 윤리학 사이의 이율배반을 넘어서야 할 과제를 안고 있다. 미래의 주체는 창의적 자기변형을 운명으로 한다는 점을 생각한다면, 그 이율배반은 "나는 무엇을 할 수 있는가?"라는 제3의 물음 안에서 해결되어야 할 것이다. 동아시아의 정치경제학적 부상과 더불어 보편화 가능성의 시험대에 오른 유가적 전통의 윤리는 이런 문제에 대답을 내놓을 수 있는 한에서만 미래의 역사적 현실 속에 살아남을 수 있을 것이다. 가령 공자의 인(仁)이나 그것을 설명하는 충서(忠恕) 같은 개념은 21세기의 윤리적 이념에 부응하기 위해 어떻게 변형되어야 하는가? 어떻게 과거의 의미를 잃어버리고 어떻게 새로운 의미를 획득해야 하는가?

3) 예술-문화적 이념

칸트는 인류의 역사가 국가 단위의 역사에서 세계 단위의 역사로 발전할 국면을 예상하고 국경을 초월한 세계시민사회의 형성과 그것을 뒷받침할 세계 법정의 수립을 촉구한 바 있다. 그러나 헤겔이 지적한 것처럼, 법은 아무리 보편적이라 해도 개별 민족의 특수한 열망과 이해관계에서 완전히 자유로울 수 없다. 오늘날의 관점에서 보자면, 법은 강대국의 이해관계뿐만 아니라 초국적 기업의 자본과 기술에 의해 침윤되고 있다. 이런 실정을 감안할 때, 국제기구를 설립하고 국제법을 꾸준히 정비해나가는 것도 중요하지만, 법보다 상위의 차원이라 할 문화-예술의 영역에서 인류 통합의 원리를 찾아야 한다는 헤겔의 통찰은 오늘날 우리에게 시사하는 바가 크다.

사실 종교, 예술, 인문학은 국지적인 가치가 보편적 가치로 승화되는 장소다. 특정 민족의 역사적 삶에서 유래하고 특정 지역의 문화적 실체를 반영하는 정신적 이념들이 상호 교차, 충돌, 순화되는 가운데 지고한 보편성을 다투는 무대인 것이다. 오늘날 세계인은 축구와 같은 스포츠가 인류를 하나로 묶는 기적을 경험했다. 한국인은 대중문화의 차원에서 한류가 가져온 효과 앞에서 아직도 입을 다물지 못하고 있다. 우리나라는 대중문화의 차원만이 아니라 고급문화의 차원에서도 한류가 흐를 수 있는 내일을 준비해야 한다. 그것이 동아시아의 부상이라는 역사의 흐름 속에서 이웃 국가로부터 존경받을 수 있는 유일한 길인지 모른다. 한국은 정치나 군사 혹은 경제의 수준에서는 결코 주변 강대국을 압도하거나 선도

할 수 없다. 그런 가능성은 오로지 문화의 차원에서만 기대할 수 있다. 우리나라는 동아시아의 문화적 통합에 기여하고 인류의 양심을 대변하는 선봉에 설 때만 주변 강대국과 어깨를 나란히 할 수 있는 것이다.

세계화와 정보화의 추세 속에서는 끊임없이 과거의 영토가 사라지고 새로운 영토가 탄생한다. 기존의 역사-문화적 공간은 위험에 빠지는 대신 미지의 잠재력으로 가득한 기회의 장이 출현한다. 그러나 기회와 꿈이 자라나는 바로 그 자리에서 불안과 위기가 동시에 움트고 있다. 산업-기술 문명은 이미 기후변화와 생태 환경의 파괴를 가져왔다. 거대 자본의 이동은 도처에 유동성의 위기를 초래하는 경제적 엘니뇨 현상을 몰고 왔다. 정보화는 상호 주관적 관계 및 상호 사물적 관계의 양상을 변화시키는 가운데 대의 민주주의의 경계를 뒤흔들고 있다. 그러나 어찌 정치적 제도뿐인가? 정보화가 심화될수록 교육을 비롯한 모든 사회적 영역을 조직하던 제도적 틀의 경계가 무력해지고 있다. 세계화의 흐름 속에서도 개인, 집단, 지역을 각각 나누던 거리가 점차 무력해지기는 마찬가지다. 기존의 단위를 형성하던 모든 종류의 경계들, 그 경계들이 만들던 사이-공간들은 무한한 밀착 가능성에 자리를 내주고 있다. 이것은 경제적 주체에게 무한한 경쟁 가능성을 의미한다. 철저한 경쟁의 논리에 의해 지배됨에 따라 직업의 세계는 필연적으로 어두운 그림자를 드리우지 않을 수 없다. 도구적 합리성의 일반화, 경제적 양극화, 장기 시간의 소멸 같은 것이 그것이다.

경쟁의 논리는 끊임없이 효율성의 제고를 유도한다. 일반화된 경쟁의 논리 앞에서는 실체적인 모든 것이 도구적 효율성의 눈금에 따라 코드화될 처지에 놓일 수밖에 없다. 창의성마저 도구적 효율성의 잣대로만 평가되기 쉽다. 세계화된 시장은 수익과 손실의 규모를 천문학적 단위로 바꾸어놓았다. 경쟁의 판은 규모가 커질수록 거대 세력에 의해 독점화되기 쉽다. 자본의 수익률이 떨어지거나 고갈될수록 기술혁신만이 생존의 유일한 조건이 되지만, 혁신의 조건은 점점 어려워지기 마련이다. 집중된 힘과 자원만이 궁극의 승자가 될 수 있는 조건이므로 끊임없는 세력 재편과 합종연횡, 궁극적으로는 세계 지리의 블록화가 일어날 수 있다. 정보화에 의해 이중화되는 세계화의 흐름은 시간의 차원에서도 커다란 변화를 몰고 왔다. 상품-기술의 개발, 유통, 소비의 순환주기는 갈수록 짧아지고 순환 속도는 갈수록 가속화되었다. 하나의 사물에 실체적 동일성을 부여하거나 내면적 안정성을 허락하던 장기 시간이 소멸하는 것이다. 세계화와 더불어 초래되는 중산층 감소의 현상은 이런 장기 시간의 소멸과 무관치 않다. 그것은 과열된 자본의 자기 증식 및 집중의 리듬 속에서 노동의 장소와 그것을 보호하던 제도적 장치들 자체가 장기적 정체성과 내재적 안정성을 유지하기 어려워지면서 빚어지는 현상이다.

과거의 향수에 빠진 시각에서 볼수록 세계화와 정보화는 모든 것을 뒤죽박죽으로 만들어놓고 있는 것처럼 보일 수 있다. 삶의 세계를 총체적 비일관성 속에 빠뜨리고 역사를 맹목의 방향 속에 방치하고 있는 듯한 인상을 줄 수 있다. 동아시아가 동서 합류의 흐름을 타고 번영의 역사를 열어가기 위해서는 오늘날 지구촌이 맞이한 갖가지 재앙에 대처하고 미래의 전망을 제시할 정신적 문화의 높이가 구축되어야 한다. 풍요한 전통과 위대한 선례들을 자랑하면서도 자기비판과 해체의 늪에 빠져들어 분열을 거듭하고 있는 서양 사상에 무작정 의존하던 시절과도 작별해야 한다. 그 대신 동아시아의 정신적 유산을 되살릴 수 있는 체계적 개념 생산 체제를 구축하는 데 많은 힘을 기울여야 한다.

모든 문제는 동서의 정치경제학적 합류를 문화적 합류로, 문화적 합류를 정신적 합류로 고양시켜가야 한다는 과제로 귀착된다. 이때 합류는 통합이나 단일화를 의미하지 않는다. 다만 이질적인 지류가 자유롭게 만나고 헤어지기를 되풀이하는 가운데 제3의 흐름을 만들어간다는 것을 말할 뿐이다. 21세기의 동아시아는 각기 유구한 전통과 찬란한 유산을 자랑하는 동서의 문화가 합류하면서 제3의 교양 세계가 탄생하는 장소가 되어야 한다.

2. 21세기는 어떤 인재를 요구하는가?

1) 인성의 문제

공자는 인간의 도덕적 창의력을 인(仁)이란 말로 압축했고, 그의 제자들은 그것을 충서(忠恕)로 풀이했다. 충이란 자신의 중심을 지키는 것이고, 서는 타인의 관점에서 행동하는 것이다. 인은 충과 서, 다시 말해서 내향적 자기 관계와 외향적 타자 관계 사이에서 성립하는 어떤 벡터와 같다. 씨앗에 담긴 생명력은 특정 환경 속에서만, 거기서 맺어지는 대타 관계 속에서만 자신의 잠재적 역량을 펼쳐갈 수 있다. 그러나 특정한 구심력이 없다면 대타 관계 속으로 함몰되어 자기 나름의 정체성을 유지할 수 없게 된다. 인간도 마찬가지다. 주변 환경 속으로 복잡하게 얽혀들어간다는 조건에서만 비로소 실질적인 사고의 내용을 획득하는가 하면, 외부로부터 주어진 잡다한 내용을 저마다 자기 방식대로 단순화하거나 위계화하기 위해서는 자기 자신으로 돌아가야 한다.

우리의 사고는 외향적 대타 관계 속에서 실체적 내용을 얻는 동시에 내향적 자기 관계 속에서 형식적 조직화로 나아간다. 공자가 가리킨 중용의 길도 마찬가지다. 그것은 광견(狂狷) 사이에서 성립하는 창의적 역량이다("중도를 지키지 못하는 사람과 함께할 수 없다면 나는 반드시 꿈이 큰 광자나 고집스런 견자와 함께 하리라!"; 『논어』 13:21). 이때 광(狂)은 외향적 모험과 기투의 능력에 해당하고, 견(狷)은 내향적 수렴과 압축의 역량에 해당한다. 좀 더 중립적이고 현대적인 용어로 옮기자면, 하나는 원활한 소통의 능력이고, 다른 하나는 자기 균형적 인성이다. 창의성은 그 자체로 추구될 수 있는 어떤 것이 아니다. 그것은 수평적 구도에서는 외부 세계와 자유롭게 소통할 때, 그리고 수직적 구도에서는 자기 패턴화의 구심점인 인성의 함량을 키워갈 때 간접적으로 온축되거나 발휘된다.

근대 서양에서 인성은 개인의 자유와 책임, 다시 말해서 자율성을 중심으로 정의되어왔다. 자율적 인간은 자신이 따라야 할 규칙을 스스로 정한다는 점에서는 자유롭고, 규칙을 이행해야 할 의무가 있다는 점에서 책임의 담지자가 된다. 자율성이 인성의 핵심에 놓인 것은 계약적 질서의 요구에서 비롯된다. 유대-기독교의 전통에서 신과 인간은 서로 부르고 약속하고 응답하는 관계에 있다. 그리스의 해상무역과 근대 서양의 자본주의사회에서 계약은 인간과 인간의 관계를 규정하는 개념이 되었고, 따라서 약속 이행의 책임이 최고 덕목의 위치에 올랐다. 유대-기독교가 자본주의의 발전에 기여한 것은 자본의 축적에 필요한 금욕주의적 토대를 제공한 것도 있지만, 그보다 앞서 상업적 계약의 질서가 요구하는 응답-책임의 윤리를 뒷받침한 데 있을 것이다.

서양의 인성론이 자율로 집약된다면, 동아시아의 인성론은 인화(人和)로 압축된다. 서양에서 사회적 질서는 원자화된 개인 사이의 계약에 기초하는 반면, 동아시아에서 그것은 차등화된 전체 내의 예의에 기초한다. 대규모의 전쟁이나 치수 사업, 그리고 무엇보다 농업적 생산양식에서는 개인의 자율적 행동보다는 집단 구성원 간의 조화로운 협동이 우선되기 마련이다. 수렵이나 유목의 시대에 필요한 덕목이 남성적인 힘이나 용기였다면, 농업시대에 요구되는 덕목은 화이부동(和而不同), 다시 말해서 위계를 이루는 가운데 조화를 성취하는 능력에 있다. 서양의 인문적 질서가 개인의 권리와 책임을 묻는 정체쟁의(正體爭議)의 이념에 뿌리를 내리고 있다면, 동아시아의 인문적 질서는 사회 구성원의 대타적 자기 조율을 유도하는 집체부쟁(集體不爭)의 이념에 의해 형성되어왔다. 공자의 인(仁)은 화이부동이나 집체부정의 이념에 상응하는 도덕적 창의력을 가리키고, 그것이 요청하는 인성은 인화의 능력에 있다.

합류 시대에 우선되는 인성의 핵심은 개인주의적 자율도, 공동체적 인화도 아닐 것이다. 그것은 차라리 변동하는 전체 속의 자율이거나 평등한 개인 간의 인화에 있을 것이다. 그리고 이런 인화적 자율이나 자율적 인화는 향유의 윤리에 기초해야 할 것이다. 향유의 윤리는 주체의 선험적 본성을 전제하지 않는 것처럼 어떠한 도덕적 명령도 미리 전제하지 않는다. 그것이 전제하는 것이 있다면 경험에 수반되는 즐거움이다. 내향적 경험이든 외향적 경험이든, 신체적 경험이든 정신적 경험이든 모든 경험은 어떤 정서를 분비한다. 정서가 결여된 경험은 이미 퇴락한 경험, 경험의 자격을 상실한 경험이다. 반면 정서를 분만하고 특히 쾌락을 수반하는 한에서는 가상적 경험도 실재적 경험 못지않게 참된 경험일 수 있다. 어떤 지각이 참된 경험일 수 있는 기준은 대상의 실재성이나 표상의 정확성에서 찾을 것이 아니라 표상의 향유 가능성에서 찾아야 한다.

특정한 가상현실 앞에서도 주체는 어떤 즐거움과 기대를 얻을 수 있다. 반면 실재하는 대상을 지각하되 아무런 감응이나 정서적 자극을 받지 않을 수 있다. 두 가지 경우 중 참된 경험이라 부를 수 있는 것은 후자가 아니라 전자일 것이다. 여기서 강조되어야 하는 것은 경험 속에 분비되는 만족감, 그것에 뒤따르는 자기 긍정, 여기서 배태되는 미래에 대한 확신이다. 인간의 주체성이나 인성이라는 것은 경험에 앞서 있으면서 경험을 규정하는 어떤 것이 아니다. 그것은 오히려 경험에 수반되는 쾌감과 자기 긍정 속에서, 그것이 동반하는 미래에 대한 열망 속에서 비로소 태어난다. 창의적 인성이 소통의 경험과 병행한다면, 대타적 소통은 결코 인성적 자기 관계와 분리되어 있는 것이 아니다. 인성적 자기 관계는 오히려 소통의 경험 속에서 분비되는 정서적 함량이 자기 긍정의 힘으로 발전할 때 성립한다. 창의적 주체는 소통의 즐거움 속에서 태어나고 거기서 인성을 획득한다. 어떻게 소통하고 무엇과 소통하느냐에 따라 서로 다른 형태나 두께의 인성을 얻게 되는 것이다.

2) 소통의 문제

서양의 인식론을 장식하는 중요한 논쟁 중에 직관주의와 매개주의의 대립이 있다. 직관주의는 언어, 개념, 기술에 의해 왜곡되거나 추상화되기 이전의 생생한 실재와 직접적으로 관계하기를 열망한다. 매개주의는 언어, 개념, 기술에 의해 매개되지 않는다면 실재는 결코 인간에게 나타날 수 없거나 나타난다 해도 무의미하게밖에 나타나지 않는다고 본다. 매개는 비록 왜곡을 동반하지만, 그 왜곡적 매개가 사물의 나타남의 조건, 나아가 존재와 생성의 조건 자체라는 것이다. 1980년대 이후 빠르게 진화하고 있는 정보화의 흐름 속에서는 매개주의가 일상의 삶을 지배하는 무의식적 믿음으로 뿌리내리고 있다. 의식주의 공간에서부터 첨단 과학의 실험실에 이르기까지 도구나 기술적 장치의 매개 없이 사물을 경험한다는 것은 점점 상상하기 어려운 실정이다. 우리는 기술이 물, 공기, 흙, 불 등과 같은 자연적 원소와 더불어 환경을 구성하는 제5의 원소로 자리잡아가는 시대를 살고 있다. 현대의 도시에서는 인간 및 사물의 관계, 지각 및 경험의 양상, 노동 및 거주의 방식 일체가 기술적 코드에 의해 매개, 구성되고 있다.

매개주의는 어떤 과격한 존재론을 함축한다. 매개와 분리된 사물의 고유한 본질은 인정되지 않기 때문이다. 즉 사물의 형상은 매개 이전부터 존재하다가 있는 그대로 전달되는 것이 아니다. 오히려 전달의 문법 자체를 통해 비로소 구성된다. 이는 동일한 투입물이 컴퓨터 스크린에 나타나는 방식이 소프트웨어에 따라 달라지는 것과 같다. 소프트웨어에 따라 동일한 내용이 2차원 구도로 재현될 수도 있고 3차원 구도로 재현될 수도 있다. 흑색으로 나타날 수도 있고 색을 띠고 나타날 수도 있다. 현대의 디지털 문법은 배치의 존재론이 극단화될 가능성을 암시한다. 3D 영상이나 3D 프린터는 이미 실재와 가상의 경계를 무너뜨리면서 존재자의 존재가 무의미한 점으로 환원될 가능성이 있음을 보여주고 있다. 모든 형상, 본질, 실재는 비트 언어가 가리키는 점에서부터 구성된 특정한 밀도이자 어떤 배치에 불과할 수 있다.

정보화 기술이 질적인 변화를 거듭하면서 영상 매체 중심의 의사소통이 일반화되고 있다. 이에 따라 문자 매체에 기초한 교양의 시대 전체가 황혼 속에 저물어가고 있는 듯한 형국이다. 그렇다면 이미지 중심의 의사소통의 논리는 어디에 있는가? 문장("나는 커피를 마신다")은 수평적인 축과 수직적인 축으로 분해될 수 있다. 수평적인 축은 단어와 단어를 횡적으로 연결하는 통사-축이다. 수직적인 축은 각각의 단어를 대체할 수 있는 유사 용어들의 집합에 의해 형성되고(가령 커피를 대신할 수 있는 물, 차, 주스, 숭늉 등), 보통 범례-축이라 불린다. 문장은 수평축과 수직축, 통사-축과 범례-축의 원활한 교차 속에 구성된다. 우리는 이 두 축을 다시 수학적인 축과 시적인 축으로 부를 수 있다. 하나의 단어가 동시에 많은 것을 지시하는 시적인 문장은 수직축이 우세하지만, 그럴수록 수평축은 불안정 상태로 빠져든다. 반면 수학적 문장은 수평축이 우세하다. 용어와 용어의 엄격한 연결을 추구하되 각 용어의 의미를 최대한 제거한다는 데 수학적 언어의 특징이 있다.

이미지 중심의 의사소통은 범례-축이 우세한 시적인 의사소통에 가깝다. 단일한 이미지는 다양한 내용과 의미를 동시적으로 압축할수록 탁월한 전달력을 지니게 되지만, 그럴수록 이미지의 전환과 연결은 자의적이거나 예측 불가능하게 된다. 20세기의 초현실주의자들은 의식에서 해방된 무의식적 글쓰기를 추구했고, 그것을 자동기술(écriture automatique)이라 불렀다. 프로이트에 따르면, 무의식적 욕망을 표현하는 꿈의 이미지들은 압축과 전치의 논리에 따라 전개된다. 압축이란 하나의 이미지가 복수의 대상이나 의미를 대리한다는 것이고, 전치는 부단히 시공간적 위치나 문맥을 바꾼다는 것이다. 라캉은 프로이트가 압축과 전치라 한 것을 은유와 환유라는 말로 옮겼다. 그리고 이것을 무의식적 언어 일반의 논리적 형식으로 승격시켰다. 일상 언어의 논리나 서사적 구조에서 해방될수록 이미지 중심의 의사소통은 은유와 환유 같은 무의식적 글쓰기의 논리를 따르게 될 것이고, 그럴수록 시적인 글쓰기와 닮아갈 것이다.

　이미지 중심의 의사소통이 갖는 차별화된 성격은 고대 한문으로 돌아가서도 설명해볼 수 있다. 고대 한문에서는 동일한 단어가 문맥에 따라 통사적 기능을 달리하게 된다. 다른 단어와 관계하는 위치에 따라 서로 다른 품사, 시제, 격을 얻게 되는 것이다. 반면 한자는 상형, 표음, 표의 등의 각종 요소를 동시에 끌어안고 있다. 어떤 기억과 서사적 내용 혹은 극적인 장면까지 포함하는 경우도 있다. 한자는 기형적일 만큼 풍부하고 무거운 은유적 함축을 내포하는 글자이기 때문에 시적인 언어 이상으로 다의적이고, 때로는 상반된 의미를 동시에 가리킨다. 한 단어는 잠재적으로 유동적이고 다양한 의미를 지니고 있다가 특정 문맥 속에 자리하면서 그것들 중의 하나를 현실화한다. 발화 수행의 상황과 분리된 관점에서 고대 한문에 담긴 내용을 정확히 해석하기 어려운 이유는 여기에 있다.

이미지 언어는 문자언어의 구속력에서 벗어날수록 고대 한문보다 훨씬 더 한문적이고 초현실적인 시보다 훨씬 더 초현실적일 수 있다. 왜냐하면 현대의 이미지는 한자나 시적인 단어보다 훨씬 더 이질적이고 다양한 요소를 결합하는 가운데 상승적 함량 운동 속에 놓일 수 있기 때문이다. 거기에는 각종의 감각적 요소, 어떤 기억과 줄거리, 상징적 의미들이 공존하면서 수렴과 발산, 압축과 전치, 은유와 환유의 잠재력이 분만되고 있다. 이미지 소통은 그런 이미지 안에 움트는 의미론적 잠재력을 현실화할 수 있는 어떤 문맥을 전제한다. 이미지 소통은 이미지 발견이나 구상에서 시작할 수밖에 없지만, 결국 문맥 개통 속에서만 전개되는 어떤 것이다.

3) 창의성의 문제

이런 것을 생각하면 시적인 교양을 중시한 한자 문화권은 이미지 시대에 유리한 위치에 있다고 볼 수 있다. 한자 문화권은 이미 시적 이미지를 의사소통의 기본 요소로 삼아왔다 해도 과언이 아니기 때문이다. 한자에 기초한 동아시아는 이미지 친화적 교양 세계를 구축하고 향유해왔다. 동아시아의 전통 과학이나 기술이 『역경』의 괘상(卦象)에 기초한 상수학(像數學)이었다는 사실은 이 점을 설명할 수 있는 하나의 사례다. 동아시아의 인문학적 전통은 이미지 시대에 적합한 인재를 길러내는 중요한 자산임이 분명하다. 그러나 문제는 현대의 이미지가 한자 문화권에서 알던 시적 이미지와는 성격이 다르다는 데 있다. 현대의 이미지는 시적이되 자연적인 이미지가 아니며, 신화적이거나 마술적인 이미지도 아니다. 그것은 다만 기술적으로 생산, 조작된 이미지일 뿐이다. 이미지의 세계는 정보화 사회의 표면일 뿐, 그것의 배후에는 컴퓨터와 스마트 기기를 비롯한 첨단 정보 기술이 자리하고 있다.

정보 기술의 자율적 진화를 가져온 결정적인 요인은 디지털 언어에 있다. 정보가 생산, 유통되는 모든 과정이 공통의 디지털 언어에 의해 처리될 수 있음에 따라 다양한 기술 분야 사이에 융합이 활발하게 일어나게 되었다. 우리가 오늘날 목도하는 기하급수적인 기술의 발전과 팽창 배후에는 모든 지식과 정보를 빨아들이고 다시 내뱉는 디지털 평면의 위대한 힘이 있다. 디지털 평면은 언젠가부터 역사-문화적 현실을 근거 짓는 초월론적 지평으로 자리를 잡았다 해도 과언이 아닐 것이다. 디지털 평면은 경험 세계의 형상이 무의미한 점으로 부서져 들어갔다 다시 입체화되면서 떠오르는 어떤 진공(무-시간성)의 심연이다. 이런 디지털 평면의 발견은 서양의 분석적 정신과 원자론적 상상력의 극단적 귀결이라 할 수 있다. 사물의 성질들, 질료와 형상뿐만 아니라 생물학적 과정마저 디지털 언어가 가리키는 0차원의 점으로 환원되고 재구성될 수 있는 가능성 아래 놓이게 되었다. 오늘날 요구되는 것은 미시적 상상력이자 단자적 상상력이다.

상이한 영역의 정보처리 기술이 단일한 언어에 의해 통합됨에 따라 일어나는 또 하나의 중요한 효과는 거대 네트워크의 탄생이다. 현대사회를 정보화 사회라 부르는 것은 정치경제학적 관계와 지형마저 새롭게 재편하기에 이른 정보 네트워크가 탄생했기 때문이다. 정보 통신 기술은 오늘날 세상만사를 흡수할 수 있는 공동의 정보 체계와 연락망을 구축했고, 그 결과 잠재적인 유비쿼터스의 공간이 열렸다. 네트워크는 언제 어디서나 접근할 수 있고 연락이 가능한 초역사적 시간의 공간, 아이온(aion)의 공간이다. 거기에는 중심이 있다기보다 정보의 흐름이 교차하는 크고 작은 노드들이 있다. 오늘날 경험의 세계는 이런 정보 네트워크에 의해 정초되고 이것을 뒷받침하는 디지털 평면에 근거한다. 삶의 질과 패턴을 바꾸는 위대한 혁신은 경험의 세계 배후에 놓인 초월론적 차원들로 잠수할 때, 그 무의식적 차원에서 움트는 새로운 가능성을 발견하고 실현할 때 이루어지는 것처럼 보인다. 기존의 사고를 확장하는 특이한 발견은 초월론적 차원과 경험적 차원, 미시적 질서와 거시적 질서 사이의 거리를 가로지를 때, 거기에 어떤 길을 개통할 때 일어나는 것처럼 보인다.

개통, 바로 여기에 현대적 창신(創新)을 설명하는 술어가 있다. 오늘날 새로워야 하는 것은 무엇보다 수학적인 것과 시적인 것, 개념적인 것과 영상적인 것, 무의식적인 것과 의식적인 것, 나아가 서양적인 것과 동양적인 것을 서로 연결하고 번역할 수 있는 개통의 역량이다. 우리는 이것을 지혜에 이르는 정신적 성숙의 과정을 통해 설명해볼 수 있다. 정신적 성숙은 다음과 같은 3단계 과정을 거친다. 첫째, 하나의 관념 체계를 내면화하고 거기서 자신의 정체성을 확립하는 단계(체계 내적 사고의 단계). 둘째, 복수의 관념 체계를 인정하고 그 사이에서 갈등을 조정하는 단계(체계 간적 사고의 단계). 셋째, 복수의 관념 체계 사이에서 종합의 도식을 찾는 단계(체계 횡단적 사고의 단계). 이때 종합의 도식을 찾는다는 것은 특수한 상황마다 그것에 적합한 방향과 좌표를 새롭게 설정한다는 것, 이것을 기초로 새로운 종합을 이루어낸다는 것을 의미한다. 동서 합류의 시대가 기다리는 인재는 이런 의미의 체계 횡단적 창의성의 주체일 것이다.

물론 창의성은 체계 횡단적 사고에만 국한해서 정의할 수는 없다. 창의성은 모든 단계, 모든 유형의 사고에서 발휘되어야 하는 어떤 것이다. 그러나 동서 합류의 시대는 거대한 두 사유 패러다임 사이에서 종합의 도식을 찾아야 하는 만큼, 그 어떤 시대보다 체계 횡단적 창의성이 요구된다. 그것은 성숙의 최고 단계에 이른 정신에게만 기대할 수 있는 어떤 것인지 모른다. 그러므로 보통 사람들에게는 처음부터 거대 패러다임 수준의 종합에 주의력을 소진하는 것만큼 허황되고 어리석은 일은 없을 것이다. 횡단적 창의성은 작은 단위에서부터 도모되어야 한다. 하나의 분과 학문에서조차 이질적인 계열, 문맥, 틀 사이에서 이접적 종합의 도식을 산출한다는 것은 어려운 일이 되어버렸다. 요즘 대학에서 광범위하게 요구되는 융합 학문이나 융합 교육이 생각보다 더디게 발전할 수밖에 없는 이유도 마찬가지다. 분과 학문의 장벽을 넘는다는 것, 나아가 인문학과 자연과학의 거리를 넘는다는 것은 다양한 수준에서 융합적 상상력이 개진되고 일정한 성과를 거둘 수 있는 환경 속에서야 기대할 수 있는 어떤 것이다. 하물며 동서의 사유 패러다임 사이에서 지속적인 종합의 도식을 찾는다는 것은 더 말할 필요가 없다.

서양에서 창의성은 비판과 같이 가는 개념이다. 비판은 초역사적인 기원을 향해 가는 분석과 환원의 작업이고, 기존의 전통이나 권위에 대한 부정으로 이어진다. 동아시아에서 창의성은 온고(溫故)와 같이 가는 개념이다. 온고는 구성원 사이에 공유된 역사적 기억을 현재 속에 수축시켜 미래로 향한 선별의 기준과 이행의 동력을 획득한다. 비판적 창의성은 타인과 분리되어 내면적 깊이로 침잠하는 개인을 요구하는 반면, 온고적 창의성은 화이부동(和而不同)의 유연성에 기초한 집체적 창의성과 동전의 양면을 이룬다.

동서 합류 시대에는 이런 두 종류의 창의성이 서로 영향을 미치면서 공존하되 마침내 새로운 유형의 창의성에 자리를 내줄 것이다. 온고적 창의성과 비판적 창의성에 이은 제3의 창의성은 서로 다른 문법, 체계, 전통을 서로의 안으로 번역하고 옮겨놓는 개통적 창의성에 있을 것이다. 특히 우리에게는 서양 사상사의 기초 개념들이 동아시아의 개념적 유산에 의해 번역되고 재영토화되는 것이 중요할 것이다. 그러나 이보다 훨씬 더 중요한 것은 역방향의 번역임에 틀림없어 보인다. 동아시아의 개념적 유산들은 서양의 분석적 사유의 지평 속에서 다시 번역되고 변형되어야 비로소 미래로 이동할 수 있을 것이기 때문이다. 동양적 사유가 미래의 스크린 속에서 역동적으로 살아나기 위해 빨려 들어가 해체-구축되어야 할 디지털 평면은 현대 문명의 바탕을 이루는 서양적 개념의 세계에 있을 것이다.

4) 보론

앞에서 언급했던 것처럼, 어떤 유형의 창의성이라 해도 그 자체로 직접 추구될 수 없다. 창의성은 언제나 경험의 세계로 향한 대타 관계와 내면적 자기로 돌아가는 대자 관계를 두 축으로 하는 어떤 벡터에 해당한다. 우리는 두 축을 각각 온고의 축과 비판의 축으로,

혹은 발견의 축과 정당화의 축으로 옮길 수 있다. 혹은 소통의 축과 인성의 축으로 번역할 수도 있다. 유교적 창조론을 담고 있는 『중용』(25장)으로 돌아가면, 두 축은 각각 성물(成物)과 성기(成己)로 옮겨진다.

> 성(誠)은 사물의 시작이요 끝이니 성이 없으면 사물도 없다. 성은 자신을 이루어갈 뿐만 아니라 사물을 이루어가는 길이다. 자기 자신을 이루어가는 것[成己]은 인(仁)이요 사물을 이루어가는 것[成物]은 지(知)이니 여기에 본성의 힘으로 안과 바깥을 하나로 합치시키는 길이 있다. 그 결과 때에 맞게 행동하여 마땅함을 얻는다[誠者 物之終始, 不誠無物. 誠者 非自成己而已也, 所以成物也. 成己仁也, 成物知也, 性之德也, 合內外之道也. 故時措之宜也].

유교적 전통에서 창조한다는 것은 복합적인 의미를 지닌다. 먼저 그것은 새로운 것을 발견한다기보다 주어진 본성을 최대한 발휘하거나 발휘하게 만드는 것이고, 그렇기 때문에 시작과 끝이 모호해진다. 기존의 문맥이나 조건을 완전히 배제하지 않기 때문이다. 그러므로 둘째, 창조는 초역사적 기원으로 돌아가는 행위가 아니다. 다만 상황에 맞게 조치하는 것[時措]이고, 이런 시중(時中)의 조치는 사후적 보충에 열려 있는 어떤 과정 참여적 조치다. 셋째, 창조는 존재의 차원과 당위의 차원, 사실적 차원과 규범적 차원을 동시에 포괄한다. 창조는 사실적 변화이면서 당위적 명령의 이행이다. 사실적 차원의 창조는 당위적 이념에 충실한 도덕적 태도 안에서 이루어진다. 창조가 성실을 뜻하는 글자로 지칭되는 이유는 여기에 있다. 그렇기 때문에 넷째, 창조는 사물을 이루는 측면[成物]과 자기 자신을 이루는 측면[成己]을 동전의 양면처럼 함께 거느린다. 성기는 성물 속에서, 성물은 성기 속에서 완성된다. 그 완성의 과정이 창조인데, 그것은 아직 미래로 열려 있는 과정이므로 사실과 당위가 모호해지는 지점에서 마무리된다. 창조의 사실적 측면은 주로 성물로서 대변되고, 당위의 측면은 주로 성기 속에서 자각된다.

공자는 주체를 아는 자[知之者], 좋아하는 자[好之者], 즐기는 자[樂之者]로 구분한 바 있다. 성기와 성물이 병행한다면, 이 세 유형은 주체가 자기 자신과 관계하는 방식이면서 동시에 주체가 사물과 관계하는 방식에 해당한다. 세 유형의 주체 각각의 특징을 그려보자면, 아는 자는 사물에 맞서 있고, 좋아하는 자는 사물의 둘레를 돌고 있다. 그리고 즐기는 자는 사물과 하나가 된다. 아는 자는 규칙과 의무에 따라 행동하고, 좋아하는 자는 자신의 내면적 역량에 맞추어 행동하며, 즐기는 자는 자신의 창의적 역량 자체를 추구한다. 그러므로 아는 자는 "나는 무엇을 해야만 하는가?"라고 물을 때, 좋아하는 자는 "좋은 삶이란 무엇인가?" "나는 어떤 사람이 되어야 좋은가?"라는 물음에 휩싸인다. 반면 즐기는 자는 "나는 무엇을 할 수 있는가?" "나는 어디까지 이를 수 있는가?"라고 묻는다. 아는 자는 의무의 주체이고, 좋아하는 자는 덕의 주체이며, 즐기는 자는 창신의 주체다.

그러나 여기서 즐기는 주체는 금욕주의자가 아닌 것처럼 쾌락주의자도 아니다. 향유의 주체는 다만 성실한 주체, 성실의 위대한 결과를 예상하는 가운데 자기 자신을 향유하는 주체다. 『중용』의 성(誠) 개념뿐만 아니라 『논어』(8:8)에 나오는 "시를 통해 감흥하고 예를 통해 일어서며 음악을 통해 완성한다[興於詩 立於禮 成於樂]"라는 문장이 의미하는 것도 여기에 있다. 마지막으로 덧붙이자면, 향유는 공감과 병행하는 존재 방식이다. 유가적 전통에서 공감은 성인(聖人)을 정점으로 하는 인격적 성숙의 단계를 정의하는 개념이다. 성인은 인간은 물론 천지만물과 공감하는 이상적 위치에 있고, 보통 사람들의 인격적 성숙의 정도는 이것을 기준으로 주변 환경과 공감하는 범위에 의해 측정된다. 향유와 공감은 성실을 끌고 가는 두 과정, 다시 말해서 성기와 성물에 맞물려 있는 정서다. 이런 복합적이고 독특한 의미소들을 거느린 유가적 개념들은 21세기의 이념들 안에서 부단히 번역되고 교정되어야 한다. 왜냐하면 그런 조건에서만 동서 합류의 흐름을 선도할 창의적 주체의 피와 살로 다시 태어날 수 있을 것이기 때문이다.

제1부

동서 사상과 창조

창조와 조화 그리고 추월

신정근

1. 문제 제기

오늘날 우리는 자고 나면 새로운 제품이 선을 보이는 시대를 살아가고 있다. '컴퓨터'가 통신과 결합하여 인터넷이 상용된 지 얼마 지나지 않아 '사물 인터넷'이 미래를 이끌어갈 방향이자 산업으로 각광을 받고 있다. 앞으로 현실은 사람과 인터넷의 결합도가 점점 깊어지고 늘어나는 방향으로 나아갈 것이다. 이를 통해 사람이 신적인 지성을 갖고 신적인 능력을 갖는 상태에 점점 가까워질 것이다. 이 점을 특화시킨 카피가 광고에 나올 날도 얼마 남지 않았다. 신의 영역을 침범했다는 생명공학의 카피는 사람이 신에 가깝다는 광통신의 카피로 대체될 것이다.

우리는 이처럼 나날이 사람의 욕망을 충족시키는 새로운 제품이

홍수처럼 등장하는 상황을 살아가고 있다. 중국철학에서는 새것의 기원, 출현 등을 어떻게 설명할까? 널리 알려져 있듯이 동아시아는 신적 존재가 무에서 유를 낳는 유일신의 문화가 아니다. 사물은 다양한 요소와 힘이 서로 혼재하여 접촉하고 충돌하는 중에 어떤 것이 하나의 꼴을 갖추게 된다. 형성(形成), 즉 형태(꼴)가 이루어지는 것이다. 그 과정은 외부의 요인 없이 전적으로 자체적으로 진행된다. 자연(自然), 즉 저절로 또는 스스로 그렇게 되어가는 것이다.

물론 중국철학의 텍스트를 검토하다 보면 자연의 과정을 통제하는 신적 존재를 전제 또는 암시하는 듯한 사고가 있지 않았나라고 생각될 때가 있다. 『장자』「대종사」를 읽다 보면 '조화자(造化者)', '조물자(造物者)'라는 말을 만나게 된다.[1] 이 말을 보는 순간 '조물주(造物主)'와 같은, 무에서 유를 가능하게 하는 창조주를 연상할 수 있다. 하지만 조화자와 조물자는 형성 과정을 주도하거나 사물을 창조하는 신적 존재를 가리키는 말이 아니다. 다양한 조건의 결합으로 인해 사물이 끊임없이 '자발적으로' 다른 상태로 바뀌는 사태를 의인화하고 있을 뿐이다.

나는 여기서 중국철학이 '창조주 없는 세계'의 생성과 형성을 어떻게 설명하는지 살펴보고자 한다. 이를 위해 먼저 창조를 통해 우주 발생을 설명하고, 조화와 운화를 통해 세계의 운행을 설명하고, 추월을 통해 사람의 성장과 변화를 설명하고자 한다.

---

[1] 夫造物者, 將以予爲此拘拘也! 曲僂發背, 上有五管, 頤隱於齊, 肩高於頂, 句贅指天 (『莊子』「大宗師」).

2. 창조

우리는 지금 '창조(創造)'를 '창조 경제'처럼 경제를 비롯하여 존재, 예술, 문화 등의 다양한 분야에서 사용하고 있다. 또 창의성, 창의 교육 하면서 창의를 중시하고 있다. 창의와 창조가 미래의 성장 동력을 결정하는 힘으로 간주될 정도로 위세를 떨치고 있는 것이다. 그러니 이런 말을 곰곰이 따져보지 않을 수가 없다. 글자를 보면 이 말들에 모두 창(創)이 쓰이고 있다. 일상 언어와 달리 철학 용어로서의 '창조'나 '창의'는 그렇게 자명하지 않다.

고대 중국 사람과 그리스 사람은 '창조하다'나 '창조주'에 어울리는 말을 가지고 있지 않았다. 그리스 사람들은 'poiein(만들다)'을 시인에 한정해서 사용했을 뿐 그 말을 화가, 조각가 등의 예술가에게는 적용하지 않았다. 그림과 조각은 규칙에 따라 작품을 제작하는 것으로 간주한 반면 시는 법칙에 매여 있지 않고 새롭게 만드는 것으로 여겼기 때문이다. 로마 사람들은 그리스 사람들처럼 시와 다른 예술을 구분하기도 했지만 둘을 상상력과 영감의 산물로 규정하기도 했다. 중세의 기독교에서 창조는 근본적인 의미 변화를 보였다. 무로부터의 창조(creatio ex nihilo)는 철저하게 신의 행위를 가리킬 뿐 인간의 어떠한 활동과도 연관을 맺을 수 없었다. 이를 카시오도로스는 "제작된 것과 창조된 것 사이에는 차이가 있다. 말하자면 우리는 창조할 능력이 없고 제작할 수 있을 뿐이다"라고 말했다(타타르키비츠, 2001: 297-321).

고대 중국인들은 'poiein'에 해당하는 말로 작(作)을 썼다. 공자는 자신이 작(만들다)이 아니라 술(述, 풀이하다)의 역할을 수행한다고 말한 적이 있다.² 이것은 공자가 자신을 낮추는 겸손의 말이 아니다. 『예기』의 "작하는 자는 성인이다", 『주례』의 "모든 전문가의 사업은 성인의 작이다"라고 하는 데서 보이듯 '작'은 일반인이 아니라 성인과 같은 특별한 사람이 수행하는 것이다.³ 그래서 왕충(王充, 27-97?)은 『논형』에서 "성인은 작하고 현자는 술한다"라고 작과 술의 주체를 구분했다.⁴

갑골문(甲骨文)에서 작(作)은 담 또는 담장을 쌓은 모양을 나타내는 사(乍)와 담을 묶는 모양을 나타내는 인(亻)이 합쳐진 글자이다. 어원으로 보면 작은 담 또는 담장을 쌓는 것에서 비롯되므로 처음 일어나다, 움직이다, 일으키다, 만들다 등의 뜻을 나타내게 되었다(白川靜, 1984: 344).

후한 시대 왕충은 작을 "단초를 만들어 새롭게 하니 이전에 일찍이 아직 없었던 것이다. 창힐(倉頡)이 문자를 만들고 해중(奚仲)이 수레를 만든 것이다. 『주역』에서 복희(伏羲)가 팔괘(八卦)를 작했다고 하는데, 이전에 팔괘가 없었고 복희가 지어냈으므로 '작'이라 한다."⁵ 공영달(孔穎達, 574-648)은 왕충의 풀이를 바탕으로 「설괘전(說卦傳)」의 "옛날에 성인이 역을 작했다"라는 구절에 나오는 '작' 자를

---

2 子曰: 述而不作, 信而好古, 竊比於我老彭(『論語』「述而」).
3 故鐘鼓管磬, 羽籥干戚, 樂之器也. 屈伸俯仰, 綴兆舒疾, 樂之文也, 簠簋俎豆, 制度文章, 禮之器也. 升降上下, 周還裼襲, 禮之文也. 故知禮樂之情者能作, 識禮樂之文者能述. 作者之謂聖, 述者之謂明. 明聖者, 述作之謂也(『禮記』「樂記」); 百工之事, 皆聖人之作也(『周禮』「考工記」).
4 聖人作, 賢者述(『論衡』「對作」).
5 造端更爲, 前始未有, 若倉頡作書, 奚仲作車是也. 易言伏羲作八卦, 前是未有八卦, 伏羲造之, 故曰作也(『論衡』「對作」).

'처음으로 만들다(지어내다)'라는 창조(創造)로 규정했다.[6] 이렇게 보면 고대 중국인들은 작과 창조를, 성인이 이전에 없던 것을 처음으로 만들다라는 뜻으로 사용했다고 할 수 있다.

구체적으로 살펴보면 작과 창조의 행위는 왕충이 말했듯이 팔괘를 처음으로 그리고 문자를 처음으로 지어내고 제작법이 전해지지 않은 수레를 처음으로 다시 만드는 데에 해당된다.[7] 나아가 작과 창조는 어떤 특정한 정치적 상황 또는 분위기를 만들다(연출하다, 조성하다)라는 뜻으로도 쓰이고[8] 혼자의 힘으로 글을 짓거나 문예 작품을 쓰는 것을 가리키기도 했다.[9]

그렇다면 성인(聖人)은 이미 있는 어떤 것에 의거해서 작을 하는 것일까 아니면 아무것도 없는 무(無)에서 작을 하는 것일까? 『주역』「계사전」에 보면 복희씨와 같은 성인은 하늘을 대상으로 하여 관상(觀象)하고, 땅을 대상으로 하여 관법(觀法)하고, 동물을 대상으로 하여 관문(觀文)하여 작을 하고 있다.[10] 성인은 하늘, 땅, 동물을

---

6 凡言作者, 創造之謂也(『周易正義』「周易正義卷首」).
7 至于秦漢, 其(指南車)制無聞, 後漢張衡始復創造(『宋書』「禮志」5).
8 諸葛亮創造凶亂, 主簿宣隆部曲督秦絜秉節守義, 臨事固爭, 爲誕所殺(『三國志 魏志』「曹髦傳」).
9 其見漢書二十五, … 其二十六, 博採古今瓊瑋之士, 文章煥炳, … 其二十七, 臣所創造(『後漢書』「應邵傳」).
10 古者包犧氏之王天下也, 仰則觀象於天, 俯則觀法於地, 觀鳥獸之文與地之宜, 近取諸身, 遠取諸物, 於是始作八卦, 以通神明之德, 以類萬物之情(『周易』「繫辭傳」下). 물론 성인의 관(觀)이 어떤 방식으로 이루어지는지는 구체적으로 설명되지 않는다. 관은 감각적 관찰과 상상력에 의한 재조합을 포함하리라고 여겨진다. 『주역』 단계에서 성인은 보통 사람과 다른 특별한 존재로 간주되었다. 아마 이 때문에 성인의 관은 성인에게만 적용될 수 있으므로 그것을 일반화시킬 수 있는 인식에 대한 논의를 진행하지 않았다고 할 수 있다.

관찰하여 그것에 담긴 도상, 규칙, 무늬를 읽어내고 있는 것이다. 하늘, 땅, 동물은 성인이 메시지를 읽어내는 텍스트인 것이다. 성인은 무에서 작(창조)하는 것이 아니라 상과 법 그리고 문을 관하여 읽어냄으로써 작(창조)하는 것이다.

지금까지 논의를 종합하면 작과 창조는 성인이 규칙과 모범을 찾아내서 그것에 따라 이전에 없던 것을 처음으로 만들다라는 뜻으로 사용되었다는 것을 알 수 있다. 이렇게 보면 중국의 작과 창조는 그리스의 구분법에 따르면 창조보다는 제작에 가깝다고 할 수 있다. 그 의미는 가치를 밝히고 제도를 입안하고 기물을 발명하고 분위기를 조성하는 것처럼 넓은 의미 맥락을 갖는다고 할 수 있다. 그리고 작과 창조는 세계의 창조를 설명하는 우주 발생론이나 새로운 시대의 역사를 창조하는 사회의 근본적인 변혁과 관련해서 쓰이지 않는다고 할 수 있다.[11]

중국은 세계의 생성(生成)과 형성(形成)을 어떻게 설명할까? 우리는 지금 '천지창조(天地創造)'와 '천지개벽(天地開闢)'이라는 말을 함께 쓴다. 고대의 사유 방식에서는 세계의 생성을 앞에서 살펴보았듯이 '창조'가 아니라 '개벽(開闢)'으로 설명했다. 개벽은 원래 땅을 개간하다 또는 개척하다라는 뜻으로 쓰였다.[12] 한나라 시대에 이미 학문적 권위를 지니고 있던 경서(經書)에 대응해서 새로운 위서(緯

---

[11] 리다자오(李大釗, 1890-1927)는 「고여금(古與今)」에서 "역사는 인간이 창조하는 것이다. 고대는 고대인이 창조한 것이고, 현대는 현대인이 창조한 것이다"라고 말하면서 창조를 역사(새 시대)와 연관 지어 말했다. 흥미롭게 이러한 역사 창조는 신의 활동이 아니라 인간의 실천으로 규정되고 있다.

[12] 田野開闢, 府倉實, 民衆殷(『國語』「越語」下).

書)가 나올 무렵에 개벽은 천지와 결합하여 '천지개벽'으로 쓰이기 시작했다. 이때 천지개벽은 새로운 세상이 열린다(시작되다)라는 뜻과 우주(세계)가 창조된다라는 뜻을 함께 나타냈다.

이중 우주 발생론과 관련해서 천지개벽은 중국의 반고(盤古) 전설과 결합되었다. 반고 전설은 삼국시대에 이르러서 비로소 체계적인 우주 생성의 이야기 형식을 갖추게 되었다. 서정(徐整)의 『삼오력기』[13]를 보면 반고는 「창세기」에서 명령으로 세계를 창조하는 초월적인 신과 다르다.

세계는 계란 꼴로 되어 있으면서 닫힌 '천지(天地)'에서 시작되므로 무에서 생겨나지 않는다. 이미 있는 것에 출발하지만 이미 있는 것이 어떻게 있게 되었는지 설명을 하지 않는다. 있다는 것을 전제하고 있으므로 무에서의 창조라고 할 수는 없다. 반고는 계란 꼴의 천지 바깥이 아니라 안에 있으면서 신체의 일부를 각각 산, 강, 나무, 풀 등으로 변신(변형)시킨다. 변신이 일정하게 진행되면 될수록 닫혀 있던 천지가 다양한 형상을 갖춘 제 모습을 드러내게 된다. 이로써 천지의 개벽이 온전한 모습을 보이는 것이다.

이렇게 보면 처음의 닫혀 있는 천지는 나중에 펼쳐진(열린) 천지의 가능성과 모습을 모두 갖추고 있다. 이때 개벽 또는 천지개벽은 반고의 성장과 변신(변형)으로 이루어진 결과일 뿐이다.

---

[13] 天地渾沌如鷄子, 盤古生其中. 萬八千歲, 天地開闢, 陽淸爲天, 陰濁爲地. 盤古在其中, 一日九變, 神于天, 聖于地. 天日高一丈, 地日厚一丈, 盤古日長一丈, 如此萬八千歲. 天數極高, 地數極深, 盤古極長. 後乃有三皇. 數起于一, 立于三, 成于五, 盛于七, 處于九, 故天去地九萬里(徐整, 『三五歷紀』)!

3. 조화와 운화

반고의 개벽과 천지개벽은 개벽 이후의 세계가 어떻게 운동하는지를 보여주고 있다. 개벽은 일자나 신이라는 외적 요인의 개입 없이 자체의 힘에 의해서 서로 다른 특성(역할)을 가진 하늘과 땅이 닫혔다가 열리는 과정에서 일어난다. 개벽 이후에도 세계는 외적 요인의 개입 없이 상반되는 특성이 주기적으로 교체하면서 지속되게 된다. 이러한 교체 과정은 『주역』의 "한 번 음하고 한 번 양하는 것이 세계의 길이다. 그 길을 이어가는 것이 선(긍정)이고 그 길을 이루는 것이 성(성향)이다"[14]라는 것에 잘 드러난다.

세계는 상반되는 성질을 가진 음과 양이 번갈아 가면서 주도권을 행사한다. 구체적으로 말하면 양은 봄과 여름을 주도하고, 음은 가을과 겨울을 주도하는 것이다. 양이 주도한다고 해서 음이 소멸하는 것은 아니다. 양이 주도할 때 음은 잠복해 있고 전환의 절기를 지나면 정반대의 현상이 나타난다. 이러한 양과 음의 교체가 절기와 적도에 따라 일어난다면 세계를 활성화시키는 긍정의 작용이 지속되는 것이고 개별적 사물은 내재된 경향성에 의해서 생장 소멸의 과정을 완수하는 것이다. 이러한 음과 양이 한 번씩 주도하는 길을 적도에 따라 지속하게 되면 천지는 끊임없이 생명을 빚어내게 된다.[15]

---

[14] 一陰一陽之謂道. 繼之者善也, 成之者性也(『周易』「繫辭傳」上).
[15] 天地之大德曰生(『周易』「繫辭傳」下); 天地絪縕, 萬物化醇, 男女構精, 萬物化生(『周易』「繫辭傳」下).

이러한 지속적인 생명의 창출을 『노자』는 풀무,[16] 『장자』는 화로[17]의 형상으로 설명하고 있다. 여기서 초점은 풀무와 화로를 돌리는 사람에게 있지 않고 풀무와 화로가 움직이면 물건이 끊임없이 쏟아져 나온다는 점에 있다. 동시에 노자와 장자는 지금까지의 상반된 성질의 교체를 조화(造化)로 규정하고 있다.

음과 양의 교체를 조화로 말하는 것은 천지에서 일어나는 생명 운동을 가장 포괄적으로 부르는 것이다. 자연, 사회, 인간, 역사, 계절, 감정, 성질 등의 각종 영역과 심급에서 일어나는 운동을 지칭하기 위한 양극(兩極) 용어가 수없이 많이 있다. 예컨대 주(晝)와 야(夜), 고(古)와 금(今), 성(性)과 정(情), 애(哀)와 락(樂), 강(剛)과 유(柔), 고(高)와 저(低), 난(難)과 이(易), 강(强)과 약(弱), 호(呼)와 흡(吸), 왕(往)과 래(來), 개(開)와 폐(閉) 등 일일이 열거할 수 없을 정도로 많은 용어가 있다.[18] 고와 저를 통일하는 높이, 강과 약을 통합하는 힘 등의 객관적 기준(척도)이 강조되지 않는다. 즉 어떤 절대적 기준에서 고와 저가 측정되는 것이 아니라 고와 저의 상호 관계에서 차이(거리)가 측정되는 것이다. 따라서 절대적 크기가 없고 낮은 것은 더 낮은 것보다 높고, 높은 것은 더 높은 것보다 낮다는 상대적 위상에 의해 차이가 측정된다.

조선 후기 최한기(崔漢綺, 1803-1879)는 『기학(氣學)』에서 각종 영역과 심급에서 다양하게 일어나는 조화의 사건을 운화(運化) 또는

---

16 天地不仁, 以萬物爲芻狗. 聖人不仁, 以百姓爲芻狗. 天地之間, 其猶橐籥乎! 虛而不屈, 動而愈出. 多言數窮, 不如守中(『老子』 5章).
17 今一以天地爲大鑪, 以造化爲大冶, 惡乎往而不可哉(『莊子』 「大宗師」)!
18 줄리앙은 조화를 교대 작용으로 설명하고 있다(줄리앙, 2003: 35-43).

활동 운화(活動運化)라는 단일한 개념으로 포착하고자 했다. 그는 종래 천지 차원에서 한 갈래로 말했던 조화를, 일신, 가정, 국가, 천지 차원 등으로 세분화하여 각각의 운화가 일어나는 영역과 심급을 말하고 있다(신정근, 2011: 301-316).

이러한 조화 작용은 적도(중도, 중용)에 따라 일어날 때 선(善)과 성(性)을 이루게 된다. 따라서 조화(造化)는 조화(調和)를 통해 중단 없이 지속되는 것이다. 하지만 자연과 사회 그리고 역사에서 가뭄, 홍수, 흥분, 좌절, 흉년, 풍년, 침략, 패배 등처럼 선과 성의 실현을 위험시하는 사건이 일어나게 되고, 이로 인해서 개벽 또는 천지개벽은 일정한 허용치 안에서 동적 평형을 유지하는 자기 규제력을 가지게 되는 것이다.

하지만 『장자』에서는 조화가 동적 평형을 유지하는 기제에 의문을 제기하고 있다. 계진(季眞)은 동적 평형을 주재하는 어떠한 존재가 없다며 막위(莫爲)를 말하는 반면 접자(接子)는 그 과정을 주재하는 존재가 있다는 혹사(或使)를 주장하고 있는 것이다. 장자는 '도'라는 이름이 실체가 아니라 빌려서 임시적으로 사용하는 용어이고 혹사와 막위 모두 세계의 부분일 뿐이라고 주장한다.[19] 『장자』를 읽을 때는 장자의 독특한 의인법에 유의해야 한다. 한자에서 인(仁)은 인의 덕목을 가리키기도 하고 인한 사람을 가리키기도 한다. 장자는 이러한 한자의 특성을 활용해서 지북유(知北遊)의 지, 상망(象罔)처럼 수많은 개념을 의인화시키고 있다. 이 때문에 장자가 조화를

---

19 季眞之莫爲, 接子之或使. … 道之爲名, 所假而行. 或使莫爲, 在物一曲, 夫胡爲於大方(『莊子』「則陽」)?

말한다고 해서 그것을 조화옹(造化翁)처럼 인격적 존재를 지칭한다고 독해해서는 안 된다.

하지만 장자 이후에도 동적 평형을 유지하는 기제와 관련해서 논쟁이 끊임없이 생겨났다. 위진 시대의 유무(有無) 논쟁이나 송명 시대 리기(理氣) 논쟁 모두 이 논제와 관련이 있다. 예컨대 정이와 주희는 『주역』의 한 번은 음이 주도하고 한 번은 양이 주도하여 세계를 운행하는 것이 도라는 "일음일양지위도(一陰一陽之謂道)"를 이전과 달리 독해했다. 그들은 일음일양과 도를 연속적으로 이해하는 과거의 독해를 반대하여 도를 일음일양이 일어나도록 하는 원인(규제력)으로 읽어내고자 했다.

송명 시대와 조선 시대를 뜨겁게 달구었던 리와 기의 관계, 성과 정의 관계, 이발(已發)과 미발(未發)의 관계 논쟁도 결국 동적 평형을 유지하는 기제를 어떻게 규정할 것인가라는 문제와 관련이 있다. 아울러 이 논쟁은 동적 평형이 자연, 사회, 역사, 인간(심리, 욕망)의 영역에서 통일적으로 유지되는지 차별적으로 일어나는지에 대한 논변이라고 할 수 있다. 특히 주희는 기(氣)에 대한 리(理)의 우위를 확보하고자 했기 때문에 후대에 수많은 논쟁을 불러일으키는 초월과 내재의 줄다리기를 시도했다.

중국과 한국 철학사는 리기와 성정의 관계를 두고 뜨거운 논쟁을 했음에도 불구하고 상앙, 한비 등을 제외하면 상반된 특성의 교체로 인해 일어나는 조화와 그 조화의 지속으로 인한 끊임없는 재생을 자기 회복력을 가진 동적 균형으로 규정했다. 예를 들면 이것은 장자 등의 '자연(自然)', 서경덕의 '기자이(機自爾)' 등으로 규정되었다. 그것은 모두 외적인 개입과 작용 없이 내부의 자발적인 움직임으로 조화가 일어나는 것을 가리키고 있다. 자연은 저절로 그러하다, 스스로 그러하다는 뜻이고 기자이는 틀이 본래 그러하다는 뜻이다.

창조와 개벽, 조화와 운화의 의미와 특성이 분명해지려면 인간의 지위를 묻지 않을 수가 없다. 동적 균형이 자연과 기자이의 기제에 의해서 지속된다면, 사람은 어떤 특성을 가질 수 있을까? 만약 사람이 조화가 일어나는 과정의 한 사태로 간주된다면, 사람의 삶과 죽음 그리고 인륜과 가치가 독특한 지위를 갖는다고 볼 수 없다. 반면 사람이 조화의 자취로 포섭되지 않는다면 사람은 조화와 운화 속에 있으면서도 조화와 운화에 어떤 식으로든 참여해야 하는 책임을 지게 된다. 해야 할 일을 짊어지는 책임(責任)과 해야 할 일이 없다며 내려놓는 방임(放任)은 공자와 장자가 자연과 기자이의 동적 균형을 공유하면서도 갈라질 수밖에 없는 경계이다. 즉 두 사람이 더 이상 함께 나아갈 수 없는 결별의 지점인 것이다.[20]

『예기』에 보면 "천자[사람의 대표자]는 천지와 더불어 셋이 된다[또는 천지의 작용에 참여한다]"라는 '여천지삼[참](與天地參)'이 나온다. 천자의 덕은 천지와 짝해서 만물에 골고루 이익을 주고, 일월과 빛을 나란히 하여 사해를 환히 비추며, 작은 것도 남겨두지 않는다는 것이다.[21] 이와 비슷한 내용은 『주역』에도 보인다. "대인은 천지와 더불어 덕을 같이하고 일월과 더불어 빛을 같이하고, 사시와 더

---

[20] 이른바 유가 내부라고 해도 차이가 없는 것은 아니다. 이와 관련해서 신정근 (2012) 참조.
[21] 天子者, 與天地參, 故德配天地, 兼利萬物, 與日月並明, 明照四海而不遺微小(『禮記』「經解」).

불어 순서를 같이하고, 귀신과 더불어 길흉을 같이한다."²²

『예기』와『주역』모두 사람(천자, 대인)이 특별한 존재로 상정되고 있다. 사람은 조화의 작용을 받는 존재이면서 동시에 천지, 일월, 사시, 귀신과 함께 조화에 참여하는 공동 운영자의 지위를 갖는 셈이다. 이것이 또 공자와 장자를 가르는 기준이다. 장자는 사람도 조화의 작용을 받는 점에서 다른 존재와 구분되지 않는다고 본 반면, 공자는 음양의 작용으로 천지의 조화가 일시적으로 균형을 유지하지 못한다면 — 그것이 자연과 기자이에 의해 언젠가 결국 균형 상태로 돌아가더라도 — 사람이 균형 상실의 피해를 보충하는 역할을 해야 한다고 보았던 것이다.

4. 추월

'여천지삼[참]'에서 중국의 삼재(三才) 사상이 나온다. 천, 지, 인은 세계의 질서를 지탱하는 세 축이다. 우리는 앞서 삼재가 사람으로 하여금 세계의 조화가 적도를 유지하도록 하는 책임을 느끼게 만든다고 했다. 이 책임은 공동 운영자로서 나누어 다스린다는 분치자(分治者) 또는 함께 다스린다는 공치자(共治者) 의식을 갖는 것이다(신정근, 2001 참조). 이것이야말로 천지를 적도로 운영하려는 참정(參政)인 것이다. 다시 말하면 이 말은 — 물론 사람과 역할에

---

22 夫大人者, 與天地合其德, 與日月合其明, 與四時合其序, 與鬼神合其吉凶. 先天而天弗違, 後天而奉天時. 天且弗違, 而況於人乎? 況於鬼神乎(『周易』)?

따라 책임과 참정의 광협(廣狹)과 심천(深淺)이라는 측면에 차이가 있을 수밖에 없겠지만 — 사람은 근원적으로 책임과 참정의 존재라는 것이다.

세계의 조화가 적도를 유지하려면 책임과 참정의 존재로서 사람 자신도 적도를 유지해야 한다. 『예기』에 보면 이 적도는 중용(中庸)과 중화(中和)로 규정되고 있다. 둘은 동전의 양면과 같다. 중화가 심성의 적도를 말한다면 중용은 행위의 적도를 말하는데, 두 가지는 연동되어 있는 것이다. 이렇게 사람이 적도를 유지하게 되면 "그 안에서 하늘과 땅이 제자리를 잡고 만물이 모두 잘 자라는 것이다."[23] 『주역』의 말을 빌린다면 선(善)과 성(性)을 이룩하는 것이다.

책임과 참정의 존재로서 사람은 공자와 맹자 때까지만 해도 사회적, 지적 차별을 피할 수 없었다. 공자 스스로 작(作)과 술(述)을 각각 성인과 현인(비성인)의 역할로 구분했으며, 아울러 맹자도 공자에 비한다면 성인의 초월성을 긍정하지는 않지만 여전히 대인(大人)·군자(君子)와 소인(小人), 노심자(勞心者)와 노력자(勞力者), 그리고 선각(先覺)과 후각(後覺)을 구별해야 할 계몽의 필요성을 한층 더 역설하고 있기 때문이다.[24] 공자와 맹자 그리고 유학의 일반적인 인간 분류에 따르면 이러한 도덕적, 사회적 차별은 군자와 소인으로 분류된다.

이제 우리는 책임과 참정의 존재로서 사람이 살아가는 삶의 특

---

23 中也者, 天下之大本也, 和也者, 天下之達道也. 致中和, 天地位焉, 萬物育焉(『禮記』「中庸」).
24 天之生此民也, 使先知覺後知, 使先覺覺後覺也. 予天民之先覺者也, 予將以斯道覺斯民也, 非予覺之而誰也(『孟子』「萬章」上5).

성을 적극적으로 규정할 때가 되었다. 공자와 맹자가 사람의 차별을 긍정할 때 군자와 소인 사이는 계몽과 모방의 비대칭적 관계를 전제하고 있다. 송나라에 이르러 비대칭적 관계는 점차 대칭적 관계로 전환되는 특성을 보여준다. 이와 관련해서 우리는 주렴계(周濂溪, 1017-1073)의 탐구를 살펴보지 않을 수 없다.

첫째, 그는 사람이 책임과 참정의 존재로서 스스로 개선해가는 것을 단계론으로 풀이했다. "사는 현인이 되기를 바라고 현인은 성인이 되기를 바라고 성인은 천이 되기를 바란다."[25]

둘째, 사람의 단계론적 진화가 가능하려면 진화의 디딤돌이 놓여져야 한다. 주렴계는 성인은 후천적 배움을 통해서 가능하다는 '성인가학론(聖人可學論)'을 주장했다. 이때 배움은 사실로서의 앎의 축적을 말하는 것이 아니라 한계를 돌파하여 단계의 상승을 가져올 수 있는 전환적 앎을 말한다.

셋째, 개선과 진화가 가능하려면 사람이 가변적 존재여야 한다. 송나라 유가는 이를 '기질 변화론(氣質變化論)'으로 내세웠다. 사람이 조화의 과정에 있다는 점에서 보면 기질 변화론은 당연한 귀결로 보인다. 기질 변화는 조화의 과정을 포함하면서 다른 계기를 포괄하고 있다. 상반된 특성의 교체에 의한 조화는 생명 유지에 초점이 있다. 기질 변화는 생명의 유지에만 한정되지 않고 도덕적 성장을 가리킨다. 즉 생명이 특정한 방향으로 나아간다는 것이다.

장자는 이중에서 첫째와 둘째는 수용하지만 셋째는 수용하지 않는다. 그는 사람도 다른 사물과 마찬가지로 조물(造物) 또는 조화(造

---

[25] 士希賢, 賢希聖, 聖希天(『通書』「志學」).

化)의 과정에 속해 있다고 보았다. 이에 따르면 삶에서 죽음으로 나아가는 과정은 때에 따라서 순서대로 일어나는 사건일 뿐이므로 태어났다고 기뻐하고 죽는다고 슬퍼할 일이 아니게 된다.[26]

이제 가변적 존재로서의 사람이 책임과 참정을 통해 개인과 사회를 개선시키고 진화시키려면 새로운 전망을 가져야 한다. 그 새로운 전망은 어디에서 오는 것일까? 우리는 『논어』의 "온고이지신(溫故而知新)"에 주목하고자 한다. 고가 신으로 전환되려면 온의 과정이 필수적이다. 지는 온의 결과를 알아차리는 발견이다. 온은 기본적으로 닭이 알을 품는 것처럼 생명 부화의 가능성을 가진 것을 따뜻하게 하는 것이다. 열이 전해지면 기존 고의 체제와 조직에 균열이 생기게 된다. 그 균열이 더 뚜렷하게 되면 주름이 잡히고 고랑이 파이게 된다. 주름과 고랑이 생겨나면서 느슨해진 고는 기존과 다른 편집을 허용하게 된다. 즉 열이 기존 성분의 조직과 결속을 끊어서 고에 들어 있지 않은 신을 만들어내는 것이다.

이렇게 보면 온은 고에서 없던 것이 신으로 나타나도록 한다는 점에서, 달리 말해서 하위 계층(구성 요소)에는 없는 특성이나 행동이 상위 계층(전체 구조)에서 자발적으로 돌연히 출현한다는 점에서 창발성이다. 어찌 보면 이 온은 하늘과 땅이 상대에게로 들어

---

26 俄而子輿有病, 子祀往問之. [子輿]曰: 偉哉! 夫造物者, 將以予爲此拘拘也! 曲僂發背, 上有五管, 頤隱於齊, 肩高於頂, 句贅指天. 陰陽之氣有沴, 其心閑而無事. … 曰: 嗟乎! 夫造物者, 又將以予爲此拘拘也! 子祀曰: 女惡之乎? [子輿]曰: 亡, 予何惡? 浸假而化予之左臂而爲鷄, 予因以求時夜. 浸假而化予之右臂以爲彈, 予因以求鴞炙. 浸假而化予之尻以爲輪, 以神爲馬, 予因以乘之, 豈更駕哉! 且夫得者, 時也; 失者, 順也. 安時而處順, 哀樂不能入也. 此古之所謂縣解也(『莊子』「大宗師」).

가서 잠기는 인온(氤氳/絪縕)의 다른 이름이라고 할 수 있다. 우리는 온을 통해 고가 신으로 끊임없이 나아가는 것을 지(知)한다. 온고이지신은 일회적인 운동이 결코 아니다. 그것은 온을 통해 고가 신으로 나아가는 것을 끊임없이 지(知)하고, 언제가 신이 다시 고(故)로 변해가는 즈음에서 우리는 앞에서 감행했던 온의 창발성과 지의 발견을 재수행해야 한다. 이 재수행이 바로 『예기』 「대학」에서 말하는 "나날이 새로워지고"[27]이며, 량치차오(梁啓超, 1873-1929)가 말하는 "오늘의 나로 어제의 나와 싸운다[以今日之我與昨日之我戰]"[28]라는 자기 혁명인 것이다.

나는 이러한 인간의 특성을 망라하여 '추월'로 명명하고자 한다. 이 추월은 한자로 追越과 推越 둘 다를 포괄한다. "먼저 사람은 성인의 계몽과 역사의 검증이라는 기성의 자취를 순차적으로 뒤쫓으면서(다시 밟으면서)[追] 동시에 이전의 과정을 넘어서게 된다[越]. 또 사람은 지속적인 자기 변화를 통해서 매번 이전에 도달한 지평을 앞으로 밀어내서[推] 낮은 단계에서 높은 단계로 옮겨 갈 수 있다[越]."(신정근, 2012: 7-8)

정리하면 追越과 推越이라는 두 가지 추월은 조화 작용을 하면서 생명이 지속적으로 유지되는 것을 전제하고 이전 단계와 연속성을 유지하면서 그 이전으로부터 멀어지고 넓어지는 거듭남의 과정이다. 추월은 조화가 책임과 참정에 결부됨으로써 성장과 재탄생의 자기 혁명을 지속적으로 가능하게 하는 과정이다.

---

27 湯之盤銘曰: 苟日新, 日日新, 又日新(『禮記』「大學」).
28 이 구절의 맥락에서 대해서 公茂虹(2000) 참조.

우리는 창조와 개벽과 조화와 운화를 추월로 해석하는 근거를 찾을 수 있을까? 나는 그 근거로 『맹자』에 나오는 선추(善推)에 주목하고자 한다.[29] 선추는 자아의 경계를 밀어내서 끝없이 확장한다는 것이다. 맹자가 즐겨 드는 논법인 농업 생장의 비유를 빌린다면 나무의 나이테가 늘어나며 치목이 거목으로 성장하듯이 사람도 경계를 밀어내면서 타인을 품을 수 있는 도량을 키워가는 것이다.

　구체적인 방법으로 말한다면 사람은 경험적으로 먼저 자기 자신과 자신의 주위에 집중할 수밖에 없다. 그다음에 관심이 점차로 넓어져 가족을 넘어 타자로, 국가를 넘어 천하로 나아간다. 이렇게 하여 사람은 사람에서 생물 일반으로 넓혀가는 선추를 실행할 수 있다.[30] 이 선추야말로 추월론의 해석을 가능하게 하는 결정적 근거라고 할 수 있다.

　이제 우리는 맹자에게 전복적 질문을 던질 계제가 되었다. 선추는 시대 안에서 자기 한계를 뛰어넘는 과정이지만 시대 밖에서 자기 한계를 넘어서려면 어떻게 해야 할까? 우리는 역시 이 길의 실마리를 맹자가 부정했던 지착(智鑿)에서 찾을 수 있다. 맹자는 두 가지 지를 나누고 있다. 하나는 우임금이 치수를 하는 지이다. 이미 나 있는 흔적, 자취를 따라가면서 길을 찾아내서 기존의 지식에 아무런 일을 일으키지 않는 앎이다. 다른 하나는 이미 나 있는 자취를

---

29 老吾老, 以及人之老. 幼吾幼, 以及人之幼. 天下可運於掌. 詩云: 刑于寡妻, 至于兄弟, 以御于家邦. 言擧斯心, 加諸彼而已. 故推恩足以保四海, 不推恩無以保妻子. 古之人所以大過人者, 無他焉, 善推其所爲而已矣(『孟子』「梁惠王」上7).

30 孟子曰: 君子之於物也, 愛之而弗仁. 於民也, 仁之而弗. 親親而仁民, 仁民而愛物(『孟子』「盡心」上45).

계속 뚫고 들어가는 것이다.

이미 나 있는 자취를 찾는 구고(求故)와 그 자취에 구멍을 뚫는 지착은 결코 같을 수가 없다. 결과적으로만 봐도 구고는 기존의 지식 체계에 아무런 예외적인 상황을 유발하지도 않고 설명되지 않는 문제를 낳지도 않는다(쿤의 용어로 말하면 정상 과학Nomal Science에 해당된다). 지착은 기존의 지식 체계에 구멍을 내는 것이다. 이 구멍으로 안의 것이 밖으로 나가고 밖의 것이 안으로 들어오는 가역의 흐름이 생겨나게 된다. 이로써 지식의 안정적이며 통일적 지배에 균열이 생긴다. 착은 균열을 주름과 골 그리고 고랑으로 만들기 위해 논리적 극단을 추구하며 기존 지식 체계의 한계까지 묻는다. 착은 문제를 일으키기 시작한다는 점에서 위험과 불온의 정신을 나타낸다.[31]

그래서 맹자는 지착을 멈추어야 한다고 생각했다. 하지만 우리가 온고이지신에서 보았듯이 지착의 정신을 발휘하지 않는다면 시대를 전환시키는 고신(故新) 또는 신구(新舊)의 혁명은 일어날 수 없다.[32] 이러한 지착의 기도가 없었다는 점을 들어 근대 이전의 동아시아가 근본적인 변화 없이 정체된 사회였다고 말할 수도 있다. 하지만 중국의 철학사가 지착의 도전과 응전의 역사라는 점을 안다

---

31 孟子曰: 天下之言性也, 則故而已矣, 故者以利爲本. 所惡於智者, 爲其鑿也. 如智者, 若禹之行水也, 則無惡於智矣. 禹之行水也, 行其所無事也. 如智者, 亦行其所無事也, 則智亦大矣. 天之高也, 星辰之遠也, 苟求其故, 千歲之日至, 可坐而致也(『孟子』「離婁」下26).

32 『周易』의 '觀象'과 司空圖의 『二十四詩品』의 '超以象外'(줄여서 '超象')를 함께 논의할 만하다.

면, 그 안에 담긴 다양성을 기대할 수 있을 것이다.

5. 맺음말

동아시아 문화는 독특하게 신 없는 세계의 생성과 형성을 말하고 있다. 이로 인해 사람은 독특한 지위를 갖는다. 하늘과 땅은 다양한 힘과 요인이 운동하는 장소이다. 하늘과 땅이 시간의 진행과 더불어 봄, 여름, 가을, 겨울이 번갈아들게 하고 사물이 생성, 성장, 결실, 보관의 사이클을 그리게 한다. 하지만 하늘과 땅은 사물의 생성과 형성에 영향을 주는 중대한 작용을 하지만 완전하지는 않다. 하늘은 제때에 비를 내려주기도 하지만 비가 한 방울도 내리지 않아 가뭄이 들기도 한다. 땅은 제때에 곡식을 자라게도 하지만 조건이 맞지 않으면 곡물이 시들어버리기도 한다. 따라서 사람이 하늘과 땅이 다할 수 없는 작용을 대신할 수밖에 없다. 사람은 가뭄에 대비하여 저수지를 만들고 땅이 날로 척박해지는 현상을 막기 위해 거름을 뿌린다. 이로써 사람은 창조주가 만든 피조물의 위치에 있지 않고, 하늘-땅과 함께 세계의 운행을 관리하고 주도하게 된다. 이 때문에 동아시아 문화에서는 하늘, 땅, 사람을 삼재로 부른다. 삼재는 이 세상의 질서를 유지하는 세 가지 축이라는 뜻이다.

사람은 우주를 관리하는 주체이지만 결코 신적 존재가 아니다. 사람은 천지의 부족을 보완하지만 그 자체의 한계를 지닐 수밖에 없다. 사람은 그 한계를 보완하기 위해 학문과 의지에 의지할 수밖에 없다. 학문은 사람이 배워서 자신에게 없는 것을 있게 하는 과정이고, 의지는 사람이 무엇을 시작한 뒤에 사그라지는 열망을 다시 일으키는 힘이다. 지속적으로 배우고 의지를 확고하게 세운다면, 사람은 천지와 함께 신 없는 세계의 질서를 유지하는 역할을 성실히 수행할 수 있다. 반면 배우지 않고 의지를 일으키지 않는다면, 이 세계는 누구도 통제할 수 없는 혼란의 위기로 떨어질 수밖에 없다. 혼란의 위기로 떨어지면 세계는 노골적인 약육강식의 상황으로 타락하게 된다. 그때 몇몇 사람은 '천명(天命)', '미륵', '정도령' 같은 유사 신적 존재의 권위를 빌려 세상의 구원자로 자처하기도 할 것이다. 그럼에도 불구하고 역사의 창조와 혁명의 완수는 사람에게 짐 지워진 무거운 책무이다.

참고 문헌

『國語』,『老子』,『論語』,『孟子』,『三國志』,『宋書』,『禮記』,『莊子』,『周易』,『後漢書』
孔穎達,『周易正義』
李大釗,「古與今」
司空圖,『二十四詩品』
徐整,『三五歷紀』
王充,『論衡』
周濂溪,『通書』
崔漢綺,『氣學』
신정근, 2001,「유교 지식인의 '사회' 개선의 의의: 선진 시대에서 송대까지 유교 지식인을 중심으로」,『동양철학연구』26집.
신정근, 2005,『사람다움의 발견』, 이학사.
신정근, 2011,『사람다움이란 무엇인가』, 글항아리.

신정근, 2012,「도덕적 완성에 이르는 네 가지의 길 — 추월(追越/推越)론 정립을 위한 시론」,『동양철학』제37집.
줄리앙, 프랑스와, 2003,『운행과 창조』, 유병태 옮김, 케이시아카데미.
타타르키비츠, W., 2001[1999],『미학의 기본 개념사』, 손효주 옮김, 미술문화.
公茂虹, 2000,「以今日之我与昨日之我戰」,『北京支部生活』2000年01期.
白川靜, 1984,『字統』, 平凡社.

『주역』에서의 창조와 변화

성태용

1. 『주역』의 사유 방식은 기본적으로 관계론적이다

『주역』에서 직접 창조의 논리를 이끌어내기는 매우 힘들다고 할 수 있다. 흔히 후세의 『태극도설』에서 "무극이면서 태극이다. 태극이 움직여 양을 낳고 움직임이 극에 달하여 음을 낳는다[無極而太極 太極動而生陽 動極復靜 靜而生陰]"고 말하는 구절을 생각하면서 『주역』을 우주생성론과 연결시키려 하지만 이는 『주역』의 본래적 의미와는 매우 동떨어진 이해라 할 수 있다.

물론 태극이라는 개념이 『주역』의 근본원리로 설정된 것은 틀림없고, 음양이 또한 『주역』의 가장 근본적인 원리라는 것도 틀림없다. 그러나 그것들은 『주역』에 등장할 때 실체 개념으로 등장하는 것이 아니다. 그것들은 단지 실체의 모습을 본뜬 것이다. 그 본뜸을

『주역』의 용어로 말하면 '상(象)'이라 한다. 하늘과 땅에서 나타나는 모습들을 본떠서 만들어진 것이 바로 『주역』의 효(爻)와 괘이다. 태극이라는 개념이 등장한 『주역』의 원문을 보면 이러한 사실을 바로 알 수 있다.

"역(易)에 태극이 있으니 태극이 양의(兩儀)를 낳는다. 양의는 사상(四象)을 낳고 사상은 팔괘(八卦)를 낳으며, 팔괘에 의해 길흉을 판단하고 길흉을 판단함에 의해 큰 업적을 이룬다."

여기에서 분명하게 드러나는 것은 태극으로 생기는 것은 실체가 아니라 양의, 사상, 팔괘와 같은 『주역』의 부호 체계인 것이다. 그리고 그것은 세상만사 만물을 그것에 대입하여 그 형세와 변화를 예측하기 위한 점술의 도구이다. 그러하기에 그것은 본디 실체 개념일 수 없으며, 상황에 따라 그 대입의 규칙에 맞는 모든 존재를 거기 대입할 수 있는 부호인 것이다. 그런 점에서 『주역』의 사유는 기본적으로 관계론적이라 할 수 있다. 위의 예문에서 일반적으로 양의에 해당한다고 말해지는 음양을 예로 들어서 말해보자.

나라는 존재는 성적인 측면에서 말한다면 양에 대입될 수 있다. 그런데 만약 내가 어떤 조직에서 말단으로 남의 지시를 따르는 입장에 있다면 그런 관계를 말할 때는 음에 대입된다. 박근혜 대통령은 성적으로 말한다면 음에 대입되지만, 일국의 대통령이라는 지도자의 위치를 두고 논한다면 양에 대입된다.

이런 관계론적인 관점에서 본다면 모든 존재는 그 자체로 음이다, 양이다를 말할 수 있는 것이 아니다. 존재가 놓여 있는 '장(場)'에서의 위치와 관계에 따라 음과 양이 결정된다. 길흉이나 선악 등도 마찬가지이다. 그것은 괘 전체의 상황과 다른 효들과의 관계성 속에서 결정된다.

원래의 이야기로 돌아가 말한다면, 양의, 사상, 팔괘 같은 개념은 실체 개념이 아니다. 만사 만물을 대입해볼 수 있는 점술의 부호 체계인 것이다. 따라서 그 근원으로 상정되는 태극 또한 실체 개념이 아니라는 것은 분명하다고 할 수 있다. 그렇다면 태극은 무엇을 상징하는 부호라 할 수 있을까? 아마도 음양으로 나누어 보기 이전의 세계 전체에 대한 상징이라고 할 수 있지 않을까 싶다.

2. 생성과 창조를 말하기 위해서는?

이런 『주역』의 사유 체계 속에서 바로 창조와 생성을 말하기는 힘들다. 그런 이야기로 나가기 위해서는 어떤 다른 사유 체계, 또는 개념의 도입이 요청되지 않을 수 없다. 그리고 그러한 역할을 하는 것이 바로 기(氣) 개념, 또는 기 사상이라고 말할 수 있을 것이다. 『주역』의 부호들은 모든 것을 그 속에 담아서 해석하기 위한 것이고, 그렇기 때문에 근본적으로 관계론적이라 하지만, 그 부호들은 정태적으로 있는 것이 아니고 서로 영향을 주는 역동적인 관계성 속에 놓여 있다. 기본적으로 『주역』의 점괘를 해석하는 가장 기본적인 방법은 음과 양의 상응과 상감(相感)이다. 단순히 부호들이 어떻게 상응하고 상감할 것인가. 그것들의 영향 관계를 설명하기 위한 기본적인 설정 속에 자연스럽게 기(氣) 개념이 도입된다고 할 수 있다. 그 실제적인 예가 『주역』의 곤괘(坤卦) 상전(相傳)에 보인다.

"'서리를 밟다 보면 결국 단단한 얼음이 이른다'는 것은 음(陰)이

처음으로 응결함을 말한다."

　음이라는 것을 단지 부호로 보아서는 응결한다는 말이 성립할 수가 없다. 당연히 응결이라는 것이 성립할 수 있게 하는 어떤 실체성을 부여하는 다른 개념이 도입된 것이며, 그것이 바로 기 개념이라고 할 수 있다(기 개념에 대한 논의는 생략하기로 한다). 그리고 그러한 도입을 통해 『주역』을 바탕으로 한 생성론이 성립할 수 있는 것이다. 그럼에도 불구하고 우주 전개론으로 가장 적합한 형태를 띠고 있는 앞의 인용문의 마지막은 팔괘(八卦)이기에 그대로 그 체계를 따를 수가 없고, 그래서 주렴계의 태극도설과 같이 오행(五行) 개념 등을 도입하는 변용이 필요한 것이다.

　『주역』을 바탕으로 한 생성론의 전개는 어찌 보면 자연스러운 것이다. 『주역』의 기본적인 논리는 '본뜸'이고, 태극으로부터 팔괘로의 전개 또한 무엇에 대한 본뜸이라는 점에서 그것을 가장 근원적인 존재로부터 이 세계가 형성되는 과정과 연관시킨다는 것은 매우 당연한 일일 수 있다는 것이다. 그리고 이러한 생성론은 기계론적 전개의 논리를 바탕으로 한 생성론일 수밖에 없다. 『주역』이 철학사에 기여한 중요한 측면이 바로 세상의 변화를 음과 양이라는 원리로 해석할 수 있다는 사고방식의 전환에 있었다. 이런 측면이 우주생성론에 적용되면 당연히 근원적인 존재의 자기 분화에 의한 우주 생성을 말할 수밖에 없을 것이다. 그런 점에서 특별한 의미에서의 '창조'의 영역과 『주역』의 사유는 상당한 거리를 두고 있다고 말할 수 있다. 『주역』의 사유는 순환론적인 체계에 바탕을 두고 있으며, 그러하기에 이 세상도 끝없이 순환하는 변화 가운데 놓여 있다는 것이 『주역』의 기본적인 관점이다. 음과 양의 순환으로 변화는 설명되며, 그 변화의 근원에 태극을 설정할 수는 있지만 그것은 음양 분화 이전의 근원적인 존재일 뿐이요 어떤 창조자로 등장하는 것은 아니다. 이러한『주역』의 생성론적인 특징 때문에 다산 정약용 같은 이는 기본적으로는『주역』의 체계를 근본으로 한 생성론을 말하면서도, 그 위에 조물자로서의 '상제'를 말하기도 한다. 태극의 자기 분화로 세상이 이루어지지만, 그 이전에 태극을 창조한 상제는 따로 있다는 것이다. 이런 다산의 철학 체계는 인격적인 상제를 정점으로 하는 철학 체계와『주역』의 사유 체계를 접목시킨 것이며, 그의 학문적 요청이 빚어낸 결과라고 할 수 있다.[1]

3. 음양과 건곤(乾坤)에 의한 생성과 변화

태극으로부터 2-6-8로의 전개가 상당히 우주생성론의 틀에 적합하기에 주로 많이 이용되었지만, 실제로『주역』에서 태극이 등장하는 것은 단 한 번 앞의 인용에서뿐이며, 양의와 사상이 말해지는

---

1 인격신에 의한 창조와『주역』의 사유를 접목한 다산의 견해를 간단히 살펴보는 것도 도움이 될 것이다. 태극이란 스스로 존재하여 만물의 시원이 되는 존재가 아니라 상제의 창조에 의해 처음 있게 된 원초적인 기라고 볼 수 있다. 태극은 성리학에서 말하듯 모습 없는 리를 말하는 것이 아니다. 그것은 "하늘과 땅이 나누어지기 전에 모든 것이 한데 엉켜 있는 '모습 있는 것'의 시작이다." 바꾸어 말하면 음과 양이 뒤엉켜 있는 상태의 존재이며, 그런 의미에서 기적인 것이다. 거기로부터 음과 양이 갈라져서 나오기에 "태극이 나뉘어 음과 양을 낳는다는 말은 옳다." 그렇지만 "한 번 음하고 한 번 양하는 위에 분명히 주재하고 통제하는 하늘이 있다"(『韓康伯玄談考』「與猶堂全書」, 3-504)는 것이다.

것도 단지 앞의 예문에서뿐이다. 그러한 전개의 논의 자체가 오히려 독특한 예라 할 수 있다는 것이다. 이 전형적인 예를 빼놓고 나면 『주역』에서 생성과 변화를 말하는 것은 음양을 기본으로 한다. 잘 알려진 "한 번 음하고 한 번 양하는 것을 도(道)라고 한다"는 말은 참으로 『주역』에서 말하는 생성 변화를 대변하는 말이라 할 수 있다. 도라는 것 자체가 바로 변화를 가리킨다는 것이며, 그 변화는 음과 양의 변화를 말하는 것이다. 그리고 그 음과 양의 대표적 사물이 바로 하늘과 땅이기에, 만물을 이루어내는 근본에는 바로 하늘과 땅의 원리가 있다. 『주역』 건괘와 곤괘의 문언(文言)에서는 각각 다음과 같이 말하고 있다.

"크도다! 건의 으뜸 됨이여! 만물이 이를 바탕으로 시작한다."

"지극하도다! 곤의 으뜸 됨이여! 만물이 이를 바탕으로 생긴다."

여기서 건과 곤은 만물의 부모 역할을 맡고 있다. 건곤의 원리에 의해 만물이 자식으로 생성되는 것이다. 건은 '시작'을 맡고, 곤은 '생김'을 맡는다. 부모의 결합에 의해 자식이 생기는데 아비에 의해 어떤 시작이 이루어지고, 어미의 배에 수태되어 모습을 이루는 것으로 말해지는 것이라 할 수 있다. 이는 「계사전」에서 "건은 큰 시작을 맡고, 곤은 사물을 만들어 형성한다"[2]는 데서 좀 더 그 구체적 의미가 드러난다.

여기서 건과 곤은 바로 이 세계에서 가장 거대한 음과 양을 대표하는 하늘과 땅의 원리이기에, 건곤에 의해 만물이 생성된다는 것은 바로 음양에 의해 만물이 생성된다고 하는 것과 같은 의미이다.

---

[2] 乾知大始, 坤作成物(『周易』「繫辭 上」1).

이렇게 음양은 만물의 부모로서 생성의 단초가 되며, 또한 이미 형성된 세계를 관통하는 변화의 원리가 되기도 한다. 『주역』에서 변화라 함은 근본적으로 음양에 의한 변화이거나 또는 음양 사이의 변화를 말하는 것이다. 음양 사이에서의 변화라는 것은 음에서 양으로, 양에서 음으로의 변화이다.

우선 음양에 의한 변화라는 것은 모든 움직임과 변화는 음과 양의 상응상감에 의해 일어난다는 것이다. 다른 시각에서 말한다면 같은 것과 다른 것 사이의 영향 관계가 변화의 원인이라는 것이다. 그 영향 관계에는 양과 양, 음과 음, 음과 양의 관계가 포함된다. 그리고 그 가운데서 가장 중심적으로 말해지고 다루어지는 것은 음과 양 사이의 관계이다. 그리고 음과 양의 부호로 이루어진 팔괘의 상호작용으로 변화가 나타난다고 말하는 경우도 있는데, 결국 이는 음양의 상호 관계가 발전된 형태라고 말할 수 있을 것이다. 다음과 같은 예를 보자.

"강과 유가 서로 영향을 주어 변화가 생긴다."[3]

"강과 유가 서로 영향을 주면 변화가 그 가운데 있다."[4]

강과 유는 음양의 다른 표현이기에 결국 변화는 음양의 상호작용에서 일어난다고 말하고 있는 것이다. 그리고 이러한 변화에 대한 논의의 극점에는 음에서 양으로 양에서 음으로의 변화가 있다. 즉 음과 양이 각각 서로 영향을 주는 가운데 변화가 일어나는 것에 그치지 않고 음이 양으로, 양이 음으로 변하기까지 한다는 것이다.

---

3 剛柔相推而生變化(『周易』「繫辭 上」2).
4 剛柔相推, 變在其中矣(『周易』「繫辭 下」1).

그리고 『주역』을 통해 변화를 읽는다는 것의 핵심은 바로 여기에 있다.

이는 점치는 과정을 살펴보면 분명히 드러난다. 점치는 과정에서 음 획과 양 획을 결정하는데 이때 각각 두 가지 경우가 있다. 그 가운데 음과 양이 세 번 겹쳐서 음 획이 되고 양 획이 되는 경우를 각각 노음과 노양이라고 부르는데, 이 노음과 노양은 각각 반대로 변한다는 것이다. 즉 음 획이었던 것은 양 획으로 양 획이었던 것은 음 획으로 바뀌는 것이다. 세 번 겹치지 않고 음과 양이 되는 것은 각각 소음과 소양이라고 한다. 노음과 노양으로서 음효 또는 양효가 되는 경우를 동효, 또는 변효라고 부르는데, 점을 칠 때는 그 동효를 중심으로 점사를 참조하게 된다. 즉 괘라는 것은 어떤 상황을 말한다면, 동효는 그 상황 속의 어디에서 어떠한 변화가 일어나는가를 말해준다고 보고, 그 변화에 해당하는 점사를 참조하여 점을 치는 것이다.

다시 말하면 점을 치면 6획으로 이루어진 괘를 얻는데(64가지 종류의 괘가 있다), 그 괘는 우리가 점을 치려는 상황 전체를 거시적으로 말한다고 할 수 있다. 그리고 그 여섯 획 가운데 동효가 있는 자리가 나의 위치이며, 변화가 일어나는 지점이라고 할 수 있는 것이다. 그 변화를 중심으로 하여, 여섯 획의 음양과의 관계를 전체적으로 살펴서 변화의 방향을 읽고 올바른 선택을 하겠다는 것이 바로 『주역』의 점인 것이다.

여기서 중요한 점은 『주역』에서 말하는 변화가 정반대로 설정된 것 사이에서의 변화까지도 말하고 있다는 점이다. 『주역』이 단순한 이분법적인 사고라면 그리 주목받을 이유가 없다고 할 수도 있다. 그러나 『주역』의 음양은 단순한 이분법적 사고의 틀을 깨뜨리고, 음에서 양으로 또 양에서 음으로의 변화를 말하는 역동성을 지니고 있다. 이것이 『주역』을 '변화의 책'이라고 말하는 이유가 아닐까 싶다. 일반적인 변화를 말하는 학설이야 많지 않은가?

4. 변화의 모습들

『주역』은 변화를 말하며, 또 그 변화 속의 변하지 않는 이치를 말하기도 한다. 그리고 『주역』 자체가 변화와 그 변화의 규율을 함께 말하고 있는 것이겠다. 『주역』 64괘와 그 괘에 달린 점사들이 그것을 전반적으로 말해주는 것이다. 그러한 변화의 모습 가운데 『주역』에서 말하는 변화가 갖는 대표적인 특징들을 몇 가지 살펴보기로 한다.

우선 변화라는 것은 어떤 것들이 궁극에 이르렀을 때 나타난다고 하는 것이다. 우리가 흔히 하는 "궁하면 통한다"는 말은 『주역』의 "궁하면 변하고 변하면 통한다"는 말에서 나왔다고 할 수 있다. 여기서 궁한다는 것은 궁극에 이른다는 말이다. 앞에서 음양의 변화를 말할 때, 음양이 극에 달하면 각각 반대로 변한다는 것이 바로 그 대표적인 예이다. 이 원리는 『주역』의 모든 점(占)에 적용되어 어떤 일도 끝까지 지속되지 않는다는 사고로 나간다. 즉 "기울지 않는 평탄함은 없고, 돌아오지 않고 가기만 하는 것은 없다"[5]는 것이

---

[5] 『周易』 태(泰)괘 단전. "無平不陂 無往不復"

다. 이 관점은 아무리 힘든 상황이라도 바뀔 수 있다는 희망의 관점으로, 다른 측면에서는 좋은 때에 항상 더 경계하라는 우환 의식으로 나아간다.

그다음 천지자연의 변화는 순환된다는 관점이 있다. 사계절의 변화라는 온대 지역의 특성을 반영하는 것이라 볼 수 있는데, 사계절의 순환과 마찬가지로 변화에는 일정한 순환이 있다는 것이다. 예를 들어 지뢰복괘의 괘 이름이 '돌아옴'이라는 것도 그 예라 할 수 있다. 지뢰복괘는 다음과 같이 생긴 괘이다.

온통 음이 가득한 가운데 아래에 양 획이 하나 있는데 이러한 모양의 괘에 '돌아옴'이라는 이름을 붙였다는 것이 바로 순환적 사고를 보여주는 것이다. 이 괘는 24절기 가운데 동지에 해당하는데, 밤이 가장 긴 동지에 양의 기운이 태동한다는 것을 암시하기도 한다.

『주역』에서 말하는 변화의 원리는 이렇게 늘 반복되며 또한 극에 달하면 변하는 것이다. 그리고 그 바탕에는 음양의 변화가 놓여 있으며, 그것은 괘에서 음양이 늘고 주는 것으로 표현된다. 괘들은 고정불변인 것이 아니라 음양의 늘고 줄어듦과 상호 이동에 의해 다른 괘로 변해가는 것이다. 일 년의 순환은 음양의 늘고 줌으로 표현될 수 있고, 점을 친다는 것은 바로 괘 사이의 변환을 기본으로 하는 것이다.

5. 추상을 통해 부호로 가고, 부호를 통해 변화를 본다

『주역』은 앞에서 말한 대로 본뜸의 논리를 기본으로 하고 있다. 음양이라는 부호를 만듦으로부터, 괘를 형성하는 과정 전체가 모두 본뜸의 방법을 통해 이루어지며, 그 결과물로 나온 모든 괘는 실체가 아니라 본뜸이다. 기본적으로 음양이라는 부호가 중요하다. 그 부호를 만들어냄으로써 그것을 겹쳐 괘를 만들고, 그 겹쳐진 괘에 맞는 사물과 사태를 대입하여 만사를 해석하고 변화를 예측하는 것이 『주역』이다. 그런데 부호를 만드는 과정의 살핌에서 만물의 변화에 대한 깊은 통찰이 있게 되고, 그 통찰은 부호 자체에 변화의 규칙으로 부여된다. 음양이라는 부호는 단순한 부호가 아니라, 극에 달하면 변화한다는 내적인 규칙까지도 갖게 되는 것이다. 거기에 대입되는 모든 것은 그 변화 규칙의 적용을 받게 된다. 그리고 그러한 변화 규칙을 갖는 부호를 겹쳐서 어떤 상황을 표시하는 괘를 얻게 되면, 어떤 위치의 부호가 변화되는가에 따라 미래의 상황을 예측할 수 있다는 것이 『주역』의 체계인 셈이다.

일단 세상과 사물에 대한 추상을 통해 부호를 만드는데 그 부호들은 변화의 원리까지도 내포하게 된다. 그리고 여러 각도에서 성찰한 결과 이 부호야말로 만사만물의 기본적인 원리를 표명하는 데 충분한 것이다! 그러니까 그 부호를 겹치면 우리가 마주칠 수 있는 모든 사태를 표현해낼 수 있다. 즉 어떤 일이라도 그 부호들 가운데 하나에 대입될 수 있다는 것이다. 그리고 점치는 과정에 의해 변효가 결정되면, 앞으로의 변화까지도 읽어낼 수 있다는 것이다.

결국 부호를 통해 우리가 겪을 수 있는 모든 사태를 시뮬레이션(?)

할 수 있고, 그 속에는 미래의 변화까지 내포된다는 것이다.

  문제는 대입의 규칙 자체가 너무나 애매하고 다중적이라 일률적인 해석이 나올 수 없다는 점이겠다. 그러나 수천 년 전에 이러한 방식으로 세상을 보고 또 변화를 읽으려 했다는 점을 봐야 할 것이다. 복잡한 변화를 가장 간명한 원리로 표명하려 했던 『주역』의 시도 자체는 매우 앞선 것이며, 현실의 문제에 대해 예측하고 충고를 주는 점사들, 그리고 그 점사들을 바탕으로 하여 그 철학적 의미를 부연한 십익의 사상들은 오늘날에도 충분히 음미할 가치가 있다. 이 점이 『주역』이라는 고전이 여전히 읽히는 까닭이 아닌가 생각된다.

참고 문헌

『周易』
『韓康伯玄談考』

창조성으로서의 성(誠)
로저 에임스의 『중용』 독해를 중심으로

이장희

1. 들어가는 말

『중용(中庸)』에서 '성(誠)'은 상대적으로 큰 주목을 받지 못한 개념이다. "천명지위성(天命之謂性)"으로 시작하는 1장의 내용에 대한 해석을 둘러싼 논쟁이 후대 성리학에 워낙 큰 영향을 끼친 터라, 성리학적 맥락에서 '성(性)'과 같은 것으로 취급되는 것 이외에는 『중용』에서의 '성'이 그 자체로서 어떤 의미를 지닌 개념인지에 대해서 학자들의 주목을 비켜 갔던 것으로 보인다.

로저 에임스(Roger T. Ames)는 현재 영어권에서 중국 사상을 철학적으로 연구하는 대표적인 학자 중의 한 명으로 평가된다.[1] 에임

---

[1] 로저 에임스는 그의 주요 저작이 국내에는 번역 출간된 것이 거의 없지만, 중국에

스는 국내에 번역된 그의 저작 『동양철학, 그 삶과 창조성』(에임즈, 2005)에서 『중용』의 '성'을 '창조성(creativity)'이란 개념으로 해석하고 있다. 일반적으로 '성'이 '성실함', '정성됨' 등으로 이해되어온 방식에 비추어 보면 상당히 파격적인 해석이라 할 수 있다. 이 글은 에임즈가 어떤 의미로 '성'을 '창조성'으로 해석하였는지를 검토해 보는 한편, 이를 통해 드러나는 에임즈의 중국철학을 해석하는 방식[2]도 함께 비판적으로 검토해보고자 한다.

서는 여러 차례 북경대를 비롯한 여러 대학에서 방문 학자를 역임하였고 그의 거의 모든 저서가 중국어로 번역될 정도로 큰 관심의 대상인 영미권 학자라 할 수 있다. 대표적인 저작은 다음과 같다. Roger T. Ames, *The Art of Rulership: A Study in Ancient Chinese Political Thought*, State University of New York Press, 1994; Hall and Ames, *Thinking Through Confucius*, State University of New York Press, 1987; Hall and Ames, *Anticipating China*, State University of New York Press, 1995; Hall and Ames, *Thinking from the Han*, State University of New York Press, 1998; Roger T. Ames, *Confucian Role Ethics—A Vocabulary*, University of Hawaii Press, 2011.

2 엄밀히 말하면 로저 에임즈와 데이비드 홀(David Hall, 1937-2001)의 중국철학에 대한 이해라고 해야 할 것이지만 논의의 편의상 또 비교철학에 관해 영어권에서 출간되는 학술지를 대표한다고 할 수 있는 *Philosophy East & West*의 책임 편집자인 에임즈를 대표 저자로 호명해도 별 무리는 없을 것이다. 이 둘은 *Thinking Through Confucius* 이후 이 글의 주요 논의 대상이 될 『중용』에 대한 영어 번역본인 *Focusing the Familiar—A Translation and Philosophical Interpretation of the Zhongyong*, Univeristy of Hawaii Press, 2001에 이르기까지 거의 모든 주요 저작을 공동으로 집필했다. 스스로 인정하듯이 중국 문헌학 부분에서는 에임즈가, 비교철학적 관점은 홀이 큰 역할을 하였으나, 오랜 공동 작업의 결과 에임즈는 비교철학적 시각을 자신의 것으로 확고히 하였으며 홀 사망 이후 단독 저서인 *Confucian Role Ethics—A Vocabulary*, University of Hawaii Press, 2011을 발간함으로써 철학자로서의 자신의 입지를 분명히 했다.

2. 『중용』과 '성'

1) 텍스트

『중용』은 흔히 공자의 손자 자사(子思)의 작품이라고 알려져왔다. 『사기』나 여타 여러 한대(漢代) 문헌의 기록에 따른 설명이다. 하지만 현대 학자들은 『중용』을 자사 개인의 작품이라기보다는 공자 이래 유가 학파의 형성과 전개 과정에서 여러 사람에 의해 만들어지고, 맹자를 비롯한 유학자들뿐 아니라 도가, 묵가 등 전국시대 제자백가의 영향도 받은 '종합주의적' 작품으로 보는 경향이 있다 (Plaks, 2003: 121). 최근의 고고학적 발굴은 초기 유가 경전과 제자백가의 작품들이 현대 학자들이 의심하던 것보다 훨씬 앞서 지금의 형태를 갖추었음을 알게 해주었다.

『중용』은 전한(前漢) 시기(BC 202-AD 8)에 편집된 『예기』의 한 장으로 편입되었고, 송대(宋代)에 이르러 주희에 의해 『논어』, 『맹자』, 『대학』과 더불어 사서(四書)의 하나로 선택됨으로써 과거 시험의 필수 텍스트로서 또 유학 정신의 진수를 드러내주는 텍스트로서 드높여졌음은 잘 알려져 있다. 전통적인 설명은 공자의 『논어』로부터, 그의 제자 증자(曾子)의 『대학』, 그리고 증자의 제자인 자사의 『중용』, 마지막으로 자사 계보의 제자로 일컬어지는 맹자의 『맹자』까지 유학의 정신이 계승되었다는 것이다. 『중용』은 흔히 사서 중 가장 나중에 읽어야 될 책으로 간주되었다. 『대학』에서 시작하여 『논어』, 『맹자』 다음으로 『중용』을 읽어야 한다는 것이다. 『중용』은 그만큼 난해하면서도 유학에 대한 가장 심원한 이해의 경지에서야 비로소 가까이 갈 수 있는 문헌으로 여겨졌다(Ames and Hall, 2001: 2-3).

하지만 이렇게 전승된 이야기와는 달리 『중용』은 일반적으로 『맹자』 이후의 사맹(思孟) 학파 계열의 작품으로 여겨졌는데, 이러한 견해도 앞서 상술한 것과 같은 출토 문헌에서 자사(子思) 계열이라 불릴 수 있는 문헌들이 나오고 이 글들이 『중용』과 관련이 있을 것으로 추정됨으로써 의심받게 되었다. 지금 조심스럽게 추정되는 것은 『논어』 이후부터 『중용』의 주요 부분들이 형성되기 시작했지만 완결된 것은 한대 초기라는 것이다. '성'과 관련된 부분들에 대해서는 그 논의의 질과 양에 비추어 볼 때 『맹자』 이후의 것이라는 기존의 견해를 수정할 필요가 없지 않을까 생각된다(Ames and Hall, 2001: 131-146).

2) '성', 진실됨 또는 성실함

로저 에임스의 『중용』에서의 '성' 개념에 대한 논의에 앞서 일반적으로 통용되는 성에 대한 해석을 일람함으로써 에임스의 논의와 대조할 수 있는 지점을 확보할 필요가 있을 것이다.

'성(誠)'에 대한 『설문해자(說文解字)』의 간략한 설명은 다음과 같다. 신(言)과 성(成)의 조합으로, 의미의 차원에서는 신(言)을, 음은 성(成) 자에서 취한다는 것이다(『說文解字注』, 92; 안영탁, 2013: 170). '성'이 본격적으로 소개된다고 할 수 있는 저서는 『중용』 이외에 『맹자』, 『순자』, 『대학』을 들 수 있다. 차례로 이들 문헌에 소개되고 있는 '성'의 의미를 살펴보고, 마지막으로 『중용』에서의 '성'의 용례를 살펴보도록 하겠다.

『맹자』에서 '성'은 단 두 곳에서 발견할 수 있다. 하나는 「진심」상 편의 그 유명한 '만물개비어아' 장에서 보인다.

> 만물이 다 나에게 갖추어져 있다. 그러므로 자신을 돌아보아 성(誠)하면 이보다 더 큰 즐거움은 없다. 서(恕)를 힘써 실천하는 것보다 인(仁)을 구하는 가까운 방법은 없다.[3]

이곳에서의 '성'은 주희를 위시한 대부분의 주석가가 '실(實)'이라고 풀이한다.[4] 자신을 돌이켜 볼 때 "악취를 싫어하고 호색을 좋아하듯이 실하면" 억지로 힘써 하려 하지 않아도 순조롭게 행해지니 이보다 더 큰 기쁨은 없다고 풀이하고 있다. 곧 주희는 여기서의 실이 진실한 것이어서 억지로 노력할 필요가 없는 것을 가리킨다고 해석한다.

다른 한 곳은 「이루」상에서인데, 여기서는 『중용』 20장과 거의 흡사한 표현과 마주치게 된다.

> 자신을 돌아보아 성(誠)하지 않으면 어버이를 기쁘게 하지 못한다. 자신을 성하게 하는 데 방법이 있으니, 선(善)에 대해 밝게 알지 못하면 자신을 성하게 할 수 없다. 그러므로 성은 천

---

3 萬物皆備於我矣. 反身而誠, 樂莫大焉, 强恕而行, 求仁莫近焉(『孟子』「盡心」上).
4 誠者, 實也(『孟子正義』, 883쪽); 誠, 實也. 言 反諸身而所備之理, 皆如惡惡臭, 好好色之實然, 則其行之 不得勉强而無不利矣. 其爲樂, 孰大於是(『孟子集註』).

(天)의 도(道)이고 성을 생각하는 것은 사람의 도이다. 지극히 성한데 감동시키지 못하는 경우는 없고, 성하지 않은데 감동시키는 경우도 없다.[5]

여기서의 '성'에 대해서 주희는 "위(僞)"와 대조하며 설명한다.[6] 성은 나에게 있는 이(理)를 모두 성실히 하여 위(僞), 곧 거짓이 없는 것이라는 것이다. 성은 또 선에 대한 이해를 필요로 하며, 부모를 기쁘게 하거나 친구의 믿음과 상관의 신임을 얻으며 통치에 질서를 가져오는 데 필수적인 것으로 묘사되고 있다. 더 나아가 『중용』의 주요 주제가 되는 천의 도도 성으로 묘사되며 이 성으로 말미암아 사람들이 감복될 수 있음을 주장한다. 여기서의 성을 우리는 일반적으로 성실함으로 번역한다. 곧 『맹자』에서 우리는 성에 대한 일반적인 해석인 '진실함', '성실함' 등의 뜻이 선취됨을 볼 수 있는 것이다.

『대학』에서 성은 밖으로 반드시 나타나는 어떤 것이며, 따라서 사람들이 감지할 수 있는 것으로 묘사된다.

이른바 그의 뜻을 성(誠)한다는 것은 스스로를 속이지 않는 것이다. 나쁜 냄새를 싫어함과 좋은 색깔을 좋아함과 같은 것이니, 이것을 일컬어 스스로 흡족히 여기는 것이라고 한다. 그러

---

[5] 反身不誠, 不悅於親矣. 誠身有道, 不明乎善, 不誠其身矣. 是故, 誠者, 天之道也. 思誠者, 人之道也. 至誠而不動者 未之有也. 不誠, 未有能動者也(『孟子』「離婁」上).

[6] 誠者, 理之在我者皆實而無僞. 天道之本然也. 思誠者, 欲此理之在我者皆實而無僞. 人道之當然也(『孟子集註』).

므로 군자는 반드시 그 홀로 있을 때에 삼가는 것이다. 소인은 한가히 지내게 되면 선하지 않은 짓을 하고, 못하는 짓이 없게 된다. 군자를 만난 뒤에 슬며시 그 선하지 못함을 가리고 그의 선함을 드러내려 한다. 사람들이 자기를 보는 것이 마치 그의 폐와 간을 들여다보는 것과 같은데 무슨 보탬이 되겠는가? 이래서 가운데의 마음이 성하면 밖으로도 드러난다고 하는 것이다. 그러므로 군자는 반드시 그 '홀로 있을 때에 삼가는 것[愼獨]'이다.[7]

여기서의 성은 흔히 '정성됨'으로 번역된다. '뜻[意]'을 정성스럽게 하는 것은 "스스로를 속이지 않는 것"이라고 하는데, 이어 주희가 『맹자』에서의 성에 주석을 붙일 때 썼던 표현이 나온다. 곧 "나쁜 냄새를 싫어하고 좋은 색깔을 좋아하듯"이라는 것인데 이런 표현은 우리가 지닌 타고난 경향성을 말하는 동시에 그렇기 때문에 별다른 노력을 필요로 하지 않고 또 "스스로를 속이지 않는 것"이 될 것이다. 곧 『대학』에서의 성은 '정성됨'보다는 '진정성'이라 풀이하는 것이 보다 적절해 보인다. 이러한 '진정성'은 겉으로 숨길 수 없이 드러나는 것이다. 따라서 '신독(愼獨)'이 강조되게 된다.

『순자』에서 성은 심을 기르는 방법으로, 다른 이를 교화시키는 데 필수적인 것으로, 통치의 이상적 기반으로 묘사된다.

---

7 所謂誠其意者: 毋自欺也, 如惡惡臭, 如好好色, 此之謂自謙, 故君子必愼其獨也. 小人閒居爲不善, 無所不至, 見君子而后厭然, 揜其不善, 而著其善. 人之視己, 如見其肺肝然, 則何益矣. 此謂誠於中, 形於外, 故君子必愼其獨也(『大學』).

군자가 마음을 기르는 데 성보다 좋은 것이 없다. 성을 다한다는 것은 다름 아니라 오직 인을 지키고 오직 의를 행할 뿐이다. 성심하고 인을 지키면 형태[形]가 드러나고, 그 형태가 드러나면 신묘[神]해지고 신묘하면 동화시킬 수 있다. 성심하고 의를 행하면 이[理]이고, 이치에 합하면 밝아지고, 밝아지면 변화가 생긴다.[8]

『중용』과 거의 동시대에 찬집된 『순자』에서 우리는 『맹자』와 『대학』에서 전개되고 있는 '성'의 의미의 진화를 확인할 수 있다. 마음을 진실되고 성실하게 할 뿐 아니라 그 형태가 드러나는 것이 신묘함을 동반하여 종국에는 다른 사람과 사물을 동화 변화시키기에 이를 수 있다는 진술을 만나게 되는 것이다.

마지막으로 『중용』에서의 '성'에 대한 논의를 살펴보기로 하자.

유명한 1장에서는 성이 나오지 않지만 『대학』의 '성의(誠意)'장에서 등장하는 '신독'이 여기서도 등장하는 것을 목도할 수 있다. 신광래는 이 1장과 '성' 개념, '신독'과의 연관성에 대해 다음과 같이 분석하고 있다.

> 비록 『중용』 1장은 성을 명시적으로 언급하고 있지는 않지만 『대학』 6장에서 보이는 신독을 언급하고 있다. 『대학』은 사람의 생각과 경향성을 성하게 하는 것이 무엇이며, 어떻게 성이

---

[8] 君子養心莫善於誠, 致誠則無他事矣, 唯仁之爲守, 唯義之爲行. 誠心守仁則形, 形則神, 神則能化矣. 誠心行義則理, 理則明, 明則能變矣(『荀子』「不苟」).

바깥으로 드러나는가를 논의하는 맥락에서 신독을 말한다. 이는 '독(獨)'의 상태에 대해 조심하는 것이 성과 연결됨을 가리키며, 이 두 책에서의 이런 논의는 성이 마음의 매우 미세하고도 섬세한 움직임이 처음 드러나는 사람의 가장 내적인 부분에 대해 조심하는 것에 관한 것임을 보여준다. 자기 자신을 조심스레 살핌으로써 윤리적인 것에 완전히 정향한다는 의미에서 성을 보증하며, 그리하여 선을 행함에 조금의 주저함이나 거리낌으로 이끌 수 있는 단 하나의 생각이나 의향도 없게 하는 것이다(Shun, 2012: 37-38).

성은 『중용』의 후반부에 본격적으로 등장한다. 이곳에서는 성의 우주 형이상학적 의미, 사회정치적 질서와의 관계, 또 성의 효과 등 성에 대해 그 어떤 문헌보다도 풍성하게 논의하고 있다. 여기서 짚고 넘어가야 할 두 가지 것은 하나가 '덕'과의 유사성이며, 또 하나는 천(天)과 사람의 차원에서의 성에 대한 각기 다른 서술이다.

앞서 지적했듯이 『맹자』 「이루」상에 나오는 구절과 거의 흡사한 방식으로 성이 소개되고 있다. 사실 다음의 구절은 「이루」상에서의 구절과 동일하다.

아랫자리에 있으면서 윗사람의 신임(信任)을 얻지 못하면 백성을 다스리지 못할 것이다. 윗사람의 신임을 얻는 데는 방법이 있으니, 붕우(朋友)의 믿음을 받지 못하면 윗사람의 신임을 얻지 못할 것이다. 붕우의 믿음을 받는 데는 방법이 있으니, 어버이에게 순하지 못하면 붕우의 믿음을 받지 못할 것이다. 어버이에게 순한 데는 방법이 있으니, 자신을 돌이켜 보아 성하지 못하면 어버이에게 순하지 못할 것이다. 자신을 성하는 데는 방법이 있으니, 선을 밝게 알지 못하면 자신을 성하지 못할 것이다.[9]

위와 같이 『중용』에서의 '성'은 전형적인 유가적 수신(修身)으로부터 시작하여 평천하(平天下)로 나아가는 개인의 수양과 천하의 질서를 연동시키는 구조에서 등장한다. 이다음 구절, 곧 "성자(誠者)는 천지도(天之道)이고 성지자(誠之者)는 인지도(人之道)"라는 구절은 『맹자』「이루」상에서의 구절과 미세한 표현의 변화를 보여주고 있으며, 이후 성에 대한 논의는 『맹자』에서보다 훨씬 확장된다. 이처럼 자기 수양의 과정을 자신을 성하는 것으로 말하는 것은 성이 덕을 이루는 과정인 동시에 덕의 성격에 성이 포함되어 있음을 암시하며, 이러한 덕의 수양은 정치 질서에 영향을 미치는 것에 그치는 것이 아니라 천의 도와도 같은 차원에서 논의될 수 있는 것임을 『중용』은 『맹자』보다 훨씬 적극적으로 천명하고 있음을 목도할 수 있다. 이러한 구조는 사실 후대 성리학의 총체적인 형이상학적 세계관을 예비하고 있는 것이라고 말해도 무방할 듯하다.

---

9 在下位, 不獲乎上, 民不可得而治矣. 獲乎上, 有道, 不信乎朋友, 不獲乎上矣. 信乎朋友, 有道, 不順乎親, 不信乎朋友矣. 順乎親, 有道, 反諸身不誠, 不順乎親矣. 誠身, 有道, 不明乎善, 不誠乎身矣(『中庸』).

3. 『중용』의 '성'에 대한 로저 에임스의 이해

에임스가 성에 대한 자신의 이해를 직접 설명하고 있는 대목을 다소 길지만 살펴보도록 하자.

이 용어[誠]는 보통 "integrity[성실함, 진실성, 온전함]"나 "sincerity [정성됨, 진정성, 성의]"로 초기 문헌에서 번역되었다. 우리의 번역에서는 『중용』의 성이 지닌 가장 중요한 의미로 "창조(성)(creativity)"란 개념을 도입하였다.

'성'에 대한 번역어로서 '창조성'이 지닌 적합성은 『중용』의 세계관이 기반하고 있는 '과정 철학적 세계관'에 있다. 변화하는 사태의 세계에서 "성실함(integrity)"은 모든 상황을 의미 있게 함께 포섭하는 적극적인 활동적 과정을 암시하며, '의미 있음'이 함의하는 정합성을 성취하는 방식을 시사한다. "성실함"이 그 자체로 '창조적인' 과정임을 암시하는 것이다. "정성됨(sincerity)"은 주관적인 느낌의 형태를 함의하는데, 창조적인 과정은 이러한 느낌과 함께 진행된다. 즉 성공적인 통합을 증진시키는 무드나 감정적인 톤을 암시하는 것이다.

이 세 가지 대안적 번역어들의 클러스터는 다음과 같은 어원적인 사실로부터 지지를 얻을 것이다. 즉 성(誠)이란 글자의 "창조적인" 의미는 어원이 같은 '성(成)' — 이루다, 완성하다, 끝내다, 결실을 거두다 — 과 "말"을 의미하는 부수 '언(言)'이 함께 글자를 만들고 있다는 사실에도 반영되어 있는 것이다. 따라서 "기만의 부재"로서의 "정성됨"과 "완전함"으로서의 "성실함" 그리고 그러한 완전함을 성취하게끔 인도하는 과정으로서의 "창조성"은 문맥에 따라 모두 가능한 번역어들일 수 있는 것이다.

"성실함"이나 "정성됨"보다 "창조성"을 성에 대한 기본적인 번역어로 사용하는 것은 『중용』의 주요 주제인 '우주적 창조성'이 지닌 중요성을 부각시킬 수 있다. 우주적 컨텍스트 내에서 인간적 창조성이 지닌 역할의 중요성은 『중용』 20장에 서술되고 있다.

"창조성[誠]은 천의 길이다. 창조하는 것[誠]은 인간이 되는 합당한 길이다."

『맹자』 4A:12에서 직접 빌려 온 것으로 보이는, 의미론적으로 외삽된 이 구절을 발판으로 삼아 이러한 우주적 공동 창조성(co-creativity)은 『중용』 25장에서 더욱 정교하게 설명되고, 아마도 가장 명료하고 힘 있게 묘사된다고 할 수 있을 것이다. 성은 인간의 성실함이 가지는 태도에서 확장되어, 성인(聖人)이 공동 창조자로서 결정적인 역할을 하는 세계-만들기의 과정을 묘사한다. 모든 창조는 관계적인 맥락에서 발생하기 때문에 "공동의"라는 한정어는 빼고, 성을 여기서는 단순히 "창조(성)"라고 번역할 수 있다. … 앞서 언급한 성에서의 말씀 언(言)의 요소는, 창조성이 살아 있는 인간 세계와 그것의 자연적, 사회적, 문화적 맥락 사이의 역동적인 파트너십을 포함하며 가족과 공동체 안에서 효과적인 소통을 통해 완성된 형태를 이루게 됨을 암시한다. 서론에서 논의한 것처럼 우주적 창조성은 성인(聖人)의 예술가적 기교를 통한 공헌에 의해 극적으로 영향 받는다(Ames and Hall, 2001: 61-62).

위에서 쉽게 확인되는 것은 에임스가 '성'의 의미로 '창조(성)'를 주장하면서 일반적으로 받아들여지고 있는 '성실함'이나 '정성됨' 등의 의미를 부정하지 않는다는 것이다. 오히려 그는 이들 의미가 지닌 각각의 함의를 최대한 끌어들여 성이 지시할 수 있는 의미망의 복합성과 다양성을 확장적으로 재정의하려 한다.

하지만 '창조성'을 '성'의 가장 중요한 의미로 주장하는 배경에는 일반적인 '성실함'이나 '정성됨' 등의 의미 풀이와는 다른 차원의 해석적 시각이 개입되어 있다. 이러한 해석적 시각은 단순히 문헌적이거나 역사적인 맥락과는 구별되는 에임스 나름의 고유한 비교철학적 시각에 바탕을 두고 있다. 성을 창조성으로 번역하는 맥락을 온전히 이해하기 위해서는 에임스의 이러한 비교철학적 시각을 살펴보아야 한다.

1) 언어

에임스가 성을 '창조성'으로 해석할 수 있다고 여기는 것은 서양 철학과 중국철학 사이의 근본적인 사유 구조의 차이에 대한 그 나름의 이해에 기반을 두고 있다. 에임스는 사유 구조 차이의 근저에는 서구 언어와 고대 중국어가 가진 서로 상이한 언어적 속성이 자리 잡고 있으며, 이러한 상이한 언어적 속성은 다시 상이한 유형의 사유를 그 안에 내장한다고 본다. 서양 언어는 '실체(substance) 중심'의 언어로, "분별성(discreteness), 객관성(objectivity), 영원성(permanence)" 등을 표현하는 데 적합한 언어인 반면, 중국어는 "연속성(conitunity), 과정(process), 되어감(becoming)"의 세계를 표현하고 있다는 것이다(Ames and Hall, 2001: 6).

서양어와 같이 실체 중심의 언어로 중국철학의 개념을 번역할 때 생기는 대표적인 오역의 사례로 '유(有)와 무(無)', '오행(五行)', '인성(人性)' 등에 대한 번역어를 소개하고 있다. '유와 무'는 Being과 'Non-being'으로 '오행'은 'The Five Elements'로 '인성'은 'human nature'로 일반적으로 번역되는데, 이러한 번역은 에임스에 따르면 "실체주의적(substantialist) 시각"에서 "고정되고 단일한 뜻을 가진 본질"을 포착할 수 있다는 믿음에 기반한 번역어들이고 따라서 '연속성'과 '과정'이 중시되어야 할 중국철학의 개념을 실체주의적인 개념으로 둔갑시킬 위험이 있다(Ames and Hall, 2001: 6).

이는 다른 한편 범상해 보이는 용어인 '지(知)'를 'to konw' 또는 'knowledge'로 번역하는 것이 일견 아무 문제가 없어 보이는 사례에서도 얼마나 뿌리 깊게 서양 문화권의 사유 방식이 한자(漢字) 또는 고대 중국어를 번역하는 데 스며들어 있는지 확인할 수 있다고 에임스는 주장한다. 사물의 단 하나의 본질에 대한 표상을 획득하는 행위가 'to know'이고 또 'knowledge'가 된다는 "표상주의적 지식 이론들(representationalist theories of knowledge)"(Ames and Hall, 2001: 4)을 이미 전제하고 있는 'to konw'와 'knowledge'라는 영어 단어로는 "아는 행위에서 실천적이고 수행적인(performative)"(Ames and Hall, 2001: 16) 성격이 중시되는 중국적 사유의 맥락을 전제하여야 이해할 수 있는 '지'라는 개념을 온전히 파악할 수 없다는 것이다.

에임스는 다음과 같이 중국어의 성격을 설명하면서, 그 성격에 맞게 이해/번역하는 방식도 제안한다.

> 중국어는 '이성 중심적인(logocentric)' 언어가 아니다. 말들은 본질을 이름 짓는 것이 아니다. 그보단 언제나 변화하고 있는 과정들과 사태들을 가리킨다. 따라서 언어의 '동명사적(gerundative)' 성격을 강조하는 것이 중요하다. 과정 언어(process language)는 모호하고, 함축적이고 암시적이다. 중국어의 성격과 부합하기 위해서는 우리는 언어군(群)이란 개념에 의지해야만 한다(Ames and Hall, 2001: 6).

2) 과정으로서의 세계

이제 보다 근본적으로 에임스가 제시하는 서양적 세계관과 중국적 세계관의 차이를 간략히 검토해보도록 하자. 에임스에 따르면 서양에서는 고대 그리스철학에서부터 '존재(Being)'를 모든 존재자의 근본에 두는 존재론이 절대적인 영향력을 행사해왔다. '존재'가 근본인 세계관에서 이 '존재'의 가장 근본적인 예화는 '영속성(permanence)'이다. 다시 말해 모든 존재자의 근거로 설정된 존재는 "변하지 않고, 정지된" 것으로 이해되는 것이다. 이처럼 과정과 변화보다 정지와 영속성을 선호하는 존재론은 "'양(quantity)과 분별성'의 개념을 형식화시키는 방향으로 수학적이고, 형이상학적인 사유를 발전시킨다."(Ames and Hall, 2001: 8)

변치 않고, 영속하며, 정지된 것으로 존재를 직관하게 되면 개념을 주조하는 방식도 축자적 정의와 논리적 본질 그리고 자연 종

(natural kinds) 등을 산출하는 방향으로 나아가며, 언제나 그 배경을 이루는 것은 "고정된 실재"(Ames and Hall, 2001: 8)이다. 이와 대조적으로 '과정과 변화의 세계'에서는 실재가 언제나 개념과 범주를 앞지르며, 분류화는 따라서 덜 형식적이어야만 한다.

에임스에 따르면 서양에서 발생한 의미론적 세계는 다음의 고대 그리스철학에 원형을 두고 있는 네 가지로 나누어볼 수 있다.

첫째는 파르메니데스, 플라톤, 피타고라스에 연원하며, 플라톤의 '형상(idea)'의 개념에 드러나는 "형식주의(formalism)"이다. 두 번째는 텅 빈 공간에 분할할 수 없는 원자들만 존재하는 세계를 상정한 레우키포스와 데모크리토스의 "물질주의(materialism)"이며, 세 번째는 세계를 특정한 목적들에 따라 형성된 유기체들의 집합으로 보는 아리스토텔레스의 "유기적 자연주의(organic naturalism)"이다. 마지막으로는 인간의 믿음과 판단에 의해 세상이 구성되었다고 보는 소피스트의 "주의주의(volitionalism)"이다(Ames and Hall, 2001: 8-9). 에임스는 이 네 가지를 다시 앞의 세 가지와 마지막 소피스트의 "주의주의(主意主義)"로 구분하는데, 앞의 세 가지는 모두 "존재론적(ontological)" 기획인 반면에 소피스트는 근본적으로 "반존재론적(disontological)"이라는 것이다(Ames and Hall, 2001: 8). 서양철학의 전통에서 철저히 홀대되었던 소피스트의 전통과 이들의 특장이던 '레토릭(rhetoric)'이 20세기 후반 전통적인 근본주의적(foundational) 기획과 본질주의적(essentialist) 형이상학을 비판하는 포스트모던의 물결을 타고 재조명되고 부각되었다는 사실이 한편으로 소피스트 전통과 앞의 존재론적 전통의 근본적인 차이를 단적으로 드러내준다고 할 수 있다.

소피스트 전통을 제외한 서양철학의 주류에 해당되는 존재론적 전통은 각각의 존재자를 '분별적'으로 파악할 수 있다고 본다. 데모크리토스의 '원자' 개념에 가장 선명히 드러나는 존재자를 "분별성"으로 파악하는 세계관은 사태와 사물을 '객관화'시켜 파악할 수 있는 것으로 이해하며, 여기에 대응하는 일의적인 의미 포착이 가능한 언어를 상정하고, 진리란 이러한 분별적 사태와 사물에 대응하는 명제나 언어로 구성된다는 믿음을 유도한다. 또 한편으로 '영속과 정지'의 세계관은 변화무쌍한 현실은 세계의 근본적인 사태가 아니라는 의심을 품게 한다. 우리의 일상적인 경험의 세계를 넘어선 궁극적인 '실재'를 가정하게 되는 것이다. 현상과 실재의 이원론적 구분은 이러한 세계관의 필연적 결론일 수밖에 없다(Ames and Hall, 2001: 9).

이제 서양철학의 근저에 놓여 있는 '영속과 정지' 그리고 '분별성'의 존재론과 대조되는 중국의 '과정과 변화'의 존재론의 의미를 보다 자세히 살펴보자. 에임스는 '존재(Being)'가 아니라 '되어감(Becoming)'이 우선적인 세계관에서 '존재'는 언제나 다음 단계의 상태 이전에 한시적으로 주어지는 것에 불과하다는 점을 지적한다. 이는 '음양(陰陽)'이 실제로 존재하는 방식을 음은 언제나 양이 되어가고, 양은 음이 되어가는 과정으로 묘사하는 『주역』에서 단적으로 드러난다. 이런 '되어감'의 세계에서는 개체들 사이를 명확히 구분 지을 수 있는 '분별성'은 존재하지 않으며, 이와 마찬가지로 그러한 분별적 개별성에 의존하는 '객체(objects)'도 존재하지 않는다. 사물들이 끊임없이 유동하는 흐름 속으로 용해되어 흘러가는 사태만이 존재하는 세계에서는 '객체'는 존재하지 않으며, 존재하는 것은 "변화하는 과정과 사태의 연속적인 장(field) 내의 초점들(foci)" (Ames and Hall, 2001: 10)뿐이다.

에임스가 묘사하고 있는 위와 같은 '과정과 변화'의 중국적 세계관은 기실 우리가 익히 알고 있는 '기(氣)론적' 세계관이다. 에임스는 최근의 고고학적 발굴 성과와 학계의 연구를 근거로 이미 춘추시대 초기(서주西周 몰락 이후인 서기전 770년경)부터 이른바 '상관적 우주론(correlative cosmology)'이 형성되기 시작하여 지배 계층이나 식자층에 국한되지 않고 일반 대중까지도 받아들이는 세계관이 되었으며, 이러한 상관적 우주론의 핵심 개념인 기(氣) 개념이 기원전 4세기 말에서 3세기 초반 무렵에는 분명해졌다고 본다. 그는 이러한 기론적 세계관이 『중용』의 세계관의 근저에 있다고 보는 것이다(Ames and Hall, 2001: 19-20).

3) 초점과 장의 언어

에임스는 이상의 이유에서 『중용』을 번역하는 데 적절한 언어는 '과정 언어'여야 함을 강조하는데, 구체적으로는 "초점과 장의 언어(the language of focus and field)"의 사용을 주장한다. 이 언어는 세계가 어떤 확정적인 최종적 요소로 구성된 것이 아니라 과정과 사건이 계속 변화하는 '초점들'의 역동적인 상호작용의 영역이며, 이러한 초점들은 전체 '장'과 끊임없는 상호작용을 일으킨다는 사실을 충분히 반영하는 언어이다. 단순화시켜 말하자면 우리가 어떤 개물이나 사태를 지칭할 때 그것들은 시공간적으로 응축된 하나의 점과 같은 '초점들'이며, 이러한 '초점들'을 둘러싸고 있는 배경을 '장'이라고 부르는 것이다. 따라서 이러한 '초점과 장의 언어'에서는 그 어떤 확정적인 '객체'나 '사실'도 '분별적'으로 성립됨을 허용하지 않는다. 에임스는 '초점과 장의 언어'의 또 다른 측면을 "양도의 언어(a language of deference)"(Ames and Hall, 2001: 10)[10]로 설명한다.

과정 언어는 객체가 언어적 표현의 대상이라는 가정을 배척한다. 정확하게 대상을 지시하는 언어의 명시적인 의미와 서술은 "양도의 언어"로 대체된다. 이 '양도의 언어'에서는 의미들이 의미의 중요성이 바뀌는 장에 따라 다른 의미를 암시하는 동시에 서로가 서로의 의미를 양도한다(Ames and Hall, 2001: 10).

이러한 과정 언어, 구체적으로 '초점과 장의 언어' 또는 '양도의 언어'에서는 세계를 '전체와 부분'으로 표상하는 방식도 낯설고, 어떤 사태나 일의 원인으로 외부의 힘을 상정하는 '인과성'의 개념을 찾아보기도 힘들다. 과정 언어적 세계에서 "만물(萬物)"은 어떤 존재도 최종적인 "이것(this)"이나 "저것(that)"으로 환원되지 않는 "상호작용의 장(interactive field)"을 지시하며, "Cosmos"나 "World"라 부를 때 의미하는 최종적인 전체로서의 세계를 지시하지 않는다(Ames and Hall, 2001: 11). 또 이처럼 세상의 모든 것이 만 가지 사태와 과정의 서로 상호작용하는 역동적인 장으로 이해되면, 이러한

---

10 'deference'는 보통 '복종', '경의', '존경' 등으로 번역되지만, 여기서 에임스는 동사형 'defer to'가 지시하는 '결정을 누구에게 미루다 또는 맡기다'와 같이 주체가 스스로 결정하는 것이 아니라 다른 제3자에게 의사 결정을 미루거나 맡긴다는 deference의 의미를 차용하여 '과정 언어'의 특색을 설명하고자 한 것이다.

세계에서 "바깥"은 상정되지 않는다. 일반적으로 서구에서 인과성의 개념은 사태의 바깥에 '원인'을 상정한다. 다시 말해 모든 사태의 원인은 "바깥" 또는 "외부"에 있는 것이다. 하지만 "통체(統體)의 과정적인 세계에서는 모든 관계는 상관적이고 상호적으로 결정적이라는 의미에서 교환적이어서"(Ames and Hall, 2001: 11-12) 어떤 "외부적 관계"(Ames and Hall, 2001: 11)도 설정되지 않는다.

모든 관계를 외부적 행위의 결과로 환원하는 일직선적 인과성의 언어 대신에, 초점과 장의 언어는 『중용』에서 상정하는 자발적이고 상호 교호적인 관계의 복합적인 상호 연결된 장을 드러내는 데 최적화된 언어인 것이다.

4) 창조성으로서의 성

『중용』의 '성'을 '창조(성)'로 번역하고자 하는 에임스의 해석적 시도가 지닌 문맥을 어느 정도 살펴보았다. 앞서 언급하였듯이 에임스는 '성'에 대한 전통적이고 일반적인 번역어인 '온전함 또는 성실함'이나 '정성됨 또는 진정성'을 거부하는 것이 아니라 '창조(성)'가 『중용』의 인간이 참여하는 "우주적 공동 창조성"의 문맥을 가장 잘 살릴 수 있다는 논거에서 『중용』의 '성'을 '창조(성)'로 번역하고자 한다는 것을 보았는데, 이는 사실 그의 비교철학적 시각이 크게 강조되지 않아도 가능한 독법일 수 있다. 하지만 '창조성'이란 개념이 지닌 강한 서구적, 기독교적 함의는 다시 그의 비교철학적 해석학을 소환한다.

'인과성'의 개념이 외부를 상정한다면, 이러한 외부는 다시 '권력

(power)'관계를 불러온다. 영향을 주는 쪽과 영향을 받는 쪽의 비대칭적 관계가 성립하는 것이다. 그래서 전통적인 서구적 신학에서는 전지전능한 신은 모든 것을 "결정하고" "만들며" 절대적인 힘을 행사한다(Ames and Hall, 2001: 12). 그렇다면 과정적 세계에서의 '창조'란 무엇을 말하는가?

> "창조성"은 '자기실현'으로서만 성격 지어질 수 있는 개념이다. 합성된 요소들 중 어떤 요소를 다른 요소보다 더 선호함으로써 요소들 사이의 긴장을 해소하는 권력관계들과 다르게, 창조성에 의해 규정되는 관계에서는 어떤 타자도, 어떤 분리나 거리 두기도, 어떤 극복되어야 할 것도 없다(Hall, 1982: 249).

따라서 에임스의 창조성 개념은 서구의 전통적 의미의 창조성이라기보다는 중국적 세계관을 과정 철학적으로 이해하여 사용한 개념이다. 서구적 인과성에 바탕을 둔 창조성 개념은 창조를 외부의 작용을 통해 일어나는 현상으로 해석하기 때문에 '자기실현'이란 개념이 들어설 자리가 없다. 하지만 과정적 세계에서 창조는 "존재론적 동등성"(Ames and Hall, 2001: 12)을 전제하는 개념이며, 이러한 세계에서는 모든 만물이 창조의 과정에 개입한다. 창조주와 창조물의 비대칭적 관계는 존재하지 않는 것이다.

이처럼 과정 철학적 세계의 '창조성' 개념으로 '성'을 이해하게 되면, 여기서의 창조성에 대한 가장 적합한 해석은 "새로운 것의 창발적 생산(spontaneous production of novelty)"(Ames and Hall, 2001: 13)이라 할 수 있게 되며, 이러한 해석적 지평에서 성은 자기실현을 통해 스스로를 새롭게 창조하는 동시에 '생생(生生)'하는 세계의 과정에 인간이 공동 창조자로 참여하는 것을 묘사하는 개념으로 이해될 수 있는 것이다. 다음이 『중용』 25장에 대한 에임스의 번역이다.

창조성[誠]은 스스로 완전하게 이루는 것이요, 그 방식은 스스로 결정한다. 창조성은 시작에서부터 끝까지의 전 과정이며, 창조성 없이 어떤 사태도 없다. 그러므로 모범적인 인물[君子]은 창조성을 귀하게 여기는 것이다. 창조성은 스스로 자기만을 완전하게 이룰 뿐 아니라, 사태를 완전하게 이루게 한다. 자기를 완전하게 이룸은 '권위가 부여된 행위(authoritative conduct[仁])'요, 다른 사태를 완전하게 이루어주는 것은 지혜[智]이다. 이것이 사람의 자연적 경향성[性]의 탁월함[德]이며, 보다 내적인 것과 보다 외적인 것을 통합하는 방식이다. 그러므로 이러한 탁월성을 적용할 때마다 그것은 언제나 적합하다. Creativity is self-consummating, and its way is self-directing. Creativity is a process taken from its beginning to its end, and without this creativity, there are no events. It is thus that, for exemplary persons, it is creativity that is prized. But creativity is not simply the self-consummating of one's own person; it is what consummates events. Consummating oneself is authoritative conduct; consummating other events is wisdom. This is the excellence of one's natural tendencies and is the way of integrating what is more internal and what is more external. Thus, whenever one applies this excellence, it is fitting(Ames and Hall, 2001: 106).[11]

4. 나가는 말

에임스가 '성'을 '창조성'으로 번역한 것은 단순한 번역의 문제가 아니라 근본적인 '비교철학적' 문제의식의 발로였음을 확인하였다. 한편으로 '성'에 대한 일반적인 번역, 즉 '성실함', '정성됨' 등이 드러내지 못하는 『중용』 고유의 우주론적인 지평과 인간을 천과 대등한 존재로 상정하는 발상을 포착하는 데에는 '창조성'이라는 번역어가 나름의 공헌을 한다는 사실을 인정할 수 있을 것 같다.

하지만 이러한 에임스의 비교철학적 기획은 이미 학문 세계의 영역이나 생활 세계의 영역 할 것 없이 서구적 언어에 의해 포획당하고 있는 우리의 실정에 또 다른 혼돈을 불러일으킬 개연성도 있다. 우리가 '창조'나 '창조성'이란 용어를 접할 때, 우리는 과정 철학적 맥락이나 동아시아 고유의 문맥에서 이 개념을 사유하는 것이 아니라 '내부 바깥의 외부의 어떤 것'에 의해 '창조됨'을, 곧 서구적 사유를 별 저항 없이 떠올릴 것이기 때문이다.

서구를 번역함으로써 근대를 맞이한 이른바 '번역된 근대(translated modernity)'를 살고 있는 우리의 실정을 고려한 보다 정교한 문제의식을 통해 동양의 고전에 대한 학문적 번역 작업이 수행되어야 할 것이다. 그리고 그러한 작업에서 에임스의 작업을 타산지석으로 활용하는 것이 우리가 그의 작업을 균형감 있고 의미 있게 활

---

11 誠者, 自成也, 而道, 自道也. 誠者, 物之終始. 不誠, 無物. 是故, 君子誠之爲貴. 誠者, 非自成己而已也. 所以成物也. 成己仁也. 成物知也. 性之德也, 合內外之道也. 故, 時措之宜也(『中庸』).

용하는 길일 것이다.

참고 문헌

『大學集註』, 『孟子正義』, 『孟子集註』, 『說文解字注』, 『荀子』, 『中庸集註』

안영탁, 2014, 「『中庸』과 『孟子』에 나타난 道德的 人性論에 대한 硏究」, 성균관대학교 박사 학위논문.

에임즈, 로저, 2005, 『동양철학, 그 삶과 창조성』, 장원석 옮김, 성균관대학교 출판부.

Ames, Roger T. and David L. Hall, 2001, *Focusing the Familiar — A Translation and Philosophical Interpretation of the Zhongyong*, Univeristy of Hawaii Press.

Cua, Anthony S., 2012, *Encyclopedia of Chinese Philosophy*, Routledge.

Hall, David, 1982, *The Uncertain Phoenix*, Fordham Univeristy Press.

Plaks, Andrew, 2003, *Ta Hsueh and Chung Yung(The Highest Order of Cultivation and On the Practice of the Mean)*, Penguine Books.

Shun, Kwong-loi, 2012, "Cheng(Ch'eng): Wholeness or Sincerity", *Encyclopedia of Chinese Philosophy*, Routledge, pp. 37-38.

동양철학에 있어 창조의 변증법

나성

1. 오리엔탈리즘

한동안 식자층에서 회자되었던 "오리엔탈리즘"이라는 술어는 에드워드 사이드(Edward Said, 1935-2003)가 지은 동명의 저서에서 유래했다. 이 책에서 사이드는 오리엔탈리즘을 다의적 개념으로 사용하고 있다. 첫 번째 의미는 "동양학" 또는 "동양에 대한 연구"쯤으로 번역될 수 있는 학문 일반을 말한다. 둘째는 서양과의 대비에서 본 동양의 독특한 존재론적, 인식론적 사고 스타일을 의미한다. 셋째는 이 술어가 진정으로 표출하고자 하는 것으로, 지나간 세기들에서 특별히 구체화된 동양에 대해 서양이 갖고 있던 태도, 즉 동양을 자신들의 눈으로 이해하고 재단하여 서양의 가치관에 종속시키려는 서구의 고압적인 사고방식을 의미한다.

중국에 대한 서양의 학문적 입장도 이 세 번째 의미의 오리엔탈리즘을 벗어나지 못했다. 막스 베버(Max Weber, 1864-1920)는 이러한 오리엔탈리즘의 선봉에 서서 중국 연구에 대한 현대적 방법론의 효시가 되는 영예를 갖는다. 베버가 사용한 고유의 방법론은 이념형(Ideal Type)이다. 이념형은 어떤 현상의 가장 보편적인 부분을 추출하여 모델화한 것으로서, 이 추상적 모델을 비교의 기준으로 사용할 때 실제 세계의 측면들을 더욱 분명하고 체계적으로 볼 수 있다. 1904-1905년에 걸쳐 출판된 그의 저서 『프로테스탄트 윤리와 자본주의 정신(Protestant Ethic and the Spirit of Capitalism)』에서 표출된 "프로테스탄트 윤리"가 바로 이념형의 구체적 실례이다.

베버는 가톨릭 사회와 청교도 집단의 비교 관찰을 통해 종교적 태도와 경제적인 여유 사이에 상관관계가 있음을 발견했다. 내재적 신성을 추구하는 가톨릭 사회는 경제적으로 빈곤한 데 반해, 초월적 신성을 추구하는 청교도는 경제적으로 윤택한 생활을 영위한다는 사실의 근거에 루터(Martin Luther, 1483-1546)가 주장하는 소명(召命, calling)과 칼뱅(Jean Calvin, 1509-1564)의 예정론이 자리 잡고 있다고 생각한다. 이것이 바로 그가 말하는 개신교 윤리이다. 예정론이란 초월자의 절대주권을 강조하여 현재의 상태가 그의 명령의 결과라고 가정하는 생각이다. 한편 소명이란 자신의 일을 "초월자의 부르심"으로 간주하는 것으로서, 개인에게 부과된 이 의무의 성취가 물질적, 영적 보상으로 이어진다는 생각이다. 이러한 이념형을 다시 분석하면, 우리는 그것의 심층에서 일련의 긴장이 작동함을 발견하게 된다. 다시 말해 먼저 개신교도의 내면에 자리 잡은 선악 간의 도덕 투쟁이라는 긴장이 있고, 그 긴장이 초월자의 부르심을 계기로 외부로 동력화하면서 일터인 세상과의 관계에서 또다시 긴장이 발생한다는 것이다. 결국 베버가 상정하는 개신교 윤리의 요체는 긴장이며, 초월자의 부르심에 의해 추동되는 이 긴장의 결과로 자본의 축적과 자본주의가 가능했다는 요지이다.

베버는 『중국의 종교: 유교와 도교(Religion of China: Confucianism and Taoism)』[1]에서 이러한 가설을 중국의 종교에 적용하여 그 타당성의 입증을 시도한다. 베버는 유교와 청교도 정신(puritanism)을 비교하여 그 유사성과 차이점을 제시한다. 양자는 모두 자기통제와 절제를 중시하며 부의 축적을 반대하지 않는데, 이러한 성질들은 모두 각자의 최종 목표를 위한 수단이 된다는 공통점이 있음을 지적한다. 그러나 바로 여기에서 극복할 수 없는 차이가 발생한다고 베버는 말한다. 유자의 목표는 "교양 있는 사회적 신분"에 있지만, 청교도의 목표는 "신의 도구(tool)"가 되는 것이다. 따라서 유자는 순전히 차안적이고 형이상학적 관심을 결여한 채, 현실 세계를 최상으로 여긴다. 그 결과, 유자의 도덕적 이상과 현실 사이에는 긴장이 결여되고, 윤리적 요구를 제기하는 초월적 신의 윤리적 예언이 없었던 관계로 세상과의 긴장도 발생하지 않았다고 베버는 생각한다. 아울러 강렬한 내적 투쟁과 그것이 외적으로 표출되는 행위에서의 열성도 청교도와는 달리 유자에게는 결여되었다는 것이다. 베버는 결국 이러한 차이가 중국을 정체된 사회로 만들었고, 그 결과 자본주의가 발달할 수 있는 토양을 상실하게 되었다고 진단했다.

---

[1] 원저는 *Konfuzianismus und Taoismus*로 1915년에 출판되었으며, 그의 사후 부인에 의해 개정판이 간행되었다.

베버에 이어 중국에 대한 이러한 부정적 평가를 반세기 만에 다시 확인시켜준 학자가 있었으니, 그가 바로 조지프 레븐슨(Joseph Levenson, 1920-1969)이다. 레븐슨의 방법론을 이해하기 위해서는 역사주의(historicism)의 이해로부터 시작하는 것이 좋을 것 같다.

역사주의는 사회현상의 본질을 자연주의적, 초역사적인 것으로 이해하는 것을 배제하고 시간, 장소, 지역적 조건 등의 특별한 사회적 맥락을 중시하는 사유 방법을 말한다. 이에 따르면 모든 사상(事象) 또는 역사는 이러한 요소들에 의해 생성, 발전, 소멸하는 것으로 이해된다. 따라서 모든 발전을 설명하는 데에 불변의 근본 원리를 상정하는 환원주의나 역사의 변화를 우연의 결과라고 생각하는 입장을 거부한다. 역사주의는 모든 현상이 역사성을 지니며 따라서 역사적 제약을 벗어날 수 있는 현상은 존재할 수 없다고 생각한다. 역사주의는 인간도 자신의 존재 근거와 방향을 역사적 사고를 바탕으로 역사적 차원에서 찾을 것을 제안한다. 결국 역사주의에 따르면 인간의 모든 사고와 행동은 역사적 조건의 지배를 받으며 그 존재 방식은 주체가 아니라 인식의 대상인 역사적 객체이다.[2]

레븐슨은 유대인이며 강렬한 유대적 정체성을 가졌다. 그가 역사주의적 관점을 가진 것은 민족의 이산(diaspora)을 경험한 유대 후예로서의 경험과 밀접한 관계가 있다. 아울러 그가 군에서 제대한 후, 1946년대의 시점에서 중국으로 연구 방향을 전환한 것도 자

---

[2] 따라서 니체(F. Nietzsche) 등은 역사주의가 인간의 주체성과 창조력을 간과할 위험이 있다고 비판했고, 포퍼(Karl Popper)는 역사주의의 뿌리에 결정론(determinism)과 전체론(holism)이 자리 잡고 있다고 경고했다.

신의 뿌리에 대한 역사의식에 기초한 동질감과 관련이 있을 것이다.[3] 이러한 역사주의적 배경하에서 레븐슨은 문화나 사상이 아니라 역사적 맥락 속의 인간을 관심의 대상으로 삼는다. 그가 제창한 방법론인 "인간에 대한 생각(men thinking)"은 이것을 일컫는다. 그러나 그가 특별히 선호하는 대상은 인간 일반이 아니라 "딜레마"에 빠진 인간이다. 그것도 역사적 조건의 딜레마 속에서 "생각하는 인간", 더 정확히는 고뇌하는 인간이다. 따라서 그의 men thinking은 thinking men으로 치환할 수 있다. 더 자세히 말하자면 그는 문화의 충돌이라는 상황에서 자신의 "지적 연속성(intellectual continuity)"을 둘러싸고 고뇌하는 사람의 딜레마를 대상으로 삼는다. 누구나 자신의 역사와 그 가치에 애착을 갖는다. 전자에 대한 것이 감정적인 것이라면 후자에 대한 것은 지성적인 것이다. 이 경우 역사와 가치 사이에는 등식이 성립한다. 그러나 다른 문화와 충돌할 때, 그 등식은 깨어진다. 이것이 딜레마의 상황이다. 따라서 레븐슨은 men thinking의 세부 내용으로 "역사(history)"와 "가치(value)", 또는 "*meum*(what is mine)"과 "*verum*(what is true)"의 갈등을 상정한다. 이러한 관점하에서 레븐슨의 시야에 포착된 인물이 바로 량치차오(梁啓超, 1873-1929)이다. 그는 량치차오를 박사 학위논문의 주제로 정하고, 이 논문을 1953년에 『량치차오와 현대 중국의 심리(Liang Ch'i-ch'ao and the Mind of Modern China)』라는 단행본으로 출판한다.

---

[3] 대학에서 유럽사를 전공한 레븐슨은 해군 일본어 학교에서 일본어를 배운 후 제2차 세계대전에 참전한다. 제대 후 그는 1946년에 중국으로 관심을 바꿔 하버드 대학교 대학원에 진학한다. 우리는 일본어를 공부하고 중국으로 관심을 전환한 동일한 경우를 그레이엄(Graham)과 슈워츠(Schwartz)에게서도 볼 수 있다.

량치차오는 중국 개화의 전야(前夜)에 활동했던 중국의 대표적 지성의 한 사람이었다. 그는 학자, 저널리스트, 그리고 정치가로서 변신을 거듭했다. 이 책에서 레븐슨은 량치차오가 처한 이상과 현실의 갈등 구조의 심리적 상태의 변화를 세 단계로 나누어 설명하면서 역사와 개인 사이의 상호작용에 주목한다. 그는 역사적 분석을 통해 량치차오의 생각을 설명하고 또 량치차오의 생각 속에 드러난 것을 가지고 역사를 조명한다. 이러한 상호작용 속에서 레븐슨은 량치차오의 생각에 많은 "불일치"가 있음을 발견한다. 이러한 모순은 논리적인 성질의 것이 아니다. 이것은 개인적인 필요에 의한 것으로 량치차오의 심리적 갈등 구조를 반영하는 것이다. 레븐슨은 바로 이 점에서 이 불일치들은 역설적으로 합리적이며 아울러 역사적인 가치를 갖는다고 주장한다. 레븐슨은 량치차오의 이러한 불일치적 모순들을 "애국적 정신분열증(patriotic schizophrenia)"이라고 부른다.[4]

레븐슨의 이러한 방법론을 개인이 아닌 전체로서의 중국 역사의 연구에 적용한 책이 바로 1958년에서 1965년에 걸쳐 3부작으로 출판된 『유교 중국과 그 현대적 운명(Confucian China and Its Modern Fate)』이다.

"운명"이라는 말로 암시하듯이, 중국 근대사에서 어떤 종류의 긴장이나 그 힘에 의해 유지되는 역사의 연속성도 파악하지 못한 레

---

[4] 이 책에 대한 학계의 최초의 반응은 냉담했다. 그러나 방법론의 창조성으로 인해 점차 호평을 받게 되었다. 량치차오에 대한 레븐슨의 시각을 비판, 보정하는 책으로 Hao Chang(1971)이 있다.

분슨은 바로 이러한 결여로 인해 제국 중국은 멸망할 수밖에 없었다는 견해를 피력한다. 레븐슨의 논리를 소개하자면 다음과 같다.

먼저 레븐슨은 청대에 기학(氣學)이 이학(理學)을 비판한 것을 서양에서의 관념론과 경험론 사이의 갈등 구조와 비교한다. 하지만 서양에서는 아우구스티누스(St. Augustinus, 354-430)의 관념론을 비판한 사상으로 아벨라르(Pierre Abélard), 1079-1142)의 유명론과 베이컨(Francis Bacon, 1561-1626)의 귀납적 경험론이 있으나 중국 청대의 기학에는 유명론적 비판만 있을 뿐 귀납적 경험론이 결여되어 있기 때문에 중국에서는 자연과학이 발달할 수 없었다고 레븐슨은 진단한다.

다음으로 레븐슨은 중국의 회화사(繪畵史)를 고찰하여 중국에서는 아마추어 정신에 입각한 문인화(文人畵)를 중시한 사실을 중요하게 본다. 그는 직업 정신이 결여된 이러한 아마추어리즘은 서양 근대의 프로페셔널리즘이 도전해 왔을 때 붕괴될 수밖에 없었다고 주장한다.

체용(體用)은 주희(朱熹)에게 있어서 한 사물의 두 측면을 나타내는 관계 술어이지만, 장지동(張之洞)은 이 체용을 분리시켜 중국을 체로 서양을 용으로 규정했다. 그리고 여기에 근거해 그는 체인 중국이 용인 서양보다 우월하다고 주장하였다. 하지만 실제적 가치에 있어서는 그 반대였다. 따라서 장지동의 도식은 성립할 수 없었다는 것이 레븐슨의 주장이다.

중국에서는 전통적으로 관료권과 왕권 사이의 긴장이 중국 역사를 이끌어왔다. 그러나 이것이 태평천국의 난으로 인해 깨어졌다. 레븐슨은 중국은 이러한 이유들로 인해 멸망할 수밖에 없었다고 진단한다. 결과적으로 레븐슨은 중국 역사에서는 제국 시대와 근대 사이에 심각한 역사적 "단절"이 불가피했다는 견해를 개진한다.

레븐슨은 자신의 책에서 지식의 모든 분야를 망라하여 자신의 해박함을 토대로 중국과 서양을 비교하며 그 역사적, 문화적 차이점들을 분석한다. 그의 이러한 저작 태도는 "지식의 교향곡"에 비교되기도 하며, 그 누구도 그가 이룬 중국 지성사 연구의 업적들을 능가할 수 없다(couldn't be better)는 점과 그가 천수를 다하지 못하고 일찍 타계한 점에서, 그를 음악계에서의 모차르트의 위상에 비교하여 "모차르트 같은 역사가(The Mozartian Historian)"라고 부른다 (Meisner, Murphey, 1976). 결과적으로 레븐슨은 자신의 창조적 방법론을 통해 중국 역사를 하나의 지역사가 아닌 인간의 보편적 역사의 지평으로 끌어올리는 공헌을 하게 되지만, 그에 의해서 진단되는 중국 역사에서는 단절과 정체의 성격을 지울 수 없었다.[5]

"단절"로서의 중국 역사를 주장하는 레븐슨의 견해는 "긴장의 결여에 의한 정체"로 중국 사회를 해석하는 베버의 입장과 상호 공조 체계 속에 있었다. 공조 관계를 형성한 두 입장은 적어도 60년대까지는 중국의 역사와 문화를 해석하는 난공불락의 기정사실이었다. 그러나 이른바 "철의 장막"의 붕괴 후 중국에 대한 연구열의 폭발,

---

5 최근 구미에서 활동하는 중국계 학자들(Madeleine Yue Dong, Ping Zhang)에 의해 레븐슨의 학문을 옹호하는 새로운 견해가 발표되었다. "Joseph Levenson and the possibility of dialogic History(조지프 레븐슨과 대화적 역사의 가능성)"라는 논문에서 저자들은 레븐슨의 학문이 유럽 중심적, 오리엔탈리즘적이라는 비판을 반박한다. 저자들은 현대 중국 역사에 대한 레븐슨의 분석에는 제3의 차원인 유대교, 즉 유대 전통의 이해가 중심 역할을 하고 있다고 주장하며, 그의 역사 방법론을 "대화적 역사"라고 명명한다(Madeleine Yue Dong, Ping Zhang, 2014).

유교적 가치관을 사회 이념의 일부분으로 갖고 있는 일본의 성공적인 산업화, 그리고 70년대에 이르러 두각을 나타내기 시작한 이른바 "유교 문화권"에서의 산업화로 인해 베버와 레븐슨의 공조 체계는 그 타당성의 한계를 보이기 시작하였다. 이러한 베버-레븐슨 공조 이론에 도전한 학자가 있었으니 그가 토머스 메츠거(Thomas A. Metzger, 1926-)이고, 그 책이 『곤경의 탈피(Escape from Predicament)』(메츠거, 2014)이다.

2. 수정 오리엔탈리즘

메츠거의 책을 한마디로 정리하자면, "한자를 아는 베버가 한자를 모르는 베버를 비판한 책"이다. 그러나 양자 사이에는 한자의 이해 여부 외에도 엄연한 차이가 존재한다. 이 책의 근본 목적은 중국 근대화의 동력을 설명하는 것이다. 물론 제국적 중국과 중국 공산주의 체제의 연속성에 대한 연구는 이전에도 있어왔다(Schwartz, 1979). 메츠거의 책은 중국 문화와 역사의 "연속성"을 그 속에 내재하는 "긴장"이라는 통시적인 틀 안에서 설명하며 아울러 이것을 통해 근대화의 동력을 설명하려는 것이다. 이 목적을 위해 메츠거는 중국인의 심층 심리(depth psychology)라는 이념형(ideal type)을 대전제로 한다. 나아가 그는 이러한 중국인의 심층 심리를 천착하는 도구로써 신베버주의, 인문주의, 인류학, 행동주의, 지성사의 다섯 가지 방법론을 동원한다. 한편 그가 이 책의 전체적인 개념적 틀을 수립하는 데 결정적인 도움을 받았으나 그것을 결코 드러내놓고 밝히지는 않는 책은 제임스 류(James T. C. Liu, 劉子健)의 『중국 송나라의 개혁: 왕안석과 신법(Reform in Sung China: Wang An-shih(1021-1086) and His New Policies)』이다(Liu, 1959). 우선 메츠거는 중국인의 심층 심리에 자리 잡고 있는 긴장을 천착한다.

일반적으로 우리는 중국인은 권위에 약하다고 평한다. 그래서 중국인의 성격에 쉽게 의존적, 수동적, 순종적이라는 부정적 혐의를 씌운다. 메츠거는 중국인을 누르고 억압하는 이 권위의 정체를 추적하여, 이것이 결국에는 우주에 투사된 자기 자신이라고 주장한다. 다시 말해 중국인은 자기 자신에게 가위눌려 지냈다는 것이다. 이로써 메츠거는 중국인의 심리에는 우주적, 권위적 자아와 세간적, 순종적 자아 사이에 긴장이 존재한다고 주장한다.

제임스 류는 위의 책에서 왕안석의 개혁, 즉 신법(新法)을 다룬다. 그는 왕안석의 신법이 실패함으로써 중국인에게는 더 나은 세상을 건설한다는, 외부 현실 세계에 대한 희망이 사라져버렸고, 이에 지성인들은 관심을 내면으로 돌릴 수밖에 없었으며 결과적으로 송명 철학이 발전하는 계기가 마련되었다는 이론을 펼친다.[6] 이 이론에 편승해 메츠거는 중국 송명 시대 사대부들의 수양론을 둘러싼 심층 심리를 더욱 생생하고 풍성하게 만든다. 일반적으로 유학에서의 악(惡)은 그 실재성이 선(善)보다 약한 것이 사실이다. 악은 거울에 앉은 먼지와 같아서 불면 사라지는 우연적 존재라는 것이 흔한 비유적 설명이다. 그러나 메츠거의 설명에 따르면 신유가

---

[6] 제임스 류는 나중에 이 부분에 초점을 맞춰 *China Turning Inward: Intellectual-Political Changes in the Early Twelfth Century*(Liu, 1988)라는 책을 출판한다.

들은 사생결단의 심정으로 악의 문제에 매달렸다. 메츠거의 설명을 읽으면 혹시 기독교에 대한 설명이 아닐까 하는 착각마저 들 정도이다. 결국 메츠거는 탁월한 설득력으로 신유가의 심성론에서 선악 사이의 긴장을 역동적인 것으로 설명하는 능력을 발휘한다.

송명 시대에 있었던 이러한 긴장의 계기를 입증한 메츠거는 나아가 이 긴장을 청대의 관료 제도 속에서도 발견한다. 그가 고안한 근신 윤리(probationary ethic)가 바로 그것이다. 외견상 청대 관료 제도는 병리적이고 정체적인 것으로 보이지만, 사실 그 속에 긴장의 역동성이 있었다는 것이 그의 지론이다. 청대의 관료는 유학자로서 기본적으로 사기(士氣)를 갖고 있었다. 사기란 황제의 면전에서도 적절한 예의를 요구할 정도로 당당한 도덕적인 자존심이다. 그러나 관방(官方) 문헌 속에 투영된 관료들은 실제로는 온갖 부정을 일삼으며 징계에 전전긍긍할 정도로 팽배한 악의 지배 아래에서 생존을 모색하던 소인적 존재들이다. 메츠거는 선악의 투쟁과 긴장으로 상징되는 이러한 근신 윤리가 청대 관료 제도를 지탱했다고 주장한다.

높이뛰기에서 더 높이 올라가기 위해서는 강력한 도움닫기가 필요하듯이, 지금까지의 설명은 메츠거의 결론 도출을 위한 준비 단계였다. 이처럼 풍성하고 역동적인 중국인의 마음[心]은 시간이 경과하며 깊은 병에 걸린다. 외세, 특히 서양의 자연과학과 사상의 조류가 밀려오고 청조 내부의 정치적 무능의 난맥상이 노골화하고 심화하면서, 한때 신적인 위상을 누렸던 중국인의 마음은 역동성을 상실한 채 치유 불능의 불임(不妊) 상태에 빠지게 된다. 이것이 바로 메츠거가 말하는 "곤경(predicament)"이다. 이 상황에서 서구에서

들어온 문물이 왕안석의 개혁 실패 이후 까맣게 잊혔던 외부 세계의 개혁에 대한 희망과 가능성의 불씨를 지폈다. 절망의 강도와 깊이만큼이나 강력하고 신속하게 중국인들은 외래의 구원을 붙들었고, 이것이 결국 중국 근대화의 동력이 되었다는 것이 메츠거의 가설이다.

요점을 다시 정리하자면 "문화의 융합은 이차선 도로"라고 한다. 문화 융합의 핵심은 수용 집단이 주어진 요소들에 어떤 반응을 취했는가에 달려 있다는 말이다. 다시 말해 제국의 붕괴 이후 중국이 자신만의 특정한 집단주의를 채택하고, 성공할 수 있었던 비결은 전통문화가 있었기 때문이라는 것이다. 메츠거는 서구의 문화가 만일 중국의 유구한 문화의 정향(定向)들과 맞물리지 않았다면 주어진 서구의 이념은 뿌리내릴 수 없었다고 설명하여, 양자 사이에 상호 의존의 긴장이 있음을 시사한다.

출판되자마자 이 책에 대한 반응은 극명한 이분법으로 갈렸다. 메츠거의 이론은 역사학자들과 송명 철학의 연구자들로부터 맹렬한 공격을 당한다. 그들의 비판의 핵심은 메츠거의 견해에 과장과 왜곡이 있다는 것, 결론을 미리 내리고 논리를 꿰어 맞췄다는 것, 동양에 대해 우호적인 척하지만 결국 그도 서구의 지적 제국주의(intellectual imperialism)라는 큰 틀을 벗어나지 못했다는 것, 송명 철학에 대한 그의 이해가 상식적 근거를 결여한다는 것 등이다.[7] 결국 메츠거의 책은 미녀가 야수를 천년의 잠에서 깨워준다는 "미녀(서구)와 야수(중국)"라는 현대판 서구 영화의 주제에 불과하다는 것

---

[7] *Philosophy East & West*, Vol. 28, No. 4, 1978 및 *Journal of Asian Studies*, Feb. 1980 참조.

이다.

그러나 메츠거의 가설은 그리 오래가지 못했다. 그의 이념형 가설에 타격을 가한 것은 적극적인 반론이 아니라 오히려 일본의 근대화에 대한 연구였다.

일본은 메이지유신(明治維新)이라는 분명한 근대화의 시점을 가지고 있다. 메이지유신은 쿠데타를 통해 봉건적 막부(幕府)를 전복시키고 구체제에서 명목상의 지도자에 불과했던 황제의 권위를 되찾자는 일본판 "존왕양이(尊王攘夷)" 운동이었다. 그러나 결과적으로 실권은 황제가 아니라 무사 계급 출신들이 잡게 되었고, 그들은 대규모 파견단을 구미로 보내 개혁을 실시했다. 이 과정에서 충성과 절제라는 무사 계급의 봉건 윤리가 사회의 모든 계급에 파급되어 근대 기업 문화를 탄생시켰으며, 산업 경제와 자본주의의 발흥에 영향을 미쳤다. 우리가 여기에서 얻을 수 있는 결론은 근대화가 반드시 서구화는 아니라는 것이다. 다시 말해 근대성은 다중적(multiple)이라는 사실이다.

이 책은 이 외에도 많은 심각한 문제를 가지고 있다. 아이디어가 앞서다 보니 너무 많은 것들을 희생시켰다. 메츠거는 신유학의 심성론을 근본적으로 오해하고 있다.

원래 느낌(feeling, 感)이란 "의식 또는 분명치 않은 인식"을, 감정(emotion, 情)은 "구체적 감정들을 경험하는 정의적 의식 상태"를, 그리고 sentiment는 "앞선 느낌이나 감정의 영향을 받은 순화된 감정이나 생각"을 의미한다. 그렇다면 중국 성리학의 핵심 개념인 성(性)과 정(情)은 어떻게 옮겨야 할까? 저자는 "심통성정(心統性情)"을 "the mind controls the heaven-conferred nature and the feeling"이라고 번역하여 성을 추상적 개념으로, 정을 "느낌(feeling)"이라고 이해함을 보여준다.

　신유학자들이 이해했던 성은 추상적 개념이 아니라 아주 친근한 인간 내면의 생명 현상이었다. 따라서 그들은 성의 요체가 생의(生意)라고 생각했고 또 여기에는 지각(知覺) 능력이 있다고 생각했으며, 이 모든 성격을 한마디로 요약하여 인(仁)이라고 특징지었다(정명도의「식인설(識仁說)」). 이러한 것은 수양론에도 잘 나타나 있다. 주자는 선불교 좌선(坐禪)의 영향을 받은 것이 분명한 정좌(靜坐)의 구별성을 설명하면서, 좌선은 죽은 것인 데 반해 정좌는 살아 있는 것이라고 역설한다. 그 이유는 좌선은 멸진정(滅盡定, 지각과 느낌의 소멸)을 목표로 하지만, 정좌는 미발의 지각 상태에 초점이 있기 때문이다. 다시 말해 미발의 성은 의식 또는 막연한 인식의 상태이고, 이발의 정은 이 지각이 대상과 접해 감정이 발현한 상태인 것이다. 따라서 성은 "느낌(feeling)"으로, 정은 "감정(emotion)"으로 옮겨야 옳았다. 여기에서 우리는 성리학의 핵심 사안이 현대 심리학과도 통할 수 있는 보편 철학의 가치를 확인할 수 있다.

　결국 "두 마리의 토끼"를 다 잡은 듯한 메츠거의 이론은 일본의 근대화론으로 한계를 드러낸다. 일본의 경우, 근대화와 자본주의를 가능케 한 근간은 사무라이 정신이다. 일본의 경우는 근대화가 바로 서구화가 아니라는, 더 나아가 자본주의의 성립이 반드시 베버식의 이념형으로만 가능한 것이 아니라는 사실을 시사한다. 따라서 메츠거의 대전제, 중국 근대화의 동력이 베버식 이념형에 있다는 가설은 정당성을 상실했다. 하지만 중국 역사에 긴장과 연속성이 존재한다는 가설만은 현재 인정되고 있다.

3. 자발적 오리엔탈리즘

서구 이론의 직접 적용이나 수정 적용에 관한 이러한 한계를 보면서, 이제 펑유란(馮友蘭, 1895-1990)의 『중국철학사』를 검토의 대상으로 삼을 차례가 되었다. 나는 이 책에 나타난 펑유란의 방법론의 성격을 주저 끝에 "자발적 오리엔탈리즘"이라고 부르기로 했다. 자발적 오리엔탈리즘이란, 아무런 폄하의 의도 없이, 동양인이 스스로 동양의 해석에 서양의 이론을 적용하는 태도를 말한다. 즉 남의 이론을 빌려 자신의 문화를 설명하려는 태도를 가리킨다. 문화의 "신탁통치"라고나 할까? 중국철학의 이해에 엄청난 영향을 미치게 되는 이 책은 하지만 1934년(영문판은 1952-1953년)에 출판된 이래 중국 국내에서는 극복의 대상으로, 국외, 즉 서양에서는 권위의 대상으로 자리매김해왔다.

이 책에서 논란의 대상이 되는 부분은 두 가지이다. 우선은 중국철학의 기점에 관한 문제이다. 이 책은 1927년 펑유란이 옌징(燕京)대학에서 중국철학사 강의를 위촉받은 것을 계기로 탄생했다. 당시는 5.4운동의 실증적 정신이 여전히 위력을 발휘하던 때라 의고(擬古)와 변위(辨僞)는 시대정신이었다. 이 결과 중국 최초로 중국철학사를 저술한 후스(胡適, 1891-1961)는 1919년에 출판된 자신의 『중국철학사대강中國哲學史大綱』에서 노자, 공자를 중국철학의 기점으로 삼았다. 이와는 달리, 공자를 기점으로 삼은 펑유란은 공자 철학의 합리적 특성을 부각시키기 위해 공자 이전 시대를 원시 종교철학의 시대로 상정하고 대비시켰다. 이러한 과정에서 펑유란은 은연중 신화적 사고에서 이성의 사고로 전환하는 서양철학사의 모식을 따르고 있다.

다음은 송명 철학, 즉 신유학에 관한 부분이다. 이 부분의 완성에 지대한 영향을 끼친 것은 자신이 컬럼비아대학에 유학 중 접한 신실재론(neo-realism)이었다고 펑유란은 고백한다. 그가 신실재론의 영향을 받은 것은 이미 알려져 있었으나 자세한 내용은 알 수 없었던 것이 그간 학계의 사정이었다. 이 점에 대해 그의 자서전은 귀한 정보와 자료를 제공해준다(펑유란, 2011: 389-423). 펑유란은 "잠존(潛存, 잠재 존재, subsist)"이라는 용어로 신실재론을 설명한다. 그가 설명하는 잠존이란 "존재하지 않지만 그렇다고 해서 아주 없다고 말할 수도 없는 것"이다. 펑유란은 이것의 예로 비행기와 그 리(理)를 든다. 그는 아직 비행기가 발명되기 전에 있어 그 리는 있는 것도 아니지만 아주 없는 것도 아니라고 설명한다. 즉 그 리는 잠존한다는 것이고 이것이 그의 신실재론의 요체인 것이다. 펑유란은 송명 철학, 더 정확히 말해 주자의 리 개념의 성격이 바로 잠존이라고 확신한다. 이러한 확신은 아마도 그에게 "사상은 동서양으로 나뉘지 않는다"라는 동서 회통의 신념을 심어주기에 이른 것 같다.[8] 이러한 이해 아래에서 펑유란은 송명 철학을 리학·기학·심학의 정립(鼎立) 관계로 산뜻하게 정리한다. 하지만 그의 이 산뜻함은 중국 내부에서 끈질긴 비판과 극복의 대상이 된다.[9]

---

[8] 이 표현은 실제로 그의 자서전 제2부 4장에 나오는 중간 제목 중 하나다.
[9] 모우쭝싼(牟宗三, 1909-1995)은 『心體與性體』에서 송명 철학이 주염계(周廉溪)-장재(張載)-정호(程顥)-호굉(胡宏)-유종주(劉宗周), 육상산(陸象山)-왕양명(王陽明), 그리고 정이천(程伊川)-주희의 계통으로 구성된다고 주장하는 한편, 라오쓰광(勞思光, 1927-2012)의 『新編中國哲學史』는 송명 철학을 단일 계통으로 설명한다.

4. 보편주의

이러한 서구 본위 및 서구 지향의 모든 형태의 방법론의 한계를 일찍이 통찰한 학자가 있었으니, 그가 바로 슈워츠(Benjamin Schwartz, 1916-1999)이다. 정확히 말해 그가 방법론을 반대하는 이유는 모든 방법론의 적용에 필연적으로 개입하는 비대칭성 또는 불평등성 때문이다. 왜냐하면 방법론은 항상 규정자, 지배자의 위상을 차지하기 때문이다. 슈워츠는 모든 문화 교차적인 지성적 기획과 시도에서 중요한 것은 기본적인 접근 태도라고 생각한다. 슈워츠가 주장하는 이러한 기본 태도가 바로 "보편적 인간(universal humans)", 즉 인간의 보편성이다. 펑유란이 터득한 "사상은 동서양으로 나뉘지 않는다"라는 동일성의 깨우침이 겉으로 드러난 표피적인 같음에 관한 것이라면, 슈워츠의 보편성은 심층적 뿌리에서의 같음에 관한 것이다. 이러한 입장에서 그가 쓴 책이 바로 1964년에 출판된 『부강을 찾아서: 옌푸와 서구(In Search of Wealth and Power: Yen Fu and the West)』이다.

제목이 암시하듯이 이 책은 옌푸(嚴復, 1854-1921)와 서구의 만남에 관한 것을 내용으로 한다. 옌푸는 조부와 부친이 모두 의사였던 유복한 가정에서 태어났으나, 부친의 별세 후 몰락한 가세로 인해 전통적 관료의 길을 포기하고 13세에 양무(洋務, 서양학)로 전향하여 중국 최초의 해군학교(福州船政學堂)에 들어간다. 22세 때인 1876년 그는 영국으로 유학을 떠나 왕립해군대학(Royal Naval College)에서 수학한다. 산업혁명(1760-1850)을 겪고 한창 번성하던 영국과의 만남은 옌푸에게 충격 그 자체였고 심각한 영향을 남기게 된다. 그는 유학 기간 중 서양의 철학, 사회과학의 책들을 탐독하고 영국의 선진적 정치제도를 면밀히 관찰한다. 그는 25세인 1789년에 귀국하여 그가 영국에서 감명 받았던 8권의 책을 번역한다. 그는 이 번역서들 속에 자신이 영국 체재 중에 받았던 감흥들과 조국을 향한 제안과 대안들을 쏟아놓는다. 이 과정에서 그는 새로운 번역 개념들을 만들어내고 심지어는 원저의 의도와 맥락을 파괴시킨다. 객관적으로 판단한다면, 그의 번역은 오역 그 자체로서 전혀 고려의 대상이 될 수 없다.

사실상 옌푸는 레븐슨이 연구의 대상으로 좋아할 듯한 타입의 인물이다. 역사주의의 맥락 속에 처한 인식 대상으로서의 개인. 다시 말해 문화의 충돌이 조성한 딜레마 속에서 지적 연속성의 확보를 위해 고뇌, 고민하는 인간(thinking men). 그리고 레븐슨이라면 옌푸의 번역서들에 대해 아마도 거침없이 "정신분열적 오역" 또는 "애국적 오역"이라는 결론을 내렸을 법하다. 그의 판단 기준은 서양의 원저에 있을 것이기 때문이다.

하지만 슈워츠는 달랐다. 그는 원저와 옌푸의 번역을 비교하면서 판단의 기준을 옌푸에 두었다. 옌푸에게 원전을 기준으로 적용하는 것은 공평하지 않다. 그의 제한된 영어 독해 능력과 그가 전혀 다른 서양의 지식과 학문 체계를 처음으로 접했다는 점을 감안한다면, 번역을 시도했다는 것 자체가 가상한 일이다. 그렇다면 중요한 문제는 어떤 동기가 옌푸로 하여금 특정 맥락을 그렇게 번역하도록 만들었을까를 묻는, 옌푸의 마음속으로 들어가는 작업일 것이다. 레븐슨이 바깥에서 유리창 너머로 량치차오의 고뇌를 관찰했다면, 슈워츠는 방 안으로 들어가 옌푸와 마주 앉아 옌푸가 발달한 영국을 보며 조국에 대해 느낀 소회를 경청하였다. 사실 옌푸는 뻐꾸기가 남의 둥지에 알을 낳아 새끼를 키우듯 남의 책 속에서 조국을 향한 자신의 절실한 이야기를 하고 있었던 것이다. 옌푸가 사실상 정상적인 저술을 할 수 있는 능력이 없었다는 점을 감안한다면, 옌푸의 책들은 번역서가 아니라 남의 책을 빌린 저술서로 간주하는 것이 정확한 이해일 것이다. 슈워츠는 원서(原書)와 번역서의 비교를 통해 옌푸의 절실한 동기가 바로 조국의 부강(富强)이었다는 것을 읽어낸다. 결국 슈워츠의 『옌푸』는 선진국과 낙후된 조국 사이에서 지식인이라면 누구라도 가졌을 법한 보편적 마음을 천착한 것이다. 이로써 슈워츠의 책에 구현된 인간의 보편성은 레븐슨의 『량치차오』에 나타난 방법론과 태도에 대한 해독제(解毒劑)의 역할을 하게 된다.

  슈워츠의 이러한 보편주의를 보다 넓은 맥락에 적용한 것이 그의 『중국 고대 사상의 세계』이다. 사실 눈치챈 사람이 거의 없지만, 그의 책 제1장 「초기의 문화 방향 설정들」은 펑유란의 『중국철학사』, 더 정확히 말해 제3장 「공자 이전과 당시의 종교·철학 사상」에 대한 비판과 대안인 것이다. 앞에서도 설명했듯이 펑유란은 여기에서 서양철학사 기술의 모식을 따르고 있고, 결과적으로 중국철학사를 서양철학사의 "제2중대"로 만들어버렸다. 얼핏 보기에 원시 종교, 철학 사상에서 합리적 사유로의 전환이 모든 문화에 보편적인 것 같지만, 그것은 너무도 거친 일반화라는 비판을 면하기 어렵다. 그렇게 싸잡아 일반화하기에는 중국 고대의 문화는 너무도 고유하고 독창적이기 때문이다. 다시 말해 근대화의 모식이 반드시 서구화가 아니듯이, 원시종교적 사유가 합리적 사유의 모태라고 견

강부회할 수는 없는 것이 아닌가?

  이 문제, 즉 중국의 합리적, 철학적 사유의 원형을 천착하기 위해 슈워츠가 대안으로 제시한 것이 "오리엔테이션(orientation, 定向, 방향 설정)"이라는 개념이다. 우리가 일상생활에서 번역 없이 너무나 자주 쓰고 있으면서도 정작 분명한 뜻은 잘 모르는 "오리엔테이션"이라는 단어는 라틴어 *orient*에서 유래했다. 오리엔트는 "동방, 해 뜨는 곳"을 의미하며, 여기에서 오리엔테이션이 파생했다. 원래 오리엔테이션은 서양에서 건축물의 방향을 동쪽에다 맞추는 관습(정향)을 의미했으나, 여기에서 발전하여 현재는 개인이나 단체를 주위 환경이나 상황에 맞추는 것을 가리킨다. 슈워츠가 관심을 갖는 부분은 중국 문화의 최초의 정향, 오리엔테이션이 무엇이며 그 내용이 무엇인가 하는 것이다. 다시 말해 중국 사상을 포함하는 넓은 의미의 중국 문화가 갖는 고유한 특징을 최초로 형성했던 원형이 무엇인가를 묻는 것이다. 그는 이것을 중국 문자의 원형인 상나라 갑골문, 더 자세히 말해 갑골문에 나타난 제사, 즉 조상숭배에서 찾는다. 그 까닭은 상대의 갑골문을 지배하는 문자가 조상숭배이기 때문이다. 다시 말해 중국 최초의 문자를 지배하는 내용이 조상숭배라면, 조상숭배 속에 중국적 사유의 원형이 있을 것이라는 것이 슈워츠의 추론의 근거이다. 따라서 슈워츠는 조상숭배에 나타난 현상을 추적하여 대략 다음의 열 가지 중국 문화 전반의 특징들을 연쇄적으로 추출해낸다.

  혈연관계의 주도성·영혼들의 지배성·신성과 인간의 경계가 소멸됨에 의한 일원론의 세계·예(禮) 개념의 발생·창조 신화의 결여와 이에 따른 생(生) 개념의 지배적 은유·혈족 중심 국가·조상숭배와 자연종교의 결합·이 통합에 나타난 관료 제도적 특징·정교의 일치와 이에 따른 승려 계층의 쇠퇴 등이다. 그리고 슈워츠는 이러한 경향으로부터 공자의 사상과 이어지는 제자백가 사상의 발전과 특징을 변증법적으로 풀어나간다(슈워츠, 2004: 제1장).[10]

그러나 슈워츠는 이러한 중국의 정신적 유산에 철학, 좀 더 정확하게는 philosophy라는 이름을 붙이기를 꺼려 한다. 그가 자신의 책에 "중국 고대 사상의 세계"라는 이름을 붙인 이유가 그것을 대변한다. 그렇다고 슈워츠가 중국의 사상이나 정신사를 폄하하려는 의도를 가진 것은 결코 아니다. 그가 기피하는 이유는 philosophy는 서양 사상의 흐름과 특징을 가리키는 다른 이름이라는 것이다. 그는 결코 "사상(thought)"과 philosophy 사이에 위계질서를 상정하지 않는다. 다시 말해 중국의 정신사가 서양 사상, 즉 philosophy가 탄생하고 발전한 노정을 밟아 발전한 것은 아니라는 것이다. 동양에서는 사상과 철학 사이에 보이지 않는 위계질서를 상정하고, 철학에 좀 더 숭고한 의미를 부여하는 것이 사실이다. 이러한 동양적 관행은 일본의 계몽가 니시 아마네(西周, 1829-1897)가 1874년 서양어 philosophy를 철학(哲學)으로 번역하면서 시작됐다. 그리하여 philosophy와 철학은 정신의 숭고한 단계, 사상(thought)은 정신의

---

10 중국에서 중국 사상사의 시원을 갑골문에서 찾는 대표적인 학자로는 리쩌허우를 들 수 있다. 그는 슈워츠와 달리 갑골문에 나타난 무사(巫史)의 전통을 중국 사상의 시원으로 상정하며, 여기에 근거하여 다음과 같은 유학 4기설을 주장한다. 1기(공자·맹자·순자), 2기(한대 유학), 3기(송명 이학), 그리고 4기(현대 유학). 물론 이것은 펑유란과 슈워츠에 대한 대안이기도 하며, 유학 3기설을 주장하는 두웨이밍(杜維明)에 대한 비판이기도 하다. 자세한 내용은 리쩌허우(2005) 참조. 이 책의 홍콩과 타이완 판본은 『波齋新說』이라는 타이틀로 출판되었다.

일반적 단계라는 편견을 갖게 되었다. 이러한 편견과 무분별은 오늘에 이르러서는 리쩌허우에 의해 심지어 "밥 먹는 철학(吃飯哲學)"이라는 표현과 심지어 "밥 먹는 철학은 일종의 국가철학(吃飯哲學是一種國家哲學)"이라는 주장까지도 낳게 하는 단계에 이르렀다(李澤厚, 2006 참조). 철학의 원래 영역에 개념의 정확한 사용이 포함될진대, 이 시점에서 우리는 혼란이 더 악화되기 전에 슈워츠의 주장에 귀 기울일 필요가 있다고 생각한다.

5. 의미의 맥락화

지금까지 진행된 중국철학 연구에 적용된 방법론의 역사에 대한 회고는 다음과 같이 정리할 수 있을 것 같다. 중국철학에 대한 현대적 연구는 방법론의 돌파에서 시작했다. 뒤집어 말하자면, 서구적 방법론의 돌파가 중국철학의 내용과 의미를 현대적으로 조명할 수 있는 가능성을 열었다. 그러나 이것은 필연적으로 서구의 시각과 입장을 중국에 적용하는 형국을 만들어 양자 사이에 비대칭성을 조성하였다. 따라서 초기에 중국을 들여다보기 위해 착용한 서구의 안경인 이념형과 역사주의는 혁신적인 성과를 가져왔음에도 오리엔탈리즘의 성격을 면할 수 없었다. 베버의 안경을 약간 수정한 신베버주의도 그 산뜻함과 그럴듯한 설득력에도 불구하고 결국에는 방법론의 평계하에 감춰진 서구의 지적 제국주의의 성격을 드러낼 수밖에 없었다. 자발적 오리엔탈리즘의 경우에는 더욱이 참담하다. 중국철학을 처음으로 세계에 체계적으로 소개한 공로는 부정할 수 없지만, 드러내놓고 서양의 모식을 적용했던 탓에 중국철학사에 "서양철학사 중국 분과"의 성격을 부과하고 말았다. 『중국철학사』에 대한 중국 내의 민족주의적 반동이 이 점을 잘 대변한다. 이러한 상황에서 슈워츠의 깊은 성찰에서 나온 "보편주의"는 중국철학도들이 참고해야 할 참으로 소중한 혜안이 아닐 수 없다. 이것이 소중한 이유는 우리에게 오리엔탈리즘과 민족주의를 넘어 인간의 보편성에 입각한 중국철학 연구의 가능성과 지표를 제시해주었기 때문이다. 하지만 하나의 과제는 여전히 남는다. 과연 보편주의는 보편철학으로 발전할 수 있는가? 인간의 보편성에 근거해서 철학의 보편성에 도달할 수는 없을까?

이로써 중국철학 연구에 관한 방법론을 탐구하려는 나의 시도는 수많은 시행착오 끝에 출발점에 섰고 지향점도 확보했다. 말할 필요도 없이, 내가 가장 많은 시사와 영향을 받은 것은 슈워츠의 저작들이다. 앞에서 본 것처럼 슈워츠는 방법론 자체를 배격하지는 않지만 보편주의가 지향점이 되어야 한다는 것을 주장한다. 그렇다면 모든 형태의 비대칭적 오리엔탈리즘에서 자유로운 보편주의의 방법론은 불가능한 것인가? 이러한 의문과 모색에 해답을 준 것은 리처드 니버(Richard R. Niebuhr)[11]의 『슐라이어마허의 그리스도 및 종교론(Schleiermacher on Christ and Religion)』(Niebuhr, 1964)과 데이비드 칼루파하나(David J. Kalupahana, 1933-2014)의 『붓다는 무엇을 말했나

---

[11] 그는 미국의 저명한 신학자 집안 출신이다. 그의 아버지는 예일대 교수를 지낸 리처드 니버(Richard Niebuhr, 1894-1962)이고, 큰아버지는 뉴욕의 유니온신학교 교수를 역임한 라인홀드 니버(Reinhold Niebuhr, 1892-1971)이다. 그의 이름(Richard Reinhold Niebuhr)은 이러한 가족의 배경을 반영한다.

(Buddhist Philosophy)』(칼루파하나, 2011)였다.

하버드에서 선택했던 니버와의 자율 학습(independent study) 과목은 나에게 매우 큰 영향을 미쳤다. 그를 통해 나는 철학의 주류에서는 다루지 않는, 중요성이 떨어진다고 생각되는 인물들의 사상을 배울 수 있었다. 이를 통해 나는 사고를 180도 전환하는 계기를 가질 수 있었다. 니버는 나에게 체험의 종교(experiential religion)라는 생면부지의 시야를 열어주었다. 그를 만나기 전 나의 종교관은 관념적이었다. 나는 종교를 이해하는 데에 체험은 무시하고 머리만을 사용하고 있었다. 종교의 이해에 있어 느낌(feeling)의 역할과 중요성을 가르쳐준 것도 니버였다. 그뿐만 아니라 딜타이(Wilhelm Dilthey, 1833-1911)의 해석학(hermeneutics), 즉 보편적 해석학이 무엇인지, 어떻게 적용하는지를 가르쳐준 것도 그였다. 이 모든 것은 위에 적시한 그의 저서를 통해서 이루어졌다.

제목에서 알 수 있듯이, 이 책은 슐라이어마허(Friedrich Schleiermacher, 1768-1834)의 신학 사상을 구성하는 가장 결정적이고 독특한 특징들을 설명한 것이다. 이 작업을 수행하면서 니버는 일반적인 연대기(전기) 기술식, 백과사전식 서술 방법을 지양하고 독특한 해석학적 방법을 사용한다. 니버는 자신의 방법을 카메라맨의 방법에 비유한다. 카메라맨은 움직이고 활동하는 인물의 특징을 잘 함축할 수 있는 순간을 포착한다. 같은 방식으로 니버는 슐라이어마허의 학술적 삶에서 그의 사상을 잘 대변할 수 있는 네 가지 "순간"을 추출한다. 그는 이 "순간"들이 잘 알려지지 않은 슐라이어마허의 책『크리스마스이브: 대화(Die Weihnachtsfeier: Ein Gespräch)』에서 발전된 주제가 그의 "해석학 강의", 역사와 문화에 대한 그의 철학인

"철학적 윤리학"을 거쳐 마지막으로 『기독교 신앙(Christian Faith)』의 "순간"들로 이어진다고 서술한다. 니버는 이 방법을 통해 슐라이어마허가 주장한 "저자가 자기 스스로를 이해한 것보다 훨씬 더 잘 이해한다"는 해석학 방법과 목적을 구체적으로 보여주고 있다.

칼루파하나의 『붓다는 무엇을 말했나』는 나의 방법론을 개념적으로 정형화하는 데 많은 도움을 주었다. 칼루파하나가 자신의 책에서 사용하는 방법은 "역사의 맥락화(historical contextualization)"라는 방법이다. 그는 불교의 역사와 핵심 교의를 거시적, 미시적 방법을 사용하여 조명하고 있다. 거시적이라 함은 아리안의 침입부터 중국 선불교 교의의 내용(부록)까지를 범위로 하여 불교의 역사를 서술하는 것을 말한다. 미시적이라 함은 특정 교의의 확대경적 서술을 가리킨다. 이 모든 서술에서 칼루파하나는 역사의 맥락을 장악하여 불교의 기본 교의와 그 발전에 관한 독자의 이해를 돕는다. 특히 열반의 설명에 있어, 붓다 생존 당시에 유행하던 요가 수행의 맥락을 복원하여 열반의 개념을 명증하게 설명한다. 금욕적 수행자들인 요기의 수행에 있어 최고 단계는 상수멸정(想受滅定, 생각과 느낌의 소멸)인데, 그 자신이 요가 수행을 했던 붓다는 이 단계에서 생각과 느낌은 없으나 상수멸정과는 달리 자아의식 없이 세상과의 교섭이 발생하는 정신적 경계를 열반으로 상정했다고 주장한다. 이로써 칼루파하나는 특히 서구에 있어 관념적으로 치닫던 불교의 열반 개념의 이해를 체험의 맥락 속으로 복귀시킨다.

이러한 방법들에서 시사를 받고 나는 나의 방법론을 "의미(해석)의 맥락화"라고 부르기로 했다. 왜 하필 의미의 맥락화인가? 우선 중국철학에 대한 기존의 연구는 사용하는 개념의 변화에 신경을 쓰지 않았다. 인간 사유의 결정체인 개념은 시대에 따라 변하게 마련이다. 예를 들어 예(禮)라는 개념을 보자. 모로하시 데쓰지(諸橋轍次, 1883-1982)의 『대한화사전(大漢和辭典)』에서는 예의 의미를 17개 항목으로 설명하고 있다. 중국의 상무인서관(商務印書館)에서 나온 『한영사전(漢英詞典)』은 이것의 필수 의미를 "의례, 규범, 선물"의 세 가지로 줄여서 설명한다. 내가 보기에 『논어(論語)』에서 예는 적어도 크게 두 가지 의미, 즉 의례와 규범으로 사용되고 있다. 기존의 연구는 마땅히 구별되어야 하는 이 의미를 구별하지 않았다. 기(氣)의 의미는 더욱 복잡하다. 기 개념의 용례를 조사하면, 구체적 사물에서부터 형이상의 존재, 즉 영적 존재에 이르기까지 다양하다. 초점을 송대 철학자 장재(張載)에게로 제한하더라도, 기의 의미는 세 가지로 맥락에 따라 다른 의미로 쓰이고 있다. 이러한 의미의 혼동이 많은 철학적 불명료성과 오해를 초래했다. 의미의 구별화, 즉 맥락의 재구성이 필요한 것은 바로 이 때문이다.

둘째, 기존의 연구서에서는 중요한 원전의 자료들을 누락한 것이 너무 많다. 특히 북송사철(北宋四哲), 즉 장재·이정·주자의 경우가 그렇다. 이 철학자들의 전집을 읽으면서 나는 "왜 이러한 자료들이 기존의 연구에서 빠졌을까" 하는 놀라움과 함께 개탄을 한 순간이 많았음을 고백한다. 나는 이것의 근본적 책임이 펑유란에게 있다고 생각한다. 중국철학사라는 전인미답의 길을 개척하면서 펑유란은 자발적 오리엔탈리즘의 태도를 취했다. 그가 차용한 서구의 방법론이라는 체(篩)로 송명 철학의 자료를 거르는 과정에서 서구의 "눈금"에 맞지 않는 자료들은 걸러지지 않고 새어 나갔던 것이다. 그리고 이에 대한 반동으로 등장한 중국의 문화 이데올로기는 대(對)

국민 "선무공작(宣撫工作)"이라는 민족적 자긍심을 고양하는 작업의 수행 과정에서 "존재를 필요 이상으로 늘여" 형이상학화함으로써 이러한 누락된 자료들의 가치를 보지 못했던 것이다.[12] 이 누락된 자료들을 의미의 맥락에 넣어 연결시켜 해석할 때 그 속에 내재하는 보편 철학적 가치를 발견할 수 있다고 나는 생각한다.

셋째, 마지막으로 중국 전통 시대의 철학적 저작들은 논리적으로 구성되지 않았다. 서양과 달리, 중국 전통 시대의 저작은 논리적으로 구성된 것이 아니다. 『논어』만 보더라도, 제목이 시사하듯이[13] 이 책은 공자가 제자들과 나눈 대화들을 편집한 것이지, 공자가 의도적으로 집필한 것이 아니다. 게다가 중국의 도서에는 경(經)·사(史)·자(子)·집(集)이라는 서열이 있었다. 학자들의 철학적 학문 활

---

[12] 현대 중국철학은 대부분 1937년 일본의 침략으로 인해 쿤밍(昆明)으로 피난을 가 만든 전시연합대학(西南聯合大學)에서 태동했으며, 현대 중국철학의 대표자의 한 사람인 모우쭝싼의 철학은 "중국 문화 선언"으로 탄생한다. 공산당에 의한 본토의 함락으로 인해 1949년 타이완으로 이주하여 뚱하이(東海)대학에서 교편을 잡고 있던 모우쭝싼과 쉬푸꽌(徐復觀, 1913-1982)은 장쥔마이(張君勱, 1887-1969)와 탕쥔이(唐君毅, 1909-1978)가 미국 체류 중 서양인들과 중국의 문화와 철학에 대해 토론하던 가운데 느낀 감회를 적어 보내 온 것을 읽고 의기투합하여 이것을 약간의 수정을 거쳐 "문화 선언"의 형태로 발표한다. 이 문화 선언의 원제는 「중국 문화를 위하여 삼가 전 세계인들에게 드리는 선언(爲中國文化敬告世界人士宣言)」이며, 부제는 "중국 학술 연구 및 중국 문화와 세계 문화의 앞날에 대한 우리의 공동 인식(我們對中國學術研究及中國文化與世界文化前途之共同認識)"이다.

[13] 『논어』의 논(論) 자의 의미는 "가리다, 선택하다"이다. 따라서 『논어』의 문자적 의미는 "가려 뽑은 공자의 대화"라는 뜻이다. 논어의 영어 번역인 Analects도 같은 의미이다. 라틴어인 이 단어는 그리스어 analekta(things gathered up)에서 유래하였다. 따라서 『논어』의 문자적 의미를 영어로 표현하면 "edited conversations of Confucius"가 된다. Analects라는 번역어를 최초로 사용한 사람은 제임스 레그(James Legge, 1815-1897)이다.

동은 주로 경(經)을 대상으로 했기 때문에 경의 비논리적 편제를 따를 수밖에 없었다. 그러나 유기체의 생각에는 일관성이 있다고 가정할 수 있다. 하물며 그 유기체가 공자와 그를 추종하던 중국의 전통 철학자들이라면 그 일관성은 가정을 넘어 의심할 수 없는 단계에 이른다. 철학자에게 있어 생각의 일관성이 파괴된다는 것은 생각이 변했다는 것을 의미한다. 주자의 경우가 그렇다. 주자의 저작, 특히『어류(語類)』와『대전(大全)』사이에는 상호 모순되는 부분도 많다. 이 문제를 해결할 방법이 없자 학자들은 저작 연대를 고증할 수 있는 서신(書信)들을 모은『대전』에만 관심을 쏟는 경향이 있다. 심지어 어떤 학자는 서신만을 연대별로 정리하여 주자의 사상을 조명한다(陳來, 2011). 그가 바로 주자학의 대가였던 첸무(錢穆, 1895-1990)의 기념비적 저작『주자신학안(朱子新學案)』의 고증 오류를 30대 초의 나이에 지적하여 유명해진 칭화(靑華)대학 교수 천라이(陳來, 1952-)이다. 그러나 엄밀히 말해 이것은 서지학의 문제이지 철학이 다룰 문제는 아니다. 물론 서지학이 사상을 연구하는 데에 차지하는 보조 자료로서의 가치마저 부정하는 것은 아니다. 복잡한 주자 사상의 해석에 중요한 자료들은 사실『어류』에 있다고 나는 생각한다. 아울러 이 자료들은 장재와 이정의 철학 사상이 발전하는 연장선 위에서 해석해야 한다고 생각한다. 다시 말해 북송 사철 사이에는 철학적 담론이 있었다는 것이 나의 가정이다. 아울러 나는 이 철학적 대화의 근원이 공자에게로 소급된다고 생각한다. 이 철학적 담론을 복원하는 것이 편년사 수준에 머물러 있는 주자를 제대로 이해하는 방법이라고 나는 생각한다. 그리고 이 복원 작업은 개념들의 의미를 맥락 속에서 해석하는 일을 매개로 한다.

그런 의미에서 의미의 맥락화는 해석학의 작업이며 그런 의미에서 해석의 맥락화라고도 할 수 있을 것이다. 이 작업을 통해 궁극적 실재의 존재 방식에 대한 이해를 둘러싸고 중국철학자들이 발전시킨 내재와 초월의 변증법에서 중국철학의 보편 철학적 가치를 확인할 수 있으리라고 나는 생각한다.

참고 문헌

리쩌허우, 2005, 『학설』, 노승현 옮김, 들녘.
메츠거, 토머스, 2014, 『곤경의 탈피』, 나성 옮김, 민음사.
슈워츠, 벤자민, 2004, 『중국 고대 사상의 세계』, 나성 옮김, 살림.
칼루파하나, 데이비드, 2011, 『붓다는 무엇을 말했나: 불교철학의 역사적 분석』, 나성 옮김, 한길사.
펑유란, 2011, 『펑유란 자서전: 현대사의 격랑에 맞선 한 철인의 삶』, 김시천 옮김, 웅진지식하우스.
李澤厚, 2006, 『李澤厚近年答問錄』, 天津社會科學出版社.
陳來, 2011, 『朱子書新編年考證』, 三聯書店.
Hao Chang, 1971, *Liang Ch'i-ch'ao and Intellectual Transition in China, 1890-1907*, Harvard University Press.
Liu, James T. C., 1959, *Reform in Sung China: Wang An-shih(1021-1086) and His New Policies*, Harvard East Asian Studies n. 3.
Liu, James T. C., 1988, *China Turning Inward: Intellectual-Political Changes in the Early Twelfth Century*, Harvard University Press.
Madeleine Yue Dong, Ping Zhang, 2014, *Journal of Modern Chinese History* v.8, no.1.
Meisner, Maurice, Rhoads Murphey (eds.), 1976, *The Mozartian Historian*, University of California Press.
Niebuhr, Richard R., 1964, *Schleiermacher on Christ and Religion*, Charles Scribner's

Sons, New York.

Schwartz, Benjamin, 1979, *Chinese Communism and the Rise of Mao*, Harvard University Press.

중국철학의 새로운 '방법론'에 대한 번민과 모색

나성 교수의 「동양철학에 있어 창조의 변증법」에 대한 논평

최재목

한국에서 서구의 중국철학 혹은 중국학 연구 동향을 가장 충실하게 소개해온 학자를 꼽으라고 한다면 나성 교수를 빼놓을 수 없다. 왜냐하면 그동안 나성 교수는 서구(미국)에서 간행된 주요 중국철학 관련 책들을 아래와 같이 번역, 소개해왔기 때문이다.

①벤자민 슈워츠의『중국 고대사상의 세계』(살림, 1996) → ②앵거스 찰스 그레이엄의『도의 논쟁자들 — 중국 고대 철학 논쟁』(새물결, 2001) → ③뚜웨이밍(두유명)의『문명 간의 대화 — 유교 인문주의의 현대적 변용에 관한 연구』(철학과현실사, 2007) → ④데이비드 J. 칼루파하나의『붓다는 무엇을 말했나 — 불교철학의 역사적 분석』(한길사, 2011) → ⑤토머스 메츠거의『곤경의 탈피 — 주희·왕양명부터 탕쥔이·펑유란까지 신유학과 중국의 정치 문화』(민음사, 2014)

평자를 포함한 국내의 많은 중국철학 연구자들이 나성 교수의 노고에 큰 빚을 지고 있다.

이번 나성 교수의 발표문은 그동안 그가 중국철학에 바쳐온 작업을 총결산하며, 새로운 큰 비전을 제시한다는 중요한 의미를 갖는다고 생각한다.

논평자로서는 공부를 할 수 있는 좋은 기회인 동시에 향후 한국의 중국철학계에서 이루어질 '창조의 변증법'을 모색하는 자리가 마련된 데 깊이 감사드린다.

1. 논평의 인연 및 참고 사항

나성 교수와 첫 인연을 맺은 것은 15년 전의 일이다. 그때 마침 '동아대학교 인문과학연구소 제1회 해외 동양학 논저 논평 콜로키움'에서 나성 교수가 『곤경의 탈피(Escape from Predicament)』의 서평을 맡았고, 나는 논평을 맡았다. 서평 및 논평 원고는 『문화·비평·사회 1』(현대미학사·동아대인문과학연구소, 1999)에 실렸다.[1] 당시 나의 논평, 「'지적 제국주의'의 자기반성은 과연 가능했는가?」의 서두는 이랬다.

> '도발적인 연구(provocative essay)'로 평가받았던 1977년 미국 콜롬비아(Columbia)대학 출판부에서 나온 토머스 메츠거(Thomas

---

[1] 이 논의들은 모두 최재목(2004)에 실려 있다.

A. Metzger)의 『곤경으로부터의 도피』(이하 『곤경』)는 획기적인 책으로 국내외의 역사학계 및 중국학계에 큰 반향을 불러일으켰던 책이다. 하지만 내용이 까다로운 탓에서인지 국내에 소개된 지 꽤 오래되었는데도 아직 번역이 되지 않고 있는 책이다. 이 시점에서 나성 교수(한신대·철학)가, 그간에 쌓아온 서구 학계와 지성들의 업적에 대한 폭넓고 깊은 이해를 토대로, 『곤경』을 정확히 분석, 평가한 데 대해 우선 찬사를 드리고 싶다. 사실 우리 동양학계가 지니고 있는 취약점 중의 하나가 서구가 동양에 대해 탐색하고 연구해오는 최신의 귀중하고도 다양한 업적들을 신속하고도 체계적으로, 더욱이 전문적으로 소개하고 평가하는 어떤 채널을 가지고 있지 못하다는 것이다. 이번에 시도되는 '동양학 논저 논평 콜로키움'은 그런 점에서 참으로 고무적인 일이라 아니할 수 없다.

『곤경』의 서평을 맡은 나성 교수가 어려운 책을 일반 독자들이 쉽게 접근하도록 많은 신경을 쓴 흔적은 글의 목차에서도 잘 느낄 수가 있다.

『곤경』은 도발적이고도 충격적인 저술이며, 야심적인 과제 해결을 목표로 한다. 출판사의 서평을 참고하면 이렇다.

> 서양의 아시아 정체성론을 깨뜨린 혁신작
> 송대 이후 중화인민공화국에 이르기까지 중국 정치 문화의 발전 동력은 유학이었다.

칼 맑스가 중국에 대해 '반(半)야만'이라고 언급했을 정도로 중국 역사와 문화에 대한 서구의 시각은 부정적이었다. 그러나 1970년대 초 이른바 핑퐁 외교를 통해 죽(竹)의 장막이 열리고, 아시아의 네 마리 용이란 말이 생겨날 만큼 아시아가 급성장하면서 서구 동양학계는 범유교 문화권 나라들이 발흥하게 된 추동력이 무엇인지에 대해 다시금 고민하기 시작했다. 『곤경의 탈피』는 바로 이러한 지적 도전에 부응하기 위해 쓰였다. 존 페어뱅크의 1세대 제자로 중국 사상과 역사를 깊이 있게 연구했으며 중국어에도 능통했던 메츠거는 이전까지 서구 동양학계를 지배하고 있던 막스 베버의 부정적 견해에 정면으로 맞선다. 주희·왕양명 등의 송대 이후 신유학 저작들을 파고들어, 중국의 역사를 관통하며 중국 근대화를 이끈 추동력이 중국 문화에 내재된 신유학적 도덕의식에 있었음을 밝힌다. 요컨대 현대 중국의 경제 발전, 성공적인 정치 통합은 중국이 지니고 있던 고유한 우주론 아래 오랫동안 좌절되었던 희망과 내적 투쟁이 서양적 사유, 행동의 새로운 가능성과 혼합하여 만들어낸 것이다(강조는 인용자).[2]

이 책의 번역으로 한국의 중국 연구자들이 한 단계 새로운 진전을 기할 수 있게 되었다. 폴 코언이 메츠거의 『곤경』을 평가한 대략은 이렇다(최재목, 1999 참조).

---

[2] http://www.aladin.co.kr/shop/wproduct.aspx?ISBN=8937489260(검색 일자: 2015. 2. 22).

폴 A. 코언이 『지(知)의 제국주의』(Cohen, 1984), 『중국사의 발견(Discovering History in China)』이라는 책에서 이미 지적한 대로, 메츠거는 그의 저서 속에서 윌리엄 시어도어 드 베리(Wm. Theodore de Bary)의 주요한 주제 중의 몇 요소들을 발전시켜갔다. 즉 드 베리는 신유학에 대한 종래의 견해들, 즉 "전통의 엄격한 정전화(正典化)(a relentless canonization of tradition)"(막스 베버), "중국인의 정신을 구속하는 옷(strait-jacket on the Chinese mind)"(존 페어뱅크), "생기 잃은 가치들의 집합(dead set of values)"이며 중국의 근대화에 기여함이 없었다고 보는 것에 대해서 정면에서 이의를 제기한다. 그래서 그는 신유학은 "무제한으로 현상 유지에 봉사"한 것이 아니라 "기성 질서에 대한 비판자로서 기능할 수 있었던" 것이며, 나아가서 그는 장래를 전망하여 "결국 중국 인민의 경험은 단순히 외부로부터 고취된 혁명이 아니라 전통의 내부로부터 출현한 성장으로서 그 본질이 보이게 될 것이다"라고 예언하였다(Cohen, 1984: 87 참조). 메츠거가 도전하는 야심적인 작업은 바로 코언이 요약하여 지적한 대로, "학자들이 근대 시기의 중국의 실패를 설명하는 데 몰두하는 한, 예컨대 '중국은 정체적(stagnant)이다'라는 식의 중국 전통 사회에 대한 낡은 인식이 그대로 답습되어왔다. 그러나 중국의 실패보다도 성공이라는 측면이 중시됨에 따라 중국의 전통에 대한 매우 다른 이해에 바탕을 둔 새로운 설명이 요구되고 있다"(Cohen, 1984: 87)라는 점이었다. 메츠거는 『곤경』이라는 책을 통해서 신유학(Neo-confucianism, 특히 송명리학)의 내면주의는 "현세와의 긴장(tension with the world)"을 가져왔으며 그것이 창조

말기의 중국 지식인의 마음속에 치유하기 힘든 곤경 의식을 만들어냈다고 본다. 이 점에서 메츠거의 주장은 막스 베버가 말하는 이른바, 유교의 에토스에는 "어떤 긴장 … 윤리적 요구와 인간이 가진 결함 사이의 긴장"이 없기에 현세 극복, 변혁에 대한 충동이 있을 리 없고 정체는 지속되며 "근대 자본주의"는 태동되어 나오지 않았다는 관점에 이의를 제기한다. 다른 한편으로는 조지프 레븐슨의 이해, 즉 유교는 현재의 정신적 상태와는 아무런 관련도 없고 영향도 못 미치는 박물관의 진열품으로서, 살아 있는 사상이 아니라, 단지 연구의 대상일 뿐이라는 점에 대해서도 마찬가지로 이의를 제기하는 것이었다.

…

코언은 위의 지적에 이어 중국의 최근 역사에서 서양의 역할을 굉장히 크게 보고 있다는 점을 지적한다. 그래서 코언은 "외국에서 수입한 변혁에 대한 지향과 중국 토착의 정체에 대한 지향" 사이의 단순한 대조에 환원해서는 메츠거가 청나라 말기의 복잡한 변혁 운동을 설명할 수 없다고 주장한다. 이 점에서 메츠거는 19세기의 유산인 "중국 사회는 어떠한 변혁에 대한 충동도 근본적으로 결여해 있다"는 종래의 관점을 결정적으로 파괴해버린 것이긴 하지만, 중국은 곤경의 속박에 빠져 있어서 서양의 도움을 얻고 나서 비로소 거기에서 탈출할 수 있었다는 그의 발상도 희미하나마 종래의 관점과 비슷하다는 점을 부정할 수 없다. 특히 메츠거의 해석에는 증거가 부족한 점이 있지만 그 이상으로 문제가 되는 것은 그의 해석을 표현하는 용어 사용이나 그 용어의 배후에 깔려 있는 생각이다. 그는 곤경(predicament)이라 하는 어휘를 사용했는데, 그럼으로써 중국 사회가 마치 견디기 힘든 상황에 "묶여" 있는 듯한 이미지를 심어버린 것이다. 19세기의 서양인이라면 아마도 이 상황을 "나쁜 것"으로 규정해버렸을 것이다. 어쨌든 이 상황에서 서양이 한 역할은 메츠거가 보면 은연중에 "좋은 것"이었다. 그렇다면, 서양은 도덕적 심리적 곤경과 경제적 기술적 함정으로부터 탈출하기 위한 황금의 열쇠를 중국에 제공함으로써 모든 중국인에게서 끝없는 감사의 말을 받을 수 있었다는 것이 된다. 황금의 열쇠로 인해 중국 경제는 수세기 이전 상태에 붙들려 있는 성장의 패턴을 새롭게 할 수 있었고 중국 사회는 처음으로 고대의 이상에 따라 그 스스로를 변혁할 수단을 손에 넣었다는 것이다. 메츠거의 이러한 해석의 방식은 서양에서의 중국사 연구를, 한 세대 전에는 이룰 수 없었던 정교한 수준으로 끌어올렸지만 그가 서양의 역할을 중국의 구세주로까지 끌어올렸던 것만큼이나 그의 해석은 얼마간 불안을 초래했다. 그것은 서구 제일이라는 절대성에 근거한 사고방식과 완전히 일치하는 것이기 때문이다(Cohen, 1984: 90-91). 그래서 메츠거의 중국 연구 태도는 "연구자는 케이크를 자르기도 하고 선택도 한다. 그는 노예와 그의 좋은 모습을 손에 넣고 심지어는 그 좋은 상(像)의 설계 감독까지도 한다"(Cohen, 1984: 150)는 코언의 꼬집는 말을 비껴갈 수는 없다. 이렇게 코언의 지적에 따른다면, 메츠거도 서구의 오래된 전통인 "지적 제국주의(intellectual imperialism)"의 큰 틀을 벗어나지는 못했던 것이며, 다시 말하면 미녀(서구)가 야수(중국/동양)를 천년의 잠에서 깨워준다는 각색된 현대판 서구 영화 한 편을 만든 셈이다

(물론 코언의 지적 그 자체에 대한 충실한 검토도 필요하며, 그 자신 또한 지적 제국주의를 넘어섰는가를 착실히 물어봐야 할 것이지만, 어쨌든 여기서는 메츠거의 이야기에 국한시켜두자). 그렇다면 이렇게 북 치고 장구 치고, 병 주고 약 주는 식으로 중국 나아가서 동아시아를 멋대로 칼질해대는 서구 학자들의 "지적 제국주의"의 전통이 어떻게 극복될 것인가? 그리고 우리는 무엇을 어떻게 해야 할 것인가? 대안이 있는가? 그것이 지금 최대의 과제로 남는다. 우리가 무지와 단순한 무시, 냉소주의나 쇼비니즘적 태도로 "지적 제국주의"의 문제를 덮어두거나 우리와 상관없는 것으로 회피한다고 해도 이 문제는 풀리지 않은 채 여전히 우리 앞에 남아 있을 것이다. 그뿐만 아니라 또한 계속적으로 세련된 형태의 그러한 이론이 재생산되어 나올 것은 분명하다.

내가 '서구가 동양에 대해 탐색-연구하는 최신 업적들을 신속하고도 체계적으로 소개-평가'하는 데 관심을 갖고 있었을 때, 마침 사토 신이치(佐藤慎一) 도쿄대학 교수가 쓴 「미국에서의 중국 근대사 연구 동향(アメリカにおける中國近代史硏究の動向)」(고지마 신지小島晉治·나미키 요리카즈並木賴壽 편, 『近代中國硏究案內』(岩波書店, 1993)의 제1부, 65-96쪽)을 발견하고 옮긴 적이 있다. 이 글은 『오늘의 동양사상』 제9호(예문동양사상연구원, 2000)와 제10호(2001)에 2회 연재되었다. 이 글에서 사토 신이치는 미국의 근대 중국 연구를 주도해온 하버드 학파의 학문 경향을 잘 분석하고, 이를 토대로 미국에서 진행되어온 중국 연구의 주요한 일면을 매우 요령 있게 정리하고 있다. 그래서 종래 서구에서 근대 중국 연구가 어떻게 이루어져왔는

가 하는 개략적 과정은 물론, 일본이 그러한 서구의 족적을 '어떻게' '얼마만큼' 관심을 갖고 추적하여 분석·연구해왔는가를 알 수 있다.

아마도 나성 교수의 「동양철학에 있어 창조의 변증법」은 내가 번역한, 사토 신이치의 「미국에서의 중국 근대사 연구 동향」을 읽는다면 이해가 훨씬 수월할 것이다.

참고를 위해 이 글의 머리말 일부와 목차를, 『오늘의 동양사상』에 실린 것을 인용해둔다.

머리말

미국에서 반세기 동안의 근대 중국 연구의 발걸음은 단순한 양적 발전의 과정만은 아니다. 이 글에서는 그 역사를 딱 잘라서 단순화하여 서술한다. 즉 전체를 크게 두 부분으로 나누어, '페어뱅크와 함께'라는 제목의 제1절에서는 미국에서의 근대 중국 연구의 아버지로 일컬어지는 존 페어뱅크(J. Fairbank)의 활동을 중심으로 대략 1960년대까지의 연구 발자취를 분석한다. 제2절 '포스트 페어뱅크'에서는 미국의 근대 중국 연구가 초기의 테두리에서 해방되어 새로운 발전을 맞이하는 1970년대 이후의 연구 상황을 분석한다. 미국의 근대 중국 연구는 일본이나 중국과 비교할 때 방법이나 문제에 대한 관심이 참으로 다양하므로 이와 같은 정리 방법은 지나친 단순화라는 비판을 면할 수 없을 것이다. 이것이 하나의 시도에 지나지 않는다는 것은 누구보다도 필자 자신이 먼저 인식하고 있다. 끝으로 맺음말 부분에서는 미국의 근대 중국 연구에 관한 정보 입수 방법을 다루고 있다. 많은 독자가 연구 성과를 직접 접함으로써 이 글과는 다른 다양한 분석을 할 수 있게 되기를 바란다(강조는 인용자).

목차

1. 머리말
2. 페어뱅크와 함께
    (1) 전문가의 탄생
    (2) 연구와 교육의 시스템 만들기
    (3) 충격 — 반응 어프로치
    (4) 학문과 정치
    (5) 학생들·1 — 하버드 학파
    (6) 학생들·2 — '비판자'
    (7) '제국주의 어프로치'와 그 영향
3. 포스트 페어뱅크
    (1) 새로운 조류
    (2) 스키너와 지역 시스템 이론
    (3) 민중의 세계 I — 농민반란
    (4) 민중의 세계 II — 민중 문화
    (5) 지역과 도시의 연구
    (6) 사상사 연구의 동향
4. 연구 정보를 입수하는 방법에 대해

2. 발표문에 대하여

나성 교수의 발표문 「동양철학에 있어 창조의 변증법」은 다음과 같이 5절로 되어 있다.

  1절: 오리엔탈리즘
  2절: 수정 오리엔탈리즘
  3절: 자발적 오리엔탈리즘
  4절: 보편주의
  5절: 의미의 맥락화

목차에서도 알 수 있듯이 나성 교수는 '오리엔탈리즘'에 대한 치열한 고민을 껴안고 연구를 진행해왔다. 즉 ①오리엔탈리즘(막스 베버, 조지프 레븐슨) → ②수정 오리엔탈리즘(토머스 메츠거) → ③자발적 오리엔탈리즘(평유란) → ④보편주의(벤자민 슈워츠) → ⑤의미의 맥락화(나성 교수)(=④+리처드 니버와 데이비드 칼루파하나의 시사점)이다.

나성 교수의 '지금까지 (서구에서) 진행된 중국철학 연구에 적용된 방법론의 역사에 대한 회고' 및 결론을 요약하면서 그 주요 맥락을 따라가면 이렇다.

슈워츠의 성찰을 통해서 나온 "보편주의"는 오리엔탈리즘과 민족주의를 넘어 인간의 보편성에 입각한 중국철학 연구의 가능성과 지침을 제시해주었으나 '과연 보편주의는 보편 철학으로 발전할 수 있는가? 인간의 보편성에 근거해서 철학의 보편성에 도달할 수는 없을까?'라는 과제가 남는다고 나성 교수는 본다. ▶ 슈워츠의 연구의 결론 선상에서 나성 교수의 연구는 시작된다.

중국철학 연구의 방법론 탐구는 수많은 시행착오를 통해서 새로운 출발점에 섰으며 지향점도 확보되었는데, 가장 많은 시사와 영향을 준 것은 역시 슈워츠의 저작들이라고 나성 교수는 토로한다. 슈워츠는 보편주의가 지향점이어야 함을 주장하는 데 대해 나성 교수는 "모든 형태의 비대칭적 오리엔탈리즘에서 자유로운 보편주의의 방법론은 불가능한 것인가?"라는 의문을 갖게 되었다. 이에 해답을 준 것은 리처드 니버(Richard R. Niebuhr)의 『슐라이어마허의 그리스도 및 종교론(Schleiermacher on Christ and Religion)』과 데이비드 칼루파하나(David J. Kalupahana, 1933-2014)의 『붓다는 무엇을 말했나(Buddhist Philosophy)』였다고 한다. ▶ 나성 교수는 니버와 칼루파하나의 시사를 껴안고 새로운 논의를 진행한다.

니버와의 자율 학습(independent study) 과목을 통해 나성 교수는 철학의 "주류에서는 다루지 않는=중요성이 떨어진다고 생각되는" 인물들의 사상을 배울 수 있었으며, 이를 통해 사고를 180도 전환하는 계기를 마련할 수 있었다. 니버는 나성 교수에게 체험의 종교(experiential religion)라는 생소한 시야를 열어주었으며 종교 이해에서 느낌(feeling)의 역할과 중요성, 딜타이의 보편적 해석학을 가르쳐주었다고 한다.

이어서, 칼루파하나의 『붓다는 무엇을 말했나』는 나성 교수의 학문적 방법론을 개념적으로 정형화하는 데 큰 도움을 주었다고 한다. 특히 '열반' 개념이 붓다 생존 당시에 유행하던 요가 수행의 맥락에서 탄생했다고 설명하는 점에서 "열반의 관념적 이해를 체험의 맥락 속으로 복귀"시킨다는 방법론적 시사를 발견한다. ▶ 니버와 칼루파하나의 시사에서 "의미(해석)의 맥락화" 방법론을 연다.

이러한 방법적 시사를 통해 얻은 자신의 방법론을 나성 교수는 "의미(해석)의 맥락화"라고 부른다. 의미의 맥락화는 다음에 중점을 두고 논의를 진행하는 것이다.

첫째, 중국철학에 대한 기존의 연구는 사용하는 개념의 변화에 신경을 쓰지 않았다.

둘째, 기존의 연구서에서는 중요한 원전의 자료들을 누락한 것이 너무 많다. 특히 북송사철(北宋四哲), 즉 장재·이정·주자의 경우가 그렇다.

셋째, 중국 전통 시대의 철학적 저작들은 논리적으로 구성되지 않았다. 북송사철 사이에는 철학적 담론이 있었으며 이 철학적 대화는 공자에게 소급된다. 이 철학적 담론을 복원하는 것은 개념들의 의미를 맥락 속에서 해석하는 해석학적 작업이며 해석의 맥락화이다. ▶ 나성 교수의 "의미(해석)의 맥락화"는 해석의 맥락화 작업으로, '중국철학의 보편 철학적 가치'를 확인하는 일이다.

3. 방법에 대한 '방법적 회의' 혹은 '트집'

1) 몇 가지 빠진 논의들

①'미국의 근대 중국 연구와 하버드 학파'에 대한 객관적인 파악의 결여: 맥락, 인맥 등.

특히 코언(Paul A. Cohen)의 *Discovering History in China: American Historical Writing on the Recent Chinese Past*(New York: Columbia University Press, 1984)[3] 및 프레드 달마이어(Fred Dallmayr)의 *Beyond Orientalism: Essays on Cross-Cultural Encounter*(State University of New York Press, 1996)가 제시한 최신 관점들을 제대로 반영하고 있지 않다

②벤자민 슈워츠, 리처드 니버, 데이비드 칼루파하나에 대한 객관화, 비판.

③'논자의 시야'의 일반화-보편화와 '미국의 근대 중국 연구와 하버드 학파' 지형도 사이의 갭.

④한국의 중국학, 중국철학 형성의 과정에 대한 객관적 파악.

2) 우리의 '중국학', 그 중층성

중국은 아편전쟁 이후, 태평천국의 난, 신해혁명, 청일전쟁, 무술

---

[3] 참고로 이 책은 일본어 번역본(『知の帝國主義—オリエンタリズムと中國像』, 佐藤愼一 譯, 平凡社, 1988), 한국어 번역본(『미국의 중국 근대사 연구』, 장의식 外 옮김, 서울: 고려원, 1995)이 있다.

변법, 중일전쟁, 그리고 맑스주의의 수용과 문화대혁명 등 참으로 부단한 격변의 시대를 지성사의 배경으로 깔고 있다.

인문학의 전통도 청대의 한학(漢學)에서 국학(國學)으로, 국학에서 다시 비림비공운동(批林批孔運動)으로, 문화열(文化熱)로 이어지면서 복잡한 자기부정과 긍정을 되풀이했다. 이런 고뇌의 결과물들이 현대 신유가(現代新儒家)에서 당대 신유가(當代新儒家)로 면면히 이어져 지금의 중국 인문학의 저류(低流)가 되어 있다.

근대적 의미의 중국학이 한국에 정착하는 과정은 흥미롭다. 우선, 지역학으로서 지나학(支那學, Sinology)이 1920년대에 일제강점기의 경성제국대학(현재 서울대학)에서 관학으로서 자리 잡아, 그 이전의 전통 한학, 민족주의적인 국학 등과 일부 대립하며 '중국학'을 탄생시켜간다. 해방 이후 한국은 남북이 분단되고, 남은 자유 진영으로, 북은 공산 진영으로 나뉘면서 공산화된 중화인민공화국(줄여서 '중공'이라 했음)과의 교류가 원만하지 못할 때, 즉 중국과 한국이 정식으로 수교하기 이전에, 자유중국(즉 대만)을 통해 지역학으로서의 중국학을 받아들이게 된다. 중국의 개혁 개방 정책 이후 90년대에 드디어 중국과 정식 수교가 이루어지고 나서부터 대륙의 중국학이 적극적으로 들어오게 된다. 물론 중국과 교류가 늘어나면서 대만과의 관계가 이전보다 좀 멀어진 것도 사실이다. 이후 유럽을 통한 중국학도 다소 유입해왔다. 물론 대만의 중국학, 대륙(현 중국)의 중국학과 별도로, 일제강점기와 해방 이후에, 굴곡은 있다 하더라도, 일본과의 소통은 비교적 원만히 지속되어왔다.

이런 점들을 고려한다면 한국의 중국학에는 ①일본의 중국학(지나학), ②대만의 중국학, 이어서 ③중국 대륙의 중국학, 여기에다 ④미국+유럽(독일, 프랑스, 영국 등)을 통한 제3자적 입장의 중국학(=서구의 중국학) 등이 혼성적, 중층적으로 자리해 있다고 할 수 있다.

그러니 한마디로 중국학이 뭐냐고 묻는다면 참 대답하기 어려운 점이 있다. 더욱이 최근에는 '공자 학원'까지 들어오게 되어 ⑤세계적 의미의 중국학마저 덧씌워져 있다.

좀 더 보충 설명을 하면, 한국의 중국학은 각 시기에 따라 방법론, 내용 그리고 기본적으로 사상가를 바라보는 관점에 있어서 차이가 있다. 현재는 대륙 중국학이 주류를 잡아가고 있다. 따라서 재미있게도 대만 유학파와 대륙 유학파가 사상, 사상가, 방법론 등 여러 면에서 관점의 차이, 격차를 보이게 되었다. 이 점은 다양한 중국학이 존재할 가능성을 보여주는 것이기도 하고, 또한 한국에서 새로운 중국학을 낳을 수 있는 동력이 될 수 있다고 본다.

따지고 보면 중국을 이해하는 것은 중국을 아는 것인 동시에 우리 자신의 존재의 의미를 묻는 것이기에, '한국에서 중국학이 어떻게 흘러왔는가'는 '우리가 우리 자신을 어떻게 이해해왔는가'를 보여주는 부분이기도 하다. 바꾸어 말하면, 중국을 보는 눈은 중국 자신에게도 있지만, 중국의 바깥에도 있다는 것 그리고 그 타자들도 중국을 생각하고, 중국 문화에 동참할 수 있다는 것을 의미하기도 한다. 중국학은 그야말로 '각득기소(各得其所)'의 중국학이다.

화이트헤드(Alfred North Whitehead, 1861-1947)는 서양의 학문(철학사)이 플라톤에 대한 각주의 축적(a series of footnotes to Plato)에 지나지 않는다고 지적한 바 있지만, 동양의 학문은 『논어』 혹은 『노자』에 붙인 주석의 집적이라 할 만하다. 그러면 한국의 중국학, 중국철학은 무엇의, 누구의 각주인가. 대륙판, 대만판, 일본판, 유럽판 수입 중국학의 재생산이거나 각주인가.

우징숑(吳經熊. 존우John Wu로도 부름. 1899-1986)이 쓴 『선(禪)의 황금시대』에서, 중국에서 새로 태어난 불교인 '비범한' 아이인 선(禪)이 아버지인 불교보다도 어머니인 도가 사상을 더 닮았다고 표현하였듯이, 우리 중국철학은 과연 누구를 더 닮았는가? 차제에 '육경(六經)은 내 마음[吾心]의 각주'라 했던 육구연과 왕수인의 학문적 방법론도 성찰해볼 필요가 있다.

3) 보편성, 보편사: 픽션인가, 허울인가, 폭력인가, 구세주인가?

이제 마지막으로 일단 '중국철학의 보편 철학적 가치'라는 것이 무엇이며, 그것은 '실제로 존재하는 것'인가, 아니면 '상정된=가정된=요청된=허구의 개념'인가를 물어볼 수 있다.

이것은 나성 교수가 제시한 '마지막 어휘(final vocabulary)'로서의 '보편 철학적 가치'라는 것, 그리고 그것을 지향하는 '방법론'에 대한 메타적 성찰이다.

사실 서구적 '보편'이란 말은 서구 철학의 '자기 체계' 속에서 '무슨 슬로건이나 표어처럼' 반복되는 '아멘'과도 같은 것이고 도그마로 고착되어 모든 것을 그쪽으로 환원시키며 근엄한 얼굴을 하고 있어, 누구나 그 앞에 서면 자꾸만 작아지고 주눅 드는 이른바 '주술적 역할'을 하는 것 아닌가. 보편 앞에 서면 동양인들은 누구나 '정신적 경련(mental cramp)'을 일으키고 마는데, 그래도 그 서구적 주술 속으로 걸어 들어가겠는가. 안면이나 동공 혹은 뇌세포의 경련을 참으면서, '보편'사(史)를 희구해온 우리의 역사란 희망이었을까? 우리를 옥죄어온 허구의 주박(呪縛)=이론 그물[網]이었을까?

그 이론의 회랑-회로를 따라 빙빙 방랑자처럼 헤매다가 결국 '보편성'에서 우리는 자기 위안(=자위)의 썸씽 스페셜에 취할 것인가. 아니면 망치를 들고 그 '보편'이라는 시점의 거인을 해체할 것인가.

보편을 기념하고 보편을 지향하는 역사는 코언의 말대로 "지적 제국주의"(Cohen, 1984: 87) 아닌가? "케이크를 자르기도 하고 선택도 하며, 노예와 그의 좋은 모습을 손에 넣고 심지어는 그 좋은 상(像)의 설계 감독까지도 하는 것"(코헨, 1995: 150) 아닌가?

보편사를 동양에 전면적으로 덮어씌우는 행위는 야만적이며, 반지성적이며, 일종의 이론 생태계의 '홀로코스트' 행위 아닌가. 미국의 정치철학자 프레드 달마이어는 『오리엔탈리즘을 넘어서』에서 말한다. "유럽의 아메리카 정복은 남북 아메리카를 통틀어 7천만 명의 인디언 원주민들을 학살과 기아와 질병으로 인한 죽음으로 몰고 갔다." 이것은 "인류 역사상 가장 참혹한 제노사이드(genocide, 대량 학살)의 역사였다."

벤자민 슈워츠, 리처드 니버, 데이비드 칼루파하나의 입장이 서구의 오래된 전통인 "지적 제국주의"의 큰 틀을 벗어난 것일까? 미녀(서구)가 야수(중국/동양)를 천년의 잠에서 깨워준다는, 병 주고 약 주는 식의, 중국 나아가서 동아시아를 멋대로 칼질해대고 주무르는 '시점'의 그물망 속에 있는 것은 아닌가?

여기서 말하는 '시점(視點=point of view)'이란 '시력(視力)의 중심이 닿는 곳=주시점'이다. 주시점을 중심으로 화자의 시선의 각도(=서술의 발화점·관점, 사물·사건을 바라보는 관점)가 생긴다. 이 시선의 각도에서 비로소 모든 이야기가 시작되고 서술된다. 마치 컴퍼스의 땅에 꽂은 한 다리를 중심으로 다른 한 다리가 그려내는 동그라미처럼 '주체적인 이야기가 시작되는 시공간'이다. 이것은 바로 나성 교수가 극복해낸 '오리엔탈리즘'의 이야기가, 끝난 것이 아니고, 다시 시작된 느낌이 든다.

나성은 교수는 발표문에서 언급하고 있다.

중국의 합리적, 철학적 사유의 원형을 천착하기 위해 슈워츠가 대안으로 제시한 것이 "오리엔테이션(orientation, 定向, 방향 설정)"이라는 개념이다. 우리가 일상생활에서 번역 없이 너무나 자주 쓰고 있으면서도 정작 분명한 뜻은 잘 모르는 "오리엔테이션"이라는 단어는 라틴어 *orient*에서 유래했다. 오리엔트는 "동방, 해 뜨는 곳"을 의미하며, 여기에서 오리엔테이션이 파생했다. 원래 오리엔테이션은 서양에서 건축물의 방향을 동쪽에다 맞추는 관습(정향)을 의미했으나, 여기에서 발전하여 현재는 개인이나 단체를 주위 환경이나 상황에 맞추는 것을 가리킨다. 슈워츠가 관심을 갖는 부분은 중국 문화의 최초의 정향, 오리엔테이션이 무엇이며 그 내용이 무엇인가 하는 것이다. 다시 말해 중국 사상을 포함하는 넓은 의미의 중국 문화가 갖는 고유한 특징을 최초로 형성했던 원형이 무엇인가를 묻는 것이다.

그렇다면 벤자민 슈워츠의 '인간의 보편성', 리처드 니버나 데이비드 칼루파하나가 제시한 '인간의 개인적 체험이나 느낌'의 보편성도 하나의 "오리엔테이션"으로서, 과연 동양 자신의 것인가? 아니면 서양이 발견한 것인가? 아니면 인류 보편의 것인가? 과연 '인간의 개인적 체험이나 느낌'에 보편성이 있는 것인가? 다시 물어본다.

참고 문헌

메츠거, 토머스, 2014, 『곤경의 탈피 — 주희·왕양명부터 탕쥔이·펑유란까지 신유학과 중국의 정치 문화』, 나성 옮김, 민음사.

사토 신이치, 2000-2001, 「미국에서의 중국 근대사 연구 동향」(アメリカにおける中國近代史研究の動向), 최재목 옮김, 『오늘의 동양사상』 제9-10호, 서울: 예문동양사상연구원[小島晉治·並木賴壽 편, 『近代中國研究案內』 (岩波書店, 1993)의 제1부].

최재목, 1999, 「고뇌로부터의 도피 —「지적 제국주의」의 자기반성은 과연 가능했는가?」, 『문화·비평·사회 1』, 현대미학사·동아대인문과학연구소.

최재목, 2004, 「제6장 해외에서 보는 동양, 동양학, 그 고뇌에 찬 길들」, 『멀고도 낯선 동양』, 이문출판사.

코헨, 폴 A., 1995, 『미국의 중국 근대사 연구』, 장의식 외 옮김, 서울: 고려원.

Cohen, Paul A., 1984, Discovering History in China: American Historical Writing on the Recent Chinese Past, New York: Columbia University Press.

Dallmayr, Fred, 1996, Beyond Orientalism: Essays on Cross-Cultural Encounter, New York: State University of New York Press.

화이트헤드의 '창조성'
반복과 차이의 생산자

문창옥

1. 범주적 합리성

화이트헤드는 그의 여러 저술에서 합리주의에 대한 신뢰나 그 가능성에 대한 낙관적 기대를 명시적으로 언급하고 있다. 우리는 그의 저술 곳곳에서 "사물들의 본성 구석구석까지 이성이 침투해 들어갈 수 있다"(AI 137)[1]거나 "본질적으로 일반 이론을 예증하고 있는 사례로서 나타낼 수 없는 요소란 경험 가운데 하나도 없다"(PR 42)[2]와 같은 표현들을 어렵지 않게 발견할 수 있다. 심지어 그

---

[1] AI는 A. N. Whitehead, *Adventures of Ideas*(New York: Free Press, 1967[1933])의 약칭.
[2] 이 희망은 그의 철학의 전제가 아니라 도달하고자 하는 이상(理想)이었다. 그는 이런 이상을 품고 있는 한 우리는 합리주의자가 된다고 말한다(PR 42). 그런데 그가 합리주의를 하나의 '이상'으로 간주하고 있다는 점에서 우리는 그가 합리주의의

제1부 동서 사상과 창조 163

는 철학의 목표가 "신비주의를 합리화하는 데 있다"(MT 174)[3]고 역설하기까지 한다. 그래서 그가 원자적 생성의 사건으로서의 실재를 기술하는 현장은 그가 고전적 범주들을 해체하고 이를 대체하는 새로운 범주들이 경험과 논리의 질서를 따라 치밀하게 배치되어 있는 무대로 나타나 있다. 그리핀(D. R. Griffin)은 화이트헤드의 철학이 갖고 있는 이런 측면에 주목하여 그의 철학을 "구성적" 또는 "수정적" 포스트모더니즘으로 특징지은 적이 있다(Griffin et al., 1993: viii).[4] 하지만 이것은 어디까지나 일면적 시선에 들어오는 그림이어서 오해의 소지가 있다. 화이트헤드의 범주들이 건져 올리는 미시적 사건 실재는 새로움의 끊임없는 분출, 곧 차이의 계기적(successive) 생성이라는 완강한 존재론적 사태이다. 이 사태 속에는 "경험되는 사물과 경험하는 사물의 집요한 특수성"(PR 43), 말하자면 합리적 분석에 강력하게 저항하는 존재의 특수성이 살아 숨 쉬고 있기 때문이다. 그래서 이것은 궁극적으로 화이트헤드의 범주 체계 자체를 뿌리로부터 흔드는 파괴적 요소로 기능하고 있다. 페드라자

한계를 이미 시사하고 있음을 짐작할 수 있다. PR은 A. N. Whitehead, *Process and Reality*(D. R. Griffin and D. W. Sherburne ed., New York: Free Press, 1978[1929])의 약칭.
3 MT는 A. N. Whitehead, *Modes of Thought*(New York: The Free Press, 1968[1938])의 약칭.
4 여기서 그리핀이 말하는 '구성적' 또는 '수정적'이라는 표현은 니체와 하이데거, 데리다로 이어지는 해체 또는 배제 일변도의 포스트모더니즘과 대비시키기 위한 용어이다. 그에 따르면 해체적 포스트모더니즘은 반(反)세계관을 통해 근대 세계관을 극복하고자 한다. 그것은 신, 자아, 목적, 의미, 실재 세계, 대응으로서의 진리와 같은 세계관의 필수 요소들을 해체 또는 배제한다. 이러한 유형의 포스트모던 사유는 상대주의를 낳고 심지어 허무주의까지 낳는다. 이에 반해 구성적 포스트모더니즘은 세계관 그 자체의 가능성을 배제함으로써가 아니라 근대의 전제와 개념들을 수정하여 포스트모던 세계관을 구성함으로써 근대의 세계관을 극복하려 한다.

(L. G. Pedraja, 1999: 68-84)가 그리핀의 시선을 경계하면서 데리다(J. Derrida)와의 유사성을 역설한 것도 근본적으로 이런 측면에 주목할 때 지나친 말이 아니라고 할 수 있다. 그에 따르건 화이트헤드와 데리다는 공히 "추상적인 절대 진리를 의심하면서 존재, 영속성, 현전, 공간, 분리 독립, 개별적 실체를 우위에 놓는 근대적 관점으로부터 생성, 변화, 시간, 상호 연관, 유동을 통합하는 관점으로 전환하고 있다"는 데서 근본적으로 일치한다. 그래서 그는 화이트헤드의 풍부한 해체적 성향을 회복시키기 위해 그의 '형이상학에 주어진 우선성을 파괴'할 필요가 있다고 주장한다. 하지만 내가 보기에 화이트헤드의 철학에 내재한 구성과 해체의 이 두 측면은 화해하기 어려운 양자택일적 성격의 것이 아니다.[5] 특히 우리가 생성 사건에서 작동하는 긍정 작용과 부정 작용을 충분히 고려할 경우 이런 불협화음은 하나의 범주 체계에 의해 정합적으로 해명될 수 있다.

화이트헤드는 존속하는 실체라는 전통 개념의 자리에 생성하는 존재인 현실적 존재 또는 현실적 계기(actual entity or occasion)를 놓고 있다(PR 29). 현실적 계기는 공간적 연장에서뿐만 아니라 시간적 연장에서도 한계를 지닌 미시적 존재이다(PR 22). 이들 하나하나는 특수한 것으로, 반복되지도 존속하지도 않는다. 다만 생성하고 이어서 소멸할 뿐이다. 그래서 이들은 각기 자신들이 구현하는 시공간 영역(region)과 생사를 같이하는 원자적 생성(atomic becoming)의 사건이라 할 수 있다(PR 283-284). 그렇기는 하지만 이들 하나하

---

[5] 나는 이 두 측면을 합리주의와 비합리주의로 대비시켜 검토한 적이 있다(문창옥, 2001).

나는 다른 모든 계기와의 관계에 힘입어 '지금의 그것(what it is)'이 되고 있다는 점에서 유기적 관계를 구현한다. 물론 이 관계는 폐쇄된 상호 결정 구조를 지니지 않는다. 생성하는 계기는 주체적 결단(decision)을 통해 타자와의 관계를 창조적으로 조율하기 때문이다. 비록 과거의 계기들 전체의 인과적 제약으로부터 완전히 자유로울 수는 없지만 각 계기는 자신의 창조적 결단에 힘입어 과거의 제약으로부터 부분적으로 일탈하면서 자신의 내적 구성을 결정하는 자유를 향유한다. 그래서 현실적 계기들의 미시 세계는 근본적으로 이질적인 생성들의 연속으로 나타난다. 여기에는 시간 축을 따라 여행하는 동일자가 존재하지 않는다. 화이트헤드의 우주론 체계는 이렇게 끊임없이 차이를 생산하는 원자적 사건 존재로서의 현실적 계기를 최종 근거로 다른 모든 범주적 존재를 설명한다. 그의 체계에서 "근거를 찾는다는 것은 하나 또는 그 이상의 현실적 존재들을 찾는다는 것이다."(PR 24)

하지만 우리가 일상의 경험에서 만나게 되는 온갖 거시적 자연 존재들이나 자연과학이 환원 분석에서 가정하는 단위 존재들(units)은 명백히 동일 반복의 특성을 지닌 것으로 나타난다. 자연에 대한 법칙적 이해 역시 이런 특성들에 기반을 둔다. 그래서 화이트헤드는 이들에 대한 적절한 범주적 분석을 위해 일종의 파생적 존재라고 할 수 있는 '결합체(nexus)'와 '사회(society)'라는 범주를 끌어들인다. 결합체는 상호 파악에 의해 통합되어 있는 현실적 존재들의 집단을 말하며, 이 집단에 모종의 질서가 구현될 때 사회가 된다. 요컨대 "사회"는 "사회적 질서(social order)를 가지는 결합체"인 셈이다(PR 34). 여기서 질서는 결합체 속에 공재하는 계기들이 발생론적 관계에 힘입어 계승, 반복되는 공통의 특성, 곧 한정 특성(defining characteristic)으로서 그 사회의 상대적인 안정성과 동일성, 나아가 상대적 독립성의 근거가 된다. 동일 반복을 통한 존속성은 사회의 특성이라는 말이다. 『관념의 모험(Adventures of Ideas)』에서 그는 이를 간결하게 언급하고 있다. "한 사회는 그 사회를 사회 되게 하는 본질적인 특성을 가지고 있으며, 상황이 변함에 따라 변화하는 우연적인 성질도 가지도 있다. 그래서 하나의 사회는 완결된 존재로서 … 상황의 변화에 따라 변화하는 반작용을 표현하는 역사를 향유한다." 그런데 이미 언급했듯이 계기는 시간 속을 여행할 수 없다. 그것은 시공간적 원자 사건이기 때문이다. "현실적 계기는 그러한[사회가 향유하는] 역사를 가지고 있지 않다. 그것은 결코 변화하지 않는다. 그것은 다만 생성하고 소멸할 뿐이다."(AI 204) 그렇기에 사회는 생성하는 계기와는 근본적으로 상이한 존재론적 층위에 있게 된다. 사회는 생성의 구현자가 아니라 변화의 담지자이기 때문이다.

전통의 실체 개념을 연상시키는 이 '사회'의 범주를 놓고 부연하는 화이트헤드의 진술들은 현실적 계기를 둘러싼 치밀한 범주적 분석들에 비해 비교적 평이한 감각으로 이해될 수 있지만, 『과정과 실재(Process and Reality)』의 적지 않은 지면(제1부 3장 2절, 제2부 3장)이 여기에 할애되어 있다는 점에서 그는 이 논제에 상당한 공을 들이고 있다고 할 수 있다.[6] 그러나 이에 대한 화이트헤드의 범

---

[6] 화이트헤드의 범주 체계는 기본적으로 현실적 존재의 생성과 소멸, 그리고 이들 사이의 관계 및 이들의 자기 구성 과정에서의 특수한 활동, 역량, 여러 조건 등을

주적 해명은 사실상 빈약하기 때문에 이를 적절히 이해하려면 상당한 구성적 보완을 거쳐야 한다. 그렇기는 하지만 화이트헤드 자신이 이 범주의 구체적인 사례로 열거하고 있는 존재 유형들을 살펴봄으로써 우리는 이 범주의 기본적인 특성과 역할을 어느 정도 짐작할 수 있다. 화이트헤드가 들고 있는 사회의 대표적인 사례들에 관한 아주 일반적인 진술은 『과정과 실재』의 "자연의 질서"를 다루는 장에서 찾아볼 수 있다. 이에 따르면 아주 기본적으로 연장적 관계(extensive connection)라는 한정 특성을 가지고 있는 가장 기본적인 사회가 있고(PR 97) 이 기본적인 사회 안에는 하나의 체계적인 기하학에 의해 정의되는 사회인 "기하학적 사회(geometrical society)"가 있다(PR 97). 다시 이 기하학적 사회 안에는 전자기적(electromagnetic) 사회가 있으며 이는 전자기적 법칙들이 지배적인 요인이 되는 한정 특성을 가진다. 그리고 이 전자기적 사회 안에는 다음과 같은 종속적인 사회들이 있다. "규칙적으로 연속되는 파동, 개개의 전자, 양성자, 개개의 분자, 무기적 물체와 같은 분자들의 사회, 살아있는 세포, 그리고 식물이나 동물의 신체와 같은 세포들의 사회들"이다(PR 98). 그리고 보다 거시적인 물리적 사회들의 사례들로 화이트헤드는 "수정, 바위, 행성, 태양"(PR 109)을 언급한다. 그 밖에 화이트헤드가 명시적으로 언급하고 있지는 않지만 인간 문명의 발전에 따라 역사적, 정치적 상황에서 생겨난 사회들이나 특정한 미적,

규정하는 사변적 언명들의 정합적인 구성체이다. 사회는 그의 형이상학 체계에 들어 있는 이런 기본적인 범주들, 특히 현실적 계기, 결합체(nexus), 영원한 객체(eternal object), 물리적 느낌(physical feeling), 개념적 느낌(conceptual feeling) 등에 의해 분석되고 기술될 수 있다는 점에서 파생적인 존재라고 말할 수 있다.

종교적, 도덕적 관심을 주요 이념으로 가지는 사회들도 생각해볼 수 있을 것이다. 이는 화이트헤드가 인간의 사회와 물리적 사회의 위계를 동류로 보고 함께 언급하고 있다는 사실에서 부분적으로 확인된다. "가족, 가족의 집단, 국가"(AI 291) 등은 물론이고 "군대는 연대들의 사회이며, 연대는 인간들의 사회이며, 인간은 인격적인 인간 경험이라는 지배적 사회를 동반하는 세포와 피와 뼈의 사회이며, 세포는 양성자와 같은 미소한 물리적 존재들의 사회이며, 그 밖의 기타 등등이다."(AI 206)

2. 생성하는 미시 세계

현실적 계기의 내부로 들어가보자. 계기는 파악의 구성체이다. 파악은 계기가 여건들을 수용하거나 거부하는 활동 하나하나를 일컫는 말이다. 그래서 계기의 생성은 가능성으로 기능하는 자신의 주체적 이념(주체적 지향subjective aim)을 준거로, 주어진 여건들(data)을 파악하면서 시작되고, 이들 다양한 파악을 최종적으로 통일시켜 문제의 지향을 실현하는 또 하나의 파악인 '만족(satisfaction)'에서 종결된다. 이 통일의 과제는 긍정적 파악과 부정적 파악의 협력을 요구한다. 파악이 긍정적인 경우 그 여건을 수용하고, 부정적인 경우 그 여건을 관련성(relevance)이 없는 것으로 배제한다. 여건들 가운데 양립 불가능한 것, 경험의 강도(intensification)를 약화시키는 것, 그래서 결과적으로 최종적 만족의 깊이를 저해하는 것은 부정적 파악으로 제거되고, 만족의 깊이를 심화하는 데 기여하는 여건은 긍정적 파악으로 수용되고 때로 강화된다. 계기는 이처럼 수용과 배제의 주체적 결단(decision)[7]을 거치면서 생성하는 것이기에 과거 여건의 단순 반복에 머물 수 없다. 그것은 계속되는 결단을 통해 창조적 통합을 추구하는 가운데 과거 여건으로부터의 일정한 일탈을 구현하기 때문이다. 그래서 생성 중인 계기 하나하나는 모두 기본적으로 주어진 여건과 차별화되는 것, 요컨대 근원적 차이의 구현자가 된다.

그런데 다른 한편 이렇게 창조적 통합을 가능케 하는 작인으로서의 결단, 특히 이에 함의된 부정 작용은 차이 생산(differentiation)의 중심 기제이긴 하지만 이는 어디까지나 신에게서 파생되는 주체적 이념을 준거로 하는 작용이다. 따라서 이런 부정에 의거한 차이의 생산은 범주 체계의 합리화 영역 안에 들어온다고 할 수 있다. 그렇기에 또한 이 대목에 주목하는 한 화이트헤드의 철학은 명백히 구성적이다. 그러나 화이트헤드의 연구자들이 보통 주목하지 않는 부정의 결단이 있다. 그것은 현실적 계기가 신에게서 수용한 자신의 주체적 이념 자체를 수정하는 결단이다. 이때의 주체적 결단은 더 이상 준거를 갖지 않는다는 점에서 절대적이며, 따라서 이 결과로 빚어지는 차이는 합리적 도식 밖에 머문다. 오히려 그것은 이 도식 체계 자체의 합리적 기획 전체에 도전한다. 그리고 여기에 화이트헤드 철학에 작동하는 해체적 측면이 있다. 이제 부정 작용이

---

[7] 화이트헤드는 이를 "잘라냄(cut-off)"이라는 의미로 사용하고 있다(PR 43). 이는 여건의 일부를 잘라내어 취하거나 버린다는 것으로 문맥에 따라 여건에 대한 긍정으로 이해될 수도 있고 부정으로 이해될 수도 있다.

벌이는 두 가지 양태의 차이 생산의 현장을 좀 더 들여다보자.

현실적 계기의 생성 과정은 기본적으로 두 국면으로 나뉜다.[8] 하나는 이행(transition)이라 부르는 사유화(appropriation)의 과정이고 다른 하나는 합생(concrescence)이라 부르는 자기실현의 과정이다. 전자는 객체적으로 실재하는 여건들이 주제적 지향(subjective aim)이라 부르는 주체적 이념 속으로 수용되는 과정이고 후자는 이렇게 수용된 여건들이 주체적 지향에 따라 선택, 변형, 통합되는 과정이다. 이런 선택, 변형, 통합 하나하나는 모두 현실적 계기의 다양한 파악(prehension)[9]으로 이루어진다. 그리고 이 활동들에는 주체적 지향에 근거하여 여건(data)을 평가하는 주체적 형식(subjective form), 즉 여건의 수용 방식이 동반된다. 그래서 여건은 평가절상을 통해 중요한 것으로 수용될 수도 있고, 평가절하를 통해 하찮은 것으로 수용될 수도 있다. 아무튼 이런 수용의 통로가 앞서 언급한 긍정적 파악(positive prehension)이다. 그리고 자신의 주체적 이념 실현에 장애가 될 것으로 평가되는 여건들은 부정적 파악(negative prehension)을 통해 배제된다. 이렇게 현실적 계기는 수용과 배제, 또는

---

[8] 이런 이원성은 설명을 위한 방편에 속한다. 생성의 현장은 사실상 사유화와 자기실현으로 이원화되기 어렵다. 왜냐하면 자기실현은 객체의 사유화를 포함하며 반대로 객체의 사유화는 자기실현 일반이 가능하기 위한 조건이기 때문이다. 그러므로 화이트헤드가 사유화의 위상이 발생론적으로 선행한다고 말하면서 분석을 시작하기는 하지만 사유화도 자기실현도 현실적 계기의 과정에 대한 그의 기술에서 상대적인 우선성을 갖는다고 말할 수 없다. 이는 주체와 객체의 구별과 마찬가지로 단지 분석을 위한 추상적 구별이라고 말할 수 있다. 왜냐하면 객체적 여건들은 주체의 생성에서 하나의 여건으로 통합되어갈 뿐만 아니라 주체와 객체도 함께 성장하면서 통일되기 때문이다.

[9] 긍정적 파악의 경우 느낌(feeling)이라 부르기도 한다.

긍정과 부정을 적절히 구사하는 가운데 자신의 이념을 실현해가는 과정으로 존립한다. 이 합생의 과정은 다수의 다양한 여건에 대한 다수의 느낌을 하나의 느낌인 만족(satisfaction)으로 통합하기 위해 여러 단계를 거친다. 우선 가능적 이념으로서의 현실적 계기가 현실적 여건과 만나는 초기 국면은 호응적 위상(responsive phase)이다. 이 위상은 이행의 국면과 맞닿아 있다. 여기서 계기는 주어진 여건들에 인과적으로 순응하고 반복한다. 주체적 지향이 적극적으로 작용하게 되는 보완적 위상(supplementary phase)에 이를 때 계기는 자율적으로 여건들을 평가하고 변형, 통합하게 된다. 그리고 이런 자율성으로 말미암아 계기는 과거의 여건들과 차별화되는 새로운 생성이 된다. 나아가 계기가 최종적으로 다수의 여건들에 대한 느낌들을 통합하여 하나의 느낌인 만족(satisfaction)의 위상에 이르면, 다시 말해 주체적 이념을 현실화함으로써 자신의 생성을 완결하게 되면 그것은 현재적 생성의 주체이기를 그치고 자기 초월체(superject)가 되어 후속하는 새로운 생성 주체에 주어지는 여건이 된다.

이 범주적 기술에 요약된 생성의 내적 위상들에서 어떻게 차이가 구현되는지를 좀 더 따라가보자. 여건에 대한 순응(conformation)을 기본으로 하는 초기의 호응적 위상은 기본적으로 반복과 존속의 토대가 된다. 하지만 이를 넘어 보완적 위상의 첫 단계라 할 수 있는 개념적 위상(conceptual phase)에 이르면서 여건으로부터의 일탈, 곧 차이 구현의 토대가 마련된다. 여기서 주체의 결단은 개념적 파악의 다양한 가능성에 힘입어 보다 폭넓게 작동할 수 있기 때문이다. 화이트헤드는 개념적 느낌(conceptual feeling)을 "어떤 개별적인 실현과도 관계가 없는 하나의 특정한 영원한 객체(eternal object)

에 대한 느낌"(PR 243)이라는 의미에서 "무제약적 부정의 느낌"이라고 정의한다. 여기서 '무제약적'이라는 표현은 개념적 느낌이 현실 세계의 구속에서 벗어나 가능태인 영원한 객체들을 한층 자유롭게 평가하고 영입할 수 있다는 것을 함축한다. 이는 개념적 느낌이 과거 현실적 계기들의 한정자로 기능하고 있는 영원한 객체를 그 물리적 조건과 분리시키고 역전(reversion)시켜 부분적으로 수정할 수도 있고, 또 복합적인 영원한 객체들을 변환(transmutation)하여 단순화할 수도 있으며 곧바로 단순 배제할 수 있기 때문이다. 그래서 현실적 계기는 개념적 느낌을 통해 현실적 여건의 경계 내에 있는 영원한 객체들을 부정하고 그 경계 밖에 있는 가능태들을 영입하여 구현함으로써 그 여건의 한정성에서 벗어날 수 있게 된다.

보완적 위상의 이어지는 단계는 다시 복잡한 형태의 비교적 느낌들인 명제적 느낌(propositional feeling)의 단계와 이를 전제로 하는 지성적 느낌(intellectual feeling)의 단계로 나뉜다. 이들 단계는 이에 선행하는 과정에서 역전과 변환 등을 통해 수정된 느낌들을 놓고 다시 선택, 배제, 통합의 과제를 수행하기 때문에 이미 초보적인 부정을 전제로 하는 또 다른 부정의 과정이라고 말할 수 있다. 그래서 이 위상 고유의 부정은 보다 과감하고 일탈적이어서 차이 생산의 정점을 이룬다. 우선 결합체와 영원한 객체들 사이의 대비에 대한 느낌으로 이해되는 명제적 느낌의 경우, 그 결합체를 한정하고 있는 영원한 객체들을 완전히 제거하고 "단순한 그것(bare it)"으로 환원한 후 이를 논리적 주어로 삼는 한편, 다른 원천에서 파생되는 다양한 영원한 객체들을 그 가능적인 술어적 패턴으로 새로이 영입하여 대비시킬 수 있다. 화이트헤드는 이를 명시적으로 "긍정과 부정의 대비" 또는 "'실제로(in fact)'와 '-일 수 있음(could be)'의 대비"라고 말한다.[10] 여기서 '긍정'과 '실제로'는 논리적 주어가 되는 결합체에 대한 긍정이고, '부정'과 '-일 수 있음'은 부정을 통해 단순화되거나 제거된 영원한 객체들의 자리에 새로이 도입되는 술어적 패턴의 영원한 객체들에 대한 긍정을 일컫는다. 그래서 명제적 느낌에서 구현되는 사태는 언제든지 주어진 결합체를 넘어설 가능성을 안고 있다고 말할 수 있다. 특히 여기서 술어의 영원한 객체들이 주어진 논리적 주어의 결합체에서 파생되고 있지 않을 경우[11] 명제는, 현실 세계에 실현되어 있지 않다는 의미에서 새로운 가능태를 현실화하게 된다.

고등한 계기들이 향유하는 지성적 느낌(intellectual feeling)[12]은 가장 창조적이고 일탈적이라 할 수 있는 것으로, 결합체와 그 결합체를 논리적 주어로 하는 명제 사이의 대비를 여건으로 가진다. 화이트헤드의 표현으로 풀어 쓰면 이는 "물리적 느낌에 객체화된 사실에 대한 긍정"과, 명제, 즉 "이 세계의 특수한 사실과 관련하여 '실

---

10 예컨대 '그것은 실제로 지팡이지만 무기일 수 있음'이라거나 '그것은 실제로 지폐지만 화장지일 수 있음' 따위의 대비이다. 그래서 명제의 이런 대비는 현실적으로는 전자이지만 가능적으로는 후자일 수 있음을 열어놓음으로써 주어진 현실의 조건을 벗어난 경험을 창출한다.
11 상상적인 명제적 느낌(imaginative propositional feeling)일 경우이다.
12 화이트헤드는 지성적 느낌이 가지고 있는 부정 작용을 고등 유기체의 특징으로 본다. 그는 다음과 같이 말하고 있다. "부정적 파악에 의해 그 환경 속에 있는 관련이 없는 우연적인 것들을 배제하고 다양한 질서의 체계들에 주의를 집중하는 것은 고등 유기체의 징표이며"(PR 317), "이와 유사하게 우리의 열등한 유형의 동물 경험으로부터 고등한 유형의 인간의 경험으로 이행하는 데 있어 우리는 경험의 유한한 계기들이 분명한 한정성을 얻도록 하는 선택적인 강조를 확보해왔다는 것도 그렇다."(MT 77)

제로'와 '-일 수 있음' 사이의 대비인 단순한 가능태"[13]와의 대비(PR 267)에 대한 느낌이다. 그리고 의식은 이 중첩된 대비를 여건으로 하는 지성적 느낌이 가지는 주체적 형식(subjective form)으로 정의된다. 화이트헤드는 이와 관련하여 다음과 같이 말하고 있다. "앎에 있어 사실 속의 한 과정으로서의 현실태는, 그것이 지금은 그렇지만 그렇지 않을 수도 있는 것, 아니면 지금은 그것이 그렇지 않지만 그럴 수도 있는 것을 예시하는 여러 가능태들과 통합되고 있다. 달리 말하면, 한정성, 긍정, 부정과 아무런 관련이 없는 의식이란 존재하지 않는다. 또한 긍정은 부정과의, 부정은 긍정과의 대비를 포함하고 있다. 또한 긍정과 부정은 모두 개별적인 현실태들이 가지는 한정성과의 관련을 떠나서는 무의미하다. 의식은 우리가 긍정-부정의 대비를 느끼는 방식(how)이다."(PR 243) 그렇기에 의식적 활동은 결코 여건을 단순 긍정하여 수용하는 일이 없다. 의식적 앎은 중첩된 부정을 전제로 하는 것이어서 추상, 변형, 제거 등에 따른 여건으로부터의 일탈을 감행하기 때문이다. 이런 일탈은 다양한 양태로 일어날 수 있다. 지성적 느낌의 주체는 가능적인 것을 긍정하고 현실태의 사실을 부정할 수도 있고, 현실적인 것을 부정하고 가능적인 것을 긍정할 수도 있으며 양자 모두 긍정할 수도 있다.

13 화이트헤드에게서 명제와 영원한 객체 모두 현실태 가운데 미결정의 가능태로 분류된다. 하지만 영원한 객체는 절대적 일반성을 가지는 순수 가능태인 반면 명제는 지시된 논리적 주어와 연관되어 있다는 점에서 불순한 가능태이다(PR 258). 그래서 영원한 객체는 그들이 주어진 사실에서가 아니고는 그것이 무엇인지를 보여주지 못하지만(PR 258-259) 명제는 사실과의 연결 고리를 제공한다. 명제는 그 논리적 주어로 객체화된 현실적 존재들과 일정한 관련성을 가진다는 점에서 현실적 근거를 내포한다.

그러나 이 경우에도 이미 그 대비의 한 항목으로 명제를 이미 포함하기 때문에 부정 작용을 전제로 하고 있다고 말할 수 있다. 따라서 이런 성격의 지성적 느낌을 향유하는 현실적 계기는 현실적인 여건과 가능적인 여건들을 때로 수용하고 또 때로 부정하고 또 때로 비교하여 통합하는 가운데 주어진 여건의 제약에서 벗어나 다양한 유형의 가능태들을 구현할 수 있다.

지성적 느낌의 한 종인 "의식적 지각(conscious perception)"은 명제적 느낌과 결합체에 대한 최초의 물리적 느낌을 통합한다. 의식적 지각에서 느껴지는 대비는 "사실로서의 결합체를, 그 결합체로부터 파생되고 그 결합체에 국한되고 그 결합체 자체에서 예증되는 가능태와 대조시킨다."(PR 269) 그래서 의식적 지각은 비교적 주어진 현실적 여건에 주목한다. 하지만 여기에는 결합체가 술어의 가능태로 사실상 기술될 수 있는가에 대한 의심의 요소가 개입한다(PR 270). 우리는 현재의 지각 내용이 눈앞의 실재와 일치하는지 어떤지를 당장 확인할 길이 없기 때문이다. 화이트헤드는 의식적 지각에 들어 있는 이런 회의적인 부정이나 비판의 요소가 이 "사유의 전진을 위한 동인"(Whitehead, 1948: 87)[14]이 된다고 보고 있었다.

또 다른 유형의 지성적 느낌인 "직관적 판단(intuitive judgement)" 역시 "객체화된 결합체와, 이 결합체를 논리적 주어로 하는 명제와의 대비에 대한 느낌"(PR 270)으로 정의된다. 하지만 의식적 지각의 경우와 달리 여기서 결합체와 대비되는 명제는 상상적인 것으로, 그 논리적 주어인 결합체가 예시하고 있는 것과 전혀 다른 술어를

---

14 부정적 파악과 회의주의의 문제는 Scarfe(2003: 94-105) 참조.

가지고 있어서 한층 현실 일탈적인 앎을 구현한다. 여기에는 세 가지 유형이 있다. 우선 객체화된 결합체와 술어 간의 양립 가능성에 대한 느낌인 긍정적 유형의 직관적 판단, 객체화된 결합체와 술어 간의 양립 불가능성에 대한 느낌인 부정적 유형의 직관적 판단, 그리고 술어와 객체화된 결합체가 양립 가능하지도 않고 양립 불가능하지도 않은 것으로 느끼는 유보된 유형의 직관적 판단이다. 그런데 어느 경우나 결합체의 한정자를 완전히 제거하고 다른 결합체에 예시되었던 영원한 객체들을 술어로 하는 명제와 대비시키고 있다는 점에서 직관적 판단은 주어진 여건의 구속으로부터 완벽하게 벗어나는 경험을 구현한다. 과학적 가설 구성이나 예술 창작은 이런 경험에 힘입고 있다고 말할 수 있다. 그래서 직관적 판단은 인간의 의식 중추를 구성하는 계기가 향유할 수 있는 가장 창조적인 경험으로, 가장 극단적인 차이를 생산한다. 화이트헤드는 지성적 느낌의 마무리 단계에서 다음과 같이 말하고 있다. "의식의 승리는 부정적인 직관적 판단과 더불어 온다. 이런 경우, 그럴 수는 있으나 현재 그렇지 않은 것에 대한 의식적 느낌이 있다. 이 느낌은 바로 그 주체가 향유하는 일정한 부정적 파악과 관계된다. 그것은 부재에 대한 느낌이며, 이 느낌은 그 부재를, 실제로 현존하고 있는 것을 명확하게 배제함으로써 산출된 것으로서 느낀다. 따라서 의식의 고유한 특질인 부정 작용(negation)은 여기서 가장 명백하게 드러난다."(PR 273-274)[15]

---

[15] 여기서 우리는 베르그손이 심층 실재인 지속을 구상하면서 모델로 삼았던 '의식'과 다시 만난다. 그러나 화이트헤드에게 있어 의식은 긍정적 창조의 구현자

지금까지 우리는 합생의 주요 위상을 따라가면서 어떻게 부정적 파악이, 주체적 지향의 구현을 위한 사유화와 자기실현의 과정에서 차이 생산의 기제로 작동하고 있는지를 추적해보았다. 이것은 화이트헤드가 이질적 생성을 어떻게 범주적으로 해명하고 있는가를 보여준 것이라고 할 수 있다. 그리고 이런 측면에 주목할 때 화이트헤드의 철학은 차이 생성이 어떤 합리적 기획과도 화해 불가능한 것이라고 보았던 베르그손의 철학과 극명하게 구별된다고 말할 수 있다. 하지만 앞서 언급했듯이 화이트헤드의 도식에는 또 다른 성격의 부정 작용이 있다. 그것은 합생에서 차이 생성의 준거로 기능하는 주체적 지향 자체를 배제하고 수정하는 부정 작용이다. 이것은 일체의 합리적 해명을 거부하는 요인으로 작동함으로써 화이트헤드의 철학 전체를 해체의 색조로 물들이고 있다. 그리고 여기서 그의 철학은 다시 베르그손의 시선을 회복한다.[16]

라기보다는 배제하는 부정적 창조의 작인이라고 해야 할 것이다.
16 화이트헤드는 "모든 사물을 지속의 상하(sub specie durationis)에서 보는 데 익숙해질 것"(Bergson, 1955: 142)을 역설하는 베르그손의 시선을 따라 "지속 가운데서 실재의 원질(étoffe) 그 자체를 보고"(Bergson, 1969: 272) 있다. 이 시선이 접하는 "실재는 더 이상 정태적인 것으로, 있음의 상태로 나타나지 않는다. 그것은 역동적인 것으로, 그 연속성과 가변성을 동반한 흐름으로 나타난다. 거대한 약동(élan)이 존재와 사물을 휩쓸어가고 있다."(Bergson, 1955: 175-176) 그러나 화이트헤드의 사유는 베르그손의 멈춘 바로 이 지점에서 시작되고 있다. 그가 말하는 부정적 파악은 이 약동하는 실재, 곧 차이의 생성 현장을 표현하는 범주적 언어이다. 들뢰즈는 베르그손이 말하는 이질적 생성이 자기 차이화(self-differentiation)의 살아 있는 구체적 사례로서, 헤겔이 말하는 논리적 지평에 우선하는 "차이의 개념의 심층성"을 표현하고 있다고 주장한다(Deleuze, 1999: 62). 그에 따르면 베르그손의 자기 차이화는 실재가 "자신을 현실화시키는 잠세태의 운동"(Deleuze, 1999: 51)으로서 절대 긍정의 힘을 지닌다. 그래서 그것은 "결코 부정적이지 않으며 본질적으로 긍정적이고 창조적이다."(Deleuze, 1991: 103) 베르그손이 말하는 내적인

일반적으로 화이트헤드 연구자들은 화이트헤드에게서 차이의 생성, 즉 새로움의 출현을 설명할 때 '창조성(creativity)'과 더불어 신의 역할을 부각시킨다. 실제로『과정과 실재』의 여러 곳에서 양자는 '새로움의 원천'으로 기술되고 있다(PR 21, 67. 88, 108, 164, 247, 349). 하지만 이런 요인들을 언급하는 것만으로는 이질적 생성의 연속으로의 실재의 심층을 완벽하게 드러내 보여주지 못한다. 우선 창조성은 그 자체로 가능태로서 차이의 생산 작인일 수 없다. 그것은 무규정적 힘일 뿐이다. 그것만으로는 새로운 생성이 과거의 반

차이는 "모순, 타자성, 부정과 구별되어야 한다"는 것이다. 그래서 그는 베르그손을 따라 "내적인 차이 그 자체, 순수한 내적인 차이를 사유하고, 순수한 차이의 개념에 도달하는 것"(Deleuze, 1999: 49)을 주요 과제로 삼는다. 하지만 화이트헤드는 베르그손이 언어적 그물에서 완전히 해방시킴으로써 합리적 언어 놀이에 익숙한 독자들을 당혹케 했던 차이의 생산 현장을, 혜곁의 것과는 전혀 다른, '살아 있는 부정'의 범주로 합리화하고 있다. 겔럭은 베르그손에게서 모든 인식론적 기획과 합리주의 철학은 생성과 차이의 역동적인 힘을 억압하는 것으로 간주된다고 볼 수 있다고 말한다(Guerlac, 2006: 185-186). 그런데 이런 어법이 적절하다면 화이트헤드의 철학은 억압과 해방의 경계를 가로지르고 있다고 말해야 할 것이다. 화이트헤드가『과정과 실재』에서 구성한 '생성의 원자론(atomism of becoming)'은 이 작업의 핵심이다. 그래서 그의 철학은 베르그손이 다양한 은유로 형용하는 데 그쳤던 자기 차이화, 곧 반복을 거부하는 '새로움의 끊임없는 분출(jaillissement ininterrompu nouveauté)'(Bergson, 1955: 9)을 합리적 범주로 기술하여 해명하는 데 매달리고 있다. 그리고 이 최전선에 있는 것이 부정 작용을 구현하는 부정적 파악이다. 한편으로 그것은 주체적 지향을 준거로 전체로서의 단위 사건을 새로운 것으로 만들 뿐만 아니라 그 내적 생성의 과정을 끊임없는 차이 생성의 과정으로 만들어가는 과정을 추동한다. 그리고 이런 측면에서 그것은 구성적 기획의 영역에 머문다. 그러나 다른 한편으로는 예정되었던 자기 자신의 이념마저 거부하는 극단적 차이 생성의 현장을 절대적인 것으로 만들고, 그럼으로써 더 이상 범주적으로 분석할 수 없는 생성의 심층을 추동하는 해체의 기제로 작동한다. 이렇게 화이트헤드의 시선은 그가 출발했던 베르그손의 살아 있는 절대 차이로 회귀하고 있다.

복이 아님을 말하지 못한다. '최초의 지향(initial aim)'을 제공함으로써 합생의 시작을 유인하는 신의 도입이 필요한 것은 이 때문이다. 신은 그의 원초적 본성(primordial nature) 속에 있지만 역사 속에서는 실현된 적이 없는 '영원한 객체들'을 최초의 지향으로 제공하기 때문에 그 지향을 수용한 계기는 새로운 것일 수밖에 없다는 것이다.[17] 앞에서 우리가 검토한 이행과 합생의 과정은 바로 이런 지향

17 나는 창조성을 포함하는 궁극자의 범주나 신은 새로움의 출현을 조건 짓는 데 있어 불충분하며 범주적 제약 1, 2, 3의 주체적 통일성, 객체적 동일성, 그리고 객체적 상이성의 범주가 부가되어야 한다는 점을 논증한 적이 있다(문창옥, 2001). 궁극자의 범주에 따르면 창조적 전진은 과거의 현실 세계인 '다(many)'가 무규정적 힘인 창조성에 힘입어 새로운 '일(one)'로 통합되는 데서 구현된다. 선행하는 과거의 현실 세계는 확정된 완강한 사실들의 이접적(disjunctive) '다'로 주어진다(PR 21). 그리고 이를 여건(data)으로 하여 탄생하는 새로운 '일'은 이런 이접적 '다'를 조정하고 통합하는 과정, 곧 '다'를 수용하고 변형하는 과정으로서 존립한다. 그래서 일반적으로 창조적 전진이 새로운 존재의 연속적인 출현으로 나타나게 되는 것은 주어진 '다'로서의 전체와는 구별되는 '일'의 끊임없는 출현에 기인한다. 말하자면 이질성의 생성은 '다'의 종합으로서의 '일'이, 종합되는 '다'와 구별되는 새로운 '일'이라는 데서 성립한다는 것이다. 따라서 궁극자의 범주는 화이트헤드가 '어떻게 과거와 구별되는 새로운 생성이 가능한 것인가?'에 형식적으로 답하는 가장 기본적인 범주이다. 그러나 이 형식적 범주가 적절히 기능하려면 앞서 언급한 범주적 제약들이 부가되어야 한다. 나아가 또한 신은 범주적 도식에 선행하는 원리적 존재가 아니라 하나의 '현실적 존재(actual entity)'이기에, 범주 도식에 의해 분석되는 사례 존재로 간주되어야 한다는 점에서 신이 새로움의 궁극적 원천일 수 없다. 바꿔 말하자면 신 역시 끊임없이 생성하고 있는 '일'일 뿐이기에 신은 궁극자의 범주와 범주적 제약들에 의해 설명되어야 할 피설명항이라는 것이다. 이것은 신이 새로운 최초의 개념적 지향을 제공하는 것 자체가 이미 궁극자의 범주와 범주적 제약에 따르는 사태라는 것을 의미한다. 따라서 신은 범주적 제약에 따르는 일정한 조건하에 최초의 개념적 지향을 제공할 뿐이다. 최초의 개념적 지향은 전적으로 신의 자유의지에 따라 선택되는 것이 아니라는 말이다. 화이트헤드가 신은 자유로운 창조자가 아니(PR 224)라고 말하고 있는 것도 이 때문이다. 물론 신에게서 오는 개념적 지향은 새

을 준거로 하는 차이의 생산 과정이었다.

그런데 이런 도식적 이해는 화이트헤드를 구성의 철학자로 볼 때 충분하지만 해체의 철학자로 읽고자 할 때 불충분하다. 합생의 과정에서 빚어지는 차이화가 전적으로 주체적 지향에 이끌리는 것이라면, 그래서 생성하는 계기에게 주체적 지향에 근거한 결단만이 가능하다면 예측 불가적 차이는 불가능할 것이다. 왜냐하면 여기서 주체가 향유하는 모든 결단은 신이 자신의 주체적 지향에 따라 분배하는 최초의 지향에 따르는 것이며, 따라서 예정된 것이라고 할 수 있기 때문이다. 그것은 주체의 자율적 결단이라기보다 신의 의지에 따르는 수동적 결단이라고 해야 할 것이다. 그리고 그렇다면 여기서의 자율은 허상이다. 더욱이 주체의 자율이 모두 이런 것이라면 우주는 신의 기획에 따르는 예정 조화된 우주일 것이다. 이것은 라이프니츠의 모나드가 그렇듯이 개체의 처지에서 보자면 주체적 이념을 향한 목적론적 과정이라 하더라도 신을 포함한 전체 우주의 관점에서 보자면 주어진 것들의 결과, 곧 작용인의 산물이라고 할 수 있다. 그리고 이런 의미에서 이처럼 '최초의 지향'을 통해 구현되는 차이화(differentiation)는 준거를 갖는 것, 그래서 합리적으로 기술될 수 있는 것이다. 우리가 보았듯이 그것이 구현되는 일련의 생성 과정은 주체적 지향의 범주로 분석 환원될 수 있기 때문이다. 물론 이것은 화이트헤드가 우선하여 설계한 구성적 기획에 속

로운 것의 '무엇(whatness)'을 결정한다. 하지만 신이 제공하는 개념적 지향은 어디까지나 단지 새로움이 무엇이냐를 결정하는 요소이지 새로움 자체의 출현을 강제하는 요인 또는 조건이 아니다. 새로움 자체의 출현은 신의 의지에 선행하는 '범주적 요구'의 산물이다.

한다.

그러나 화이트헤드는 보다 급진적인 차이의 생산 기제를 설정함으로써 자신의 합리적 기획 자체를 열린 과제로 간주하고 있다. 앞서 언급했듯이 그것은 신에게서 파생된 "최초의 지향을 수정하는 현실적 계기의 결단"(PR 47)이다. 화이트헤드는 이런 수정을 반복하여 역설하고 있지 않기 때문에 연구자들은 이 점을 간과하는 경향이 있다. 그러나 우리는 화이트헤드가 현실적 존재를 자기 원인자(*causa sui*)로 규정하는 대목에서 계기 고유의 부정적 결단을 뒷받침하는 다수의 언급을 발견할 수 있다. 그에 따르면 "자기 원인이란, 합생의 과정이, 느낌들로 이루어진 질적인 옷을 입는 것과 관련된 결단을 내림에 있어 그 자신이 그 결단의 근거가 된다는 것을 의미한다. … 우주에 내재하는 자유는 이러한 자기 원인의 요소로 구성되어 있다."(PR 88) 그래서 작용인의 요소가 아무리 깊숙이 작용한다 하더라도 "모든 결정의 피안에 있는 사물의 궁극적 자유"(PR 47)를 구현하는 주체의 최종적 결단이 있다. 이제 우리가 이 일련의 주장을 온전히 이해하려면 이 최종적 결단은 어떤 준거나 시사도 없이 전적으로 주체 자신에서 비롯되는 것으로 간주될 수 있어야 한다. 계기는 최종적 결단에서 예정 조화마저 거부하는 진정한 의미의 자기 원인, 진정한 의미의 차이 생산의 작인일 수 있어야 한다는 것이다. 우리는 바로 이런 최종적 결단이 모든 작용인의 고리에서 벗어난 자율적인 자기 창조를 실현하는 결단으로서, 신에게서 파생된 최초의 주체적 지향을 부정하고 수정하는 주체의 결단[18]이라고

---

[18] 화이트헤드가 일관되게 '최초의 지향'과 '주체적 지향'을 구별하는 것은 바로 이

이해한다. 이때의 결단은 생성 과정의 다른 결단들과 달리 어떤 범주적 근거도 갖지 않는다는 의미에서 절대적인 것이다. 현실적 계기가 갖는 모든 결단의 느낌, 다른 모든 결단의 주체적 형식들은 주체적 지향에 의해 통제 조정된다. 그런데 주체적 지향도 하나의 느낌이며, 이에 대한 수정의 느낌 또한 그 주체적 지향을 배제 거부하거나 강화 내지 약화시키는 주체적 형식을 동반하고 있는 하나의 느낌이다. 그렇다면 이렇게 주체적 지향을 수정하여 결단하는 느낌의 주체적 형식은 어디에 근거하는가? 화이트헤드의 체계는 여기서 분석을 멈추고 있다. 이는 주체적 지향을 수정하는 결단이 더 이상 범주적으로 분석될 수 없는 존재 내면의 절대적 차이화로 간주되고 있음을 의미한다. 그리고 그것은 현실적 계기를 자기 원인자인 동시에 타자 초월적 개체, 요컨대 차이의 생산자로 만드는 요인이다. 그래서 화이트헤드는 "모든 현실적 존재가 그 자신의 새로움에 의해 신까지도 포함하여 우주를 초월한다"(PR 94, 88 참조)고 말한다. 이때의 새로움은 타자적 요인으로의 환원 불가능성이요 화이트헤드가 말하는 "사물의 집요한 특수성"이다. 그것은 그 이유를 찾을 수 없는, 즉 범주적으로 기술할 수 없는 차이화 그 자체이다. 그것은 우리의 우주 시대의 우연성과 예측 불가능한 변이를 설명하며, 이런 변이를 놓고 벌이는 모든 합리적 구상이 무상한 것일 수밖에 없음을, 그래서 그 어떤 독단적인 언명도 역사적 우연에 종속

런 이유에서라고 할 수 있다. 주체적 지향은 신에서 파생된 최초의 지향을 부정하고 수정하여 얻게 되는, 계기 고유의 지향이라는 점에서 후자의 지향과 구별되어야 할 것이기 때문이다.

되는 것임을 폭로한다. 페드라자의 언급에서 보듯이 우리가 데리다의 '차연'과 '창조성' 간의 유사성을 말할 수 있다면 그것은 바로 이런 문맥에서이다. 존재 내면의 창조적 부정 작용은 해체적 요인으로 작용하면서 화이트헤드 자신의 형이상학에조차도 우연적 타당성만을 허용하고 있기 때문이다.

3. 변화하는 거시 세계

반복을 지배적인 특성으로 하는 거시적 감각 세계는 전통의 철학적 사유를 한동안 실체-속성의 범주로 유인해왔다. 앞서 언급했듯이 화이트헤드의 체계는 사회라는 범주를 통해 이 감각 세계(또는 실증과학의 세계)와의 화해를 시도한다. 사회는 한정 특성을 내장하고 있는 거시적인 역사적 존재를 대변한다고 했다. 그래서 이 화해의 현장은 미시적인 이질적 생성, 곧 차이화의 사건에서 거시적인 동일 반복의 역사적 사건이 파생되는 현장이 된다. 사회가 역사적인 존재인 까닭은 그것이 변화, 곧 계기들 간의 차이를 담지하기 때문이다.

화이트헤드가 그리는 우주에서는 현실적 계기든 사회든 아니면 결합체든 전체로서의 우주를 최상층으로 하는 사회들의 위계 조직 속에 있다. 그래서 최하위의 현실적 계기들로부터 최상층의 사회인 우주 그 자체까지 상호 역동적인 지배와 종속, 거부와 일탈의 관계로 엮여 있다. 개개의 현실적 존재들 간에는 물론이요 각 위계 내의 사회들 사이에, 그리고 상하 위계의 사회들 사이에는 적어도 부분적으로 상호 제약 관계가 있다는 것이다. 그래서 임의의 사회가 가지는 한정 특성은 동류의 사회가 가지는 한정 특성과의 관계 및 이들을 구성원으로 하는 보다 상위의 환경 사회를 배경으로 그 동일성이 유지되며, 후자의 환경 사회 또한 그 속에 들어 있는 사회들의 동일성과 밀접한 상호 연관을 통해 존속한다. 요컨대 현실적 계기들 간에, 현실적 계기와 이들로 구성된 사회 간에, 그리고 종속적 사회와 환경 사회 간에 이런 상호 제약의 내적 관계가 존재한다. 이런 내적 관계의 그물망을 떠난 고립된 존재는 없다. 현실적 계기가 벌이는 창조적 일탈까지도 그 지배적 배경에 상대적이라는 점에서 이런 상호 제약의 산물이라 할 수 있기 때문이다. 이것이 화이트헤드의 철학적 우주론이 있는 유기체론의 대강이다.

우리는 앞서 화이트헤드가 들고 있는 사회의 다양한 사례에서 살펴보았다. 화이트헤드는 이 사회의 범주를 여러 종적 유형으로 분류함으로써 그의 사변적인 우주론 속에, 우리가 실증적 또는 이론적으로 접하는 다양한 물리과학적 존재나 유기체는 물론이요 이들 유기체가 벌이는 다양한 역사 문화적 사건 존재들까지도 담아내려 한다. 우선 가장 단순한 유형의 사회로, 한 시점에 하나의 계기만을 구성원으로 하며, 인격적 질서(personal order)를 한정 특성으로 하는, '존속하는 객체(enduring object)'라는 사회가 있다. 그리고 이런 '존속하는 객체들'로 분석 가능한 결합체는 '입자적 사회(corpuscular society)'이다(PR 198). 이들 명칭이 시사하듯이 이 두 유형의 사회를 구성하는 계기들은 과거의 인과적 영향에 순응하고 이를 반복하는 경향이 강하다는 특성을 가진다. 부정적 파악의 개입이 미약하다는 말이다. 그래서 "존속하는 객체와, 존속하는 객체들로 분석될 수 있는 '사회'는 시간과 공간을 통하여 변화의 모험을 향유하는 항구적 존재들이다."(PR 35) 나아가 사회는 다시 이런 입자적 사회나 비사회적 결합체들을 구성원으로 갖는 보다 큰 규모의 것일 수 있는데 화이트헤드는 이런 사회를 '구조를 갖는 사회(structured society)'라 부른다. 이런 유형의 사회 가운데 대표적인 것은 우주 그 자체일 것이다. 그런데 이 구조를 갖는 사회에는 존속하는 객체와 입자적 사회만을 구성원으로 하는 것과 이들 이외에 비사회적 결합체까지 구성원으로 하는 것이 있다. 화이트헤드는 전자를 살아 있지 않은(non-living) 사회, 후자를 살아 있는 사회라 부른다.

살아 있지 않은 사회들(예컨대 지팡이나 돌, 또는 탄소 나노튜브 nanotubes 등)과 살아 있는 사회(즉 일상적 의미에서의 유기적 생명체)는 이들을 구성하는 현실적 계기들의 역량과 이들 간의 관계에서 차이가 있다. 살아 있지 않은 사회는 그 속에 공재하고 있는 계기들이 과거 계기들의 인과적 영향에 순응하는 경향이 지배적이라는 특성을 가지고 있다. 보다 정확히 말하자면 이들은 혼성적인 물리적 느낌에서 파생되는 개념적 느낌에서 영원한 객체들을 긍정적으로 수용하여 반복하는 경향이 강하다는 것이다. 그래서 이런 사회들의 한정 특성은 비교적 장구한 역사를 통해 동일성을 유지한다. 화이트헤드는 이런 사회의 사례로 분자나 전자, 양성자 등으로 이루어진 여러 가지 물리과학적 미립자들을 들고 있다(PR 99). 살아 있지 않은 사회는 평등 관계에 있는 계기들의 집단으로서, 어느 한 구성원이 그 사회 전체를 지배하는 일이 없다. "무기체는 평균적인 것이 지배한다."(MT 27) 그래서 이런 사회는 전체로서의 통일된 경험이나 활성을 가지지 않는 것으로 나타난다. 그것은 그 환경과의 관계에서 유기적인 반응을 보이지 않을 뿐 아니라 그 환경의 변화에 둔감한 것으로 보인다는 말이다. 화이트헤드의 표현을 빌리자면 살아 있지 않은 사회는 "목적" 내지 "통일된 지향(unified aim)"을 가지지 않으며, 이를 구성하는 현실적 계기들은 주로 과거를 물리적으로 계승하는 특징을 가진다. 물론 여기에도 부정에 기반한 "산발적 새로움의 출현"(MT 167)이 있기는 하지만 이런 특성들은 재생(반복)되고 강화되지 않기 때문에 그 영향력이 미미하다. 그러나 그렇기 때문에 또한 살아 있지 않은 사회는 비교적 안정되어 있다.

이에 반해 살아 있는 사회의 경우 이를 구성하는 현실적 계기들은 현실 여건 속에 주어지지 않은 영원한 객체들(eternal objects: 한정의 형식)에 대한 파악을 통해 '개념적 새로움(conceptual novelty)'을 끌어들일 수 있다. 이런 이유 때문에 살아 있는 사회는 살아 있지 않은 사회보다 더 불안정하고 유약하다. 하지만 그것은 또한 바로 그렇기에 환경에 적응하고 또 환경을 변화시키는 역량을 지닌다. 우리가 살아 있는 사회의 현실적 계기들에게서 "보다 만족스런 주체적 경험을 달성하려는 어떤 충동이 작용하고 있음"(Hosinski, 1993: 137)을 엿볼 수 있는 것도 이 때문이다. 화이트헤드는 이를 다음과 같이 요약한다. "생명의 일차적 의미는 개념적 새로움 — 새로운 욕구의 발생이다."(PR 102) 그리고 그는 살아 있는 사회 속에서 현실적 계기가 구현하는 주체적 경험의 강화(intensification)에 따른 새로움의 산출을, 문제의 계기들이 가지는 정신적 극(mental pole)의 함수로 이해한다.[19] 그래서 현실적 계기가 구현하는 독창성은 그 정

---

[19] 보다 단적으로 말하자면 화이트헤드에게서 "부정은 정신성의 정점이다."(PR 5)

신적 극의 외적 징표가 된다. 그렇지만 이들 계기가 정신적 극을 통해 빚어내는 새로움은 이들로 구성된 사회, 즉 생명체의 장구한 존속과 안정을 불가능하게 한다(PR 104). 이들이 갖는 생명 활동의 특성은 이들 사회 속에 들어 있는 비사회적인 결합체의 역할, 보다 정확히 말하자면 이들 속에 공재하고 있는 하나하나의 자율적인 계기들의 기능이라는 말이다. 이때의 계기들은 존속하는 객체의 계기들과는 정반대로 과거에 순응하기보다 부정을 통해 창조적 일탈을 추구하는 결단이 지배적이다. 그리고 이때의 계기들은 일탈성과 독창성을 기본 특성으로 갖는다는 점에서 반사회적 존재가 된다고 할 수 있다. 이를 화이트헤드는 다음과 같이 말하고 있다. "'완전히 살아 있는' 결합체는 그 동물 신체를 떠나서는 엄격한 의미에서 결코 사회가 아니라는 결론이 나온다. '생명'은 한정 특성이 될 수 없기 때문이다. 그것은 독창성을 위한 명칭이지 전통을 위한 것이 아니다."(PR 104) 생명은 동일성의 산물이 아니며 이를 구현하는 결합체는 '구조를 갖는 사회'가 제공하는 특수한 환경을 떠나서는 그들 자신을 발생적으로 유지할 수 있게 해주는 어떤 특성도 갖지 못한다는 것이다. 그러므로 이런 결합체는, 구조를 갖는 사회 전체로부터 추상되어 고찰될 경우 '사회'라고 할 수 없다. 그것은 "비사회적 결합체"(PR 72, 105-106)이다. 하지만 이 범주적 존재는 화이트헤드의 철학이 베르그손류의 비합리주의와 만나는 접점을 제공하는 동시에, 그의 우주론이 근대의 기계론과 대척점에 서서 '창발(emergence)'의 사건을 끌어안는 토대로 기능하고 있다.

그렇기는 하지만 이런 구별에서 주의해야 할 것이 하나 있다. 살아 있는 사회와 살아 있지 않은 사회의 구별은 정도의 문제라는 점이다. 화이트헤드는 "살아 있는 사회와 살아 있지 않은 사회 사이에 그 어떤 절대적 간극도 존재하지 않는다"고 말한다(PR 102). 더구나 살아 있는 사회는 일정 부분 살아 있지 않은 사회에 의존한다. 보다 정확히 말하자면 그것은 언제나 살아 있지 않은 사회를 그 하부 구성원으로 포함한다. 이런 의미에서 양자는 상호 협력한다고 할 수 있다. 살아 있는 사회의 창조적 작용들은 환경의 변화에 적응하여 전체 사회를 보호하며, 살아 있지 않은 사회는 그 안정성을 바탕으로 살아 있는 사회를 보호한다. 화이트헤드가 "전적으로 살아 있는 사회", 즉 무기적 계기들에 의존하지 않고서 살아남을 수 있는 사회의 가능성을 부정하는 것은 이런 문맥에서이다. 살아 있는 사회는 살아 있는 결합체가 지배력을 행사하는 사회이긴 하지만 거기에는 반드시 무기적인 계기들의 뒷받침이 있어야 한다는 말이다(PR 103). 그러므로 살아 있는 사회와 살아 있지 않은 사회 사이에는 일방적 지배와 종속의 관계가 존재하지 않는다. 적어도 양자는 존재론적으로 평등하다. 살아 있는 사회이든 살아 있지 않은 사회이든 모두 경험 주체로서의 현실적 계기들의 구성체라는 점에서 존재론적 위계가 동일하다는 것이다. 이는 궁극적 개체인 현실적 계기의 경우와 같다.

  그런데 가치론의 문맥으로 넘어가면 이야기는 달라진다. 무엇보다도 현실적 계기는 이들의 구성체인 사회와 달리, 하나같이 자기를 창조하고 있는 주체라는 점에서 본질적 가치, 더구나 이들이 각기 구현하는 가치가 동일 지평에 있지 않다는 점에서 차등화된 본질적 가치를 가진다. 왜냐하면 현실적 계기들은 각각의 자기 창출 과정, 곧 합생의 과정을 마감하는 "만족"에서 상이한 가치를 구현하기 때문이다. 각 계기의 만족에서 달성되는 느낌은 그 복합성, 조화, 균형 등에서, 요컨대 미적 강도(aesthetic intensity)에서 차별화된다는 말이다. 결국 현실적 계기들은 비록 존재론적 지평에서는 평등하지만 가치론적 측면에서는 불평등하다고 할 수 있다. 그리고 사회는 자신을 구성하고 있는 계기들의 이런 만족에 기여하는 정도에 따라 파생적, 도구적 측면에서 가치론적 위계에 편입된다. 사회는 그것이 계승한 질서와 구조를 자신의 구성원인 계기들에게 제공함으로써 일정 부분 이들의 만족에 차등화된 영향을 미치기 때문에 상이한 가치를 지닌 것으로 간주될 수 있다는 것이다.

본질적 가치의 위계에서 가장 낮은 등급에 속하는 현실적 계기, 즉 경험의 강도에서 가장 미약한 수준에 머무는 계기는 "텅 빈 공간"(PR 18)에서 발견되는 계기들이다. 이들은 가장 일반적인 사회의 질서를 따르고 있다. 이들에게서는 이들 각각의 특수성을 제외하고는 의미 있는 질서나 새로움이 나타나지 않는다. 둘째 등급의 것은 원자와 같은 무기적 사회의 생활사(life history)를 구성하는 현실적 계기들이라 할 수 있다. 이들이 구성하는 사회는 전자, 원자, 분자 등과 같은 '복합적 개체들(compound individuals)'로서, 아원자적 계기들의 줄기를 통합하는 지배적 계기에 의해 특징지어진다. 화이트헤드에 따르면 이 둘째 등급의 계기들에서 "물리적 목적(physical purposes)"이 등장한다. 물리적 목적은 문제의 계기가 과거로부터 계승한 물리적 느낌과, 이 느낌에서 파생되는 개념적 느낌('개념적 가치 평가conceptual valuation')을 통합하는 데서 발생한다. 물리적 목적은 합생 중인 현실적 계기가 장차 실현하고자 하는 이상(ideal)에 대한 그 계기 자신의 주체적 결단인 동시에 그 산물이다. 그래서 물리적 목적을 구현하는 계기는 그만큼 과거 여건의 구속으로부터 일정 부분 일탈하는 역량, 곧 새로움을 낳는 역량을 보여주게 된다. 무기적 대상들의 변이와 다양성을 설명하는 것은 바로 이런 역량이다. 셋째 등급의 현실적 계기는 살아 있는 세포에 들어 있는 계기들이라 할 수 있다. 이런 계기들은 세포의 보다 더 기본적인 구성 요소들로부터 생겨나고, "무의식적 목적"으로 이해되는 "명제적 느낌"을 가질 수 있다. 이 지평의 현실적 계기는 명제적 느낌을 통해 특정한 계기들의 집합, 즉 결합체에 대한 느낌과, 이 결합체에 직접 또는 간접으로 연관된 순수한 가능성(영원한 객체)에 대한 느낌을 통합함으로써 자기 생성의 창조적 깊이를 심화시킬 수 있다. 살아 있는 신체에 들어 있는 모든 살아 있는 계기는 이 등급에 속한다.

최상위 단계에 있다고 할 수 있는 넷째 등급의 현실적 계기는 동물 생명체에서 발견된다고 할 수 있다. 동물 생명체에는 적어도 '인격적 질서'를 가지는 하나의 사회가 있다. 이 사회는 의식 중추로 기능하는 것, 그래서 우리가 보통 인격적 동일성이라 부르는 것이다(MT 161). 그래서 이 등급의 현실적 계기들은 동물 유기체에서 지배적인 영향력을 행사하는 것으로 간주된다. 그들은 외부의 환경을 구성하는 모든 결합체와, 유기체를 구성하는 모든 종속적 사회와 결합체를 여건으로 하여 생성하며, 이들 여건을 강력한 자기 경험 속에서 통합함으로써 "특유의 성질과 깊이"(PR 107)를 가진 정신적 독창성을 구현한다. 이 독창성의 극단에 의식적 계기들이 있다(MT 157). 이미 언급했듯이 화이트헤드에게서 의식은 '사실로 주어진 것(결합체)'과 '사실로 주어질 수 있는 것(명제)'을 대비(contrast)시켜 통합하는 느낌의 "주체적 형식"이다. 따라서 의식은 현실에 주어져 있는 것과는 다른 선택지를 지각하는 방식이다. 현실적 계기는 의식적 느낌을 통해 일정 부분 현실에서 이탈한 여건을 자기화한다. 그렇기 때문에 의식을 구현할 수 있는 계기는 과거의 여건은 물론이요 과거 속에 주어지지 않은 여건까지 자신의 경험 속에 끌어들여 종합할 수 있다.[20] 그래서 현실적 계기가 의식적 느낌을 가지는 한, 그만큼 세계의 자율적이고 창조적인 경험을 구현하며 이에 상응하는 최강의 본질적 가치를 실현한다.

4. 창조성

화이트헤드는 "궁극자(the Ultimate)의 범주"에서 창조성을 다(many)에서 일(one)의 과정으로 정의한다. 이는 다수의 존재들로부터 하나의 새로운 존재가 출현하는 과정에 대한 형식적 표현이다. 따라서 창조성의 작동 방식에 대한 범주적 해명은 어디까지나 다에서 일이 출현하는 현실적인 과정의 사례에 대한 범주적 분석을 통해서만 가능하다. 창조성은 현실적인 생성 사건을 통해서만 자신을 드러내기 때문이다. 우리는 현실적 계기의 생성 소멸의 내적 여정

---

[20] 인간의 정신성은 우리가 확인할 수 있는 가장 극단적인 형태의 의식적 느낌들을 구현한다. 그것은 동물 일반에서 발견되는 정신성을 훨씬 능가한다. 동물 의식은 물리적 극에 보다 가까이 묶여 있는 반면 인간의 의식은 추상과 반성을 통해 이상(ideals)이나 상징(symbols)의 보편적 본성을 파악함으로써 물리적 속박에서 일정 부분 자유로울 수 있고 그래서 이에 수반되는 인간의 경험은 예술과 과학의 영역에서 보듯이 인간 자신과 그 주변부의 역사에 대단히 창조적이거나 대단히 파괴적인 영향력을 행사할 수 있게 된다.

을 따라가면서 계기의 생성이 어떻게 반복과 차이의 작인으로 작동하는지를 개괄하였다. 나아가 이렇게 창조성을 구현하는 현실적 계기들 간의 반복과 차이는 거시 세계의 상대적 동일성과 상대적 변화를 설명한다. 우리는 이를 사회의 범주에서 역시 개괄적으로 확인하였다. 따라서 우리는 지금까지 화이트헤드가 말하는 '창조성'을 잠시 들여다본 셈이라 할 수 있다.

참고 문헌

문창옥, 2001, 「화이트헤드의 합리주의와 비합리주의」, 『철학』 69.
Bergson, Henri, 1955, *La pensée et le mouvan*, Paris: P.U.F.
Bergson, Henri, 1969, *L'évolution créatrice*, Paris: P.U.F.
Deleuze, G., 1991, *Bergsonism*, trans. Hugh Tomlinson and Barbara Habberjam, New York: Zone Books.
Deleuze, G., 1999, "Bergson's Conception of Difference", trans. Melisa McMahon, *The New Bergson*, ed. John Mullarkey, Manchester: Manchester University Press.
Garland, William J., 1983, "The Ultimacy of Creativity", *Explorations in Whitehead's Philosophy*, eds. L. S. Ford and G. L. Kline, New York: Fordham University Press.
Griffin, D. R. et al, 1993, *Founders of Constructive Postmodern Philosophy*, Albany: SUNY Press.
Guerlac, Suzzane, 2006, *Thinking in Time: An Introduction to Henri Bergson*, London: Cornell University Press.
Hosinski, Thomas E., 1993, *Stubborn Fact and Creative Advance: An Introduction to the Metaphysics of Alfred North Whitehead*, Lanham, Maryland: Rowman and Littlefield

Pedraja, Luis G., 1999, "Whitehead, Decontstruction, and Postmodernism", *Process Studies* 28: 68-84.

Santayana, George, 1955, *Scepticism and Animal Faith*, New York: Scribner.

Scarfe, Adam, 2003, "Negative Prehensions and Creative Process", *Process Studies* 32: 94-105.

Sherburne, Donald W. ed., 1966, *A Key to Whitehead's Process and Reality*, Chicago: University Press.

Whitehead, A. N., 1919, *An Enquiry Concerning The Principles of Natural Knowledge*, Cambridge.

Whitehead, A. N., 1927, *Symbilosm: Its Meaning and Effect*, New York: Fordham University Press.

Whitehead, A. N., 1948, *Essays in Sciences and Philosophy*, New York: Philosophical Library.

Whitehead, A. N., 1964, *Science and Philosophy*, New Jersey: Littlefield, Adams & Co.

Whitehead, A. N., 1967[1933], *Adventures of Ideas*, New York: Free Press.

Whitehead, A. N., 1968[1938], *Modes of Thought*, New York: The Free Press.

Whitehead, A. N., 1978[1929], *Process and Reality*, Corrected Edition, ed. David Ray Griffin and Donald W. Sherburne, New York; Free Press.

Wilcox, J. R., 1990, "A Monistic Interpretation of Whitehead's Creativity", *Process Studies*.

진리, 주체, 강제
알랭 바디우 철학에서 새로움의 문제[1]

장태순

1. 들어가며

구조주의 이후 프랑스 철학이 제기하는 질문 중 하나는 '구조는 어떻게 새로워지는가?' 또는 '어떻게 기존의 구조를 넘어서는 새로움이 만들어지는가?'일 것이다. 구조주의 이전의 철학에서 새로움은 주체의 의식적인 활동을 통해 설명할 수 있었지만, 구조주의 이후에는 이런 사고방식은 불가능해진다. 구조 내에서 개체들은 자율성을 잃고 구조에 의해 결정되는 결과물로 전락해버리며, 주체 역시 주체화 과정의 산물일 뿐 스스로 판단하고 행위하는 능력을 잃어버리기 때문이다. 따라서 구조주의 이후의 철학자들에게 던져진

---

[1] 이 글은 『철학』 125집(2015년 11월)에 같은 제목으로 발표되었다.

또 다른 과제는 이렇게 수동적 존재로 전락해버린 주체를 구하는 것이다. '구조는 어떻게 새로워지는가?'라는 질문은 '주체는 어떻게 주체화의 결과 이상의 것이 되는가?'라는 질문과 다름이 없다.

이 두 가지 질문에 대답하는 대표적인 철학이 바디우의 철학이다. 『존재와 사건』의 가장 중요한 질문은 '상황은 어떻게 변화하는가?' 또는 '상황 내에서 새로움은 어떻게 나타나는가?'이다. 이 글에서는 『존재와 사건』에서 바디우가 이 두 가지 물음에 대해 어떻게 답하는지를 살펴볼 것이다.

『존재와 사건』에서 새로움이 만들어지는 기본 틀은 그간 국내외 연구자들에 의해 어느 정도 소개되어왔다. 상황[2] 내에서 사건이 벌어지고, 이를 계기로 기존에 없었던 새로움인 '진리'가 만들어진다. 진리에는 과학, 예술, 정치, 사랑 네 종류가 있으며, 진리를 구축하는 실질적인 활동을 하는 것은 주체이다. 그러나 존재에서 주체로 나아가는 수학적 전개 과정은 거의 다루어진 적이 없다. 특히 진리와 주체를 다루는 핵심적인 부분인 33, 34, 36성찰[3]의 논의는 아직 충분히 탐구되지 않았다. 33성찰은 진리를 수학적으로 구성하는 방법을, 34성찰은 진리의 존재 가능성과 이름의 역할을, 36성찰은 주

---

[2] 상황(situation)은 구조를 가진 존재 일반을 가리키는 『존재와 사건』의 개념이다. 바디우는 이 개념이 사르트르의 용법과는 무관한 중립적인 것임을 강조한다 (Badiou, 1988: 523). 수학적 존재론에는 엄밀한 의미의 '하나'와 '전체'는 존재하지 않는다. 상황은 특정한 맥락에서 하나와 전체의 역할을 하는 존재이다. 집합론적으로는 상황도 하나의 집합이며, 매우 주의하여 한정된 의미로 사용해야 하는 개념인 '전체집합'에 해당한다.

[3] 『존재와 사건』의 각 장은 '성찰(méditation)'이라고 불리는데, 이는 데카르트의 동명의 저작에서 유래한 것이라고 한다(Badiou, 1988: 25).

체의 기본 법칙인 강제[법](forçage, forcing)⁴의 수학적 형태를 보여준다. 국내외의 바디우 연구자들 중에서 『존재와 사건』의 수학적 전개 과정에 주목하는 이는 드물고, 그 결과 바디우 철학의 핵심에 대한 이해는 피상적인 지점에 머물러 있는 듯하다.

이 글에서는 존재에서 진리, 주체가 탄생하는 과정에서 중요한 수학적 대목을 살펴볼 것이다. 잘 알려져 있듯이 이 책은 매우 밀도 높은 수학적 전개 과정을 담고 있어 여기서 그 과정을 모두 보이는 것은 불가능하다. 따라서 각 대목에서 수학적 증명이 도입되는 이유와 그 의미를 개념적으로 해석하는 일에 집중할 것이다. 이를 위해 먼저 바디우가 수학을 도입하는 배경을 살펴보아야 한다.

2. 존재론으로서의 수학

흔히 바디우는 『존재와 사건』에서 '수학적 존재론'을 전개한다고 알려져 있지만, 이는 정확한 표현이 아니다. 바디우는 결코 수학을 바탕으로 하는 새로운 존재론을 펼친 것이 아니다. 『존재와 사건』의 서문에서 그는 "수학은 존재론이다"(Badiou, 1988: 10)라고 선언하면서 수학과 존재론을 문자 그대로 등치시킨다. 따라서 "철학은 존재론으로부터 근원적으로 분리된다."(Badiou, 1988: 20) 전통적으로 철학의 한 분야였던 존재론이 수학으로 대치되면서⁵ 존재론과 철

---

4 집합론의 용어나 개념은 일반적으로 영어를 원어로 병기하지만, 여기서는 『존재와 사건』을 참조하므로 불어와 영어를 병기하였다.

학의 위상은 달라진다. 수학이 존재로서의 존재에 관한 학문이라면, 철학은 수학이 존재론임을 일깨우는 메타 존재론적 작업이며, 더 나아가 존재론으로서의 수학과 "존재로서의 존재가 아닌 것", 즉 사건, 진리, 주체에 관한 사유를 연결시키는 작업이다.[6]

수학은 형식적 개체들과 그것들 사이의 관계에 대한 합리적인 사유이므로, 수학이라는 이름의 존재론에서 존재는 수, 도형, 함수 등의 수학적 개체일 것이다. 그런데 현대 수학의 거의 모든 분야는 집합론을 통해 구성할 수 있다.[7] 『존재와 사건』이 수학의 다양한 분야 중 집합론만을 다루고 있는 까닭이 그것이며, 이제 우리는 바디우가 생각하는 존재는 집합이라는 것을 알 수 있다. 물론 이 말은 존재하는 모든 것이 집합이라는 뜻이 아니라, 존재들의 존재 방식을 집합들 사이의 관계를 통해 생각할 수 있다는 의미이다.

집합으로 규정된 존재는 두 가지 특징을 지닌다. 첫째로 존재는 변하지 않는다. 바디우가 생각하는 존재는 들뢰즈나 베르그손의 존재처럼 생성을 내포하고 있지 않다. 파르메니데스와 마찬가지로 바디우는 존재를 말할 때 변화는 물론 운동조차 고려하지 않는다.[8] 존

---

5 바디우는 존재로서의 존재(l'être en tant qu'être, *to on he on*)에 대한 학문(존재론)은 고대 그리스 시대부터 있었으나 우리는 오늘날에야 그 점을 알 수 있는 수단을 가지게 되었다고 말한다(Badiou, 1988: 9).
6 잘 알려져 있듯이 바디우는 철학을 가능하게 하는 네 가지 조건(과학, 예술, 정치, 사랑)을 이야기한다. '존재 자체로서의 존재가 아닌 것'에 대한 사유는 이중 과학을 제외한 세 가지 조건으로부터 온다.
7 집합론을 통해 구성할 수 없는 대표적인 분야는 카테고리 이론(범주론)이다. 『세계의 논리』(Badiou, 2006)가 카테고리 이론을 수학적 중심축으로 사용하고 있다는 사실은 이런 점에서 볼 때 의미심장하다.
8 『세계의 논리』에서는 운동에 해당되는 변용(modification)을 논의하지만, 이것은

재론 내에 시간의 자리는 없으며, 존재는 시간을 모른다. 시간을 이야기하기 위해서는 존재가 아닌 것의 영역으로 나아가야 한다. 둘째로 집합론에는 최종적인 '하나(l'Un)'는 없다. 바디우는 "하나의 존재가 아닌 것은 존재가 아니다(Ce qui n'est pas *un* être n'est pas un *être*)"(Badiou, 1988: 31)라는 라이프니츠의 말[9]을 인용하며, 이전까지의 모든 존재론은 '하나'의 존재론이었다고 주장한다. 이로부터 단절하는 것, 존재는 '하나(l'Un)'가 아니라 '여럿(le Multiple)'이라고 선언하는 것이 『존재와 사건』의 첫 번째 결단이다. 집합론은 전체로서의 하나(모든 집합의 집합)도 기본 입자로서의 하나(원자적 집합)도 인정하지 않기 때문에 위에서도 아래에서도 '하나'를 찾을 수 없다.

그런데 여기에는 두 가지 난점이 있다. 먼저, 어떤 '여럿'이든 그것을 한 번에 생각할 수 있다면 '여럿'일 뿐 아니라 하나이기도 하다. 예를 들어 '수십만의 군중이 모여 있다'고 말한다면, '수십만'을 개개인으로 볼 때는 여럿이지만 '군중'으로 볼 때는 하나이다. 수(數)가 "하나와 여럿의 종합"(Bergson, 1991: 56)이라는 베르그손의 말은 이 점을 정확히 지적한다. 이 난점을 피하기 위해 바디우는 존재가 "여럿의 여럿(multiple de multiple)"이라고 설명한다. 여럿 속의 하나하나가 다시 여럿을 포함하고 있어서 어떤 방법으로도 하나로 생각할 수 없다는 의미일 것이다. 명시되어 있지는 않지만 이 '여

존재가 아니라 현상의 영역에서이다(Badiou, 2006: 383-401 참조).
9 라이프니츠의 정확한 문구는 "Ce qui n'est pas véritablement *un* être n'est pas non plus véritablement un *être*"(Leibniz, 1978: 97)이다.

럿'에는 어떤 식으로든 무한이 포함되어 있다고 보아야 한다. 유한한 여럿 안에 여럿이 유한 번 포함되어 있어도 하나로 생각하는 것은 불가능하지 않기 때문이다.

그러나 이것만으로는 두 번째 난점을 피할 수 없다. 지금까지의 모든 존재론에서 존재가 하나였던 까닭은 하나로 간주할 수 없는 것에 대해서는 일관성 있는 사유가 불가능하기 때문이다. 바디우도 이 점을 잘 알고 있고, 위에서 규정한 '여럿의 여럿'은 현시(présentation) 이전의 존재의 모습이라는 조건을 붙인다. 그렇다면 현시된 존재에서 나타나는 '하나'에 대해서는 어떻게 설명해야 하는가? 바디우에 따르면 집합론에서 '하나'는 존재가 아니라 '하나로 셈하기(compte-pour-un)'라는 작용이며, 하나로 셈해진 것을 바디우는 '상황(situation)'이라고 부른다.

바디우가 말하는 '하나로 셈하기'를 집합론적으로 해석하자면 하나의 집합을 규정하는 일에 해당된다. 그런데 하나의 집합을 규정하는 것은 그것의 구조 전체를 결정하는 일이다. 집합은 그 동일성이 외연적으로 결정되는 존재이므로, 같은 원소를 가진 두 집합은 동일하다.[10] 그러므로 어떤 것을 하나의 집합으로 규정한다는 것은 그것이 어떤 원소들을 가지고 있는지를 결정한다는 의미이며, 집합론에서는 집합의 원소들 역시 집합이므로 각 원소들의 원소 역시 규정되어야 하고, 그 원소들의 원소까지도 규정하게 된다. 이 일을 더 이상 계속할 수 없을 때까지 계속해야 한 번의 '하나로 셈하기'가 끝나는 셈이므로 '하나로 셈하기'는 하나의 상황 내의 모든 개체

---

[10] 뒤에서 설명할 '외연성 공리'를 참조.

의 구조를 결정하는 작업이다.[11]

집합론을 통해 나타나는 존재의 구조 중에서 가장 중요하고 대표적인 것이 추이성(transitivité, transitivity)이다. 이는 집합 a가 다른 집합 b의 원소이면 a의 모든 원소 역시 b의 원소라는 성질이다. 이 성질은 공리적 집합론에서 가장 중요한 개념 중 하나인 서수(ordinal)의 핵심적인 성질이다. 그런데 여기에서 의문이 하나 생긴다. 존재론적 상황이 아닌 일반적 상황에서 추이성은 어떻게 이해해야 하는가? 또는 서수는 어떻게 이해해야 하는가? 모든 서수는 그것의 임의의 두 원소를 뽑으면 크기를 비교할 수 있다. 이는 일반적 상황에도 적합한가? 『존재와 사건』은 이 질문에 대해서는 답을 주지 않는다.

---

[11] 이러한 셈하기의 과정은 무한히 계속되지는 않는다. 집합론에서 하나로 셈하기가 다다르는 최종적인 지점은 아무 원소도 가지지 않는 집합, 공집합이며, 바디우는 이를 '공백(le vide)'이라고 부른다. 공집합은 어떤 원소도 가지지 않으므로 앞에서 말한 '원자적 하나'가 될 수 없다. 집합론이 아닌 실제 상황에서는 엄밀한 의미에서 공집합에 해당하는 것은 없지만, 하나로 셈하기는 역시 무한히 계속되지 않고 어느 시점에 중단될 수밖에 없다. 하나로 셈하기가 중단되는 지점에 놓인 존재는 그 원소에 해당되는 것이 무엇인지를 전혀 알 수 없으며, 이런 존재에 대해서는 그것이 존재한다는 사실 이외에는 아무것도 이야기할 수 없다. 바디우는 이런 존재를 독특한 존재(être singulier)라고 부르며, 독특한 존재들만으로 구성된 존재는 뒤에서 이야기하는 사건이 일어날 수 있는 지점인 '사건의 자리(site événementiel)'가 된다.

3. 사건과 진리

존재를 이런 식으로 바라볼 때 가장 문제가 되는 것은 어떻게 변화를 설명할지이다. 물론 바디우가 이야기하는 창조는 기독교적인 무로부터의 창조나 낭만주의적 천재의 예술적 창조는 아니다. 상황에 나타나는 새로운 것은 철저히 상황 내적인 것이어야 한다. 앞에서 우리는 존재는 변화를 모른다고 하였다. 그렇다면 바디우는 어떻게 변화를 이야기하는가? 바디우에게 변화란 하나의 존재에서 그와 닮은 다른 존재로 옮아가는 것이다. 일상적으로 말하자면 이는 기존의 존재에 구조적 변화가 일어난 것이다. 그런데 집합론에서 한 집합의 구조는 전적으로 그 집합이 포함하고 있는 원소에 의해 결정되며, 외연성 공리[12]에 의해 두 집합 중 한쪽이 단 하나라도 다른 원소를 포함하고 있다면 둘은 서로 다른 집합이다. 따라서 하나의 집합에 구조적 변화가 생긴다면 그것은 다른 집합이 되는 것이다.

바디우가 생각하는 변화의 중요한 특징은 상황 내부에서 일어나야 한다는 것이다. 한 상황의 외부에서 새로운 요소를 들여옴으로써 변화를 일으키는 것도 생각할 수 있고 가능하지만, 『존재와 사건』에서 이런 경우는 다루지 않는다. 이는 아마도 두 가지 이유에서일 것이다. 한편으로 그런 변화는 너무나 자명하며, 다른 한편으

---

[12] 공리적 집합론의 첫 번째 공리로, 집합의 동일성을 규정한다. "두 집합 X와 Y가 있을 때 X의 모든 원소가 Y의 원소이고 그 역도 성립하면 X와 Y는 같은 집합이다"라고 풀어쓸 수 있다.

로 그런 변화는 많은 경우 생각만큼 근본적이지 않다. 자명한 것은 단 하나의 원소라도 추가되는 순간 한 집합이 다른 집합으로 변하는 것은 명백하기 때문이며, 생각만큼 근본적이지 않은 것은 그렇게 들여온 원소는 그것이 그 집합과 진정으로 이질적일 경우 구조상 '맨 밑바닥'에, 바디우의 용어로는 '공백의 가장자리(au bord du vide)'에 놓일 수밖에 없기 때문이다. 『존재와 사건』에서는 명시적으로 언급되지 않고 있지만, 바디우는 한 존재가 자신의 구조를 최대한 유지하려고 한다는 가정을 하고 있는 것으로 보인다.

외부에서 새로운 요소를 유입하지 않고 일어나는 변화의 단초를 바디우는 '사건'이라고 부른다.

1) 사건

사건은 한 상황에서 내적인 변화가 일어나기 위한 첫 단계이다. 사건은 '일어나는 것'이지 '있는 것'이 아니며, 따라서 존재, 즉 (집합론으로 사유 가능한) 집합이 아니다. 사건을 수학적으로 나타내기 위해 『존재와 사건』에서는 기이한 집합(ensemble extraordinaire)이라는 개념을 소개한다. 그런데 이 집합은 자기 자신을 원소로 가지는 집합이며, 공리적 집합론의 토대 공리(axiome de fondation, axiom of foundation)에 따르면 이러한 집합은 존재할 수 없다.

주의해야 할 것은 바디우 철학에서 새로움을 말할 때 사건의 중요성은 크지 않다는 사실이다. 사건은 하나의 상황에서 변화가 일어나기 위해서 필요한 시작점이며, 새로움 자체인 진리의 구축이 시작되는 계기의 역할을 하지만 그 자체가 새로움은 아니다. 지젝을 비롯한 많은 연구자가 이 점을 오독했으며, 이에 응수하듯 바디우는 "나는 사건에는 큰 관심이 없다"고 단언하기도 하였다.[13]

2) 진리

상황의 내적 변화를 가능하게 하는 것은 집합의 두 가지 기본적인 관계인 귀속과 포함 관계 사이의 간극이다. 잘 알려져 있듯이 한 집합의 부분집합들의 개수는 원소의 개수보다 크다. 이는 부분집합들 중에는 반드시 원소가 아닌 집합이 있음을 의미한다. 이런 집합의 한 종류인 '유적 집합(ensemble générique, generic set)'이 새로움을 담보하는 진리의 집합론적 형태가 되며 진리가 만들어지는 과정을 바디우는 '유적 절차(procédure générique)'라고 부른다.

집합은 수학적 대상이며, 수학적 대상은 불변하므로 집합 자체의 변화를 통해 구조의 변화를 이야기할 수는 없다. 바디우에게 변화는 존재론의 영역이 아니다. 집합론이 변화에 대해 이야기할 수 있는 것은 한 상황 내에서 새로운 것의 존재 가능성을 확인할 수 있다는 것, 그리고 그 새로운 것을 원소로 가지는 기존의 상황과 거의 유사한, 그러나 기존의 상황보다는 더 큰 상황을 생각할 수 있다는 것이다. 하나의 상황이 변할 때 기존의 구성 요소들은 변하지 않는다. 그 대신 새로운 구성 요소 하나가 상황에 추가되면, 그 요소로 인해 상황의 구조가 상당히 변할 수 있다. 이 새로운 요소의 집합론

---

[13] "Je dois vous dire que, moi, l'événement ne m'interresse pas tellement."(Rabouin, 2011: 175)

적 형태가 유적 집합이다. 집합론에 따르면 기존의 상황 내에서도 유적 집합이 추가된 새로운 상황에 대한 유의미한 진술이 가능하며, 이는 주체의 기본 법칙이 된다.

유적 집합에 대해 이야기하기 전에 잘 알려진 집합론의 기본적인 내용 몇 가지를 확인하자.[14] 하나의 집합에는 원소와 부분집합이라는 두 가지 구조가 존재한다. 한 집합의 부분집합의 개수는 언제나 원소의 개수보다 크다는 점은 잘 알려져 있다. 우리가 관심을 가지는 집합(상황)의 원소의 수는 무한하다. 우리는 칸토어를 통해 무한들 간에도 크기의 차이가 있음을 배웠다. 그리고 가장 작은 무한은 자연수의 크기와 같으며, 그것을 가산무한(可算無限) 또는 가부번집합(可附番集合)이라고 부른다는 것을 알고 있다. 가산무한은 자연수뿐 아니라 유리수의 크기와 일치한다는 것도 잘 알려져 있다. 그러나 무리수의 개수와 실수의 개수는 가산무한보다 큰 무한이며, 이 크기는 자연수의 부분집합의 개수와 같다는 것도 알고 있다.[15] 그리고 자연수의 개수와 실수의 개수 사이에 몇 개의 크기가 다른 무한이 존재하는지(또는 존재하지 않는지)는 수학적으로 결정 불가능하다[16]는 것도 알고 있다.

---

14 이 문단의 내용은 『존재와 사건』의 3성찰에서 29성찰까지에서 소개하고 있지만, 대중을 위한 교양 수학서(악첼, 2002 등)에서도 많이 다루고 있다.
15 가산무한과 가산무한의 멱집합(실수의 개수와 같은 크기를 가진 무한)의 크기를 수학적으로는 각각 $\aleph_0$와 $2^{\aleph_0}$로 표기한다. 이 글에서는 편의를 위해 '자연수 개수'와 '실수 개수'라는 표현도 사용할 것이다.
16 수학적으로는 'ZFC 공리계는 연속체 가설과 독립적이다'라고 말하며, 괴델과 코언이 증명하였다. 그러므로 자연수의 무한과 실수의 무한 사이에 몇 개의 크기가 다른 무한이 있다고 해도 집합론의 공리와 모순을 일으키지 않는다(이스턴

4. 유적 집합의 구성

1) 언어와 구성주의적 사유

이제 자연수와 크기가 같은 집합 하나를 생각해보자. 이 집합은 크기가 작으면서도(가산무한은 가장 작은 무한이므로) 집합론의 공리들을 대부분 만족시킬 수 있는 조건들을 갖추고 있다고 하자. 이 집합은 그 안에서 집합론을 전개할 수 있는 집합, 즉 집합론의 모형이 되며, 이런 집합이 존재한다는 것은 수학적으로 증명 가능하다.[17] 이 집합의 멱집합(부분집합들의 집합)은 가산무한보다 큰 무한(실수의 개수)임을 우리는 알고 있다. 멱집합의 크기가 가산무한보다 크다는 사실은 우리가 지금부터 이야기하게 될 창조의 원천이 된다.[18] 그리고 이 과정에서 언어의 역할이 중요하다.

언어가 왜 문제가 되는가? 우리가 관심을 가지는 상황(또는 집합)의 원소의 개수는 자연수의 개수와 같다. 그리고 그 집합의 부분집합의 개수는 실수의 개수와 같다. 그런데 언어로 나타낼 수 있는 대상의 수는 자연수의 개수를 넘어설 수 없다.[19] 그러므로 언어

의 정리: Badiou, 1988: 307-309 참조).
17 수학에서 모형(modèle, model)이란 어떤 이론을 그 안에서 전개했을 때 모든 귀결이 성립되는 집합을 뜻한다. 위에서 말한 자연수 크기의 모형은 기본 모형(situation fondamentale quasi complète, ground model)이라고 부른다.
18 바디우는 철학이 전통적으로 다루어온 연속과 불연속의 문제가 이 두 가지 무한 사이의 관계를 이야기한다고 말한다(Badiou, 1988: 311-315).
19 그 까닭은 언어는 유한한 수의 기호로 만든 유한한 길이의 문장으로 이루어져 있기 때문이다. 가능한 문장의 수는 무한히 많지만, 우리는 그것들에 번호를 붙

는 한 상황의 부분집합을 모두 나타낼 수 없다. 언어로 나타낼 수 없는 부분집합은 반드시 존재하며, 이는 언어에 새로운 기호와 문장을 아무리 추가해도 마찬가지이다.

이런 이유 때문에 사유 가능한 부분집합을 언어로 나타낼 수 있는 것으로 제한하자는 입장이 존재한다. 언어로 나타낼 수 있는 집합을 구성 가능한 집합(ensemble constructible, constructible set)이라고 부르고, 구성 가능한 집합들의 모임을 구성 가능 전체(univers constructible, constructible universe)라고 부른다. 구성 가능한 집합만을 집합으로 간주하는 입장을 바디우는 구성주의적 사유(pensée constuctiviste)라고 부른다.[20] 구성주의적 사유는 바디우가 채택하는 입장은 아니지만, 이후에 설명하게 될 '유적 사유(pensée générique)'를 위해서는 필수적인 것이다.

구성 가능한 집합으로만 이루어진 체계 안에서도 변화가 일어나는 것처럼 보인다. 그러나 그것은 바디우가 부분들의 구성적 전개(déploiement constructif des parties)라고 부르는 것일 뿐 진정한 변화가 아니다. 언어로 만들어낼 수 있는 진술은 (자연수의 개수만큼) 무

여 '하나, 둘, 셋…' 하고 셀 수 있다. 이렇게 숫자로 셀 수 있는 크기는 모두 가산무한이다. 언어가 대상을 지시하는 방법은 두 가지로 나뉜다. 원소는 명사로 지칭하며, 부분집합은 술어로 한정한다. 또한 언어로 이루어진 지식 체계에서 언어는 원소의 성질들을 식별(discernement)하며 부분집합은 성질에 따라 분류(classement)한다 (Badiou, 2006: 362-363).

20 구성 가능한 집합들로만 이루어진 모임(class)을 집합론에서는 '구성 가능 전체(constructible universe)' 또는 '괴델의 구성 가능 전체(Göde.'s constructible universe)'라 부르며, L로 표기한다. 이 개념은 괴델이 1938년에 처음 소개하였다(Gödel, 1938).

한하므로 끝없이 새로운 성질을 만들어낼 수 있고, 이 성질로 분류되는 부분집합을 찾아낼 수 있으며, 새로운 부분집합의 발견은 구성 가능한 집합의 '거주자'에게는 일견 새로운 것처럼 보인다. 그러나 이것은 진정한 새로움은 아니다.

2) 유적 집합

그렇다면 진정한 의미의 새로움은 어떻게 가능한가? 바디우가 말하는 창조는 기존의 언어로는 기술할 수 없는 부분집합이 그 상황 안에 나타나는 것이다. 이것은 문자 그대로 '기존의 문맥 내에서 일어나는 창조'이다. 이러한 부분집합을 바디우는 '진리'라고 부른다. 이러한 명명의 타당성은 나중에 살펴보기로 하자. 진리는 집합론적 맥락에서 유적 집합의 형태를 띤다. 유적 집합은 기존 언어의 술어로는 식별이나 분류가 불가능한 부분집합이다. 이러한 부분집합이 하나 이상 존재한다는 것은 위에서 본 대로 명백하다. 그러나 그 부분집합은 원래의 상황(기본 모델) 내에서는 알 수 없다. 최초의 상황 내에서 주어진 언어만으로 유적 집합, 또는 식별 불가능한 집합을 구성하는 것이 가능함을 보인 것은 코언(Paul Cohen)이다(Cohen, 2008). 이렇게 구성된 유적 집합은 무한하고, 기존의 술어로 규정하는 모든 성질을 벗어나는 특징을 가진다.

코언의 방법을 상술하는 것은 이 글의 범위를 넘어서는 일이다. 핵심적인 부분만을 간략히 기술하자면, 최초의 상황에서 기존의 술어 중 하나를 벗어나는 (그 술어를 만족시키는 원소와 그렇지 않은 원소를 모두 포함하는) (부분)집합을 생각할 수 있고, 모든 가능한 술어에 대해 이런 집합을 생각하고 그것들을 원소로 하는 집합을 만들면 그것이 유적 집합이 된다.

바디우가 유적 집합을 진리라고 부르는 이유는 보편성 때문이다. 유적 집합은 상황의 언어로는 기술 불가능한 (부분)집합이다. 상황의 거주자는 유적 집합에 대해 '딱지를 붙일 수' 없다. 바디우가 자주 드는 정치의 예를 보자면, 바디우가 이야기하는 진정한 정치('혁명적 정치')가 벌어질 때 거기에 참여하는 사람들을 규정하는 것은 불가능하다. '어느 지방 사람들'이나 '어느 계급 사람들', '젊은이' 등의 술어로는 모인 사람들을 규정할 수 없다. 가능한 술어는 '군중'이나 '폭도' 같은 일반적인 것뿐이다. 뒤집어 말한다면 유적 집합은 상황 내의 어떤 원소가 거기에 속할지 예측이 불가능한 집합이다. 물론 유적 집합은 상황의 부분집합이므로 모든 원소가 속할 수는 없지만, 어떤 원소도 미리 배제되지 않는다는 점 때문에 보편적이라고 말하기에는 충분하다.[21]

유적 집합을 만드는 전략은 구성 가능 전체로부터 출발한다. "진리가 없다면 있는 것은 몸과 언어뿐이다"(Badiou, 2006: 12)라는 말은 이 상황을 잘 보여준다. 몸이란 상황의 원소를 가리키며, 언어는 언어 자체일 뿐 아니라 언어로 지시할 수 있는 상황의 부분집합들을

---

[21] 바디우는 '유적'이라는 명칭에 대해 "미래의 모든 지식의 토대로 간주되는"(Badiou, 1988: 361)이라는 설명을 덧붙인다. 또한 유적 집합을 가리키는 기호로 "♀"를 사용한다는 점으로 볼 때 바디우는 유적 집합의 보편성뿐 아니라 생산성도 염두에 두고 있는 것으로 보인다. 이런 특징 때문에 한때 générique를 '산출적'으로 번역한 역자도 있었으나, 이것은 두 측면 중 한쪽만을 보여주는 번역이므로 적절한 것은 아니다.

가리킨다. 몸과 언어만 존재하는 세계가 구성 가능 전체이며, 여기에 덧붙여지는 유적 확장이 진리이다.

5. 주체와 강제

1) 주체

진리의 존재는 집합론을 통해 사유 가능하지만, 이는 진리가 완성된 최종 형태일 뿐이다. 진리가 만들어지는 과정 자체는 집합론으로 나타낼 수 없다. 바디우에게서 이 과정을 담지하는 것이 주체이다. 바디우는 주체를 "어떤 진리를 지탱하는 유적 절차의 모든 국지적 짜임"(Badiou, 1988: 429)이라고 말한다.

바디우에 따르면 진리가 만들어지는 과정은 '탐색(enquête)'의 과정을 거친다. 이는 상황 내의 특정 요소가 진리에 속하는지 아닌지 (바디우의 용어로는 '사건에 충실한지 아닌지')를 검사하는 과정이다. 탐색을 통과한 상황의 요소들을 모아가는 과정이 주체의 활동이다. 바디우의 주체는 사유하는 존재로서의 자아나 자유의지로 행위하는 개인이 아니라 진리가 만들어지는 과정의 일부와 그 결과이다. 주체는 과정 그 자체이므로 집합으로 표현되는 '주체의 존재'란 있을 수 없다. 주체에서 과정을 제거한다면 남는 것은 상황의 유한한 부분집합뿐이며, 유한한 부분집합은 상황의 구조로부터 유래한 지식 체계의 한 항목에 해당한다. 또한 주체가 진리를 생산하는 과정, 탐색의 순서는 철저하게 우연적이어야 한다. 만일 그렇지 않고 상황 안의 원소들을 탐색하는 순서에 어떤 규칙이 있다면 역시 상황이 포함하는 지식 체계의 일부가 되어버려 진리를 지탱하지 못하게 된다. 주체와 지식을 가르는 기준은 탐색의 결과물이 아니라 탐색 자체, 특히 탐색의 우연한 경로이다. 바디우가 "주체는 [유적] 절차가 한데 모은 항들의 '사이'에 있다"(Badiou, 1988: 434)고 말하는 것이 바로 이 때문이다.

여기서 국지성은 곧 유한성을 의미하므로[22] 유한한 주체들이 무한한 진리를 지탱하게 된다. 진리는 한 상황의 지식 체계를 벗어나는 집합이지만[23] 만들어지는 과정의 진리들은 유한한 집합이므로 지식 체계 내의 한 항목에 해당될 수밖에 없다. 완성된 진리는 무한하고 지식 체계 밖에 있지만, 현재 만들어지고 있는 진리와 그 일부인 주체는 대부분 유한하며 무한하다 해도 지식 체계 내에서 이해 가능하다.

진리의 존재인 유적 집합의 원소는 무한히 많으므로, 하나의 진리를 만드는 과정은 무한하다고 간주해야 한다. 그러므로 진리의 완성된 모습은 사실상 볼 수 없다.[24] 또한 바디우가 생각하는 진리

---

[22] "만약 주체가 순전히 국지적이라면 주체는 유한하다(Si le sujet est purement local, il est fini)."(Badiou, 1988: 433)

[23] 진리가 상황 내의 지식 체계의 일부가 아니라는 사실은 유적 집합의 존재를 증명하는 데에 핵심적인 요소이다. 지식 체계에 포함된 항목의 개수는 자연수의 개수(가산무한)와 같지만, 자연수 집합의 부분집합들의 개수는 이보다 크기 때문에 부분집합들 중에는 반드시 지식 체계를 벗어나는 것이 있다. 그러나 이런 집합이 존재한다는 것과 이것을 실제로 구성하여 보여주는 것은 다른 문제이다. 자세한 논의는 바디우(Badiou, 1988: 361-377, 391-410) 참조.

[24] 하지만 진리가 '거의' 완성된, 그래서 더 이상 진리에 속하는 새로운 요소를 발견하지 못하는 상태는 있으며, 바디우는 이를 진리가 포화되었다(saturé)고 말한

는 단일하지 않다. 하나의 상황 안에서 둘 이상의 사건이 일어날 수 있으며, 따라서 둘 이상의 진리가 동시에 만들어질 수 있다.[25] 한 개인이 여러 개의 유적 절차에 참여하는 것이 가능하므로 개인은 동시에 여러 진리의 주체가 될 수 있다.[26]

2) 유적 확장과 강제(법)

수학(집합론)은 진리의 존재와 실존 가능성만을 보여줄 뿐 진리의 생성 과정을 설명하지는 못한다. 그것은 상황 내의 거주자들의 몫이다. 진리를 만든다는 것이 어떻게 가능한지, 그리고 상황에 존재하지도 않는 진리에 관한 활동이 왜 환상이나 무의미가 아닌지는 바디우가 이야기하는 주체의 수학적 형태를 통해 생각해볼 수 있다. 바디우는 강제(법)를 통해 주체의 수학적 법칙을 이야기한다. 바디우가 생각하는 주체는 진리가 실존함을 가정하고 행동하는 존재이다. 그리고 그런 행동을 통해 유적 집합을 한 부분씩 구축해 나간다. 이러한 구축이 계속 반복되면 유적 집합의 실체가 점점 더 드러나고, 크기가 커질 것이다. 유적 집합이 아주 커진다면 그때는

다. 그러나 포화라는 개념은 진리의 모습을 거의 볼 수 있다는 의미에서 쓰이기보다는 그 진리에서 더 이상 새로운 것이 나타나지 않는다는 의미로 쓰인다.

[25] 『존재와 사건』의 이듬해에 출간된 『철학을 위한 선언』에서 바디우는 철학이 자기 시대의 유적 절차들이 함께 진행될 수 있는 가능성을 다룬다고 말한다(Badiou, 1989: 18; 바디우, 2010: 56).

[26] 바디우가 말하는 주체는 집단적이고 개인의 모든 생각과 행동이 진리에 참여하는 것이 아니므로 엄밀하게 말하자면 개인의 일부가 어떤 진리의 주체의 일부가 되는 것이다.

주체가 아닌 상황의 다른 거주자들도 유적 집합의 존재를 인정하지 않을 수 없을 것이다.

유적 집합은 원 상황의 원소는 아니다. 그것이 원소라면 언어로 지칭할 수 있기 때문이다. (한 상황의 원소는 모두 언어로 지칭 가능하다.) 대신 집합론은 원 상황이 유적 집합을 원소로 가지는 경우를 생각할 수 있다. 하나의 상황은 정교한 구조를 가지고 있으므로 아무 집합이나 원소로 더할 수는 없다.[27] 유적 집합은 원 상황(즉 기본 모델)의 부분집합이므로 별 어려움 없이 원 상황에 원소로 더할 수 있다. 그리고 유적 집합이 더해지기 때문에 달라지는 점을 다시 구조화하기 위해서 몇 가지 원소가 더해져야 한다. 이렇게 만들어진 새로운 상황을 기존 상황의 '유적 확장(extension générique, generic extension)'이라고 부른다.

유적 확장은 기존 상황의 '거주자'들에게는 존재하지 않는 상황이다. 이 상황은 진리, 즉 유적 집합을 생성하는 '주체'들이 존재한다고 믿고 있는 상황일 뿐이다. 주체들은 진리가 존재한다고 가정하고 진리에 관한 진술(진리의 성질을 예견하는 진술)을 행한다. 진리에 관한 진술은 존재하지 않는 것에 대한 언명이므로 무의미한 진술일 수도 있다. 그러나 이러한 진술이 의미가 있으며 맞고

---

[27] 예를 들어 기본 모델은 집합론의 (최소한 유한개의) 공리를 만족시켜야 하고 추이적이어야 한다. 추이적이라는 말은 한 집합의 원소라면 그 집합의 부분집합이기도 해야 한다는 의미이다. 따라서 기본 모델에 아무 집합이나 더한다면 그 집합의 원소들이 기본 모델의 원소여야 하며, 원소들의 원소 역시 기본 모델의 원소여야 한다. 이 과정이 공집합이 나타날 때까지 반복되어야만 기본 모델의 원소가 될 수 있다.

틀림[28]을 이야기할 수 있다는 것을 코언이 만들어낸 강제법이 보장한다.[29]

3) 이름

강제법의 핵심은 어떤 조건하에서 진리에 관한 진술들의 맞고 틀림을 원 상황에서 결정할 수 있다는 것이다. 이런 일이 가능하려면 기존 상황에서 행한 언어적 진술의 지시 대상이 그 상황의 유적 확장 내에 들어 있어야 한다. 이를 위해서는 유적 확장 내의 원소들을 지시할 수 있도록 기존 상황의 언어를 확장해야 한다. 이 작업을 위해 '이름'이라는 개념이 도입된다. 진리의 조건[30]인 집합 P의 이름(P-name)은 이름과 P의 원소로 이루어진 순서쌍이다.[31] 이 정의는 순환적인 것처럼 보이지만, 이름들 사이에 서열(rang, rank)이라는 개념을 도입하면 문제는 해소된다. 가장 낮은 0번째 서열의 이름을 공집합으로 정의하면 1번째 서열의 이름들은 공집합과 유적 집합의 원소의 쌍을 원소로 하는 집합으로 정의되고, 2번째 서열의 이

---

28 위에서 바디우가 본 것처럼 바디우는 진리(vérité)라는 개념을 일상적인 의미와 약간 다르게 사용하므로 '참이다(vrai)'와 '사실에 부합한다(véridique)'에 서로 다른 형용사를 사용한다. 이 글에서는 전자를 '참이다'로, 후자를 '맞다'로 번역한다.
29 그러므로 진리에 관한 진술들은 기존 상황의 거주자들에게는 믿음의 산물이지만 존재론자에게는 사실의 문제이다(Badiou, 1988: 412-413).
30 집합론에서는 유적 집합의 원소를 조건(condition)이라고 부른다. 조건의 여러 가지 성질은 유적 집합을 구성하는 데에 중요한 역할을 하지만 이 글에서는 다루지 않는다.
31 이를 기호로 표현하면 다음과 같다(Badiou, 1988: 413; Kunen, 1980: 188).
  $\{(u, p) \mid u \text{ is a } P\text{-name and } p \in P\}$

름들은 1번째 서열의 이름들과 유적 집합의 원소의 쌍을 원소로 하는 집합으로 정의된다.[32] 이런 식으로 모든 서수(ordinal)에 해당하는 서열의 이름들을 정의할 수 있다.[33] 이렇게 정의된 이름이 지시하는 대상은 기존 상황의 유적 확장 내에 존재하며, 지시 대상들도 서열에 따라 배치할 수 있다.

이런 이름이 포함된 언어를 바디우는 '주체어(langue-sujet)'라고 부른다. 주체어의 진술은 원 상황 내에서는 무의미한 것이지만 그 상황의 유적 확장 내에는 지시 대상이 있으므로 맞고 틀림을 결정할 수 있는 의미 있는 진술이다. 주체어는 진리와 유적 확장을 믿고 있는 주체들에게는 의미 있는 진술이지만 진리의 존재에 무관심한 원 상황의 보통 '거주자'에게는 무의미한 말로 들릴 것이다.

4) 강제

강제는 유적 확장과 원 상황 사이의 관계를 규정하는 개념이다. 위에서 정의한 이름을 포함하는 어떤 진술이 맞는지의 여부는 유적 확장에서 이름의 지시 대상을 확인해보면 알 수 있다. 그런데 원

---

[32] 이를 기호로 표시하면 다음과 같다
Name(0) = { },
Name(α + 1) = the power set of (Name(α) $\times$ P),
Name(λ) = $\bigcup${ Name(α) | α < λ for λ a limit ordinal }

[33] 이 정의를 다음과 같이 직관적으로 이해할 수 있다. 0번째 서열의 이름(공집합)으로 불리는 것은 개별자("이 사과")들이다. 1번째 서열은 개별자들의 집합인 이름("사과")들이다. 2번째 서열은 1번째 서열의 이름으로 불리는 것들의 집합("과일")들이다. 이런 식으로 무한히 이름을 정의해나간다.

상황에서도 이 진술의 맞고 틀림을 알 수 있는 방법이 있다. 원 상황 안에는 문제의 이름과 특별한 관계를 가지는 원소가 있으며, 이 원소가 유적 집합의 원소인 것과 이 진술이 맞다는 것이 서로 동치가 될 수 있다. 이런 경우 그 원소가 해당 진술을 '강제한다'고 말한다. 이름을 포함한 진술들 중에는 강제 가능한 것과 강제 불가능한 것이 있다.

6. 마치며

바디우가 말하는 새로움은 유기체나 생명으로부터 나오는 것이 아니다. 진리라는 이름의 새로움은 주체들의 활동을 통해 구축되는 것이다. 존재론(수학)은 진리의 존재를 보장하고 진리를 구성하는 절차에 관해 이야기할 수 있지만 진리의 생성 그 자체는 다룰 수 없다.

존재론은 또한 주체의 기본 법칙인 강제를 이론화한다. 주체는 현재 생성 중인 진리가 완성되어 현 상황에 존재한다고 가정할 때 진리와 관련이 있는 다양한 진술의 맞고 틀림을 판단하는데, 이런 진술을 위해서는 진리에 관한 진술을 할 수 있도록 언어를 확장해야 한다. 이 확장은 수학적으로 정의된 이름을 통해 이루어지며, 이름의 지시 대상이 없는 원 상황에서도 그 진술의 맞고 틀림을 결정하는 것이 때로는 가능하다.

새로움이 만들어지는 과정에서 언어가 중요한 역할을 한다는 것은 바디우 철학의 수학적 측면을 생각할 때 흥미롭다. 논리실증주의적 관점에서는 무의미한, 지시 대상 없는 진술이 수학적으로 정당화된다는 것, 그리고 새로움을 위해서는 이런 진술을 가능하게 하는 언어를 사용하는 주체의 활동이 필수적이라는 점은 주목할 만하다. 바디우가 "말할 수 없는 것에 대해서는 침묵을 지켜야 한다"는 비트겐슈타인의 주장에 반대하며 말할 수 없는 것에 대해 말하는 것이야말로 철학의 본령(Badiou, 1992: 60)이라고 단언하는 것도 같은 맥락에서 이해할 수 있다. 『세계의 논리』 이후 바디우가 '이념(idée)'의 중요성을 이야기하는 것도 이와 무관하지 않을 것이다.[34]

참고 문헌

악첼, 애머, 2002, 『무한의 신비: 수학, 철학, 종교의 만남』, 신현용, 승영조 옮김, 서울: 승산.
Badiou, Alain, 1988, *L'Être et l'événement*, Paris: Seuil.
Badiou, Alain, 1989, *Manifeste pour la philosophie*, Paris: Seuil[알랭 바디우, 『철학을 위한 선언』, 서용순 옮김, 서울: 길, 2010].
Badiou, Alain, 1992, *Conditions*, Paris: Seuil.
Badiou, Alain, 2006, *Logiques des mondes: L'Être et l'événement, 2*, Paris: Seuil.
Badiou, Alain, 2009, *Second manifeste pour la philosophie*, Paris: Fayard.
Bergson, Henri, 1991, *Essai sur les données immédiates de la conscience*, Paris: PUF.
Cohen, Paul J., 2008[1966], *Set Theory and the Continuum Hypothesis*, New York: Dover.
Gödel, Kurt, 1938, "The Consistency of the Axiom of Choice and of the Gen-

---

34 『철학을 위한 두 번째 선언』에서는 이념화(idéation)라는 개념을 도입하였고 (Badiou, 2009: 119-130), '공산주의의 이념(idée du communisme)'이라는 주제로 4차에 걸친 국제 학회를 개최하기도 하였다.

eralized Continuum-Hypothesis", *Proceedings of the National Academy of Sciences of the United States of America* 24(12): 556-557.

Kunen, Kenneth, 1980, *Set Theory: An Introduction to Independence Proofs*, Amsterdam: Elsevier.

Leibniz, Wilhelm Gottfried, 1978[1875-90], *Die philosophischen Schriften von Gottfried Wilhelm Leibniz*, C. I. Gerhardt, ed. 7 vols., Hildesheim: Georg Olms.

Rabouin, David, Oliver Feltham & Lissa Lincoln, ed. 2011, *Autour de Logiques des Mondes*, Paris: Editions des archives contemporains.

제2부

동서 과학과 창조

과학의 목적으로서의 창조성

이정민

1. 과학의 목적

과학의 목적은 무엇인가? 수많은 학자가 수십 세기에 걸쳐 '과학'이라는 이름 아래 어떤 활동을 해온 것이 사실이다. 그렇다면 이러한 활동이 어떠한 목적을 지향하는 활동이라는 것은 그럴듯해 보인다. 물론 그 목적이 영원히 변하지 않는다고 생각할 필요는 없다. 과학의 변화와 함께 과학의 목적도 부분적으로는 얼마든지 변화할 수 있다. 아리스토텔레스 자연학의 탐구 목표와 아인슈타인 상대성이론의 탐구 목표를 같게 보아서는 안 된다. 그렇다고 현대적 관점에서 아리스토텔레스의 자연학을 제대로 된 '과학'이 아닌, 낡은 '형이상학' 정도로 취급하는 것도 역사적인 몰이해다. 이것은 과학 자체가 고정된 하나의 활동이 아니라, 시간 속에서 점차 자신의 목적을 실현해가는 역사적 활동임을 시사한다.

과학의 역사적 변화 속에서도 철학자들은 과학이 전체로서 지향하는 목적을 가려내려 했고 크게 두 가지의 서로 다른 답을 내놓았다. 그 하나는 '진리'로 이 목적은 과학을 넘어 철학의 역사만큼이나 오래된 것으로 보인다. 다른 하나에는 여러 이름이 있는데 고대 천문학에서는 '현상의 구제'라고 부르고, 최근의 과학철학자인 반 프라센(Van Fraassen, 1980: 12)이 '경험 적합성'이라고 부른 목적이 그것이다. 흔히 과학의 목적을 진리라고 생각하는 입장을 '실재론'이라고 하며, 현상의 구제 또는 경험 적합성만으로 충분하다는 입장을 '반실재론' 또는 '도구주의'라고 한다. 과학철학에서는 표준적인 구분이지만 익숙하지 않은 독자를 위해 두 입장을 대조해보자.

> 실재론: 과학은 이론을 통해 세계가 어떠하다는 것에 관해 액면 그대로 참(literally true)인 서술을 제공한다.
> 반실재론: 과학 이론의 수용은 그것이 참이라는 믿음이 아니라 경험적으로 적합하다(empirically adequate)는 믿음만으로 충분하다(Van Fraassen, 1980: 12).

과학 이론이 "액면 그대로 참"이라는 것은, 그것을 별도의 비유적 해석 없이 세계의 실재하는 모습을 그린 것으로 받아들일 수 있다는 뜻이다. 이 점에서 과학 이론은 문학이나 예술, 종교 텍스트와 다르다. 오디세우스의 영웅담이나 오병이어(五餠二魚)의 기적은 거짓이거나 비유적으로만 참일 것이다. 다른 한편 과학 이론이 "경험적으로 적합하다"는 것은 우리의 감각 경험에 드러난 세계의 모습인 현상에 관해서만 정확한 예측을 한다는 뜻이다. 과학에서 사용되는 모형, 예를 들어 원자 모형과 같은 것은 '단지 모형일 뿐' 원자의 실제 모습이 아니라는 말을 종종 듣는다. 이것은 반실재론자들처럼 원자 모형을 진리가 아닌, 예측의 도구로만 받아들이겠다는 것이다.

진리와 경험 적합성의 두 가지 목적이 서로 모순은 아니다. 실재론자에게도 경험 적합성은 어떤 활동이 과학이기 위해 필요한 최소한의 조건이다. 다만 그러한 조건이 과학이기 위한 충분조건이 못 된다고 생각하는 점에서 차이가 난다. 실재론자들의 '진리'라고 하는 것은 항상 현상 너머의, 경험으로 소진되지 않는 '실재'를 지향하기 때문이다. 이러한 차이는 고대로부터 익히 알려져 있었다. 예를 들어 아퀴나스는 다음처럼 말한다.

> 천문학자들의 가설이 반드시 참은 아니다. 가설이 현상을 구제(salvare apparentias)하는 것처럼 보이더라도 그것이 참이라고 확신해서는 안 된다. 천체의 겉보기 운동을 아직 고안되지 않은 다른 방식으로도 얼마든지 설명할 수 있기 때문이다(Duhem, 1969: 41에서 재인용).

아퀴나스는 천문학의 가설을 진리로 받아들일 수 없는 이유를 명쾌하게 제시한다. 그것은 현대의 과학철학자들에게 경험에 의한 이론의 과소 결정(underdetermination)이라고 알려진 논제이다. 만일 두 이론이 관련 현상을 똑같이 잘 설명한다면 적어도 현상 안에서는 어느 하나를 진리라고 할 만한 근거가 없게 된다. 그렇다면 어떤 가설이나 이론을 진리로 주장하기 위해서는 현상을 넘어서는 별도의 추론이 필요하게 된다. 반실재론자들은 바로 이 추론을 거부하기 때문에 과학 이론을 진리로 받아들이지 않는 것이다.

물론 '진리'가 비판자들이 생각하는 것만큼 그렇게 쉽게 폐기될 개념은 아니다. 서양 속담대로 '갈퀴로 내쫓은 것은 이내 되돌아오기 마련이다.' 진리는 앞으로도 분명 과학과 철학의 이상으로서 매력을 유지할 것이다. 하지만 20세기에 진리 개념을 유지하기 힘들어진 이유는 철학 내부가 아닌 다른 곳에 있다. 바로 20세기 과학의 혁명이 그것이다. 상대성이론과 양자역학이라는 세기 초 물리학의 혁명은 뉴턴 이래의 역학 체계를 뒤집었을 뿐만 아니라 시간, 공간, 물질 개념에 많은 변화를 가져왔다. 하지만 그것이 단지 물리 개념의 변화에 그친 것은 아니다. 그것은 우리가 과학에서 이론과 진리를 이해하는 방식을 바꾸어놓았다.

그 한 가지 이해 방식에 따르면 뉴턴 이론은 부분적으로만 틀린 이론이 아니다. 아니, 뉴턴 이론을 틀렸다고만 할 수도 없다. 중립적인 관점에서 과학 이론은 그 참과 거짓을 평가할 수 있는 대상이 아니기 때문이다. 우리가 뉴턴 이론이 틀렸다고 하는 것은 20세기 새로운 물리학의 관점에서 평가하기 때문이다. 하지만 뉴턴 이론은 그 자체의 영역 안에서는 완전히 타당한 이론이며, 20세기의 상대성이론과 양자역학도 마찬가지이다. 이론은 세계를 있는 그대로 서술하는 것이 아니라 세계를 나름의 관점에서 바라보는 하나의 방식이며, 따라서 이론의 변화는 세계관의 변화를 가져온다. 만일 이론을 참과 거짓의 대상으로 보면 과거의 참인 이론이 결국 거짓으로 판명된 것처럼 현재의 이론도 결국 거짓으로 판명될 것이라는 귀납 추론이 가능하다. 그렇다면 과학에서 우리는 진리에 접근하는 것이 아니라 오히려 반박된 이론만이 쌓여가는 불편한 상황에 마주치게 된다. 물론 처음부터 이론을 참, 거짓의 대상으로 보지 않으면 이런 문제는 발생하지 않는다.

이러한 진리에 대한 '과학적' 회의론에 맞서 진리를 옹호하려 한 20세기의 마지막 철학자는 아마도 포퍼일 것이다. 포퍼는 과학과 철학이 연속적이며 둘 다 진리를 추구한다고 본다.

> 모든 과학은 우주론이며, 과학 못지않게 철학의 흥미도 그것이 우주론에 공헌하는 바들에 있다. 철학과 과학 모두 행여 그런 목표의 추구를 포기할 경우 그들의 모든 매력을 상실하고 말 것이다. … 철학자들은 진리를 탐구함에 있어서 다른 사람들과 마찬가지로 어떤 방법이든 자유로이 쓸 수 있다(포퍼, 1994: 7-8).

나는 이러한 발언이 매우 놀랍다고 느낀다. 그가 말하는 '합리적 철학의 전통'이 여전히 살아 있음을 느끼는 것이다. 20세기 물리학의 혁명처럼 어떤 과학 이론의 '반박'은 그리 나쁜 일이 아니다. 오히려 그것은 바람직한 과학의 본질이다. 과학은 반박을 통해 진리에 접근해간다. 우리는 아는 것을 채워가는 것이 아니라 모르는 것을 덜어간다. 진리는 점점 덜 그럴 법한 이론들의 극한에서 발견되는 것인지 모른다. 이렇게 진리의 문제를 진리 접근성 또는 합리적 지식의 성장의 문제로 대치함으로써 포퍼는 20세기 물리학의 혁명 이후에도 진리 개념을 유지할 수 있는 거의 유일한 방식을 제시했다.

봄(Bohm, 1964)은 진리의 문제를 회피하지 않은 포퍼를 긍정적으로 평가하면서도 과학 이론을 진리의 문제라기보다는 패러다임 또는 '통찰 양식'으로 보기를 선호한다. 과학의 목적은 새로운 통찰 양식을 제시하는 것이며 이런 점에서 과학은 진리 탐구보다 예술적 창조에 가까운 활동이다. 봄은 체질적으로 과학 이론을 경험적으로 적합한 예측의 도구로만 보는 입장에는 흥미를 느끼지 못한다. 그렇다고 그가 이론이 현상 너머의 실재를 반영한다고 생각하는 실재론적 입장에 기운 것은 아니다. 실재론 대 도구론 또는 합리론 대 경험론과 같은 철학적 구분은 봄과 같은 과학자를 이해하는 데 매우 무딘 도구이다. 그렇다고 봄이 철학적으로 일관되지 못하다거나 기회주의적인 태도를 보인 것도 아니다. 오히려 우리는 이렇게 철학에서 대립적으로만 파악한 입장들이 과학의 발전에 따라 낡은 구분이 될 수도 있다는 생각을 가지고 접근해야 한다. 그럴 때에만 과학자들의 미묘한 '자생적' 철학에서 배울 수 있는 가능성이 생길 것이다. 기존의 철학적 입장에 따라 과학자들을 분류하고 그 입장을 확인하는 데 그친다면 철학 밖으로 한 발자국도 나아가지 못할 것이다. 이 글에서는 봄이 이야기하는 창조성이 철학자들이 제시한 기존의 두 가지 목적과 어떻게 차별되며 그 대안이 될 수 있을지를 검토한다.

2. 창조성의 신화

창조성에 대한 봄의 생각을 알아보기 전에 먼저 창조성에 대한 흔한 신화 하나를 알아보자. 나는 파이어아벤트(Feyerabend, 1987)를 따라 그것을 '신화'라고 하는데, 실제로 그런 일은 일어나지 않는데도 그것이 과학적 창조성에 대한 많은 이의 상상력을 지배하고 있기 때문이다. 그리고 그 대변자가 다름 아닌 아인슈타인이다. 아인슈타인은 자신이 20세기의 가장 창조적인 물리학자이면서 동시에 창조성에 대한 하나의 이론을 제시했다. 하지만 우리 관점에서는 아인슈타인 자신도 그러한 신화에 기만당했다고 할 수 있다.

아인슈타인(Einstein, 1954)에 따르면 과학 이론이나 개념은 감각 경험에 직접 주어지지 않는다는 의미에서 "허구"이자 "인간 정신의 자유로운 창조물"이다. 꼭 과학적 개념이 아니라 하더라도 일상적인 사물 개념조차 그러한 '창조물'이라고 할 수 있다. 예를 들어 한 마리의 개를 생각해보자. 개의 털빛과 촉감, 멍멍 소리, 특유의 냄새 등 감각 인상의 복합체가 우리에게 전달된다. 이것이 일정하게 반복되면 우리 정신은 여기에 '개'라는 개념을 부여한다. 이 '개'는 어떠한 감각 인상과도 같지 않지만 우리는 그 의미를 여러 감각 인상과 결부시켜 이해한다. 이 개는 바로 이런 의미에서 실재한다. 그것은 '창조물'이지만 어느 순간 감각 인상보다 더 확고부동한 '사물'이 된다. 그리고 그것은 이와 마찬가지 방식으로 개념화된 다른 '사물'들과 일정한 관계에 들어간다. 예를 들어 '개'는 '고양이'와 같은 '애완동물'이다. 우리는 그러한 '사물'들 사이의 관계에 따라 '실제 세계'를 그려낸다. 하지만 그러한 '실제 세계'라는 개념의 정당성은 궁극적으로 그것이 감각 인상과 맺는 관계에서만 확보될 뿐이다.

과학 이론으로 오게 되면 우리는 감각 인상과 한층 간접적인 관계만을 맺는 개념들을 다룬다. 더욱이 과학 이론은 경험에 의해 유일하게 결정되지 않는다. 같은 관측 현상을 설명할 수 있는 둘 이상의 이론이 존재할 수 있기 때문이다. 또한 어떤 과학 이론은 도입의 시점에서 경험과 충돌하기도 한다. 예를 들어 '마찰 없는 공간'과 같은 개념은 어떠한 일상적인 경험과도 충돌할 수밖에 없다. 따라서 이론적 개념은 상식적 개념보다 더한 '허구'라고도 할 수 있다. 하지만 이론적 개념들 사이의 관계를 표현하는 이론적 법칙은 일상 개념으로 할 수 없는 놀라운 예측을 하기도 한다. 우리는 뉴턴의 운동 법칙과 중력 법칙의 도움으로 인공위성의 궤도를 예측할 수 있다. 여기서 이론이 그려내는 세계가 일상 세계보다 더한, 현상 너머의 '실재하는' 세계라는 믿음이 형성된다. 하지만 그러한 예측적 성공이 없는 상태에서 처음으로 새로운 개념과 이론을 도입하는 일은 난망할 뿐이다. 그러한 이론이 실제 세계를 반영한다는 믿음은 전적으로 근거가 없다. 실재에 대한 믿음에 더해 이론의 여러 법칙이 따로따로가 아니라 하나의 단일한 세계를 그려낸다는 믿음 또한 필요하다. 그런데 놀라운 것은 바로 이렇게 우리가 만든 개념과 이론으로 세계를 질서 있게 이해할 수 있다는 것이다. "세계의 영원한 신비는 그것이 이해 가능하다는 점이다. … 세계의 이해 가능성은 기적이다."(Einstein, 1954: 292-293) 바로 이러한 세계의 이해 가능성에 대한 종교적인 신념에서 우리는 창조성의 원천을 찾을 수 있다. 곧 창조성은 세계의 질서를 이론적으로, 그리고 실제적으로도 '창조'하는 행위인 것이다.

아인슈타인의 과학적 창조성 개념이 과도하게 '신학적'으로 들린다면 사실은 옳게 짚은 것이다. 아인슈타인은 기독교와 같은 제도

종교나 인격신은 거부했지만 자연의 질서로 드러나는 신성 개념은 여전히 유지한다.

> 나는 이론을 평가할 때 내가 만약 신이라면 세계를 그런 방식으로 구성했을지 자문한다. … 내가 정말로 관심 있는 것은 신이 세계를 다른 방식으로 창조할 수 있었는가이다. 다시 말해 논리적 단순성이 어떤 자유재량을 남기는가이다(Elkana, 2008: 38에서 재인용).

곧 아인슈타인에게 과학자의 창조성은 신의 세계 창조를 모방한다. 말 그대로 창조로서의 창조성(creativity as creation)인 것이다. 그럼으로써 우리는 유한한 인간 지성의 창조물인 과학 이론으로 신의 창조물인 세계를 이해할 수 있다.

이러한 창조성에 대한 생각이 아인슈타인 자신의 발견 과정을 재구성한 것일지는 모른다. 하지만 일반상대성이론에 이르기까지 아인슈타인의 궤적을 추적한 역사 연구들은 이러한 단순한 설명을 거짓으로 만든다. 거기에는 '신념의 도약'이 아닌, 수많은 개념적 탐색과 시행착오의 과정이 있었던 것이다(Janssen, 2014). 내가 이러한 창조성 개념에 회의적인 다른 이유는 그것이 창조성을 기계장치의 신(deus ex machina)처럼 동원한다는 것이다. 아인슈타인이 이후 양자역학에 반대하며 신을 끌어들인 일화는 잘 알려져 있다. '신은 주사위 놀이를 하지 않는다'거나 '신은 미묘하지만 사악하지는 않다'를 보아도 그가 사물의 질서와 법칙의 단순성에 대한 신념을 여전히 '신'으로 표현하고 있음을 알 수 있다. 여기서 '인간 지성의 창조물'과 '세계 질서로서의 신성' 사이의 간극은 '창조성'이란 개념으로 간단히 메워진다. 나는 이것이 스피노자의 표현대로 '무지의 피난처'라는 생각이 든다. 우리가 잘 모르거나 충분히 검토해 보지 않은 과정을 덮어씌우는 말인 것이다. 하지만 그 과정은 이러한 '창조성' 개념을 끌어들이지 않고도 얼마든지 잘 이해될 수 있다. 물론 그것이 창조적 과정에 대한 미시적인 수준의 분석을 필요로 할지라도 말이다. 그렇다면 '창조성'은 신화에 불과한 아예 불필요한 개념일까? 신화적 창조성 개념을 대신할 수 있는, 보다 '인문주의적'인 창조성 개념은 없을까?

3. 과학의 목적과 창조성

다시 과학의 목적으로 돌아가보자. 과학의 목적을 '진리'라고 보는 실재론을 뒷받침하는 대표적인 논변으로 '기적 없음 논변(no-miracles argument)'이 있다. 과학은 놀랄 만큼 정밀한 예측을 하고 또 그 예측이 들어맞는다. 과학의 예측적 성공은 반실재론자들도 동의하는 분명한 사실이다. 그런데 여기에는 어떤 설명이 필요하다. 만일 과학 이론이 단순한 허구에 불과하다면 그것이 놀라운 예측적 성공을 거둔다는 사실은 설명하기 힘들다. 그때의 성공은 기적과 다름없을 것이다. 따라서 과학의 성공을 기적으로 만들지 않기 위해서 실재론이 필요하다. 곧 과학이 예측에 성공하는 이유가 바로 과학 이론이 실재를 반영하는 진리이기 때문이라는 것이다.

나는 이러한 논변과 아인슈타인의 창조성 논변 사이의 유사성에 주목한다. 두 경우 모두 인간 지성의 창조물인 과학 이론이 어떻게 객관 세계의 질서를 반영하는지 의문시하며 출발한다. 곧 세계의 이해 가능성과 과학의 예측적 성공은, 다른 이유가 없다면 둘 다 기적적인 사태이다. 그리고 다음 단계에서 그러한 기적을 설명하기 위한 개념으로 창조성과 실재론을 동원하는 것이다. 또한 애초에 '기적'과 같은 신학적인 개념을 동원한 것도 우연이 아니다. 실제로 아인슈타인만큼이나 실재론자들의 문제의식도 궁극적으로는 신학적 구도의 지배를 받는다는 의심을 살 만하다. 아마도 현대의 실재론자들은 자신들의 '과학적' 문제의식이 신학과 무슨 상관이 있느냐고 반문할 것이다. 하지만 신학적 배경이 없는 문화에서 실재론자들의 진리에 대한 집착은 종교적 열망으로 비칠 뿐이다(장하석, 2014: 163). 그것이 아무리 현대 과학철학의 문제로 포장되어 있을지라도 말이다. 니체의 말대로 신은 죽었지만 인간은 그의 그림자를 이곳저곳에서 수천 년간 찾을 것이다. 그리고 우리는 여전히 그 그림자를 극복해야만 한다.

아인슈타인과 실재론자의 논변의 유사성을 인정한다면 후자도 전자와 똑같은 방식으로 비판할 수 있다. 곧 '기적'처럼 보이는 과학의 성공은 실재론을 끌어들이지 않고도 얼마든지 잘 이해될 수 있다. 과학의 성공이 어떻게 가능하냐고? 과학의 성공을 기정사실(fait accompli)로 보지 말고 실제로 성공이 만들어지는 과정(in action)을 지켜보라(Latour, 1987). 그것은 직관이나 신비가 아닌, 시행착오나 '적자생존'과 같은 자연적인 과정을 거칠 뿐이다. 하지만 일단 성공한 과학은 그 과정을 숨기며, 과학이 성공적이면 성공적일수록 그 과정은 더욱 불투명해진다. 라투어가 블랙박스(blackboxing)라고 부른 이러한 처리를 거친 과학에는 기적처럼 보이는 예측적 성공만이 남는다. 실재론자들을 위한 테이블이 차려지는 것이다.

그렇다면 과학은 경험 적합성(empirical adequacy)이라는 목적만으로 충분한 것일까? 재미있는 것은 여기에 쓰인 적합 또는 일치(adequatio)라는 개념이다. 이것은 원래 '똑같아짐' 또는 '들어맞음'이란 뜻으로 전통적으로 진리를 정의하기 위해 쓰인 것이다. 스콜라철학에서의 진리 개념은 흔히 '지성의 사물에의 일치(adaequatio intellectus et rei)'로 알려져 있다. 다만 그것이 현상 너머의 사물 또는 실재와의 일치인가, 아니면 그러한 실재에 대해 침묵하는 현상 수준의 적합성인가의 차이가 있다. 실제로 경험 적합성 자체는 별로 흥미로운 개념이 아니다. 이론이 예측하는 그대로 현상이 관측된다는 것은 어찌 보면 하찮은 이야기가 될 수도 있다. 오히려 경험 적합성은 아직 성취되지 않은 이상으로서만 의미가 있다. 곧 그것을 성취하는 과정에서 다양한 자연현상에 대한 실질적인 정보를 주는 관계를 얻을 수 있다. 따라서 경험 적합성 자체보다도 경험 적합성을 흥미로운 과학의 목적으로 만드는 정보력(informativeness)이 더 본질적인 개념이 아닌가 한다. 경험적으로 적합하지만 하찮은 이론이 있을 수 있다. 또한 경험적으로 적합한 이론이 둘 이상 있을 수도 있다. 하지만 이들은 정보력에서 차이가 날 수 있다. 그렇다면 어떤 이론이 더 많은 정보를 주는 이론인가?

봄에 따르면 과학자들이 궁극적으로 목표로 하는 것은 자연의 질서에서 이제까지 알려지지 않은 법칙성을 알아내는 것이다. 그러한 법칙성은 다양한 범위에 걸친 현상의 통일성을 보여준다. 과학자는 새로운 개념의 구조를 발견하는 만큼이나 이를 창조해야 한다. 그리고 이는 자연의 질서를 새롭게 지각하는 일이다. '질서', '구조', '지각'과 같은 개념을 동원해 봄은 창조성을 새롭게 해명하고자 한다. 과연 그것이 어떻게 가능한지, 그리고 그의 창조성 개념이 과학의 새로운 목적이 될 수 있는지 알아보자.

4. 창조성과 은유

봄(Bohm and Peat, 1987: 18)은 과학에서의 창조적 발견의 과정을 은유(metaphor)로 설명한다. 그것은 '비슷한 차이'와 '차이의 비슷함'을 지각하는 일이다. 이를 위해 뉴턴이 처음 어떻게 중력 개념을 떠올리게 됐는지를 살펴보자. 이 착상의 핵심은 지상의 물체인 사과처럼 천체인 달도 낙하한다는 것이다. 다만 사과는 수직으로 낙하하는 가속운동을 하며 달은 인공위성처럼 높은 곳에서 직선 관성운동에서 벗어나는 만큼 낙하하는 가속운동을 한다. 1666년 뉴턴은 정밀한 계산을 통해 동일한 형태의 힘이 둘에 작용하고 있다는 결과를 얻었다. 물론 여기에서 모든 천체와 물체에 작용하는 만유인력 개념으로 나아가는 데는 많은 시간이 걸렸다. 하지만 그 최초의 착상은 다음과 같은 은유로 표현될 수 있다.

달이 사과이다(낙체로서).

아리스토텔레스 이래의 자연철학은 생성과 변화의 영향을 받는 지상계와 변화하지 않는 천상계의 날카로운 구분에 기초한다. 두 영역은 물질뿐만 아니라 물리법칙에 있어서도 뚜렷이 구분된다. 천상계의 천체들은 지구 중심의 원운동을 한다. 반면 지상의 4원소는 위아래로 자신의 원래 위치인 자연 위치가 있어서, 이를 찾아가려는 자연 운동과 이에서 벗어나는 강제 운동을 한다. 하지만 17세기에 오게 되면 지상계와 천상계 및 자연 운동과 강제 운동의 이분법은 많이 약화된 상태였다. 문제는 지상계와 천상계를 묶어줄 단일한 법칙이었다. 중력은 이에 대한 해답으로 제시된 것이며, 그 핵심은 위의 'A는 B이다'라는 은유로 표현된다. 달이 지구 중력의 영향을 받는 위성이라면 지구나 다른 행성은 태양 중력의 영향을 받는다. 따라서 은유를 확장하면 '지구 또는 다른 행성이 (태양에 대해 낙체로서) 달이다'라는 새로운 은유가 성립한다. 이를 모든 물체에 확대 적용하면 보편 중력 또는 만유인력 개념에 이르게 된다.

반면 지상계와 천상계의 차이, 자연 운동과 강제 운동의 차이는 더 이상 유관한 차이가 아니다. 이제 유관한 차이는 오직 위치와 속도, 가속도와 같은 운동학적 개념과 운동의 원인인 힘까지를 고려한 동역학적 개념에 의한 차이이다. 그리고 그러한 차이와 더불어 동일하게 유지되는 양과 법칙이 있다. 낙하하는 사과의 경우 그 위치와 속도는 변하지만 가속도는 일정하게 유지되는 등가속도운동을 한다. 달의 경우 속도의 크기는 일정하지만 그 방향이 일정하게 변하는 또 다른 등가속도운동을 한다. 아리스토텔레스라면 앞의 것은 지상계의 상하 운동, 뒤의 것은 천상계의 원운동으로 분류했을 것이다. 하지만 이 둘은 다른 종류의 등가속도운동일 뿐이다. 이렇게 과학에서 은유는 어떤 것이 유관한 차이이고 어떤 것이 무관한 차이인지를 재편하는 기능을 한다. 서로 다르다고 생각했던 것을 같게 놓음으로써 서로 같다고 생각했던 것을 다르게 놓는 것이다. 그리고 더 나아가 '비슷함의 차이'와 '차이의 비슷함'을 끌어들이며 이들은 어떤 '구조'를 이루고 '질서'를 형성한다. 과학적 창조성이란 바로 유관한 차이와 무관한 차이, 그리고 비슷함의 차이와 차이의 비슷함을 식별하는 지각 능력이라고 할 수 있다. 물론 여기서의 지각은 감각 지각이 아니라 사태를 '마음의 눈'으로 보는 것이다. 과학 이론이란 바로 이런 마음의 눈에 의한 지각을 정형화한 것이라 할 수 있다.

뉴턴에 의해 성립한 고전적인 질서는 아인슈타인의 상대성이론에서 뒤집히게 된다. 아인슈타인 자신이 '내 인생의 가장 행복한 착상'이라고 불렀던 등가원리(equivalence principle)는 다음 은유로 이해할 수 있다.

중력이 가속도이다(국소적으로 구분 불가능한 효과로서).
낙하가 (가속운동이 아닌) 관성운동이다(측지선을 따른 운동으로서).

여기서는 원래 뉴턴 이론에서의 운동학적 개념인 가속도가 역학적 개념인 힘(중력)과 동일시되고 있다. 또한 낙하운동을 관성운동으로 취급함으로써 뉴턴 이론에서 유관한 차이였던 관성운동과 가속운동의 구분이 적어도 국소적으로는 사라지게 된다. 이렇게 유관한 차이와 무관한 차이를 재편하면서 아인슈타인은 이제 '상대론적(relativistic)'이라고 부르는 고차원의 구조와 질서를 체계적으로 표현할 수 있었다. 하지만 이것이 단순히 고전적인 질서를 무너트리고 다시 아리스토텔레스적인 질서로 회귀한 것은 아니다. 뉴턴의 이론보다 한층 복잡한 수학을 도입하면서 아인슈타인은 어찌 보면 일상 세계에서는 더욱 멀어진 물리 공간(비유클리드공간)을 개념적이고 수학적으로 '창조해'낼 수 있었다. 또한 그렇게 창조해낸 공간의 질서는 뉴턴 이론에서는 불가능했던 새로운 예측에도 성공했다. 하지만 복잡한 수학의 힘만큼이나 그러한 예측적 성공을 가능하게 한 것은 은유로서의 창조성이라고 할 수 있다.

5. 창조성과 과학의 목적

두 가지 사례로 이야기하는 데 그쳤지만 창조성은 과학의 목적으로서 합당한 가치가 있다. 흔히 은유로서의 창조성은 뉴턴이나 아인슈타인과 같은 혁명적인 과학자들에게만 허용된 특권이며, 다수의 직업적 과학자들은 이보다 소박한 목적을 추구하는 것으로 충분하다고 생각할지 모른다. 하지만 창조성은 하나의 이상(ideal)으로서 많은 직업적 과학자가 추구해 마지않는 것이며, 실제로도 과학자의 작업은 여러 다양한 수준에서의 은유를 통한 현상의 이해를 목표로 한다. 그렇다면 이러한 은유로서의 창조성은 기존의 철학자들이 진단한 과학의 목적과 어떻게 차별될까?

먼저 은유로서의 창조성은 경험 적합성이라는 예측적인 성공을 목표로 하지 않는다. '달이 사과이다'라거나 '중력이 가속도이다'라는 은유가 도입될 시점에 이들은 어떠한 경험 적합성을 가진 이론의 일부가 아니었다. 이러한 은유 아래 뉴턴이 사과와 달에 미치는 힘을 계산해낸 것은 사실이지만, 그러한 결과를 얻기 위해 은유가 도입된 것은 아니다. 오히려 그러한 활동은 은유가 도입된 이후에만 의미를 가진다. 아인슈타인의 경우도 그의 '행복감'이 어떤 예측적 성공에서 온 것은 아니었다. 오히려 그러한 예측적 성공을 포함하는 자연의 질서와 조화에 대한 지각이 그의 행복감의 원천이었을 것이다.

또한 은유로서의 창조성은 진리라는 목적에 비추어 봐도 잘 이해되지 않는다. 은유의 본질이 이제껏 다른 것으로 보았던 두 사물을 같이 놓는 활동에 있기 때문이다. 그것은 기존에 진리와 실재라고 생각했던 체계를 뒤집어엎고 '엉뚱한' 연결을 주조해내는 일인 것이다. 이러한 정신의 자유로운 창조를 위해서는 어떠한 제약도 없는 놀이의 시도가 필요하다. 사실 또는 실재와의 일치라는 제약도 예외가 될 수 없다. 어떻게 보면 은유는 개념들을 가지고 하는 놀이라고 할 수 있다. 플라톤이 후기 대화편에서 형상들 사이의 분리와 결합을 탐구했던 것처럼 창조적 과학자들은 과학적 개념의 분리와 결합을 탐구한다. 물론 어떠한 은유를 과학 이론으로 발전시키려면 '비슷함의 차이'와 '차이의 비슷함'을 구조와 질서로 발전시킬 수 있는 수학 언어나 경험 증거가 필요할 것이다. 그러나 그러한 활동을 일차적으로 가능하게 하는 조건인 은유로서의 창조성은 과학의 독립적인 목적으로 유효한 것 같다.

참고 문헌

장하석, 2014, 『과학, 철학을 만나다』, 서울: 지식채널.

포퍼, 칼, 1994, 『과학적 발견의 논리』, 박우석 역, 서울: 고려원.

Bohm, David, 1964, "On the Problem of Truth and Understanding in Science", pp. 212-223 in T*he Critical Approach to Science and Philosophy, in Honor of Karl R. Popper*, edited by M. Bunge, London: Collier-MacMillan.

Bohm, David, 1996, *On Creativity*, London: Routledge.

Bohm, David and F. Peat, 1987, *Science, Order, and Creativity*, London: Routledge.

Duhem, Pierre, 1969, *To Save the Phenomena: An Essay on the Idea of Physical Theory from Plato to Galileo*, Chicago: University of Chicago Press.

Einstein, Albert, 1954, *Ideas and Opinions*, New York: Crown Publishers.

Elkana, Yehuda, 2008, "Einstein and God", pp. 35-47 in *Einstein for the 21st Century: His Legacy in Science, Art, and Modern Culture*, edited by P. Galison et al., Princeton: Princeton University Press.

Feyerabend, Paul, 1987, "Creativity — A Dangeroug Myth", *Critical Inquiry* 13(4): 700-711.

Janssen, Michel, 2014, "'No Success Like Failure …': Einstein's Quest for General Relativity, 19071920", in *Cambridge Companion to Einstein*, edited by M. Janssen and C. Lehner, New York: Cambridge University Press.

Latour, Bruno, 1987, *Science in Action: How to Follow Scientists and Engineers through Society*, Cambridge, MA: Harvard University Press.

Van Fraassen, Bas, 1980, *The Scientific Image*, Oxford: Oxford University Press.

디지털 시대의 창조
선에서 점으로[1]

이찬웅

오늘날 우리가 겪는 급격한 변화들 중 하나는 미디어의 이동에 놓여 있다. 그 변화의 요체는 다음과 같이 표현될 수 있을 것이다. 문자에서 그림으로, 텍스트에서 이미지로, 문장의 작성과 독해에서 프로그램의 제작과 사용으로. 그리고 이 변화의 동력과 조건으로 디지털 기술이 작동하고 있다. 이 변동은 비단 개인적인 선택과 취향에 한정된다거나, 또는 동일한 내용을 표현할 수 있는 매체가 증가한다는 단순한 사실로 환원되지 않는다. 그것은 상이한 매체들의 조화로운 공존을 막연하게 기대하는 것 이상의 문제를 제기한다.

---

[1] 이 글은 다음과 같이 수록된 바 있다. 「플루서의 매체 이론과 포스트휴머니즘」(『기호학 연구』 39집, 2014년 6월)과 「빌렘 플루서의 미디어 포스트휴머니즘」(『포스트휴먼의 무대』, 이화인문과학원 & LABEX Arts-H2H 연구소 엮음, 아카넷, 2015).

왜냐하면 매체의 형식은 우리의 지각, 사유, 소통 자체를 변화시키며, 우리가 세계 안에 놓여 있는 양상과 관계 자체를 규정하기 때문이다. 그리고 더 나아가 인간이 자기 자신을 형성하는 과정 자체에 매체가 개입하기 때문이다.

간단한 예를 하나 떠올려보자. 대학에서 인문학 교수가 강의 내용을 칠판에 쓰고 나면 몇몇 학생은 노트 필기 대신 스마트폰 사진기로 칠판에 적힌 것들을 찍으려고 한다. 교수는 불쾌한 마음으로 학생들을 저지하지만 학생들은 그 이유를 알지 못해 또 불편해한다. 그런데 이 불화는, 선생이나 학생이 각자 생각하듯이, 단순히 예의나 편리함에서 비롯되는 것이 아니다. 대학 강의실에서 요즘 쉽게 볼 수 있는 이 장면은 인류가 정보를 기록하고 저장하고 전달하는 기본 방식에 상당히 단절적인 변화가 도래했음을 보여준다. 칠판에 기록하는 이는 일련의 문자와 단어와 문장을 하나하나씩 기입하는 것이지만, 사진을 찍고자 하는 이는 칠판 전체를 하나의 이미지로 바라보고 저장하고자 한다. 이는 인문적 교육과 인격의 형성이 문자의 습득과 체현을 통해 이루어진다고 의식적으로 또는 무의식적으로 간주했던 전통이 위기에 빠졌다는 사실을 의미한다.

우리는 이 글에서 이러한 변화와 단절을 보다 일반적인 수준에서 살펴보고자 한다. 즉 인문적 텍스트에서 기술적 이미지로 이동해가는 미디어와 지각 방식의 변화를 이념사적인 단절과 매체 철학적 이동의 관점에서 설명하고자 한다. 먼저, 휴머니즘의 이념이 문자의 사용과 긴밀한 연관을 가지고 있다는 점을 상기시키면서, 미디어의 변화가 휴머니즘의 위기를 야기하고 있다는 점을 살펴보기로 하자. 여기에서 우리는 페터 슬로터다이크의 논의를 참조하고

자 한다. 다음으로, 독일의 매체 철학자 빌렘 플루서가 "기술적 상상력(technological imagination)"의 시대라 부르는 새로운 체제에 대해 집중적으로 살펴보기로 하자. 그가 인류와 매체의 역사를 세 시기로 구분하는 도식을 설명하고, 다음으로 그가 전망하는 구체적인 어젠다들에 대해 분석적으로 살펴보자. 끝으로, "미디어의 포스트 휴머니즘 사상가"로 명명되는 그가 제안하는 '새로운 휴머니즘'에 대해 논의하도록 하겠다.

1. 페터 슬로터다이크의 휴머니즘 분석: 인간 길들이기와 미디어

독일 철학자 페터 슬로터다이크(Peter Sloterdijk, 1947-)는 저서 『인간 농장을 위한 규칙』에서 하이데거의 『휴머니즘에 관한 편지』의 안팎을 분석하면서 휴머니즘의 본질을 다소간 역설적인 표현법으로 다음과 같이 규정한 바 있다(슬로터다이크, 2004; 하이데거, 2005 참조). 휴머니즘의 목표는 '인간 길들이기'에 있다는 것이다. 즉 인간의 동물성을 억제하고 온화한 정신성을 발휘할 수 있게 하는 데에 휴머니즘의 사활이 걸려 있다. 이러한 규정이 도발적으로 들리는 이유는, 아마도 그것이 야수성의 억제에 일차적으로 강조점을 두고 있고, 따라서 부정적인 방식으로 주어지기 때문일 것이다.

하지만 슬로터다이크의 분석 문헌은 상당히 넓게 퍼져 있어 꽤 설득력이 있어 보인다. 그가 다루는 저작은 플라톤의 『정치가』에서 니체의 『도덕의 계보학』에 이른다. 서양철학사의 거의 시작과 끝에서 이 두 철학자는 명시적으로 인간성의 형성을 농장 안에서 동물을 길들이는 것에 비유하고 있다. 플라톤은 정치가의 임무를 양들을 이끌어야 하는 좋은 목자의 그것에 비교하고 있고, 니체에게 '인간적인' 미덕이란 권력 의지를 스스로 축소하는 '반자연적인' 양육으로부터 나온다. 물론 여기에서 두 철학자가 인간을 동물에, 인간성의 형성을 동물 사육에 비교하는 것은 정반대의 동기로부터 나오는 것이기는 하지만, 그러한 비교 자체가 중첩된다는 것은 흥미로운 지점이다.

이렇듯 휴머니즘의 목표가 인간 길들이기에 있다면, 그것의 주요 수단은 문자와 책에 있다. 모든 글쓰기는 연애편지를 쓰는 것과 같다. 책을 쓰는 작업은 멀리 떨어져 있는 잠재적 독자의 호응을 불러일으키려는 것이며, 사랑에 기반한 공동체를 형성하는 것을 목표로 한다. (여기에서 슬로터다이크의 분석에 따르면, 하이데거의 『편지』와 휴머니즘과의 관계는 이중적인 것으로 나타난다. 그 내용이 우선 그럴 뿐 아니라, 이 『편지』가 쓰인 정황이 휴머니즘의 목표 또는 야심과 관련된다. 하이데거는 자신을 숭배하는 승전국의 철학자에게 독일의 패전 이후 이 『편지』를 작성한다.)

이렇게 볼 때, 문자는 어떤 적을 상대로 힘겨운 싸움을 벌이는 셈이다. 그 적은 무엇인가? 동물성의 방임과 강화에 맞서 문자를 통해 인간성을 형성하고자 하는 이 불확실한 기획은, 슬로터다이크에 따르면 서양 문화사에서 단지 근대 이후의 시기에 한정된 것이 아니다. 그가 극적인 예로 드는 로마 시대의 상황에서 이미 이 문제는 직접적으로 미디어의 문제로 연관된다. 인간의 야수성은 원형극장의 검투 대결 그리고 감정적 비극을 통해서 폭발하곤 했기 때문이다. 말하자면 휴머니즘의 성공 여부는 대중매체의 자극에 맞서 책을 통한 교양 교육의 공동체를 형성할 수 있는가에 달려 있다. 이는 서양에서 로마 시대 이후 현대까지 계속되었던 문제이다. 그런데 슬로터다이크는 이제 휴머니즘의 시대가 끝나고 있다고 진단한다. 그가 이렇게 조심스럽지만 놀라운 어조로 말하는 것은 오늘날 문자에 의한 인간 길들이기가 그 효력을 다해가고 있다는 진단으로부터 나오는 것이다.

2. 빌렘 플루서의 미디어 포스트휴머니즘: 기술적 상상력의 시대

슬로터다이크의 관심 분야는 미디어가 아니어서 그의 논의는 여기에서 끝나지만, 우리는 이 논의를 빌렘 플루서(1920-1991)의 미디어 이론을 빌려 이어가볼 수 있다.[2] 그의 문제의식은 이 시대, 좀 더 정확히 말하자면 1980년대 이후로 인류가 기술 발전과 존재 방식 사이에 큰 괴리를 겪고 있다는 진단으로부터 나온다. 여기에서 기술의 발전, 특히 미디어의 발전은 단지 인간이 더 많고 더 정교한 조작 가능성을 가지고 있다는 것을 의미하지 않는다. 플루서가 보기에 미디어(media)는 문자 그대로 인간이 세계를 '매개'하는(medi-

---

[2] 이 글에서는 주로 플루서(Flusser, 1995; 플루서, 2004)를 참조한다. 이 저서는 1991년 플루서 사후 1993년에 출간된 논문 모음집이다. 국역본을 참조하지만 독일어 원문을 참조해 번역문을 수정했다. 인용 시 독일어 원본과 국역본의 쪽수를 차례로 병기한다. 여기에 실린 논문 중 일부는 플루서(2001)에도 수록되어 있으며, 이를 또한 참조했다. 선행 연구로는 심혜련(2012)을 참조했다.

ate) 방식이며, 이를 통해 다시 인간들이 서로 '매개'하기 때문이다. 따라서 미디어의 변화, 중심 이동은 세계가 인간에게 일차적으로 현상하는 근원적 장면화의 변화이며, 인간이 우주 안에 거주하는 방식의 변화이다.

그는 미디어의 변화에 입각해 인류의 시간을 거시적인 관점에서 세 시기로 구분한다. 인간은 4차원의 시공간 우주를 직접 다루기 어렵기 때문에 이 우주 전체에 맞서 그것을 축소, 추상해야만 한다. 플루서는 어원적 의미를 분명히 새겨, 추상(Abstraktion)이란 찢어내는 행위(herausreißen)임을 상기시킨다. 시공간은 부피로, 면으로, 선으로 점점 찢겨진다. 다시 말해 인간의 미디어의 역사에는 일정한 방향이 존재하는데, 차원이 점점 축소되는 경향을 보여왔다는 것이다. 그동안 (1) 3, 2차원은 건축/조각, 회화 등에서 구현되었고, (2) 그다음, 1차원으로 축소된 것이 알파벳 문자이다. 그리고 이것의 극단적 형태가 0과 1로만 정보를 저장하는 이항적 문자, 즉 디지털이다(플루서는 명확히 말하지 않지만, 우리는 이를 '거의 0차원'이라고 부를 수 있을 것이다). (3) 그런데 여기에서 미디어 역사의 전환이 벌어진다. 하강하는 분석의 극한에 이르러, 다시 종합의 방향으로 치고 올라가는 것이다. 즉 1980년대를 기점으로 디지털을 통해 상위 차원들을 재구성하는 시대로 진입하고 있다는 것이다. 컴퓨터 모니터상의 이미지나 홀로그램을 떠올려보자. 이런 점에서, 선에서 점으로 옮겨 가는 것은 하나의 시기에서 다른 시기로 이행하는 것이기도 하지만, 동시에 그 이상으로 근본적인 전환점을 이루는 것이기도 하다. 왜냐하면 이 지점에서 분석에서 종합으로 인간 활동의 방향이 전면적으로 바뀌기 때문이다.

플루서에게서 이와 같이 인류가 경험하고 있는 세 가지 거시적 축척의 시간은 여러 가지 형태로 명명된다. 편의상 다음과 같은 도표로 정리해보자.

	(1) 깊이와 평면	(2) 선형적	(3) 종합된 평면
시간 의식	선사시대	역사시대	포스트-역사시대
미디어의 형태	조각, 회화	텍스트(text)	컴퓨터
구성 요소	평면	직물(texture)	점
인간의 지적 행위	상상(Vorstellung)	파악(Begreifen)	모자이크
이미지와 문자 사이의 순환 관계	마술적 이미지	선형적 문자	기술적 이미지

다른 한편으로, 추상화 작업은 다른 작업과 쌍을 이뤄 순환을 형성하는데, 그것은 구체화 작업이다. 우주를 찢어내는 작업이 인간의 인식 행위라면, 그렇게 벌어진 간격을 다시 메우는 것은 체험의 필요조건이다.

추상하는 인간은 추상하는 실제 속에서 찢겨 벌어진 간격 속에 존재한다. 인간은 추상하는 동물이고, 그의 거주지는 이 간격이다. … 이렇게 입을 크게 벌리고 있는 무(無) 속에서 살 수 있기 위해 인간은 이 벌어진 상처를 다시 아물게 하려고 한다. … [분석/추상화와 반대되는 종합/구체화라는] 이 운동은 마술에서 시작해 기술에서 끝난다(Flusser, 1995: 35; 플루서, 2004: 31).

분석과 종합은 필수적으로 한 쌍을 이루는 운동인데, 인식과 체험, 앎과 삶이 한 쌍을 이루듯이 그렇다. 그런데 추상이 극단화되는 지점에서 이 운동은 기존의 안정성을 상실한다. 왜냐하면 너무 잘게 찢어졌을 때 이것을 다시 붙이는 작업은 원래 그림을 복원하는 것 이상을 가능케 하고, 새로운 상상력을 자극하기 때문이다.

3. 구체적인 어젠다들

어떤 사상이 하나의 위기를 중심으로 구성되는 것이라면, 플루서의 경우는 다음과 같은 문장으로 표현될 것이다. "현재 선은 점들로 부서질 상황에 놓여 있다."(Flusser, 1995: 16; 플루서, 2004: 11) 미디어의 기본 요소가 알파벳에서 비트(bit)로 넘어가면서, 문자들의 직물들은 점들로 분해되고, 축적된 역사적 의미들은 말 그대로 점들 사이의 허공으로 빠져들 위기에 처해 있다는 것이다.

우리의 모든 노력은 점의 세계(Punktwelt)를 사람이 살 수 있도록 만드는 데 목표를 둔다. 그러나 어려운 점은 우리가 아직 이러한 세계에 상응하는 의식, 즉 새로운 우주의 범주들을 수용하는 의식을 소유하고 있지 않다는 것이다. 우리는 위기에 처해 있다. 왜냐하면 우리는 역사적, 과정적 범주들을 점의 세계에 응용하고자 시도하기 때문이다(Flusser, 1995: 17; 플루서, 2004: 12).

플루서의 주장은, 텍스트에서 기술적 이미지로, 선형성에서 평면성으로, 분석에서 종합으로 이동해가는 데 수반되는 제반 변화들을 적극적으로 예측하고 대비해야 한다는 것이다. 구체적으로 몇 가지 대표적인 어젠다들을 구별해 살펴보자.

1) 역사에서 우주로, 비판에서 창조로

플루서는 역사의식 자체가 문자 사용으로부터 나온다고 생각한다. 동굴 벽에 그려진 회화에서 사람의 시선은 비선형적이고 임의적이다. 그것을 해석하는 선은 사람마다 다르고 시선의 방향은 대부분의 경우 순환적이다. 반면 이것이 선으로 찢어져서 펼쳐질 때, 시선과 사고는 선형성을 갖게 되고 단어들의 의미는 축적되다가 문장이 끝날 때 최종적인 의미가 등장한다. 텍스트 위에서야 비로소 '우리는 어딘가를 향해 나아간다'는 것이다. 역사란 중요하지 않은 사건들을 버리고 중요한 사건들을 가려내(krinein) 일렬로 꿰는 작업이다. 이것은 텍스트, 곧 직조(織造)의 작업과 다르지 않다. 텍스트는 비판의 작업이고, 이를 통해 구성된 역사는 인류에게 현실성을 제공한다.

그러나 오늘날 이러한 역사성과 현실성의 직물은 조각나고 있다. "우리는 우리를 앞서간 세대들이 우주를 과정들로 꿰는 데 사용했던 실마리를 잃어버렸다. 따라서 그 우주는 먼지처럼 흩날리고, 윙윙 난무하는 입자로 흩어지고 있다."(Flusser, 1995: 45; 플루서, 2004: 43) 이것은 흔한 말로 '역사의 종말'이지만, 여기에서 플루서는 묵시론적 어조를 띠지 않는다. 점의 세계는 오직 가능성(Möglichkeit)의 세계이다. 이제 문제가 되는 것은 이러한 무한히 많은 가능성의 점들을 조합해, 그것이 내적으로 가능하기만 하다면 새로운 결합물을 창조하는 것이다. 여기에서 우리는 선형적이고 유일한 역사에서 복수(複數)의 가능성의 우주로 이행한다. 그 궤적 안에서 인간의 최고의 지적 작업, 곧 비판의 형식 역시 달라진다.

> 지금까지 비판한다는 것은 근본적으로 상상 속에 내재하는 마술에서 인간을 해방시키기 위해 상상을 분석하는 것이었다. 이제 비판한다는 것은 그 반대로 개념을 가시적으로 만들기 위해 상상을 종합하는 것이다(Flusser, 1995: 264; 플루서, 2004: 278; 강조는 인용자).

인류가 상상에서 개념으로 이행할 때, 여기에서 비판은 상상의 마술성을 폭로하고 마비시키는 데에 있었다. 이제 비판의 힘은 그 개념을 다시 이미지로 창조하는 데에까지 이르러야 한다. 여기에서 비판은 이중적인 의미를 지니는 듯 보인다. 한편으로 원래의 뜻을 보존하면서, 다른 한편으로 비판이 개념적 사고에 머무르는 것 자체에 대한 비판을 또한 함축한다. 비판적 텍스트들의 연장선상에서, 여기에서 이미지는 마술적이지 않고 비판적이다.

2) 작품 해석에서 기구 비판으로

이미지의 제작 양식 또는 존재 방식들 중, 비디오나 영화보다도 사진이 플루서에게 특별한 의미를 지닌다. 사진은 기술(技術)적 상상력에 속하면서도 동시에 전통적인 상상적 이미지의 외양을 지니고 있기 때문이다. 사진은 이처럼 두 가지 다른 체제의 중첩, 그것들 사이의 이행처럼 보이며, 이런 이유 때문에 플루서의 논의가 반복해서 되돌아가는 풍부한 역사적 국면이 된다. 따라서 플루서의 사진에 대한 분석을 통해 보다 일반적인 수준에서 그의 이론적 핵심과 실천적 대안을 살펴볼 수 있다.

사진에 대한 분석이 플루서의 이론에서 갖는 의미는 다시 이중적이다. 한편으로 그것은 인류가 기술적 상상력의 시대로 급격하게 이행하면서 불행히도 여기에 적합한 사유와 실천의 기준들을 가지고 있지 못하다는 것을 폭로하는 대표적인 사례로 기능한다. 플루서는 회화와 사진, 화가와 사진가를 대비하면서 이미지의 생산과 소비 방식이 현저하게 다른 양상을 띠고 있음을 상기시킨다. "사진과 기타의 기술적인 이미지들에서 이러한 진선미의 분리는 모든 의미를 상실했다. 사진 촬영은 미학적인 현상을 생산하기 위한 과학에서 유래한 기술적인 제스처이다."(Flusser, 1995: 95; 플루서, 2004: 96)

사진은 기하학적 수학, 광학적 기술, 화학적 재료학에 근거하고 있다. 따라서 그것은 이미 비판적 사고와 수식의 결과물이다. 여기에서 근대 사상이 진·선·미 각각에 대해 부여했던 고유한 비판적 기준들은 효력을 상실한다. 왜냐하면 사진기의 제작 과정이 이미 가장 비판적인 작업의 성과, 즉 수학과 기술의 층위로부터 상승하기 때문이다. 우리 시대에 "비판은 생산을 앞서간다." 우리는 사진 이미지를 비평할 때, 회화를 다룰 때와 같은 종류의 기준을 적용할 수 없다. 만일 우리가 사진 이미지의 진·선·미를 평가하고자 한다면, 대상의 분해와 종합의 기술적 과정에 입각해 평가할 수밖에 없다. 즉 사진기는 대상을 정확히 반영하고 있으므로 진리이고, 과학적 법칙을 충실히 구현하고 있으므로 좋으며, 촬영자 개인의 시각적 체험을 충실히 전달할 수 있으므로 아름답다. 이러한 평가는 무의미하다.

하지만 다른 한편으로, 플루서의 논의는 회화에서 사진으로 단선적으로 진행하고 있다는 것을 기술(記述)하면서, 인간의 지적 활동의 소멸을 선언하려는 것은 아니다. 사진은 인간이 아니라 기술(技術)을 통해 생산된다. 달리 말해 그것은 어떤 기구(apparatus)의 산물이다. 따라서 문제는 이미지의 내적 구성이 아니라 그것을 둘러싸고 있는 기구에 대한 비판이다. 플루서는 거대하지만 보이지 않는 기술적이고 사회적인 기구에 맞서는 두 가지 방식을 제시한다.

하나는 사진 자체를 통해 사진 기구를 '기만'하는 방식이다. 사진기에 담긴 기술들의 잠재력은 언제나 완전히 소진되지 않고, 그것은 새로운 가능성을 내포한다. 이러한 가능성의 발견과 실현을 통해 기구의 통제적 성격을 위반할 수 있다. 이러한 종류의 사진들이 "실험적"이고 "예술적"인 사진이라고 불릴 수 있다. 두 번째는 전통적인 방식으로 회화를 제작하는 것이다. 이것은 외부의 관점에서 기구에 정면으로 저항하는 방식이다. 다만 이는 기술과 상관없이 수공 작업을 한다는 것을 의미하지 않는다. 플루서는 이것의 현대적인 의미는 기술적인 상상력의 한계를 넘어선 자리에서 비로소 가능하다는 점을 강조한다. 그가 조금은 냉소적인 어조로 비판하는 대상은, 너무 안이하게 기술로부터 인간을 구별하는 생각들이다. 즉 그러한 입장에서 제시하는 인간적인 것들의 대부분은 사실 기술적인 것으로 환원되고 만다. 대체 불가능한 인간 고유의 창조적인 것은 모든 "기구적 가능성을 완전히 인정한"(Flusser, 1995: 145; 플루서, 2004: 150) 다음에야 가능한 것이라는 점이다.

위 두 가지 실천적 작업은 플루서가 각각 "전략적 사진 작업"과 "기구를 넘어선 이미지"라고 부르는 것이다. 이것은 기구가 제공하는 잠재력의 독특한 실현을 통해 기구를 위반하거나, 기구의 잠재력에 대한 충분한 이해와 숙고 후에 그 한계 너머에서 비-기술적인 창조력을 보여주는 것이다. 이러한 두 가지 방식은 사진에 한정되는 것은 아니다. 아마도 플루서가 압도적인 디지털 시대에 대한 호의적인 묘사와 적극적인 이해의 촉구 후에 제시하는 비판적 작업의 일반적 내용이 될 것이다.

3) 새로운 진리관: 감성적 실용주의

플루서가 보기에 중심 매체가 텍스트에서 디지털로 이행할 때, 다시 말해 선에서 점으로 넘어가면서 우리가 사용하는 근본적인 범주들이 흔들리게 된다. 대표적으로 진리 개념이 그렇다. 진리는 전통적으로 "사물과 인식의 일치"에 의해, 플루서의 표현을 빌리자면 '사물에서 추상화된 것과 사물에 남은 것 사이의 대응 관계'에 의해 정의된다(Flusser, 1995: 36; 플루서, 2004: 32). 그런데 모든 사물이 궁극적으로 무한히 많은 점으로 분해될 때, 그러한 고전적 진리 개념은 붕괴한다는 것이다. 왜냐하면 사물은 전부 추상화되어서 우리가 가지고 있는 것, 즉 이미지를 통한 지각과 관련하여 일치를 요구할 잔여의 몫이 저 바깥에 더 이상 없기 때문이다.

여기에서 주의 깊게 언급할 만한 사항은, 플루서는 사물과 이미지 사이에 어떤 본성상의 차이도 없다고 강력하게 주장한다는 점이다. 그 사이에는 정도상의 차이만이 존재한다. 대개의 경우 이미지가 실재에 미치지 못한다고 우리가 생각하는 이유는 사물에 비밀스러운 것(본질)이 감추어져 있기 때문이 아니고 단순히 그것의 밀도가 낮기 때문이다. 예를 들어 우리가 의자의 홀로그램을 만들 때, 만일 그것이 물건을 떠받칠 수 있을 정도로 그것의 입자의 밀도를 충분히 높일 수 있다면 그것은 의자와 구별되지 않을 것이다. 그리고 오늘날 우리가 보기에, 이 예언은 3D 프린터로 실현되고 있는 것 같다.

철학적으로 볼 때, 우리는 여기에서 니체의 니힐리즘의 깊은 영향을 볼 수 있다. 이 교의의 첫 번째 의미는, 세계의 근본적인 의미나 본질은 존재하지 않는다는 것이다. 그리고 두 번째 의미는, 그럼에도 불구하고 또는 그렇기 때문에 세계의 의미는 해석될 무엇이 아니라 창조되어야 할 무엇이라는 것이다. 플루서의 디지털 이론은 이처럼 자신의 미디어 이론(면-선-점)과 니체의 니힐리즘(허무)이 교차하는 지점에 놓여 있다. 그의 디지털 유물론은 니체의 무의미를 디지털 스크린의 점들에서 발견한다. 그는 추상화 작업이 극한 지점까지 진행되어 모든 사물이 점으로 분해되는 허무한 지점에 인간이 놓여 있다고 진단한다. 그리고 그 배후에는 아무것도 없다.

진리가 요구할 세계의 본질은 존재하지 않는다. 세계는 창조되어야 할 무엇이다. "모델은 더 이상 어떤 것에 맞게 적용될 수 없다. 모델을 만드는 일은 더 이상 [비교하기 위해서] 붙이는 작업이 아니라 설치하는 작업이 될 것이므로 우리는 '진리'라는 기준을 포기해야만 한다."(Flusser, 1995: 36; 플루서, 2004: 33) 진리라는 기준은 포기되거나, 아니면 그 내용이 바뀌어야 한다. 오늘날 경쟁하는 과학적 가설들을 평가할 때에도 심미적 기준이 작동한다. 더 작은 변수들로 더 많은 것을 설명하는 것이 더 나은 이론이다. 플루서가 드는 과학적 예들보다 좀 더 현대적인 예를 생각해보자. 양자역학의 설명은 성공적이지만, 그 함수의 내용은 직접 관찰되지 않고 그것의 연산 결과만이 관찰될 뿐이다. 우리는 그것의 의미가 무엇인지 모른다.

> 수면 위로 떠오르는 점-세계 속에서는 모델들이 그 과학적 성격을 상실할 것이다. 사람들은 이 모델들이 의도적으로 창조된 기교, '예술 작품'이고, 이러한 기교를 창조하는 의도는 이 세계의 공허를 감추기 위한 것이라는 사실을 완전히 간과하게 된다. … 우리는 모델들을 구별할 때 인식론적 기준 대신 감성론적 기준을 사용해야만 한다(Flusser, 1995: 37; 플루서, 2004: 34).

여기에서 다시 한번 플루서는 니체와 공명한다. 니체는 극단적인 니힐리즘으로부터 미학적 형이상학으로 나아갔다. "삶과 세계는 미적 현상으로서만 정당화된다."(니체, 2007: 99) 이것과 매우 비슷한 어조로 플루서는 다음과 같이 말한다. "진정으로 새로운 것은, 우리가 이제부터 아름다움을 유일하게 받아들일 수 있는 진리의 기준으로 파악해야 한다는 사실이다."(Flusser, 1995: 285; 플루서, 2004: 303) "이 새로움은, 구체적으로 체험/감각되는(*aisthestai*=erleben) 모든 것이 실재적(real)이라고 생각하는 형식적, 계산적, 구조적 의식에서 유래한다."(Flusser, 1995: 285; 플루서, 2004: 304)

디지털의 표면 위에서 가상(Schein)은 실재성을 구성하는 새로운 심급이 된다. 이것의 수준을 평가하는 것은, 같은 어원을 공유하는 '아름다움(Schönheit)'의 정도, 또는 체험의 강렬함의 정도에 달려 있다. 이러한 플루서의 입장은 아마도 '감성적 실용주의(aesthetic pragmatism)' 정도로 명명될 수 있을 것이다.[3] 여기에서는 인간 역시 점들의 합성 면으로, 디지털의 표면을 따라 펼쳐지는 체험과 감각의 막으로 변신한다. 이 두 표면 또는 주름 접힌 면들 사이에서 벌어지는 사건들이야말로 세계의 실재성을 채워 넣고, 그 굴곡을 변화시키는 힘이다.

4) 주체에서 기획으로

근대적 계몽(Enlightenment)의 구조는 빛을 발사하는 것이다. 그 빛의 원천은 인간의 정신 안에 있고, 그 빛은 어두움에 잠겨 있는 자연의 일부분을 밝힌다. 그러므로 그러한 빛의 빔의 양쪽 끝 너머

---

[3] 여기에서 aesthetic은 좁은 의미로는 아름다움에 관한 것으로, 더 넓은 의미로는 감성에 관한 것을 의미한다. 포괄적인 의미를 지시하고자 '감성적'이라는 말로 옮긴다. 감성학/미학(aesthetics)이 18세기 말에 하나의 분과로 정립될 때, 여기에는 인식능력으로서 감성에 관한 이론과 아름다움이라는 이념에 관한 이론이라는 두 가지 의미가 혼재되어 있었지만, 19세기에 낭만주의와 예술철학을 거치며 후자의 의미만이 배타적으로 강조되었다. 20세기에 이르러 예술이 더 이상 아름다움을 추구하는 것이 아니게 되면서, 분리되었던 두 가지 의미는 다시 새롭게 종합되어야 하는 과제에 직면한다. 다시 말해 현대 예술은 아름다움이 아니라 감각 작용과 관련된 활동이 되었기 때문이다. 이 점을 상세하게 논의하는 것은 이 글의 범위를 넘어서기 때문에 많은 현대 철학자, 대표적으로 메를로퐁티, 들뢰즈, 리오타르, 자크 랑시에르 등이 이러한 종합을 수행하고자 했다는 점만을 지적해두록 하자.

에는 어두운 심연이 놓여 있다. 정신의 심연-빛을 탐히는 주체-밝혀지는 객체-세계의 심연. 이것이 플루서가 말하는 근대의 구조이다. 세계의 어두움은 더욱더 많이 빠르게 밝혀졌다. 그런데 이것은 어떤 역전을 야기한다. 근대인들에게 세계는 어둡고 범죄적이었다. 사람들은 배경을 밝게 밝혀 이 권력의 범죄를 폭로하고자 했다. 그리고 악은 선으로 전환되어야 한다. 그런데 현대에 와서 범죄학의 성립은 악을 가치중립적인 것으로 만들었다. 뇌과학과 사회학을 동원한 범죄에 대한 과학적 설명은 악을 일어날 수 있는 중립적인 것으로 만들었다.

빛의 메타포로 추진된 계몽의 기획은 모든 것을 거대한 빛의 폭포수 안으로 쓸어 담았다.

> 인공지능은 주체 뒤에서 아무것도 찾을 수 없다는 사실을 실천적으로 보여주고, 홀로그램 역시 객체와 관련해 동일한 것을 보여준다. … 곧 지능으로 묶여진 광선과 객체로 묶여진 광선만이 있을 뿐이다(Flusser, 1995: 330; 플루서, 2004: 354).

여기에서 빛은 더 이상 주체에서 객체로 나아가지 않는다. 세계는 밝혀진 그대로이며, 더 이상 밝혀지지 않을 것이 없기 때문이다. 오히려 어두움은 인간의 내부에 남아 있다. 그러므로 반대로 빛은 객체에서 주체로 주어진다. 사진과 영화에서처럼 인간의 두뇌가 하나의 암실이고 스크린이다.

여기에서 인간은 주체가 아니라 다른 무엇으로 변한다. 'subject'는 원래 중세에 왕 아래 놓여 있는 사람, 즉 신하를 뜻하는 말이었다. 이런 점에서 봉건제의 붕괴와 'subject'의 중심 진입은 동시에 일어난 일이다. 이러한 어원을 암시하면서, 플루서는 인간이 더 이상 객체의 신하인 주체가 아니라는 점을 강조한다. 객체에 대응하는 것이 주체라면, 비트-표면과 대응하는 것이 기획이다. 즉 비트들의 표면 위에서 가능한 것을 조합해 만들어나가기 위해 기획하는 것, 즉 스스로를 투영하는 것이 새로운 인간의 모습이다. 아래에서 앞으로, 주체(Subjekt)에서 기획(Projekt)으로. 여기에서 〈공각기동대〉의 마지막 장면을 떠올릴 수 있을 것이다. 컴퓨터 바이러스는 자신을 하나의 생명이라고 주장하고, 마지막 장면에서 네트워크상으로 뛰어든다. 그 안에서 영원히 변종을 일으키며 살아갈 수 있을 것이라고 예감하면서.

우리는 더 이상 주어진 객관적인 세계의 주체가 아니라, 대안적 세계들의 기획이다. 우리는 예속적인 주체의 위상에서 빠져나와 우리 자신을 투영하는 것 속에 위치시켰다(Flusser, 1995: 283; 플루서, 2004: 301).

'디지털 가상'은 우리를 위해 우리의 주위와 우리 내부에서 입을 크게 벌리고 있는 공허의 밤을 밝혀주는 빛이다. 그렇다면 우리 자신은 그러한 무(無)를 향해 무(無) 속으로 대안적인 세계들을 설계하는 전조등이다(Flusser, 1995: 285; 플루서, 2004: 304).

5) 새로운 휴머니즘: 척도의 문제

『피상성 예찬』을 중심으로 한 이상의 논의에서 플루서는 미디어의 변화에 따라 인간과 세계가 근본적으로 분해되고 새로운 차원으로 이행해야 한다는 점을 과격하게 주장하는 것으로 보인다. 그런데 다른 글에서 그는 휴머니즘을 해소하는 것이 아니라 그것의 내용을 혁신하는 것이 필요하다는 점을 역설한다. 이것은 우선 그의 사상 내에서 어떤 불균질한 지점이 되는 것처럼 보이기도 한다. 다만 플루서가 많은 비평가에 의해 미디어 포스트휴머니즘의 사상가라고 불린다면, 이때 포스트휴머니즘의 의미는 휴머니즘의 초월이 아니라 디지털 미디어 시대의 조건하에서 휴머니즘을 새롭게 규정해야 한다는 뜻으로 받아들여야 할 것이다. 이런 점에서 아래 논의를 보충적으로 살펴보아야 할 필요가 있을 것 같다.

플루서는 「크기의 수준과 휴머니즘」(Flusser, 2002: 160-164 참조)이라는 글에서 휴머니즘이 더 이상 불가능해진 계몽의 역설을 지적한다. 고전적 휴머니즘은 마치 거대한 대양 위에 떠 있는 작은 섬처럼 인간이 지각할 수 있는 차원의 것에만 한정해 거주를 안정화시킨 것이었다. 하지만 계몽은 모든 것을 인과적 설명의 대상으로 삼고, 그 결과 인간의 이해는 가장 작은 것에서 가장 큰 것에까지 이르게 되었다. 여기에서 인류는 이제 작은 배에 의존해 넓은 대양을 떠돌아다녀야 하는 처지가 된 것이나 다름없다. 아니, 더 나아가 인간의 정신 자체가 그러한 양적 분해의 대상이 된 지 오래다. 생각과 의식도 시냅스의 전달 체계로 이해되기 때문이다. 인간의 작은 배조차 대양 안으로 조각나 녹아드는 상황인 것이다.

플루서는 이러한 양적 세계관의 확장을 불가피한 것으로 긍정하면서도 새로운 휴머니즘의 필요성을 제기한다. 모든 것을 양적으로 환원하고 균등화하는 것에 맞서 여기에서 해야 할 일은 신비한 질적인 차원에 속하는 것을 옹호하는 것이 아니다. 중요한 것은 양적인 차원도, 질적인 차원에도 있지 않다. 오히려 차원의 양적 수준들, 즉 크기의 수준/자릿수(orders of magnitude)에 있다.[4] 플루서는 자연과학과 인문사회과학의 예를 하나씩 제시한다. 한편으로 아인슈타인이 뉴턴보다 더 정확하지만, 항상 더 나은 것은 아니다. 일상적인 수준에서 아인슈타인의 공식을 적용한다면 그것은 불필요하고 심지어 어리석은 행동이다. 다른 한편 진화생물학자와 달리 정치인이 '인종'이나 '종족'이라는 표현을 사용해 시민들을 구별하고 그들 사이의 차이를 규명하려고 시도하는 것은 범죄에 해당한다. 이 두 가지 경우 모두 '크기의 수준'을 혼동하기 때문에 벌어지는 일이라는 것이다. 우리는 이제 대양 위의 작은 섬이 아니라, 말하자면 인형 안에 인형이 또 들어 있는 러시아 인형과 같은 상황에 놓여 있다. 중요한 것은 어떤 상황에서 문제가 되는 크기의 수준, 적합한 차원, 적절한 척도를 포착하고 유지하는 일이다.[5]

---

[4] 여기에서 말하는 'orders of magnitude'는 수학적인 의미를 염두에 두면서 일반적인 의미로 확장되어 사용되고 있어 번역하기가 좀 난감한 면이 있다. 잠정적으로 '크기의 수준/자릿수'라고 병기하는 식으로 옮기기로 한다. 이것은 밑을 10으로 하는 지수승($10x$)을 말한다. 즉 어떤 것의 크기가 $10,000(=10^4)$이라고 한다면, 이것의 크기의 수준은 4이다. 뉴로사이언스부터 동물학, 사회학, 천문학까지 각 분과 학문의 구분은 그것들이 다루는 대상의 크기의 수준에 따라 구분될 수 있다.
[5] 디지털과 관련된 간단한 예로 다음과 같은 것을 생각해볼 수 있겠다. 최근 뉴스에 따르면, LCD 액정 화소 수 경쟁이 무의미해지는 단계에 이르렀다. 왜냐하면 화소

마음의 작동과 생명의 유지는 오늘날 각각 '양자(quantum)'와 '분자(molecular)' 수준에서 측정되고 개념화된다. 이 과학적 진보 자체는 되돌릴 수 없는 것이다. 문제는 다음과 같은 것이다. 세 가지 스케일, 즉 감각에 의해 지각되는 수준(일상), 분자 수준(생명), 양자 수준(마음)을 무차별적으로 오가는 것은 마음, 생명, 죽음에 대해 무감각해지는 결과를 낳는다. 플루서는 이를 "새로운 야만주의"라고 칭한다. 이것은 이전의 야만주의, 이를테면 나치의 경우와 구별된다.

　　이전의 야만주의는 측정 없이 경멸한다. 그것은 측정될 수 없이 거대했다. 그것은 마음, 생명과 죽음을 측정할 수 없었다. [반면] 현재 출현하는 기술은 바로 그것이 측정하기 때문에 마음, 생명과 죽음을 경멸한다. 이것이 바로 전통적인 휴머니즘이 새로운 야만주의를 나무랄 수 없는 이유이다. 새로운 야만주의는 전통적인 휴머니즘보다 더 계몽되어 있다(Flusser, 2002: 163).

　여기에 계몽의 역설이 있다. 계몽의 수단은 인간적 지성에 대한 신뢰에 있고, 이것의 본질은 측정에 있다. 그런데 이것이 극단화될 때 역설적으로 휴머니즘의 무력화로 귀결된다. 이 지점에서 플루서

의 밀도는 어느 이상 높아지면 인간의 지각이 더 이상 그 차이를 구분하지 못하는데, 현재 관련 기술이 그 경계를 넘어섰기 때문이다. 따라서 LCD 액정 기술 발전은 이제 화소 수가 아니라 다른 방향으로 이루어지게 된다. 이는 양적 세계 안에 크기의 수준/자릿수가 어떤 불연속성을 만들어내는 것의 좋은 예가 될 것 같다.

가 주창하는 '새로운 휴머니즘'은 작은 섬을 고집하는 것이 아니라, 러시아 인형들의 서로 다른 크기의 수준을 놓치지 않는 데에 있다. "각 차원마다 효과적이고 전형적인 인식론, 윤리학 그리고 미학이 존재한다."(Flusser, 2002: 163)

서양에서 휴머니즘의 가장 고전적 정식은 "인간은 만물의 척도이다"(프로타고라스, BC 5세기)라는 말로 주어진다. 플루서는 이 말을 인용하면서 휴머니즘 비판의 글을 시작하는데, 이 글에서 이 말은 이중적인 의미를 지니는 것으로 보인다. 그는 이 말을 지탱해주고 있는 어떤 맹목성을 비판하면서, 그 맹목성이 인간 인식의 확장과 대비되어 더 이상 유지되기 힘들다는 점을 밝힌다. 하지만 최종적으로 이 명제는 다른 관점에서 교정되고 다시 긍정되어 그것의 핵심을 회복해야 한다는 결론으로 되돌아온다. 우리는 측정이 무한히 작은 것과 무한히 큰 것으로 확대되는 것을 수용하면서도, 동시에 크기의 수준들 사이의 차이를 망각해서는 안 된다. 플루서에게 크기의 수준/자릿수란 양적 세계 안에서 양적인 개념이면서 질적 차이를 만들어내는 무엇이다. 그 덕분에 인간은 인간적 척도의 중요성을 — 유일성이 아니라 — 주장할 수 있다.

4. 결론

앞서 본 것처럼, 빌렘 플루서는 1980년대 디지털 미디어의 도래와 함께 인류가 완전히 새로운 매체의 시대, 즉 기술적 이미지의 시대로 진입하고 있다고 주장했다. 그의 이론은 명료한 만큼 사태를 단순화하고 변화의 충격을 과장하는 측면이 있다고 평가할 수도 있겠다. 예를 들어 그는 디지털 문화의 보편화가 기존 인문주의의 가치와 이념들을 전면적으로 폐기할 것이라고 주장했지만, 사실 다른 한편으로 그런 이유에서 더더욱 고전을 둘러싼 교육과 관심이 더욱 강조되고 강화될 가능성이 있는 것도 사실이다. 그리고 우리는 오늘날 대학 안팎에서 그러한 상황을 목격하고 있기도 하다.

사실 그의 이론의 체계가 단순한 도식적 형태를 띠는 것의 위험성을 그 자신이 몰랐다고 생각하기는 어렵다. 이론이 추상이고 찢어내는 행위라는 점을 그 자신이 잘 알고 있었고, 그러한 위험을 어차피 감수하는 것이라면 시대의 변화를 복잡하고 모호한 방식으로 서술할 필요가 없다고 생각했을 것이다. 그렇다면 우리로서는 그가 단절적으로 구획한 변화를 시대적 구분으로 간주하기보다는 체제(regime)의 등장으로 받아들이는 것이 좋을 듯하다. 세 개의 시기는 여러 개의 체제로서 공존하는 것이다. 그리고 이 체제들 안에서 중심점의 이동이 존재한다.

기술적 이미지가 문자의 기록보다 점점 더 큰 매체적 영향력을 행사할 것이라는 예견에는 별다른 이의를 제기할 수는 없을 것 같다. 다만 문자의 시대에 회화가 변화를 거듭하며 여전히 인류의 감성을 형성해왔듯이, 기술적 이미지의 시대에 문자의 역할은 여전히 인문적 주체성 형성에 중요한 역할을 담당할 것으로 보인다. 물론 디지털이라는 도전 앞에서 인문학의 재구성과 같은 문제는 별도로 제기될 수 있는 중요한 문제일 것이다. 여기에서 인문적 고전들은 오히려 가장 핵심에 해당하는 작품들만이 살아남으리라고 예상해 볼 수 있다. 그 바탕 위에 플루서가 강조한 것처럼 기술적 이미지의 창조적 역량이 새롭게 놓이게 될 것이다. 이 수준의 필요성과 필연성에 대한 강조에서 플루서는 인문적 전통에 대한 미련 없이 누구보다 과감했다고 평가할 수 있을 것이다.

플루서가 인간적 척도가 사라진 환경에서 새로운 휴머니즘의 필요성을 제기한 것은 사실이다. 그럼에도 불구하고 플루서에게 '인간'이라는 말은 비어 있는 무엇이다. 그렇다면 우리는 다음과 같이 추측해볼 수 있다. 우리가 무엇인가 '인간적'이라고 말할 때, 플루서의 어법에 따르자면 그것은 인간적 본질에 부합한다는 뜻이 아니라 인간의 척도에 적합하다는 뜻이다. 인간은 세계의 중심은 아니지만, 인간적인 것에 관심을 쏟는 유일하고 자연스러운 존재자이다. 그러므로 프로타고라스의 말은 이렇게 고쳐 적어야 할 것이다. '인간은 만물의 척도가 아니라, 인간적인 것의 척도이다.' 이처럼 크기의 수준의 관점에서 생각할 때, 무한한 비트의 허무주의를 긍정하면서 그 안에서 인간적 삶을 위한 환경을 만들 수 있는 길이 열릴지도 모르겠다.

참고 문헌

김성재, 2013, 『플루서, 미디어 현상학』, 커뮤니케이션북스.
니체, 2007, 『비극의 탄생』, 박찬국 옮김, 아카넷.
슬로터다이크, 페터, 2004, 『인간 농장을 위한 규칙』, 이진우 옮김, 한길사.
심혜련, 2012, 『20세기의 매체철학』, 그린비.
플루서, 빌렘, 2001, 『코무니콜로기(Kommunikologie)』, 김성재 옮김, 커뮤니케이션북스.

하이데거, 2005, 「휴머니즘 서간」, 『이정표』, 이선일 옮김, 한길사.

Flusser, Vilém, 1995, *Lob der Oberflächlichkeit: Für eine Phänomenologie der Medien*, Bollmann Verlag GmbH[『피상성 예찬—매체 현상학을 위하여』, 김성재 옮김, 커뮤니케이션북스, 2004].

Flusser, Vilém, 2002, *Writings*, Andreas Strohl (ed.), University of Minnesota Press.

생명체에서 새로움의 출현을 이해하기 위한 한 가지 조건

폴-앙투안 미켈
황수영 옮김[1]

서론

이 글은 프랑스 철학자 질베르 시몽동(Simondon, 1964)의 영감을 토대로 한다. 사실 물리적 개체화의 개념에 새로운 의미를 제시한 것은 시몽동이다. 물리적 개체화는 우리가 오늘날 통시적 창발성(emergence diachronique)이라고 부르는 것과 연결되어 있다. 그것은 새로움의 출현 조건들이 이미 존재한다고 가정한다. 우리는 나중에 이 첫 번째 지점으로 돌아올 것이다. 그러나 시몽동은 물리적 의미로 결코 환원될 수 없는 생물학적 체계 내에서 새로움의 창발이 어

---

[1] 프랑스 파리4대학에서 프랑스 생명철학에 관한 논문으로 박사 학위를 받았으며 현재 세종대학교 교양학부 초빙교수로 재직 중이다.

떻게 특유한 의미를 띠게 되는지를 설명하기 위한 가설도 제시한다. 그는 또한 생물학적 개체화의 '잠재력(potentiel)'을 낳을 수 있는 조건들을 기술하려 한다. 우리는 이 글에서 이 문제로 다시 돌아올 것이고 그러한 조건들과 롱고(Longo)와 몽테빌(Montévil)이 제시한 '확장된 임계성'의 가설(Longo and Montévil, 2014) 사이에서 있을 수 있는 관계를 보여줄 것이다.

1. 물리적 개체화

물리계에서 개체화는 하나의 기원을 갖는다. 그러므로 어떤 의미에서 그것은 일정한 조건들 아래서 일어나는 현상이다. 개체는 아리스토텔레스에게서 그러하듯이 질료나 형상과 동일한 질서의 존재론적 원리가 아니다. 그것은 개체화의 결과이며, 그 기초를 이루는 것이 아니다. 시몽동이 말하듯이 "개체를 개체로부터가 아니라 개체화를 통해 이해해야 한다."(Simondon, 1964: 22) 하지만 또한 우리가 앞으로 보게 되겠지만 전개체적인 것(préindividuel)이 없이는 개체화도 없다. 그리고 시몽동에게서 이러한 수수께끼 같은 전개체적인 것은 무엇으로 이루어지는가, 우리는 오늘날 그것에 어떤 의미를 부여할 수 있는가를 설명할 수 있어야 할 것이다. 전개체적인 것의 개념을 개체화의 개념을 이해하기 위한 '실체'로 개입시켜야 한다고 말하는 것은 물리적 복잡성에 대한 모든 과학적 설명이 새로움의 출현의 근원 자체에 존재론적 수준에서 지불해야 할 값이 있다는 것을 의미한다. 어떤 의미에서 개체화는 하나의 현상이다.

하지만 다른 의미에서 그것은 단순한 현상 이상의 것이다. 왜냐하면 그것은 전개체적인 것에 연결되어 있기 때문이다. 다른 곳에서도 그렇지만 여기서 우리는 물리적 현상들의 이해의 근원에 직접적으로 경험적이지 않은, 그리고 직접적으로 사실들과 동일시되지 않는 실체들을 가정할 필요성을 인식하게 된다. 이 글에서 우리는 '전개체적인 것'의 개념과 '순환성'의 개념 사이의 관계를 전형적으로 보여줄 것이다. 이 개념의 사용은 복잡한 물리계들 안에 그저 단순한 대상들로 이해할 수 없는 순환성의 형태들이 있다는 것을 의미한다. 그것들이 개체화되는 이유, 또는 요즘 식으로 말하면 자기조직화되는(auto-organisés) 이유는 거기에 있다. 전개체적인 것과 개체화 사이의 관계는 이러한 체계들 속에 시몽동이 "구조화의 퍼텐셜"(Simondon, 1964: 75)이라고 부르는 것이 현존한다는 것을 설명해준다. 특히 "구조화의 퍼텐셜" 개념은 물리학의 "퍼텐셜에너지" 개념과는 아무런 관련이 없다. 그것은 철저하게 이 철학자에 의해 발명된 개념이다. 고전물리학의 한 사례로서 태양 주위를 도는 지구와 같은 행성의 운동을 보자. 행성의 모든 물리적 상태는 그것이 태양 주위를 돌 때의 위치와 속도로부터 기술될 수 있다. 왜 그럴까? 왜냐하면 그것의 타원 궤도에서 속도가 증가할 때 태양에 이르는 거리는 감소하고 또 반대로 속도가 감소하면 거리는 증가하기 때문이다. 그래서 동일한 시간 T의 기간에 대해 행성이 주파한 거리의 양쪽 점과 태양에 이르는 점으로 이루어진 삼각형의 면적은 언제나 같은 것으로 남는다. 체계의 구조가 무엇으로 이루어지는가를 암시해주는 것은 바로 이 면적이다. 고전물리학의 이론은 우리가 한 물리계의 모든 상태가 어떻게 동일한 구조에 관련될 수 있는

지를 표현하게 해주는 형식적이고 수학적인 도구를 발견하는 순간 구성된다. 그때 사람들은 그 상태들은 그 구조에 의해 정확하게 결정된다고 말한다. 우리의 사례에서 구조는 역학적 에너지의 보존 이외의 다른 것으로 표현되지 않는다. 이 구조를 기술할 수 있다는 것은 그러한 체계 속에서 변화가 일어날 때 그 변화는 또한 그 반대의 변화에 의해 정확하게 상쇄될 수 있다는 것을 우리에게 확신하게 해준다. 물리학자들에게 있어 그러한 이상적 혹은 이상화된 체계는, 모든 상태가 그 구조에 의해 기술될 수 있다는 의미에서 닫힌 체계이다. 그것은 또한 보존적이기도 하다. 왜냐하면 그 구조는 시간이 흐르는 동안 변화할 수 있는 퍼텐셜을 가지고 있지 않기 때문이다. 우리는 그러한 체계와 더불어 시간은 작용하지 않는다는 것을 알 수 있다. 왜냐하면 가능한 모든 상태는 물리학자들이 상태 공간 혹은 위상 공간이라고 부르는 특수한 공간 속에서 미리 주어져 있기 때문이다. 자신의 구조를 시간 속에서 변화시킬 수 있는 특징을 가진 계에서 일어나는 일을 분석하기 위해 시몽동은 1차적 등급의 상전이 사례인 결정화 작용(cristalisation)의 사례를 이용한다. 그는 또한 다음과 같이 묻는다. 이러한 변화는 어디서 유래하는가? 그러한 구조화 퍼텐셜이 형성될 수 있기 위한 조건은 무엇인가?

그러한 계는 더 이상 에너지 보존 원리에 의해 그리고 해밀토니안(Hamiltonien)이라 명명된 내적 계의 에너지를 상징하는 연산자(opérateur)에 의해 내적인 방식으로, 직접 기술될 수 없다. 어떤 이유로 그러한가? 상전이 유형의 물리계는 언제나 열린 형태를 가진다. 그것은 물리학자들의 표현에 따르면 언제나 "한계 조건들(boundary conditions)"에 종속되어 있다. 그것이 외부와 에너지를 교환하기 때문이건, 아니면 외부와 에너지와 물질을 교환하기 때문이 건 말이다. 그것은 언제나 dXi/dt=Fi(X, l)의 형식을 취하는 '흐름 (flot)'의 방정식을 가진다. 이 방정식은 일정한 외적 강제들(l)의 효과 아래서 그것의 구조인 Xi가 어떻게 시간과 더불어 변화할 수 있는지를 지시한다. 결정의 경우에 한계 조건들의 구실을 하는 것은 압력과 온도이다. 형태가 변화한다고 말하는 것은 변화하기 전의 이 구조를 기술하는 것과 변화한 후의 구조를 기술하는 것 사이에 하나의 도약, 전이가 있다고 말하는 것이다. 다시 말해서 변화 후에는 계에 전체적으로 새로운 속성이 생겨난다는 것이다. 우리의 사례에서 계는 결정이 된다. 그것의 분자들은 더 이상 우발적으로 배분되지 않고 일정한 질서를 따라 배분된다. 계는 물리학자들이 음 엔트로피라고 부르는 것을 얻었다. 우리는 더 이상 계를 구성하는 요소들의 운동들이 아무렇게나 일어난다고 생각할 수 없다. 이 운동들은 상호 연관되어 있다. 그것들은 전체적 속성에 의해 강제된다. 이 새로운 속성의 출현은 기술적으로 매우 실현하기 어려운 물리계들의 역학적 연구를 요구한다. 새로운 속성이 출현하여 원자적 요소들을 강제한다는 사실은 계를 구성하는 원자들의 최초의 상태들로부터 설명할 수가 없다. 설명이 가능하기 위해서는 상당히 정교한 도구들이 필요하다. 우리가 마주하고 있는 것은 창발하는 속성이다.

그러나 시몽동은 창발성에 아주 특별한 의미를 부여한다. 이는 오늘날 영미의 문헌들에서 제시하는 일상적 의미(예를 들면 Kim, 1998)와는 다르다. 우리가 이미 본 것처럼 전개체적인 것이 없이는 개체화도 없다. 그런데 이 전개체적인 것은 무엇으로 구성되어 있는가? 별 생각 없이 대답한다면 그것은 S라는 계에 적용되며, 이 계를 변형할 수 있는 외적 강제들이 있다고 말하는 것이 될 것이다. 어떤 의미에서는 그 말이 맞다. 게다가 그것은 화학자 프리고진(Prigogine and Nicolis, 1977)이 사용하는 언어이기도 하다. 하지만 좀 더 자세히 들여다보면 그 대답은 복합적이라는 것을 알 수 있다. 하나의 복잡계는 단지 자기 자신에 의해 규정되는 것이 아니라 그것의 환경과의 관계에 의해 규정된다. 그래서 그것은 구조적으로 자기 자신과 동일하지 않다. 그것은 신분증을 가지고 있지 않다. 그것은 비신분증(carte de non identité)을 가진다.

그것은 언제나 자기 자신에게 이방인으로 기술되고 정의된다. 왜냐하면 이 계가 변형되는 것은 선속(線束, flux) 방정식에 의해서이기 때문이다. 시몽동의 언어에서 그것은 아무것도 아닌 것(rien)이다. 그것은 그것이 있는 곳에 있다. 그것은 자신과 그것이 무엇인지[본질]²를 설명하는 맥락 사이의 관계이다. 그것이 무엇인가 하는 것이 자신과 그 맥락 사이의 관계를 설명하는 것이 아니다. 그러므로 처음에 등장하는 것은 동일성이 아니라 차이이다. 그것은 자신과 달라지는 방식에 의해 규정된다. 그것은 자신에 의해 규정되는 것이 아니다. 개체화를 전개체적인 것과 연결시키는 이 최초의 방식을 R_1이라고 해보자. 시몽동은 그것을 "위상학적 강제" 또는 "안/밖"의 강제라고 부른다. 그것이 무엇인가와 그것이 있는 곳 사이의 관계를 설명하는 것은 그것이 무엇인가가 아니다. 오히려 그것이 무엇인가를 설명하는 것이 바로 그것이 무엇인가와 그것이 있는

---

2 이 글에서 [ ]는 옮긴이가 한 것이다.

곳 사이의 관계이다. 그런데 이러한 관계는 바로 순환적 관계와 전혀 다른 것이 아니다. 자기 자신으로부터 자신의 한계로 나아가면서 그것은 그 한계로부터 자기 자신으로 나아간다. 그러므로 이러한 최초의 순환성의 형태를 갖지 않는 계 속에는 개체화는 존재하지 않는다. 그것은 자기 자신의 밖에 있음으로 해서만 자기 자신일 수 있는 것이다. 하지만 그렇게 해서 그것은 하나의 자기 자신을 소유하게 된다. 다르게 말하면 그것이 자신 안에 있는 것은 단지 동시에 자신을 둘러싸는 다른 전체의 요소인 한에서 그러하다. 좀 더 기술적인 용어로 말하자면 S는 S와 S*의 관계에 의해 기술된다.

다음에 그러한 계는 그것 안에서 창발하는 결정화라는 강제가 그것의 최초의 조건들로부터 예측되거나 연역될 수 없다는 점에서 (Lesne, 2003) 구조화의 퍼텐셜을 갖는다. 구조 변화를 특징짓는 결정화라는 강제는 그것의 한계 조건들과의 상호작용들의 결과이다. 그러므로 그 강제는 주어진 것도 아니고 연역된 것도 아니다. 그것은 구성된 것이다. 그리고 이런 유형의 체계는 더 이상 하나의 사물이나 대상 또는 요소들의 군(ensemble)이 아니다. 그것은 행위자(agent)이다. 그것은 엄밀히 말하자면 아무것도 아닌 것(rien)이다. 그것은 그것이 하는 것이다(Il est ce qu'il fait). 우리는 '이전/이후'라는 시간적 대칭의 제거를 도입하는 새로운 형태의 순환성을 R_2라고 부르겠다. 시몽동은 이를 시간 순서의(chronologique) 강제라고 부른다.

또한 그것이 무엇인가를 나타내는 S와 그것이 하는 것을 나타내는 S* 사이의 순환적 관계는 그것이 무엇인가를 규정한다. 그래서 우리의 체계 P는 최종적으로 다음과 같이 정의된다. 즉 $S^* = R_1R_2S$이다.

구조/기능의 불일치

- $S = R_2(S, S^*)$
- $R_2 \Leftrightarrow$ (이전 / 이후): 과정

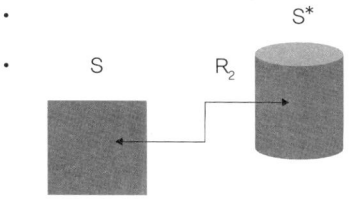

2. 생물학적 개체화

생물학적 체계에서 새로운 속성들이 어떻게 출현하는가를 이해하는 것은 또한 물리적 개체화와 생물학적 개체화 사이의 근본적 차이를 이해하는 일이기도 하다. 다시 한번 말하지만 이러한 차이는 자연적 현상이다. 따라서 그것은 사람들이 진술하고자 하는 조건들에 종속되어 있다. 그러나 동시에 그것은 하나의 전개체적인 것에 의존하고 있다. 그것을 진술하기 위해서는 우리가 실체나 대상, 사물이 아니라 순환성과 마주하고 있다는 것을 받아들여야 한다. 이러한 조건은 형이상학적인 것이다. 그것은 경험적인 것이 아니다. 언제나 그렇듯이 형이상학적 조건들은 자연현상에 대한 과학의 이해에 관여하고 있다. 이 점을 강조해보자. 생물학적 체계는 적응하고 진화한다. 적응 가능성과 진화 가능성, 이것들이 바로 새로

움의 근본적 조건들이다. 그것들은 물리적 체계 내에서 새로운 속성의 창발과는 아무런 관계가 없다(강자성ferromagnétisme이나 결정화). 그것들은 서로 다른 등급에 속해 있다. 바로 그렇기 때문에 물리계들에서 생물학적 계들로 이행하는 것을 이해하는 일은 오늘날까지 심층적인 수수께끼로 남아 있다.

그러므로 문제는 다음과 같다. 우리는 이러한 이행을 이해할 수 있게 해주는 조건을 진술할 수 있을까? 시몽동은 이 질문에 놀라운 대답을 제안한다. 이는 철학자의 대답이다. 그러나 그것은 현대 과학의 연구 방향에 대한 '개념적 도식' 또는 차라리 '발판(piste)'의 구실을 할 수가 있다. 프랑스의 전통에서 철학은 과학과 별 관련이 없다는 것은 적시해야 한다. 철학은 측정하는 것도 아니고 예측하는 것도 아니다. 그것은, 우리가 그 안에 위치할 경우 과학의 문제들은 제거될 수 있을지도 모르는 하나의 우주를 상상하기 위해 존재하는 것이다. 시몽동의 대답은 다음과 같다.

> 생명체는 항구적인 개체화의 활동을 자신 안에 보존한다. 그것은 결정이나 분자처럼 단지 개체화의 결과가 아니라 개체화의 무대이다(Simondon, 1964: 25).

그리고 독자에게 이미 말한 바와 같이 생물학적 개체화로의 이행은 특유한 조건에 종속되어 있을지도 모른다.

그러므로 생명의 조건은 인과성의 반복일지도 모른다. 그 덕택에 통합과 분화의 과정은 그 구조들에서는 다른 것으로 남아 있으면서도 짝짓기(couplage)를 받아들일 수 있다(Simondon, 1964: 160).

이 조건을 좀 더 형식적인 언어로 기술해보도록 하자. 비록 우리가 보여줄 방정식이 아직은 철학적 의미를 가질 뿐이지만 말이다. 이 조건은 새로운 길을 열기 위한 것이다. 그것은 예측을 하기 위한 것이 아니다. 우리는 여기서 명시하지는 않겠지만 특정한 생화학적 조건들에서는 R_1R_2라는 이중의 조건은 스스로에게 항구적으로 적용된다고 가정할 것이다. 그리하여 우리는 다음과 같은 반복적 관계를 가질 수 있게 된다.

$Rn = R_1R_2N$

우리는 이러한 순차적 반복들이 고정된 한 점을 향하며 이 고정점을 향한 각각의 단계는 임계적 전이(une transition critique)에 해당한다고 가정할 것이다. 이것을 더 상세히 설명해보자. 상전이하는 물리계에서는 계가 상을 바꾸는 임계점이 존재한다. 이 계는 이전에는 무정형이었으나 나중에는 결정이 된다. 시몽동의 가설은 상들이 계속 변화하는 계에서는 단 하나의 임계점이 있는 것이 아니라 임계성의 무대가 있다는 것이다. 이는 우리가 롱고와 바이의 가설 (Longo et Bailly, 2008)에서 그리고 오늘날에는 롱고와 몽테빌(Longo et Montévil, 2014)의 가설에서 발견하는 것과 거의 같은 생각이다. 따라서 물리적인 것에서 생물학적인 것으로 이행하는 조건은 단지 우리가 연구하는 새로운 계가 임계성의 공간에서 움직인다는 것이다.

그러나 이제 우리는 그러한 조건에 종속된 계의 역동성을 서술할 것이다. 우리는 이러한 역동성이 하나가 아니라 두 개의 점을 향해 나아간다고 가정할 것이다. 다시 말해 임계성의 공간에 위치한 계는, 이 공간 자체가 이중의 형식을 띠는 방향으로 진화한다. 우리는 이 가설을 "중복(redoublement)"의 가설이라고 명명할 것이다. 이런 유형의 생물학적 계에서 작동하는 중복이 있다. 대체 무엇을 말하는 것인가? 이에 답하기 전에 먼저 우리는 이 짧은 논고에서 이 중복 개념의 모든 특징을 기술하지는 않으리라는 것을 명확히 해두자. 우리는 새로움의 문제에 집중할 것이다. 이러한 중복은 무엇으로 구성되는가? 우리는 생물학적 계들의 역동성은 그것들이 위치한 임계 공간이 스스로 열리는 동시에 과정적인(processuelle) 형태를 취하는 방식으로 진화한다고 가정할 것이다. 중복이 존재하는 이유는 계들이 물리적 구조의 수준에서 이미 열려 있고 행위자성을 가질(agentif) 뿐만 아니라 또한 생물학적 형태의 수준에서 타율적이고 규범적이기(hétéronomes et normatifs) 때문이다. 생물학적 형태란 말로 우리가 의미하는 것은 이 계들이 결정화나 상자성과 같은 창발적 속성만 있는 것이 아니라 "창발적인 속성들"의 군(ensemble) 또는 "제약들(contraintes)의 군"이 있다는 것이다.

이제 우리는 이러한 군이 열린 형태를 가진다고 가정할 것이다. 그것은 타율적이다. 그것은 또한 시간 속에서 스스로를 변형하는 형태를 가진다. 그것은 규범적이다. 우리는 여기서 타율성과 규범성 사이의 관계에 집중할 것이다. 이 "타율적"이라는 말은 "적응 가능한(adaptables)"이라는 말로 표현해도 좋다. 그리고 "적응 가능한"이라는 말은 "규범적"이라고 번역해도 좋으며 "규범적"이라는 말은

"진화 가능성을 가지고 있는(doué d'évolvabilité)"이라고 표현해도 좋다. 그러므로 이제 우리는 다음과 같은 공식을 갖게 된다.

$$R^* = F_1 F_2 R$$

적응 가능성을 F_1 그리고 진화 가능성을 F_2라고 해보자. 이 두 속성들 간의 관계를 좀 더 잘 명시하는 일이 남아 있다. 이를 위해 우리는 생물학에서 두 가지 예를 들어보겠다. 적응성 F_1을 더 상세히 규정하는 것으로부터 시작해보자. 그 전에 우리는 인간의 질병에 관해 적응성 개념을 아주 정확하게 기술한 바 있는 조르주 캉길렘(Canguilhem, 1943)에게 경의를 표하고 싶다. 한 체계는 그것이 우선 타율적일 때 적응 가능하다. 다시 말하면 한편으로는 그것의 환경이 그것의 일부를 이루고 다른 한편으로는 그것은 언제나 다른 계의 환경이기도 하다. 그다음에 그것이 적응 가능하다고 말하는 것은 환경의 제약들 속에서 일어난 변화들이 그것을 파괴하지 않는다는 것이다. 적응 가능하다는 말은 '적응된'이라는 말과는 전혀 다르다. 안데르센의 동화에서 미운 오리 새끼는 자신의 환경에 적응하지 못했다. 하지만 그것은 적응 가능한 특성 F_1을 가지고 있다. 그것은 커가면서 하늘을 날 수 있게 된다. 그것은 장래가 유망한 괴물이다. 일단 변형된 다음에는 그것은 정상적인 오리 새끼들과는 다른 생물학적 규범들에 따라 진화하게 될 것이다. 그리고 이 새로운 규범들은 그 후손들에게 전달될 것이다. 미운 오리 새끼는 진화 가능성이라는 특징 F_2를 갖게 된다. 이러한 현상에 대해 더 정확한 생물학적 사례들을 제시할 수 있을까?

우리는 박테리아의 DNA 수선 기작들에 대한 라드만(Radman, 1999)과 그의 연구 팀의 작업에서 유래하는 고전적 사례를 예로 들고자 한다. 그것은 더 정확히 말하자면 SOS 박스의 사례이다. 렉스 (LEX) A라고 명명된 유전자는 다른 유전자에 의한 레카(RECA) 단백질의 활성화를 억제한다. 그러나 박테리아가 자외선에 노출되어 스트레스를 받으면 SOS 조절계가 자리를 잡는다. 렉스 A 유전자로부터 표현된 단백질은 레카 단백질에 의해 쪼개진다. 동시에 이 단백질은 자외선에 의해 손상된 박테리아의 염색체의 체계 위에 위치한다. 그렇게 해서 레카 단백질은 DNA의 수선을 유도한다. 하지만 동시에 렉스 A 유전자가 쪼개지기 때문에 그것이 억제한 유전적 영역은 갑자기 활성화된다. 렉스 A에 의해 억제된 SOS 박스로부터 나온 새로운 단백질들이 번역된다. 이 폴리머라제[DNA와 RNA 합성의 촉매 효소] 4, 5 단백질들은 레카 단백질의 도움으로 깨진 염색체를 수선하게 된다. 세포분열이 다시 시작된다. 그러나 그 단백질들은 동시에 돌연변이 된 단백질들이다. 그것들은 DNA 속에서 표적이 되었거나 되지 않은 돌연변이들을 유도하고 이 돌연변이들은 유전자들 속에서 다양성을 유도하게 된다. 돌연변이들은 증폭된다. 다음에 스트레스의 신호가 사라지면 그것은 다시 억제된다. 그러므로 환경과 상호작용하는 게놈에 의한 돌연변이들의 조절이 있는 것이다. 또한 환경은 교훈적이다. 그것은 이러한 돌연변이들을 유도하는 정보를 가져온다. 환경은 선택적이 아니다. 여기서 자외선에 의해 파괴되지 않은 박테리아 군체의 적응 가능성과 그것의 진화 가능성, 즉 미래 세대에 유전되는, 시간 속에서 스스로를 변형하는 능력 사이에는 진정으로 작동하는 관계가 있는 것이다.

참고 문헌

Bailly, F. and G. Longo, 2008, "Extended critical situations", *Journal of Biological Systems* 16(2): 309336.

Canguilhem, G., 1943, *Le normal et le pathologique*, PUF, Paris.

Kim, Jaegwon, 1998, *Mind in a Physical World*, MIT Press.

Lesne, A., 2003, *Approches multi-échelles en physique et en biologie*. Habilitation à Diriger les Recherches, Université Paris VI, Paris (non-publié).

Longo, G. and M. Montévil, 2014, *Perspectives on organisms, Biological time, Symmetries Singularities*, Springer.

Prigogine, I. and G. Nicolis, 1977, *Self-Organization in Non equilibrium systems*, Wiley, New York.

Radman, M., 1999, "Enzymes of Evolutionary Change", *Nature*, 401: 866-869.

Simondon, G., 1964, *L'individu et sa genèse physico-biologique*, PUF, Paris.

체화된 인지와 몸의 분류[1]

강신익

인간의 두뇌는 분류와 관련된 정보의 사회적 전달에 맞추어 진화해왔다. 그 결과로 우리는 카테고리로 세계를 이해하고, 그렇게 이해한 것을 서로 공유하려는 뿌리 깊은 욕구를 갖고 태어났다(라이트, 2010: 53).

우리가 무엇인가 느낄 때면, 그 감각 지각은 대번에 우리가 이미 알고 있는 범주들 속으로 들어간다(레러, 2007: 129).

인지과학에서 최근의 경험적 탐구는 개념들과 그 개념들에 대한 우리의 사유가 신체적 경험의 본성에 근거하고 있으며, 다양한 종류의 상상적 과정에 의해 구조화되어 있다는 것을 보여준다(존슨, 2008: 28).

언어는 항상 이해의 근본인 신체적 형태 위에 형성되는 특별한 의사소통 시스템에 불과하다(후베르트, 2006: 213).

인간은 참신한 메타포의 창안을 통해 끊임없이 자아의 확대를 이루어가는 존재다(김동식, 2002: 274).

---

[1] 이 글은 강신익, 「체화된 인지와 몸의 분류」, 『의철학연구』(2014)를 수정한 것이며, 전남대학교 철학과 BK 플러스 횡단형철학전문인력양성사업단, 『몸과 인지』(2015)에도 수록되었음.

1. 몸의 시작과 분화

우리는 모두 단 하나의 세포에서 시작되었다. 더 자세히 말하면 정자라는 세포와 난자라는 세포가 하나로 합쳐진 수정란이라는 세포가 우리 모두의 기원이다. 이 수정란은 분열에 분열을 거듭해 우리가 사람의 모습을 갖추게 되었을 때는 수십 조 개로 늘어난다. 이 수십 조 개의 세포들은 모두 똑같은 유전물질을 가졌지만 몸속의 위치와 하는 역할에 따라 끼리끼리 모여 혈관이나 신경과 같은 조직이 되기도 하고 간과 심장과 같은 장기를 만들기도 한다.

이렇게 하나의 세포가 다양한 형태와 기능을 갖춘 다양한 세포로 분화해가는 과정에서 세포들은 다양하고도 복잡한 신호를 주고받는다. 그런 신호의 교환은 대개 유전자에 기록된 정보로부터 만들어진 단백질의 접혀지고 펼쳐짐을 통해 이루어진다. 그 신호를 통해 똑같은 유전정보를 가진 세포라도 어떤 것은 피부를 만들고 어떤 것은 근육세포가 되기도 하면서 사람의 모습을 갖추어간다. 우리 몸을 이루는 세포들이 스스로를 분류해 그 분류에 맞는 역할을 수행함으로써 하나의 유기체가 되는 것이다. 여기에는 때맞춰 필요한 명령을 내리는 지휘자도 초월적 지배자도 없다. 스스로의 힘으로 주어진 환경(엄마의 자궁과 몸 전체의 조건) 속에서 생명을 영위할 뿐이다. 몸과 세포는 스스로 그러함[自然]일 뿐 초월자의 명령을 수행하는 기계가 아니다.

그런데 우리는 스스로 그러한 몸을 이렇게 저렇게 분류한다. 고대 서양의학에서는 몸이 네 가지 액체로 구성되어 있다고 보았으며 동아시아 의학에서는 다섯 가지 장기를 몸의 기본 요소로 보았다. 모두 당시의 세계관이 그대로 반영된 결과다. 고대 그리스에서는 이 세상이 물, 불, 흙, 공기의 네 원소로 되어 있다는 자연철학 사상을 점액, 황담즙, 흑담즙, 혈액이라는 몸속의 체액에 그대로 대응시켰고 동아시아에서는 목화토금수(木火土金水)의 오행을 간심비폐신(肝心脾肺腎)의 다섯 장기에 대응시켰다. 일단 이런 분류의 방식이 완성되자 사람들은 모든 현상을 이 틀에 맞춰 설명하게 되었다. 이러한 설명은 몸이 스스로 만들어낸 그러함과는 별 관련이 없었지만 이후 몸을 분류하고 이해하는 거의 유일한 틀로 자리 잡았다.

서양의학의 역사에서 가장 흔한 치료법이었던 사혈(瀉血)은 뜨겁고 건조하다고 '여겨진' 혈액의 성질을 체온이 오르는 신체 현상에 그대로 대응시켰기 때문에 나온 발상이다. 이렇게 해서 열이 나면 피를 뽑으라는 처방의 규칙은 의심의 여지도 없이 천 년 이상 이어져왔다. 자연 그 자체가 아닌 자연에 대한 분류와 해석의 규칙이 자연인 몸의 지배 원리가 되었던 것이다.

동아시아 전통 의학의 경우에는 넷이 아닌 다섯이 분류의 기준이 되었기 때문에 4체액설에서보다는 훨씬 복잡하고 다양한 관계가 성립한다. 상생과 상극이 있고 오직 응급 상황에만 적용되는 힘들도 있다. 따라서 똑같은 몸의 현상을 설명할 때도 다양한 방식을 적용할 수 있고 처방 역시 치료자에 따라 크게 다를 수 있다. 설명의 유연성이 크다 보니 결정적 오류를 찾기도 어렵다. 아마도 이것이 동아시아의 전통 의학이 아직까지도 살아남을 수 있었던 중요한 이유 중 하나일 것이다.

과학이 의학에 도입된 20세기 초반 이후 몸에 대한 접근의 방식이 무척 다양해진다. 우선 몸에 대한 지식을 생산하는 기초의학과 그 몸에 생긴 문제를 해결하는 임상의학이 구분된다. 기초의학은 몸의 구조를 연구하는 해부학과 그 몸의 기능을 탐구하는 생리학, 그리고 질병의 원인과 결과를 연구하는 세균학과 병리학 등으로 분화하고 임상의학도 특정 신체 장기를 전문으로 하는 다양한 분야로 전문화되었다. 이제 몸과 질병은 어떤 전문가의 대상인지에 따라 분류되기 시작한다. 환자 역시 어떤 병을 앓는 어떤 사람인지가 아니라 무엇을 전문으로 하는 의사의 환자인지에 따라 병동의 위치도 달라지고 치료의 방법도 정해진다.

몸에 대한 고대 서양의학, 동아시아 전통 의학, 근대 서양의학의 분류법은 모두 특수한 문화적 환경에서 나온 것이며 시대적 한계 내에서 나름의 역할을 해왔다. 특히 근대 서양의학은 전염병을 비롯한 치명적 질병을 효과적으로 통제한 엄청난 업적을 자랑한다. 하지만 우리가 의학의 역사를 통해 확인할 수 있는 한 가지 사실은 몸을 어떤 형식의 범주에 넣는 순간 일정한 대가를 치를 수밖에 없다는 것이다. 그렇다고 몸을 일정한 개념적 틀에 따라 분류하지도 않으면서 그 몸에 생기는 문제를 해결할 수는 없다. 따라서 스스로 그러함을 가장 잘 담아낼 수 있는 몸의 분류 방식을 찾아내는 일은 획기적인 질병의 치료법을 발견해내는 일 못지않게 중요한 일이 된다.

이 글에서는 몸의 분류 문제를 우리가 사물을 인지하는 방식에 관한 최근의 과학적 성과와 관련지어 생각해보고, 이를 체화된 인지와 은유 이론을 통해 설명해보려고 한다. 이 이론에 따르면 우리가 생산하는 거의 모든 개념은 몸과의 관계를 중심으로 체화되어 있다. 그렇다면 은유는 피해야 할 상징이 아니라 적극 활용해야 할 인식의 도구가 된다. 후반부에서는 지금의 주류 의학이 사용하는 은유의 구조를 분석한 다음 자연에 가까운 새로운 은유의 틀을 제안하고자 한다.

2. 분류의 진화적 기원

우리가 무엇을 분류한다 함은 분류의 대상과 그것을 분류하는 주체가 분리됨을 전제로 한다. 분류의 대상은 책상, 의자, 컴퓨터와 같은 인공물일 수도 있고 새, 짐승, 초목과 같은 생명체일 수도 있으며 우리 자신의 몸과 마음일 수도 있다. 그러나 분류의 주체는 언제나 인간의 마음이다. 그것도 변덕스런 '스스로 그러한' 자연에도 불구하고 '언제나 그러한' 보편적이고 합리적인 이성의 마음이다. 여기서 이성은 자연을 초월해 있으면서 그것을 지배하는 권력이다. 적어도 이것이 수백 년간 세계를 지배해온 서구 사상의 기본 전제다.

그러나 인간의 몸과 마음도 스스로 그러한 자연의 일부인 점을 생각하면 자연이 부여한 다양한 마음(불안, 공포, 기쁨, 슬픔, 사랑, 증오 등등) 중에서 왜 오직 합리적 이성에 특권을 부여해야 하는지에 대해 의문을 가질 수 있다. 그래서 여기서는 합리적 이성이 전제되지 않은 상태로 돌아가 분류의 문제를 생각해보려고 한다. 일찍이 원시 부족의 분류 체계를 연구한 에밀 뒤르켐은 "사물들의 종은 단순한 지식의 대상이 아니라 무엇보다 어떤 정서적 태도에 대응하는 것"(라이트, 2010: 56)이라고 했다. 안토니오 다마지오를 비롯한 현대의 신경 과학자들도 우리가 합리적 판단을 내리기 위해서는 반드시 어떤 느낌의 지도를 받아야 한다는 경험적 증거들을 제시하고 있다(다마지오, 2007). 앞서 본 것처럼 하나에서 시작해 수십조의 세포로 구성된 우리의 몸은 이성의 명령 없이도 스스로를 조직하고 분류해 필요한 기능을 수행한다. 이성은 그러한 조직과 분류의 결과지 원인이 아니다. 진화적으로나 생리적으로나 느낌은 이성보다 앞선다.

생명은 이성이 세계를 지배했던 몇백 년의 세월과는 비교도 되지 않는 수십 억 년 동안 진화하면서 변화무쌍한 환경에 적응해왔다. 그렇게 살아남아 후손을 퍼뜨리는 진화의 과정에서 꼭 필요했던 속성은 생존과 번식에 유리한 조건은 좋아하고 그렇지 못한 것은 싫어하는 것이다. 그리고 이런 속성은 지금도 여전히 생명의 기본이다. 그렇다면 생존과 번식을 중심으로 한 분류 체계가 진화하는 것이 당연하다. 우리가 본능적으로 동물의 배설물을 피하고 불고기 굽는 냄새를 쫓는 것이나, 매력적이거나 섹시한 이성을 향해 고개를 돌릴 수밖에 없는 것도 이렇게 생명에 장착된 정서적 분류의 체계 때문일 것이다. 삶과 죽음, 위험과 안전, 유리와 불리의 분류 체계가 좋음과 싫음, 옳고 그름의 범주로 전화되었을 것이라고 추론할 수 있는 근거가 여기에 있다.

물론 복잡하기가 이를 데 없는 생명현상을 이렇게 단순화하는 것은 옳지 않다. 단 하나의 세포로 이루어진 단세포생물의 생활사에서도 박테리아와 같이 핵이 없는 원핵생물에서 핵과 세포질이 구분된 진핵세포로의 진화가 있었고, 이런 세포들이 무수히 모여

하나의 유기체를 이루는 다세포 생명체로의 진화도 있었으며, 이윽고 암수가 구분되어 유전적 다양성을 만들어내는 양성생식도 진화했다. 이 과정에서 세포들은 경쟁도 하고 협동도 하면서 새로운 균형을 만들어냈다.

유전물질이 세포질에 퍼져 있는 원핵세포에서 핵과 세포질이 구분되며 세포질에도 다양한 기능을 하는 세포소기관들이 분포하는 진핵세포로의 진화는 분류가 필요한 새로운 존재의 탄생을 뜻했고 그 존재들 사이에 새로운 관계와 의미들이 만들어졌다. 생존과 번식이 생명의 '원초적' 조건일 수는 있어도 사물 분류의 유일한 기준일 수 없는 이유다. 예컨대 양성생식의 진화는 분명 암수라는 전에는 없던 분류의 기준을 만들어냈지만, 여전히 최대한의 생존과 번식을 지향한다.

생명체의 복잡성이 증가하면서 생명체의 부분들 간에 분업이 진화하게 되었다. 진핵세포가 되면서 세포 내 소기관인 미토콘드리아는 숙주세포에서 필요한 영양과 안전한 거처를 얻는 대신 숙주를 위한 에너지 공장의 역할을 하며, 소포체는 생명현상의 기본 물질인 단백질을 합성한다. 세포 내 소기관뿐 아니라 세포들 사이에서도 분업이 이루어졌다. 세포들은 분화하고 자기 조직화하면서 최초의 세포(수정란)와는 구별되는 나름대로의 형태적·기능적 특징들을 갖추어갔다.

이렇게 분화한 단위들은 나름대로의 주어진 기능에 특화해갔고 몸 전체의 일부이면서도 다소의 독립성을 유지하는 기능 단위가 되었다. 췌장 세포는 소화액과 인슐린과 같은 호르몬을 분비하고 소화관을 이루는 세포는 영양분을 흡수하는 등의 분업이 이루어진 것이다. 이렇게 상호 연관되면서도 상대적으로 독립된 단위를 모듈(Module)이라 부른다. 이 모듈이야말로 '스스로 그러한' 몸의 분류에서 가장 기본적인 단위이다. 이 관점에서 보면 우리 몸의 기능적·구조적 단위인 근육계, 골격계, 면역계, 소화계, 순환계, 신경계, 생식계 등이 모두 상호 협력하면서도 독자적 지향을 갖는 모듈들이다. 이 모듈들은 독립적 기능의 단위들이지만 궁극적으로는 유기체 전체의 생존과 번식에 기여한다.

뇌를 포함한 신경계도 이런 모듈 중 하나이고 역시 생존과 번식이라는 생물학적 지향을 가진다. 하지만 신경계에는 다른 모듈과는 구분되는 독특한 특징이 있다. 신경계는 자체 내에 유기체 전체(다른 모듈들)의 생리적 상태를 표상하는 기호를 내장하고 있으며, 끊임없이 신체 각 부위와 정보를 주고받으면서 주어진 환경에 적합한 새로운 상태를 만들어낸다. 신경계는 그 자체로 하나의 모듈이지만, 또한 다양한 생체 기능에 특화된 하위 모듈들로 나눌 수 있다. 운동을 담당하는 모듈이 있는가 하면 감각을 담당하는 모듈도 있고 감정을 일으키는 변연계라는 모듈이 있는가 하면 사물을 추상화해서 이해하는 이성의 모듈도 있다. 좀 더 단순화시켜 말하면 사물을 대상화하고 추상화하는 데 능한 왼쪽 뇌와 전체적 패턴의 파악과 즉각적 대처에 능한 오른쪽 뇌로 구분할 수도 있다.

이중에서도 사물을 대상화하고 객관화하여 보편적 진리를 추출하는 합리적 이성의 진화는 사물의 분류와 관련해서도 중요한 변화였다. 이전까지의 '스스로 그러함'이 아닌 이성에 의해 개념화된 '언제나 그러함'의 구도에 따른 분류가 시작된 것이다. 앞서 언급한 고대 서양의학의 4체액설이나 동아시아 전통 의학의 오행설이 바로 '언제나 그러함'의 분류 기준이다. 이 합리적 이성이야말로 찬란한 인류 문명의 초석이었다는 사실을 부인할 수는 없다. 하지만 이렇게 진화한 다양한 모듈 중 하나인 이성에 초월적이고 특권적인 지위를 부여함으로써 스스로 그러함에 대한 이해를 어렵게 만든 점 또한 인정해야 할 것이다.

진화와 역사는 이로움만의 축적 과정이 아니다. 얻는 게 있다면 잃는 것도 있는 게 생명이고 인생이며 역사다. 우리는 이성의 지배를 통해 일반화의 편리함을 얻은 대신 개별적 상황의 특수성에 대한 감수성을 잃게 되었다. 정신과 의사이고 신경 과학자이며 철학자이기도 한 맥길크리스트는 이러한 상황을, 깨달은 자가 전하는 가르침이 교조화하고 도구화하는 과정에 비유해 설명한다(McGilchrist, 2009). 이성은 훌륭한 도구지만 그것이 절대적 권력이 되는 순간 인간과 생명의 자유를 억압하고 있는 그대로의 자연을 왜곡한다는 것이다. 우리는 문명 이후 인간이 개발한 다양한 분류 체계에 대해서도 비슷한 이야기를 할 수 있다. 절대적으로 옳은 분류 체계는 없다.

그래도 순간순간 어떤 선택을 할 수밖에 없는 게 생명이고 인생이다. 진화생물학자 안드레아스 바그너는 이런 패러독스를 생명의 본질이라고 말한다. "우리가 선택한 진리들이 결국 잘못된 것으로 드러나고, 그래서 우리의 지식에 한계가 있음을 알면서도, 우리는 어떤 진리들을 선택할 수밖에 없다."(바그너, 2009: 21) 분류는 이런 불가피한 선택들이 축적되어 체계화된 것이다. 그렇다면 스스로 그러함이라는 선택 이전의 자연이 언제나 그러함이라는 선택 이후의 분류 체계와 어떻게 조화를 이룰지의 문제가 생긴다. 말하자면 자연에서 문화로의 이행 또는 그 둘 사이의 대립을 어떻게 이해할 것인가의 문제다. 먹을 수 있는 것과 독이 있는 것을 구분하던 분류법이 동물과 식물, 포유류와 파충류, 그리고 독특한 이름을 가진 종을 구분하는 분류법으로 변화해가는 과정을 상상하면 알기 쉽다.

전통적 이성 중심주의에 따르면 자연과 문화 사이의 연결 구조는 없으며, 자연 상태에서 벗어나 그것을 지배하는 것이 이성과 문화의 기능이다. 하지만 진화생물학과 인지과학은 이성과 문화, 도덕과 감정마저도 적응의 필요에 따라 진화한 것으로 설명한다. 이른바 자연과 문화의 공진화다. 과학사학자 마이클 셔머는 개체에서 가족과 공동체, 사회와 인간 종을 거쳐 생명계 전체로 확산하는 진화의 피라미드(Bio-Cultural Evolutionary Pyramid)를 제안하는데(Shermer, 2004), 그 중간에 자연과 문화가 뒤섞이는 전이의 영역이 있다. 이것은 명확한 구분선이 아니라 상호 이행의 영역이다. 우리는 자연적으로 진화한 본능과 함께 그것을 제어하려는 문화적 욕구를 가진다. 노벨 경제학상을 받은 인지심리학자 다니엘 카네만의 표현에 따르면 전자는 빠른 마음이고 후자는 느린 마음이다(Kahneman, 2011).

3. 분류의 후성 규칙

1) 필요충분조건

이렇게 새로이 진화한 이성, 문화 또는 느린 마음은 우리가 파악할 수 있는 스스로 그러함의 구조와 분류에도 큰 영향을 준다. 스스로 그러함을 규정하는 언제나 그러함의 힘인데 이를 후성 규칙이라 한다. 문명이 자연에 부여한 분류의 후성 규칙 중에서 가장 유명한 것이 아리스토텔레스의 범주와 린네의 생물분류법이다. 이들 분류법은 당시에 알려진 경험적 사실에 이성의 구성력이 결합한 것이고 따라서 대체로 상식에 부합한다. 하지만 분류의 대상을 사전에 정해진 범주에 할당(아리스토텔레스)하거나 계층적 구조로 된 분류의 체계(종-속-과-목-강-문-계)에 따라 이해(린네)해야 한다는 점에서 구획이 비교적 확실한 분류법이다. 어떤 사물이 특정 범주에 속하기 위해서는 그에 합당한 필요충분조건을 충족해야 하는 것이다. 이것은 범주에 관한 객관주의 입장이다.

2) 가족 유사성과 원형 이론

하지만 역설적이게도 '언제나 그러함'의 구도 또한 경험이 축적되고 그 경험을 이해하는 방식이 변화함에 따라 달라진다. 철학자 비트겐슈타인의 가족 유사성 개념이 그런 변화의 대표적 사례다. 어떤 단어의 의미는 항상 동일하지 않으며 그 말이 쓰이는 맥락이나 화자의 의도 등에 따라 얼마든지 달라질 수 있다는 점을 근거로 동일성이 아닌 유사성을 분류의 근거로 제시한 것이다. 그것도 공통적이거나 보편적인 유사성이 아니라 분명히 인식할 수는 있지만 명백한 구성 요소들로 나누어 제시하기도 어렵고 서로 엇갈리기도 하는 '가족 유사성'이다.

인간의 마음이 어떻게 범주를 만들어내는가에 대한 심리학 이론도 나왔다. 엘레노 로쉬가 제시하는 원형(prototype) 이론에 따르면 우리는 원형, 즉 특정 사물의 여러 종류 중에서 최적의 사례에 근거해 범주를 만들어낸다(라이트, 2010: 50). 두루미와 비둘기와 펭귄은 모두 새(조류)에 속하지만 이중에서 새의 원형을 꼽으라면 누구나 비둘기를 택할 것이다. 두루미는 일반적 새들에 비해 목이 길고 몸집이 크며 펭귄은 하늘을 날지도 못할 만큼 퇴화한 날개를 가졌지만, 비둘기는 우리가 일상적으로 경험하는 새라는 범주의 원형적이고 일반적인 속성을 두루 갖추었기 때문이다. 이 원형은 문화권이 다르더라도 일반적으로 통용되는 규칙이다. 동일한 경험의 구조를 가진다면 분류의 기준이 되는 범주 또한 크게 다를 수 없기 때문이다. 이 원형은 실재를 표상하기보다는 대표한다고 할 수 있고 불변의 객관적 본질보다는 주관적이지만 보편적인 경험에 충실하다.

3) 신체화와 은유

사물을 받아들이는 지각 작용만으로 범주가 구성되는 건 아니다. 지각이라는 경험적 원형을 토대로 복잡한 문화적 전달 과정을 거치면서 다양한 변종이 만들어지기도 한다. 그리고 그러한 변용에 결정적으로 기여하는 것이 우리의 인지구조다. 인지 언어학자 조지 레이코프는 지각을 중심으로 한 원형 이론을 더욱 확대해 경험에 토대를 두지만 또한 은유, 환유, 정신적 표상 등을 포함하는 인지 모형을 중심으로 분류의 문제를 풀어나간다. 여기서 중심이 되는 개념은 신체 활동과 은유다(Lakoff, 1987).

이 구도에 따르면 거의 모든 개념은 신체 활동과의 연관성 속에서 만들어진다. 우리가 대상을 인식한다는 건 신체감각이나 신체 활동과의 관련성 또는 더 원초적인 개념과의 유사성을 찾는 것이다. 우리는 누구나 사랑을 따뜻하다고 느끼는데 사랑의 행위는 거의 언제나 껴안거나 모닥불 주변을 양보해주는 등 따뜻함을 주는 행위를 동반했기 때문이다. 그러니까 사랑은 몸속에 새겨진 경험을 추상한 것이다. 이때의 경험은 개체의 것인 동시에 진화의 역사 속에 새겨진 인간 종의 것이기도 하다. 개념과 개념의 분류는 진화를 통해 몸속에 새겨진 삶의 체험에서 출발한다.

4) 목표 지향 분류법

 이 밖에 분류의 후성 규칙에는 주어진 상황에서 해결해야 할 문제 또는 달성해야 할 목표를 중심으로 사물을 분류하는 목표 지향 분류법(ad hoc category)이 있다(Barsalou, 1983: 211-227). 내가 한 권의 책을 써야 한다면 나는 그 목표를 중심으로 책이나 자료를 읽고 모으며 분류한다. 그 방식이 논문이나 칼럼을 쓸 때 또는 일반적 지식이나 교양을 얻기 위해 책을 읽을 때와는 다를 수밖에 없다. 이 규칙은 인터넷과 스마트 기기들이 널리 보급된 정보사회에 특히 유용하게 활용된다. 구글이나 네이버와 같은 포털 사이트는 말할 것도 없고 아마존과 같은 상업 사이트들은 사용자의 검색 히스토리를 분석해 그들의 취향과 소비성향을 정확하게 파악해서 관련 정보나 상품을 제시해준다. 스마트 기기 사용자의 검색 기록, 이동 경로, 소비 패턴까지 자동으로 분석한 다음 필요한 정보를 제시해주는 구글나우와 같은 서비스도 목표 지향 분류법을 활용한 사례일 것이다. 이들 정보들은 사용자의 구매 취향이나 이해관계 또는 관심 영역이라는 목표를 중심으로 분류되고, 사용자는 그런 목표 지향 분류를 통해 자신도 모르던 자신을 알아간다.

우리가 일상에서 무의식적으로 하게 되는 분류에 이중 어떤 규칙이 어떻게 적용되는지를 일일이 따져보는 것도 의미 있는 일이겠지만, 여기서는 몸의 분류라는 목적에 맞춰 신체화와 은유라는 규칙을 중심으로 살펴보려고 한다. 즉 어떤 사물을 인식하고 분류할 때 실제로 몸속에서 일어나는 변화와 그런 변화가 우리의 사유 범주와 은유적으로 결합하는 방식을 알아보려는 것이다.

4. 체화된 인지와 은유를 통한 분류

의학에 과학(생물학)이 도입된 이후 몸의 분류 방식이 변화해온 과정을 이해하려면 먼저 생물학 자체의 흐름을 살펴야 한다. 의학의 관점에서 생물학의 변곡점을 찾는다면 가장 먼저 16세기와 17세기에 일어난 해부학과 생리학 혁명이 떠오른다. 이후 생명은 애매모호한 목적과 의미를 벗고 몸의 구조(해부학)와 기능(생리학)의 총체로 파악되었다. 여기서 몸은 자동기계(automaton)다.

두 번째는 19세기 중반에 일어난 다윈의 진화 혁명인데 이것은 의학 자체에는 큰 영향을 미치지 못했지만 생명에 대한 유물론적 해석을 크게 강화하는 역할을 했다. 여기서 몸은 자연선택의 메커니즘에 따라 그 구조와 기능을 바꾸는 적응 기계다.

세 번째는 20세기 중반에 일어난 분자 혁명이다. DNA가 단백질을 만들고 그 단백질이 다양한 형질을 발현한다는 구도 속에는 톱니바퀴와 같은 부품들로 이루어진 기계의 작동 원리라는 은유가 들어 있다. 하지만 DNA에는 그것 자체가 생명의 설계도라는 특별한 의미가 부여되었다. 생명이라는 기계를 만드는 설계도가 발견된 셈이고 기계의 은유는 더욱 강화된다.

네 번째는 20세기 초중반에 시작되어 아직도 계속되고 있는 인지 혁명이다. 인지 혁명의 초기 버전은 뇌를 컴퓨터에 비유하는 것이었다. 뇌는 고도로 복잡한 계산을 통해 몸의 각 부분을 통제한다. 기계의 은유는 여전히 유지되지만 순전히 기계적 요소로 구성된 하드웨어와 그것을 통제하는 정보인 소프트웨어가 구분된다.

20세기 후반에 이르면 인지 혁명의 연장선상에 있으면서도 그것이 가지는 기계적 한계를 넘어서려는 다양한 이론적·경험적 연구가 진행되는데, 그 결과가 제2세대 인지과학으로도 불리는 체화된 인지(embodied cognition) 이론이다. 이 구도에 따르면 내가 무엇인가를 안다는 것은, 내가 경험해온 지각과 그에 따라 행했던 행위를 통해 그 대상의 여러 속성과 국면이 나와 맺었던 관계를 내 몸속에 신경망의 형태로 새겨 넣은 것이다. 마음은 초월적이거나 허령한 존재가 아니라 몸속에서 우러나오는 어떤 경향성이다. 여기서 몸은 더 이상 기계가 아니라 생태계에 묶여 있으면서도 그것의 변화에 참여하는 자연 속의 행위자가 된다. 허령한 마음이 기계인 몸을 지배하는 것이 아니다. 나는 몸과 마음이 하나로 묶인 끊임없이 변해 가는 패턴이다. 따라서 몸의 분류도 몸-마음의 자기 조직화에 따르는 스스로 그러한 결과여야 한다.

　이렇게 기계의 은유를 버린다면 어떻게 몸이 스스로를 조직하고 새로운 관계를 맺으며 분류하는 현상을 설명할 수 있을까? 이 물음에 제대로 답하기 위해서는 아직도 가야 할 길이 멀다. 서두에서 말했던 세포 안팎의 분자적 사건들에 대해서도 더 많이 알아야 한다. 단백질의 신호 전달 체계에 어떤 비밀이 담겨 있을 수도 있다. 하지만 1949년에 도날드 헵이 제안한 뉴런의 조직 원리는 몸의 분류에 중요한 통찰을 준다.

　함께 발화한 뉴런은 서로 연결된다(fire together wire together)는 헵의 규칙은 조건반사와 같은 현상을 기계적으로 설명하기도 하지만 신경망의 조직 원리가 될 수도 있기 때문이다. 나는 노릇노릇 익어가는 삼겹살의 모습과 거기서 나는 냄새를 느끼면 얼른 소주를 떠올린다. 그 장면이 발산하는 시각과 후각 자극이 있을 때마다 소주를 마셨던 상황이 뇌 속의 시각, 후각, 음주를 담당하는 뉴런들을 묶어주었기 때문이다. 이렇게 함께 발화한 경험을 가진 뉴런들이 하나의 범주를 구성한다. 이 예는 경험의 범주지만 개념의 경우도 마찬가지일 것이다. 인지 언어학자 조지 레이코프와 철학자 마크 존슨은 일상 언어들을 광범위하게 조사해 그 은유의 구조들을 밝히고 있다. 그들은 은유의 대부분이 신체 경험에 근거하고 있다고 한다. 분류의 관점에서 보면 신체 경험이 은유의 근원적 영역(특정 신경 네트워크로 표상된다)이고 이것과 동시에 주어진 경험(역시 신경 네트워크로 표상된다)이 함께 조직돼 사물과 개념 분류의 틀이 된다는 것이다(레이코프, 존슨, 2002).

　우리의 몸과 뇌는 주어진 환경의 문제를 풀기 위해 수많은 독립적 적응기제를 진화시켰는데 그 각각이 앞서 말한 모듈이다. 이 모듈은 적응의 범위를 넘어 확장되기도 한다. 인간의 성욕은 번식이라는 적응의 문제를 넘어 적응과 무관한 문화적 형질이 되었다. 이러한 모듈들은 의식에 떠오를 필요도 없다. 몸의 입장에서 의식은 비용이 많이 드는 사업이기 때문이다. 우리의 뇌는 이러한 모듈들이 한정된 생체 자원을 두고 경쟁하는 자연선택의 현장이다. 우리 조상들이 살았던 생존의 현장에서는 이렇게 상대적으로 독립된 사물 인지와 행동의 모듈이 분류의 기본 뼈대를 구성했을 것이다. 최초의 분류 기준은 '좋은'과 '나쁜'이었을 것이다. 여기서 좋고 나쁨의 기준은 생존과 번식에 유리 또는 불리함이다.

각각의 모듈이 다양한 적응의 문제를 풀어온 결과라면 그 모듈들 사이에 서로 상충되는 역할과 기능이 있을 수 있다. 더구나 문명이 발생하고 사회가 복잡해짐에 따라 생물학의 영역을 넘어서는 문화적 적응의 문제도 많이 생기게 되었다. 그래서 모듈들 사이의 이해관계를 조절해 생체 내에서 또는 사회 내에서 공존할 수 있도록 하는 적응이 진화했을 것이다. 이제 그런 생물-문화적 적응의 과정을 되짚으면서 그 과정에서 어떤 원리가 작동했고 그 결과 우리는 어떤 인지 구조를 가지게 되었는지 살펴보도록 한다.

신경계 내에서 모듈이 형성되는 과정은 '함께 발화한 뉴런은 함께 묶인다'는 헵의 규칙으로 설명된다. 특정 분류 기준에 해당하는 사물에 관한 감각과 정서적 경험 그리고 사회가 그것에 부여한 의미를 부호화하는 신경망은 동시에 발화할 것이고 결국 감각-정서-의미가 하나의 망으로 연결된다. 심리학자들의 연구에 따르면 미국인들은 백인보다는 흑인의 얼굴을 보여주었을 때 생리적으로 훨씬 더 긴장하는 경향이 있다고 한다. 각종 매체를 통해 흑인의 범죄를 많이 경험했기 때문일 것이다. 범죄와 피부색이 연결되고 다시 그것이 정서와 의미 반응으로 이어진 결과다.

이렇게 형성된 적응의 기제인 모듈들 상호 간에는 경쟁도 일어난다. 만약 내가 범죄자 대부분이 백인인 사회에 살다가 상황이 반대인 곳으로 이주했다면 백인과 범죄를 연결시켰던 과거의 모듈은 적응력을 잃게 되고 서서히 새로운 모듈로 대체될 것이다. 노벨상을 받은 신경 과학자 제럴드 에델만이 말하는 신경 다윈주의다. 헵의 규칙에 따라 형성된 모듈은 다윈의 규칙에 따라 선택된다.

모듈들은 상호 배타적으로 경쟁하고 선택되기도 하지만, 그것들이 동시에 활성화된다면 새로운 연결망을 만들면서 훨씬 더 넓은 의미의 모듈이 되기도 한다. 이렇게 확장된 모듈은 기본적으로 뉴런들의 연결망이지만 감각-생리-정서-의미로 그 범위를 확장해간다. 그리고 마침내 이런 하위 모듈들을 대상화해서 바라볼 수 있는 의식이 진화한다. 이것은 독립된 모듈들 간의 '관계'에서 떠오른 새로운 형질이다. 스타니슬라스 드엔은 의식이 뇌의 전역 정보(global information)라고 한다(핑커 외, 2011: 235). 의식이 발화하기 전에는 몇 부위가 동시에 활성화되는 모듈식 활동을 보이지만, 의식이 떠오르는 시점에서는 많은 영역이 동조하여 함께 작동하기 시작한다는 것이다. 이 시점부터는 독립적 모듈들의 수평적 정보와 전역 정보인 의식의 하향식 정보가 뒤섞인다. 엄밀한 과학적 사실(모듈이 부호화한 정보)과 애매한 인문적 가치와 의미(전역 정보)도 섞일 수밖에 없다. 그래서 분류의 기준도 복잡해진다.

다양한 모듈이 어떤 방식으로 관계를 만들면서 상위의 모듈로 이행하는지를 설명하는 규칙으로는 19세기에 윌리엄 휴얼(William Whewell)이 제안하고 에드워드 윌슨이 사회생물학에 도입한 컨실리언스(consilience) 개념을 활용할 수 있다. 본래의 뜻이 '함께 뛴다(jumping together)'인 이 말을 윌슨과 그의 제자인 최재천 교수는 생물학의 원리로 사회 문화 현상을 모두 설명한다는 통섭(統攝)의 의미로 썼다. 하지만 경험적 증거들이 점차 수렴해간다는 본래적 의미를 되살린다면, 뇌 신경계의 현상과 그것이 산출하거나 반영하는 생물학적 현상 그리고 그러한 모듈들 간의 복잡한 관계에서 창발하는 의미와 같은 문화적 현상을 설명하는 유용한 도구일 수 있다. 이 규칙은 함께 발화한 뉴런은 함께 묶인다는 헵의 법칙과도 유비적으로 연결되면서 생명현상과 문화 현상을 잇는 매개 고리가 된다. 뉴런은 헵의 규칙에 따라 연결되고 다윈의 법칙에 따라 선택되며 휴얼의 규칙에 따라 새로운 관계를 형성하면서 문화의 영역에 속하는 현상들을 떠오르게 한다. 그리고 문화 현상은 다시 생물 현상에 되먹여진다.

컨실리언스를 문화 영역에 적용하면 은유가 된다. 보살핌과 따뜻함은 아주 오랫동안 동시에 경험되었기 때문에(fire together wire together) 그 둘 사이의 은유적 관계(jumping together)가 만들어졌고 우리는 그것을 자연스러운 것으로 받아들인다. 그렇다면 컨실리언스는 헵의 규칙을 문화 영역에 확장한 은유의 법칙이라 할 수 있다. 뇌의 전역 정보인 의식도 결국은 이렇게 함께 활성화된 모듈들의 새로운 관계에서 떠오른 생물-문화적 현상이다. 의식은 하위 모듈들로부터 독립된 영혼이나 정신이 아니라 그것들과 진화적 과거를 공유하면서 물질적으로도 서로 얽혀 있는 신체화된 마음이다. 레이코프와 존슨이 은유를 체화된 인지의 기본 구도로 보는 이유도 여기에 있다. 의식(가치와 의미)은 몸속에 들어 있고 몸속에서 우러나오며 다시 몸속으로 들어간다. 몸의 분류는 이렇게 체화된 인지의 구조를 반영하며 또한 그 구조를 생성한다. 이제 인지의 대상인 동시에 주체이기도 한 몸의 분류 체계가 변화해온 과정을 통해 체화된 인지의 구조를 조금 더 자세히 살펴본다.

5. 몸의 은유

몸은 그것이 살아가는 시대의 가치를 듬뿍 담고 있는 문화의 그릇이다. 따라서 그 몸이 어떻게 표상되고 치장되는지를 보면 그 시대의 가치와 문화를 읽을 수 있다. 빌렌도르프의 비너스라 불리는 2만 2000년 전에 만들어진 여인의 조각상(〈그림 1〉)을 보면, 풍만한 가슴, 뚱뚱한 몸매, 굵은 허리가 특징이다. 이목구비가 없는 머리와 생식기가 유난히 강조된 모습도 특이하다. 남녀를 불문하고 얼굴이 없고 생식기가 강조된 모습은 선사시대 동굴벽화에 흔히 등장하는 특징이다. 얼굴이 없다는 사실로부터는 개인의 정체성에 대한 관념이 희박했을 거라고, 생식기를 강조

〈그림 1〉 빌렌도르프의 비너스

〈그림 2〉 선사시대 동굴 벽에 그려진 몸의 모습

했다는 사실로부터는 그들이 이루고 살았을 집단의 유지와 번성을 위한 몸의 기능과 욕망에 중요한 가치를 부여했을 거라고 짐작할 수 있다. 몸을 다른 무엇에 비유하는 틀은 발견되지 않는다.

고대 문명이 시작된 이후로는 4원소와 5행과 같은 자연철학의 구도에 몸을 대응시키는 분류법이 대세가 되었고, 중세 유럽에서는 몸의 부위를 별자리에 대응시키는 점성술적 해부학(〈그림 3〉)이 유행하기도 했다. 이후 해부학이 발달하고 '보이는 대로의' 몸을 그리기 시작했지만 신체 장기를 표상하는 경우에 그 기능을 표현하기 위한 은유가 적극적으로 활용되었다. 예컨대 방광을 그린 해부도에는 배경이 되는 벽면에 물이 흐르는 도랑을 그려 비뇨기의 기능을 은유적으로 표현했고(〈그림 4〉), 아이가 들어 있는 자궁을 열매를 맺은 꽃처럼 그리기도 했다(〈그림 5〉). 16세기에 베살리우스가 출판한

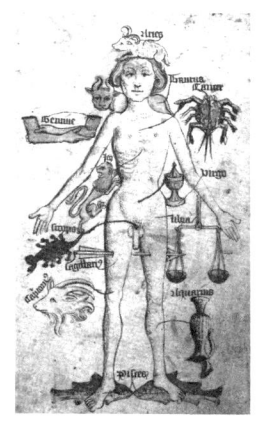  

〈그림 3〉 별자리와 인체의 은유   〈그림 4〉 방광과 도랑의 은유   〈그림 5〉 자궁과 꽃의 은유

해부도는 보이는 대로의 몸을 정확히 묘사한 것으로 유명하다. 하지만 살아 있는 사람을 투시한 듯 뼈만 남은 사람이 절벽 끝에 서서 생각에 잠긴 모습(〈그림 6〉)도 있고 피부가 모두 벗겨진 사람이 힘 있게 움직이는 모습(〈그림 7〉)도 있다. 해골과 근육에 담긴 '의미'를 버리지 않고 예술적으로 표현한 것이다. 몸은 아직 사람과 분리되지 않았고 사람의 가치가 몸에 투사되어 있다.

동아시아 전통 의학에서 몸은 기(氣)와 혈(血)이 흐르는 수로로 표상된다(〈그림 8〉). 그래서 이것을 물길의 관리가 무척 중요했던 고대 농업 사회의 가치가 그대로 몸에 투사된 것으로 보기도 한다. 심(心)과 간(肝)을 각각 임금과 장군에 비유하는 등 신체 기관을 국가를 관리하는 벼슬에 비유하는 경우도 많다. 여기서 몸은 다스림과 관리의 대상인 나라이고 국토다. 고대로부터 정치와 의학은 이렇게

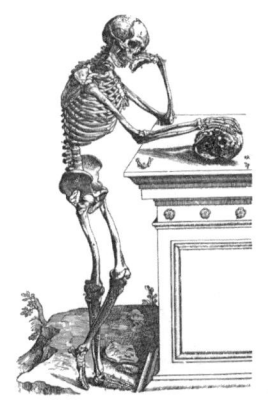  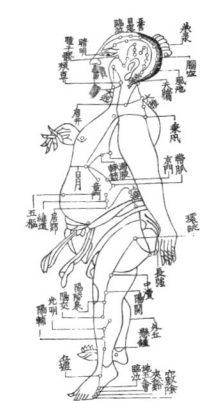

〈그림 6〉 생각하는 해골   〈그림 7〉 근육도   〈그림 8〉 인체 경락도 수로의 은유

은유의 구조로 긴밀하게 연결되어 있었던 것이다.

　불교 국가인 티베트의 의학은 종교와 분리될 수 없는 불교 의학이다. 여기서 심장은 임금이 아닌 부처다(〈그림 9〉). 거의 모든 의학 개념이 여러 개의 벽걸이 그림으로 표현되는데 여기에 티베트 사람들이 살아온 역사와 앓아온 질병의 이야기가 가득 담겨 있다. 이 중 건강과 질병의 개념을 담은 그림은 커다란 나무 모양이다(〈그림 10〉). 건강과 질병은 같은 뿌리에서 나온 두 줄기로, 인체의 각 부위와 체액은 잎으로 상징된다. 이 나뭇잎들에는 사람들의 다양한 일상이 그려져 있다. 사람들의 생로병사와 거대한 나무가 은유의 구조로 연결되어 있는 것이다.

　근대 이후의 서양의학에서 몸은 기계고 전쟁터며 시장이다. 병은 고장 난 몸이다. 그래서 병이 나면 그 몸을 '고치러' 병원에 간

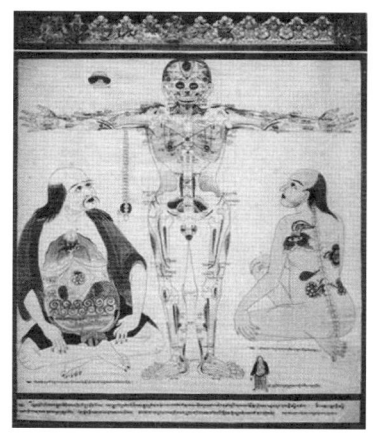 

〈그림 9〉 티베트 의학의 해부도 부처의 은유   〈그림 10〉 티베트 의학의 건강과 질병 나무의 은유

다. 병원에서는 병을 일으킨 나쁜 균들과 싸워 이길 무기를 내 몸속에 투입한다. 건강은 전쟁에서의 승리다. 그 전쟁에서 이기기 위해 우리는 평소에 각종 무기를 갖추고 있어야 한다. 그래서 내 몸은 그 무기들이 소비되는 시장이기도 하다.

기계의 은유는 대체로 데카르트와 뉴턴에 의해 심신 이원론과 기계적 우주론이 확립된 17세기 이후에 형성되었다. 이후 기계의 원형이 시계에서 컴퓨터로 바뀌기는 했지만 여전히 몸을 설계된 대로 제작된 기계로 여기는 은유의 무의식은 달라지지 않았다. 이 은유는 그대로 유전자를 기계인 몸의 설계도로 여기는 태도로 이어졌다.

몸의 전쟁터 은유는 장미 가시에 찔린 불가사리 유충을 관찰하던 중 가시 주위로 면역 세포들이 모여들어 이물질을 공격하는 모

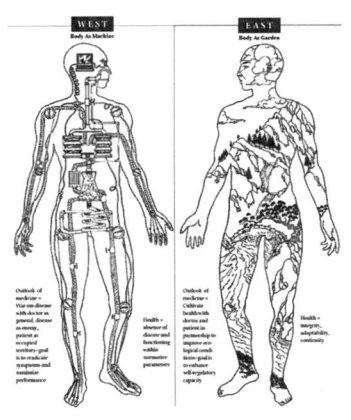

〈그림 11〉 기계 또는 정원으로서의 몸
http://meridianflowacupuncture.
blogspot.kr/2011/01/body-as-ma-
chine-vs-garden.html

습을 본 최초의 면역학자 메치니코프가 그 원조라고 할 수 있다(Cohen, 2009). 이후 면역 세포는 나에 속하지 않는 것으로부터 나에 속하는 것을 지키는 방위 군인으로 형상화되었다. 이후 몸은 자기와 비자기가 목숨을 걸고 싸우는 전쟁터다.

몸의 시장 은유는 표준화된 기술로 생산된 의약품이 대량으로 생산되고 소비되기 시작한 20세기 이후에 나타났다. 몸이 시장이 되면서 우리는 질병을 치료하기 위해 의약품을 소비하기도 하지만 때로는 의약품을 소비하기 위해 질병을 앓는 전도된 상황을 만나기도 한다.

6. 대안적 몸 은유와 분류

지금 과학에 뿌리를 둔 서양의학은 전 세계의 보편 의학이 되어가고 있다. 이에 따라 우리는 무의식적으로 그 의학이 전제하고 있는 은유의 구조(기계-전쟁터-시장)에 따라 몸을 알고, 살며 느낀다. 하지만 위에서 살핀 대로 그것이 몸을 알고 사는 유일한 길일 수는 없다. 근대 이전 또는 비서구권의 몸 은유를 '틀렸다'고 말할 수 있는 유일한 근거는 근대 서양 과학의 세계관과 그에 따른 진리 주장이다. 하지만 과학적 의학 역시 특정한 은유 구조에 뿌리를 둔 하나의 지식 체계라는 사실을 인정한다면 그런 진리 주장은 설득력을 잃는다. 생명을 파악하는 가장 근본적인 원리가 패러독스임을 간파한 생물학자 안드레아스 바그너의 말처럼, 우리는 진리와 지식을 함께 가질 수 없는지도 모른다(바그너, 2009: 320). 여기서 진리가 몸에 관해 알고 그것을 움직여 무언가를 하며 살아가는 생명 그 자체의 총체적 느낌(강신익, 2007)이라면, 지식은 어떤 은유 구조에 따라 이해해온 몸에 관한 특정한 앎의 체계다. 그리고 우리가 살아간다는 건 특정 은유 구조를 선택하는 것과 다르지 않다.

따라서 은유의 구조를 바꾸면 예전에는 감춰져 있던 진실의 새로운 국면이 드러난다. 이제 21세기의 새로운 몸 은유를 제안하면서 이 글을 마무리하려 한다. 몸은 사전에 설계된 기계이기보다는 스스로 가꾸어야 할 정원이고, 나와 세상이 싸우는 전쟁터가 아니라 몸인 내가 세상과 마주하는 창(窓)이며, 의약품이 소비되는 시장이 아닌 스스로의 생애와 역사의 이야기를 써내려가는 전기 작가 또는 이야기꾼이다. 이 은유 중 하나는 옛사람들의 지혜를 빌려 온 것이고 나머지는 세상의 진리를 꿰뚫어보는 예술가들의 통찰에서 온 것이다. 이렇게 다른 은유를 사용하면 그 몸에 담을 내용물과 그것들을 분류하는 틀도 달라진다.

몸이 기계라면 뭔가 문제가 생겼을 때 원인이 될 부품을 고치거나 바꿔야 하지만, 정원으로 보면 거기서 자라는 동식물의 생태적 지위를 생각하게 된다. 몸이 기계일 때는 그것을 장기-조직-세포-분자의 위계적 질서로 파악하게 된다. 작은 톱니바퀴가 모여 중간 수준의 기능을 발휘하고 이 중간 수준의 구조가 상위 기능을 결정하는 식이다. 문제가 생겼을 때 구성 요소를 바꾸거나 고치는 것 외에 다른 해결 방법은 없다. 한때 면역학에서는 항원과 항체를 열쇠와 자물쇠의 관계로 파악했는데 이것이야말로 몸-기계 은유가 실제 과학에 적용된 대표적 사례다.

하지만 현대 면역학에서는 더 이상 열쇠-자물쇠 은유가 통용되지 않는다. 면역을 담당하는 세포와 물질들의 관계는 기계장치로 환원해서 설명할 수 있을 만큼 간단하지 않기 때문이다. 여러 가지 다양한 이론과 은유가 제시되었고 그중에서 가장 그럴듯한 것이 정원의 은유다(Cohen, 2005). 몸은 정원이며 면역계는 이 정원이 생태적 균형을 찾아가도록 돕는 정원사다. 정원의 은유는 나와 나 아닌 것을 구별 짓거나 나 아닌 것을 공격하여 물리치는 면역의 전투적 이미지를 상호 양보와 협력을 통해 생태적 균형을 찾아가는 평화적 이미지로 바꿀 수 있게 한다.

몸은 나 자신이기도 하지만 선택적으로 바깥세상을 내 속으로 끌어들이는 나와 세상 사이의 창문이기도 하다. 이 은유는 선택적 투과막인 세포막의 이미지와도 잘 부합한다. 세포막이 물질의 이동을 조절하는 여러 채널을 가지고 있으면서 필요에 따라 열고 닫아 생체 기능을 유지하듯이 우리 몸도 외부 세계와 선택적으로 교류한다. 그래서 정체성을 잃지 않으면서도 외부로 열려 있을 수 있는 것이다. 몸과 세상을 열고 닫는 창문의 은유는 소화, 호흡, 피부, 신경, 면역 등 여러 생체 기능에 적용할 수 있다.

최근의 신경 과학 연구에 따르면, 우리의 뇌는 외부의 자극을 있는 그대로 받아들여 그 표상을 처리만 하는 것이 아니라, 이미 내

속에 들어와 있는 세상과 나 자신의 이미지에 맞춰 주어진 상황에 대처하는 데 필요한 물질적 상태와 의미를 만들어내는 능동적 기관이다. 똑같은 구도가 면역계에도 적용된다. 이 새로운 구도에 따르면 면역계는 나 자신과 세계의 관계에 관한 정보를 면역 세포와 물질들 사이에 형성된 관계망의 형태로 내 안에 가지고 있다. 어떤 행동을 하고 있는 사람을 바라보기만 해도 그 사람이 활성화한 것과 같은 신경망이 내 뇌에서도 활성화된다는 거울 뉴런(mirror neuron)의 발견, 뇌는 나의 몸뿐만이 아니라 나의 활동 반경에 있는 환경에 관한 정보도 함께 부호화한다는 개인 주위 공간(peri-personal space) 등도 몸과 외부 환경이 만나는 창문의 이미지와 부합한다.

마지막으로 몸은 스스로의 이야기를 자기 자신 속에 새겨 넣는 전기 작가 또는 이야기꾼이다. 에셔의 유명한 작품 〈그림 그리는 손〉의 이미지가 이 은유를 가장 잘 표현한다. 몸은 스스로의 경험을 자신 속에 기록하고 그렇게 끊임없이 달라지는 몸으로 살아간다. 따라서 어떤 특정 시공간의 단면으로는 몸 전체를 파악할 수 없고 경험의 구조 전체를 살펴야 비로소 진실에 가까이 다가갈 수 있다. 이런 변화는 이미 최근에 일부 의학자들이 도입하고 있는 생애 경로 의학(life course medicine)이나 서사 의학(narrative medicine)에서 실현되고 있다. 생물 의학(biomedicine)이 생애 특정 시기와 장소에서의 평균적인 생리 기능을 중심으로 질병과 건강을 판단한다면 생애 경로 의학은 환자 개인의 생애 전체를 판단의 근거로 삼는다. 어떤 아이가 소아 당뇨로 고생한다면 생물 의학은 지금의 혈당치와 인슐린에 모든 관심을 쏟지만 생애 경로 의학은 그 아이가 태아였을 때 엄마의 생활 습관과 영양 상태 등 생물학적 역사 전체를 파악하려고 한다. 서사 의학에서는 여기에 환자 자신이 그런 질병 경험에 부여하는 의미와 이야기의 구조가 더해진다.

지금까지 주류 의학을 지배하고 있는 몸 은유가 지향하는 가치는 효율(기계)-승리(전쟁)-돈(시장)이다. 이중 어느 것도 스스로 그러함에 속하지 않는다. 지금 의료 현장에서 나타나고 있는 삶의 의료화, 의료 서비스의 상업화와 지나친 전문화, 장기와 난자 매매에서 드러난 것과 같은 몸의 도구화 등의 문제는 일정하게 이런 은유 구조와 연결되어 있다. 몸을 오랫동안 가꾸어가야 할 정원이나 세상으로 열린 창, 그리고 세상과 만났던 경험을 기록하면서 스스로 변해가는 이야기꾼으로 생각한다면 이런 문제는 생기지 않았을지도 모른다.

물론 우리가 그런 은유 구조를 선택했던 데에는 상당한 이유와 명분, 심지어는 불가피성이 있었다. 그 덕택에 우리는 지금 전대미문의 건강과 행복을 구가하고 있다고 할 수도 있다. 그러나 바그너의 말처럼 우리가 진리와 지식을 함께 가질 수는 없지만 그럼에도 항상 어떤 지식을 선택해야만 한다면, 그 선택은 과거가 아닌 미래 지향적인 것이 되어야 할 것이다. 여기에 제시한 새로운 은유의 구조는 철학적으로 충분히 검토된 것도 아니고 경험적 증거가 충분하지도 않은 설익은 아이디어에 불과하다. 하지만 젊은 과학자들로 하여금 아직까지는 묻지 않았던 새로운 종류의 질문을 던지게 할 수는 있다. 이런 질문을 던지면서 우리는 환원적 과학이 탐구의 대상에서 제외했던 인문적 가치와 의미를 과학 연구에 다시 도입하는 모험을 시작할 수 있게 된다.

과학과 인문학이 함께 뛰되(consilience: jumping together) 딱딱한 바

닥에서 따로따로 높이뛰기 경쟁을 하는 스카이 콩콩 같은 함께 뛰기가 아닌 움직이는 공동의 바닥에서 상대방의 영향을 듬뿍 받으며 리듬에 맞춰 뛰어오르는 트램펄린이나 널뛰기와 같은 함께 뛰기가 필요한 때가 아닌가 싶다.

참고 문헌

강신익, 2007, 『몸의 역사, 몸의 문화』, 휴머니스트.
김동식, 2002, 『프래그머티즘』, 아카넷.
다마지오, 안토니오, 2007, 『스피노자의 뇌: 기쁨, 슬픔, 느낌의 뇌과학』, 임지원 옮김, 사이언스북스.
라이트, 알렉스, 2010, 『분류의 역사』, 김익현, 김지연 옮김, 디지털미디어리서치.
레러, 조나, 2007, 『프루스트는 신경 과학자였다』, 최애리, 안시연 옮김, 지호.
레이코프, 조지, 마크 존슨, 2002, 『몸의 철학: 신체화된 마음의 서구 사상에 대한 도전』, 임지룡, 윤희수, 노양진, 나익주 옮김, 박이정.
바그너, 안드레아스, 2009, 『생명을 읽는 코드, 패러독스』, 김상우 옮김, 와이즈북.
존슨, 마크, 2008, 『도덕적 상상력』, 노양진 옮김, 서광사.
핑커, 스티븐 외, 2011, 『마음의 과학』, 존 부록만 엮음, 이한음 옮김, 와이즈베리.
후베르트, 마르틴, 2006, 『의식의 재발견』, 원석영 옮김, 프로네시스.
Barsalou, L. W., 1983, "Ad hoc Categories," *Memory and Cognition*, pp. 211-227.
Cohen, E., 2009, *A Body Worth Defending: Immunity, Biopolitics, and the Apotheosis of the Modern Body*, Duke University Press.
Cohen, I., 2005, *Tending Adam's Garden: Evolving the Cognitive Immune Self*, Elsevier.
Kahneman, D., 2011, *Thinking Fast and Slow*, Penguin Books.
Lakoff, G., 1987, *Women, Fire and Dangerous Things: What Categories Reveal about the*

Mind, University of Chicago Press.

McGilchrist, I., 2009, *The Master and His Emissary: The Divided Brain and the Making of the Modern World*, Yale University Press.

Shermer, M., 2004, *The Science of Good and Evil: Why People Cheat, Gossip, Care, Share, and Follow the Golden Rule*, Henry Holt and Company.

분류의 다양성과 원리
지식의 탄생을 중심으로[1]

이정우 · 심경호 · 이상욱

1. 머리말

언어란 인간에게 신체만큼이나 근본적이다. 인간에게 '산다'는 것은 언어를 가지고서 사는 것이다. 언어는 우리의 눈에 덮인 보이지 않는 그물과도 같다. 무엇인가를 본다는 것은 언어를 투영해서 본다는 것이다. 의식적으로 떠올리든 떠올리지 않든 '나무'라는 말

---

[1] 이 글은 『과학철학』 제17권 제3호(2014. 11.)에 수록된 바 있다. 이 글은 각각 유럽 철학, 한문학, 영미 철학의 지적 배경을 가진 세 연구자의 공동 연구를 통해 얻어졌다. 낯선 형태의 논문을 긍정적으로 검토해주시고 좋은 제안을 해주신 심사위원께 감사드린다. 서로 다른 학문적 스타일을 조정하며 공통된 주제로 논의를 모으는 일은 쉽지 않았지만 공동 연구자들은 그 어려움에 상응하는 지적 즐거움을 얻을 수 있었다. 보다 구체적으로 이상욱은 2절을, 이정우는 3절을, 심경호는 4절의 초고를 집필했다. 최종 원고는 세 저자 모두의 공동 검토를 통해 완성되었다.

을 완전히 배제하고 나무를 보기는 힘들다. 다른 기관들의 경우도 마찬가지이다. 우리의 감각과 정신이 사물들과 만날 때면 언제나 그 사이에서 언어라는 보이지 않는 막이 매개된다. 그물/막이 격자로 되어 있듯이, 인간의 언어 또한 격자로 되어 있다. 언어의 체계는 대개는 집합론적으로 짜여 있다. 한자에서의 부수의 존재는 이 점을 시각적으로 잘 보여준다. 언어의 이런 집합론적 체계는 '분류'라는 행위를 통해서 성립한다. 우리가 언어를 매개해서 사물을 본다는 것은 곧 언어에 이미 장착되어 있는 분류 체계를 매개해서 본다는 것을 뜻한다. 의식적으로 떠올리든 떠올리지 않든 "나무는 식물에 속한다"는 분류 체계를 떠나서 나무를 보기는 쉽지 않다.

 이런 분류 체계는 우리 삶에 안정을 주기도 하지만 또한 고착화를 가져오기도 한다. 분류 체계를 수시로 수립해야 한다면 몹시 번거로운 일일 것이다. 반면 고착화된 분류 체계를 따르는 삶은 늘 석화(石化)될 위험에 처한다. 이 점에서 분류의 문제는 습관의 문제와 직결되기도 한다. 질서와 안정을 요하는 분야일수록 분류 체계의 지속을 지향하고, 그 반대의 성격을 띠는 분야일수록 분류 체계를 뒤흔들고자 한다. 학번, 군번 등등의 '-번'이나 주민번호, 주소 등등이 전자의 예라면, "수술대 위의 우산과 재봉틀"(로트레아몽)은 후자의 예라고 하겠다. 전자의 경우 '낯선 것'을 기피하며 그런 것이 나타난다 해도 기존의 틀에 흡수하기를 원하지만, 후자의 경우 적극적으로 낯선 것 — 기존의 사유를 흔드는 비-사유(non-thought) — 을 찾아 나선다. 퍼스의 용어로 전자는 토큰을 타입으로 흡수하기를 원하지만, 후자는 토큰을 통해 타입을 바꾸기를 원한다.[2] 들뢰즈와 가타리의 용어로 전자는 포획을 지향하며, 후자는 탈주를 지향한다. 물론 늘 그렇듯이 현실적으로 존재하는 상황들은 순수 포획과 순수 탈주가 아니라 양자의 복잡한 섞임이다. 미셸 푸코는 『말과 사물』의 서문에서 보르헤스가 인용한 "중국의 어떤 백과사전"을 보았을 때 터뜨렸던 웃음을 통해서 이 문제와 조우하게 되었음을 말한다.[3]

누군가가 백과사전을 (1) 서울에 있는 것, (2) 이빨이 상한 해마, (3) 도라에몽, (4) 내 여자친구, (5) … 식으로 짠다면, 대부분의 사람들은 어리둥절할 것이다. 그러나 이 항목들 하나하나가 문제가 있는 것은 아니다. (1)은 다소 모호하게 느껴지고, (2)는 확인할 방법이 묘연할 뿐만 아니라 '상한'의 외연을 가늠하기도 어렵고, (3)은 만화영화의 상상적인 주인공이고, (4)는 백과사전에 등록될 성격이 아닌 사적인 내용이라는 점은 사실이다. 하지만 항목들 하나하나는 그 나름으로 규정 가능하고 이해 가능하다. 여기에서 정말 이해하기가 어려운 것은 바로 (1), (2), (3), (4), (5) …라는 열거, 더 정확히는 이 숫자들(또는 a, b, c, d, e … 같은 알파벳들 등등)의 순서이며, 이 숫자들 사이의 공간, 그 연결 고리의 논리이며, 궁극적으로는 이 항목들이 놓여 있는 공통의 장소, '면(plan)' 자체이다.

인류 역사를 수놓은 각각의 문명은 나름대로의 정합성을 띤 각

---

[2] 우리의 맥락에서는 퍼스의 규정보다는 인지과학적 규정이 더 도움이 된다. 군지 페기오-유키오의 논의가 기본적이다. 군지(2013) 참조.
[3] "사물들의 무질서한 요동을 완화해주는 정돈된 표면과 평면을 모조리 흩어뜨리고 우리의 매우 오래된 관행인 동일자와 타자(the same and the other)의 원리에 불안정성과 불확실성을 오래도록 불러일으키고 급기야는 사유, 우리의 사유, 즉 우리의 시대와 우리의 지리가 각인되어 있는 사유의 친숙성을 깡그리 뒤흔들어놓은 웃음…."

각의 '면'을 구성함으로써 존립할 수 있었다. 독이 있는 식물과 없는 식물의 분류에서 예를 볼 수 있듯이, 분류는 오직 지적인 맥락에서의 추구만이 아니라 생존의 문제이기도 했기 때문이다. 예컨대 동북아의 본초학은 신농(神農) 같은 성인이 죽을 지경에 이르기까지의 실험(자신의 몸으로 행한 실험)을 거쳐서 성립할 수 있었다. 역으로 말해 우리는 상이한 분류 체계에서 상이한 삶의 양식을 읽어낼 수도 있다. 생존을 위해 설색(雪色)의 미묘한 차이들을 구별해낼 필요가 있는 극지방의 사람들과 날씨 변화를 알려주는 바람의 여러 '종류'를 구별해낼 필요가 있는 열대지방 사람들이 서로 다른 분류 체계를 발전시켜온 것은 이런 맥락에서 이해할 수 있다. 이런 다양한 '면'들 사이에 존재하는 '공약 불가능성(incommensurability)'은 각 문화가 전제하는 '존재론적 분절'의 다양성과 그것들 사이의 소통의 어려움 드러낸다. 영어의 'uncle'이 한국 친족 체계에서의 '아저씨'와 정확히 일치하지 않는 점에서 잘 나타나듯이, 존재론적 분절들 사이의 공약 가능성을 찾는 것은 쉬운 일이 아니다.

그러나 이런 다양성 때문에 분류란 임의적인 것일 뿐이라는 단적인 결론을 내릴 필요는 없다. 하나의 분류 체계가 성립하려면, 거기에는 명시적이든 암묵적이든 반드시 일관성/정합성이 있어야 하기 때문이다. 분류가 일정한 원리에 입각해 이루어져왔다는 사실은 분류와 지식의 탄생 사이의 본질적 연관성을 부각시킨다. 분류 과정이 어떤 특정한 원칙과 때로는 특정한 목적에 의해 수행되어왔다면, 그러한 원칙을 중심으로 세계를 이해하려는 지적 노력과 불가분의 관계를 가질 수밖에 없다. 그런 이유로 독성이 있는 식물과 그렇지 않은 식물을 분류하려는 노력은 지구상의 식물을 인간에게 이로운지의 여부로 분류하려는 시도이며, 그 과정에서 당연히 '식물'을 어떻게 정의할 것인지, '해롭다'는 것은 무엇인지, '독'은 어떻게 규정될 수 있는지 등에 대한 체계적이고 정합적인 서술이 동반되어야 한다. 이 모두는 당연히 식물학의 지식이 탄생되는 과정과 다름이 없다. 이렇게 존재론적 재분절화(ontological re-articulation)의 과정은 하나의 지식이 탄생되는 과정이기도 하다.

  우리는 이 글에서 한편으로 동서양의 사유에서 실제 이루어진 분류의 '다양성' 자체에 주목할 것이며, 그렇게 함으로서 분류 체계가 얼마나 다양한지를 보여줄 것이다. 다른 한편 우리는 그러한 분류 작업들에 내재한 각 '원리'를 추출해내고 그러한 원리가 특정한 종류의 지식의 탄생과 관련이 깊다는 점을 보일 것이다. 우선 2절에서는 서양 자연과학에서의 분류가 어떻게 이해되어왔고 새로운 지식의 탄생과 어떤 관련이 있는가를 해명한다. 그후 3절에서는 서양 인간과학이 대상들을 어떻게 분류했으며, 그러한 분류에서의 큰 전환이 어떻게 새로운 인간과학을 도래케 했는가를 해명한다. 마지막 4절에서는 조선 시대에 이루어진 새로운 서지 분류의 시도가 어떤 담론사적 결과를 가져왔는가를 다룬다. 이렇게 여러 지역, 여러 분야에서 이루어진 분류의 작업이 얼마나 다양한 원리에 입각해 이루어졌는지, 그리고 새로운 분류(존재론적 재-분절)의 원리가 새로운 지식의 탄생에 대해 어떤 의미를 가지는가가 이 글을 통해 해명될 것이다.

2. 서양 자연과학에서의 분류와 지식

서양 자연과학의 분류 체계와 지식이란 누구에게도 다루기 쉽지 않은 주제이다. 단순히 이 주제가 방대한 내용을 담고 있기 때문만은 아니다. 그보다 더 어려운 점은 우리가 보기에 '서양 자연과학의 분류 체계'나 '서양 자연과학의 지식'이라는 단일한 개념으로 묶일 수 있는 실체 자체가 존재하지 않기 때문이다.[4] 물론 어떤 주제를 잡더라도 당연히 세부적으로 고찰해 들어가면 처음에는 보이지 않던 미세한 차이점들이 드러나기 마련이다. 하지만 우리가 말하려는 바는 이처럼 거시적 관점에서는 동질적으로 취급할 수 있는 집단조차 좀 더 자세히 살펴보면 필연적으로 발견할 수밖에 없는 집단 내 변이에 관한 것이 아니다. 그보다는 '서양 자연과학'이라는 범주 자체의 문제점과 그것이 '분류'와 '지식'이라는 주제에 대해 갖는 중대한 함의를 부각시키고자 하는 것이다. 과학의 역사에서 서로 다른 시기의 연구 활동을 하나의 범주로 묶는 것의 난점과 설사 특정 시기를 택하더라도 서로 다른 분류 체계를 활용하여 자연에 대한 지식을 생산하는 연구 분야들 사이의 복잡한 관계가 그 함의의 핵심이다.

이 함의가 무엇인지 해명하기에 앞서 무엇이 아닌지를 우선 분명하게 밝힐 필요가 있다. 서로 다른 시기의 자연과학 혹은 보다 정

---

[4] 이 점을 생생하고 구체적 사례를 통해 잘 보여주는 연구로 Daston and Park(1998)이 있다. 이 책에서 다루는 각종 진기한 대상과 그것의 질서는 4절의 논의와도 긴밀하게 연결된다. 서양 자연과학에서의 분류의 문제를 역사적 존재론의 시각에서 고찰한 Hacking(2004)도 유용하다.

확하게는 현재 우리가 자연과학이라고 부르는 것에 해당되는 당시의 학술 연구 분야 사이에는 분명 상당한 공통점이 있다. 그러므로 우리의 주장은 서로 다른 시기의 자연에 대한 연구 사이에 어떠한 공통점도 없다거나 한 연구 틀에 익숙한 사람은 다른 연구 틀을 결코 이해할 수 없다는 것이 아니다. '자연'을 이해하기 위해 다양한 개념과 이론 틀을 활용하여 분석하고 설명하고 예측하고, 가능하다면 통제하려는 노력은 서양의 자연철학(19세기 이전까지의 자연과학의 명칭)의 역사에서 전반적으로 발견된다. 이런 자연에 대한 탐구가 구체적으로 어떻게 이루어졌는지, 즉 어떤 '분류 체계'를 활용하여 어떤 '지식'을 산출했는지를 알아내는 일은 비록 쉽지 않은 일이긴 하지만 현대 과학의 관점만 고집하지 않는 '열린 마음'을 가진 학자라면 충분히 해낼 수 있는 작업이다.[5]

그러나 각 과학들 사이에 간단히 메우기 힘든 간극이 존재하는 것도 분명한 사실이다. 토마스 쿤의 개념을 사용하여 설명하자면, 자연에 대한 탐구의 역사에는 수많은 패러다임이 활용되었는데, 이 패러다임은 서로 많은 부분이 중첩되었고 당대 자연철학자(과학자)들에 의해 합리적으로 비교되고 평가되었다. 한편 각각의 패러다임은 나름의 독특한 분류 체계(taxonomy)와 정당한 질문을 규정하는 느슨한 규칙을 갖고 있었기에 공통된 언어로 직접 번역 가능하지 않다는 의미에서 대개는 부분적으로 '공약 불가능'했다. 결국 서양 자연과학의 역사에서는 서로 공약 불가능한(하지만 이해 가능하고 비교 가능한) 분류 체계와 관련 지식 내용이 등장했기에,

---

[5] 이 작업이 정확히 쿤의 후기 철학이 집중하는 부분이다. Kuhn(2000) 참조.

이를 한꺼번에 묶어 '서양 자연과학'이라 지칭하기 어렵다. 특히 보다 오래된 시기의 자연철학일수록 인간이나 도덕에 대한 철학적 탐색과의 연관성이 너무도 분명해서, 현재 우리에게 익숙한 의미, 즉 대충 19세기부터 고정된 의미에서 인문학이나 사회과학과 구별되는 '자연과학'의 분류 체계와 지식을 논하기 어렵다.

예를 들어 갈릴레오의 책은 당시 이탈리아어의 정수를 보여주는 것으로 평가되는데 이는 갈릴레오가 과학 연구만이 아니라 글'도' 잘 썼던 것이 아니라 당시 자연철학이 수사학이나 정치철학과 밀접한 관련을 맺고 있었음을 보여주는 것이다(이상욱, 2014). 이와 마찬가지로 뉴턴의 우주론은 후대 특히 계몽사상가들에 의해 널리 알려진 방식에 입각할 때 '기계적'이기는커녕 신의 개입이 늘 기대되는 신학적 바탕을 갖고 있었는데, 이는 그가 금속의 변화와 식물의 성장을 (유비가 아니라) 진정으로 동일한 과정으로 생각한 것처럼 그의 자연철학의 통합적 성격을 보여준다(Westfall, 1983).

이런 점을 고려하여 우리는 이후의 논의를 '현대' 자연과학의 분류 체계와 지식으로 한정하겠다. 논의 내용 중에는 19세기 이전 시기의 자연철학에도 적용되는 부분이 여럿 있지만 잘못된 추론을 암시하지 않기 위해 일단은 자연과학 연구의 전문화가 이루어진 20세기 이후의 분류 체계와 지식의 특징에 집중하도록 하겠다. 이렇게 한정해도 물리학, 화학, 생물학 등 자연과학의 개별 분야가 사용하는 분류 체계는 나름대로 독특한 특징을 갖고 있다. 이런 점들을 이해하기 위해서는 우선 '자연종' 개념을 도입할 필요가 있다.

1) 자연종(natural kinds)과 분류 체계(taxonomy)

자연종이란 자연적(natural) 속성에 의해 규정되는 집합을 말한다. 여기서 자연적 속성에 의해 규정된다는 말은 임의적이지 않고 인공적이지 않다는 말로 요약될 수 있다(Boyd, 1999). 예를 들어 특정 시점에 내 방에 있는 사물의 집합은 개별 사물에 대해 분명하게 소속 유무를 판단할 수 있는 집합이지만(예를 들어 어떤 코끼리도 속하지 않고 내가 들고 있는 이 책은 속한다), 그 집합의 구성원들 사이에는 철학적 의미에서 필연적이지 않은(contingent) 이유로 내 방에 모여 있다는 점을 제외하고는 모두가 공유하는 속성을 찾을 수 없다. 물론 모든 사물이 1톤 이하라는 속성처럼 임의로 규정된 속성을 공유하기는 한다. 하지만 이 문제는 까다로운 논점, 예를 들어 '1톤 이하이다'가 진정한 속성인지를 비롯한 여러 어려운 문제를 제기하므로 이 글의 논의에서는 일단 넘어가기로 한다.[6]

자연종이란 이처럼 우연적이거나 임의적인 방식으로 규정되지 않는 속성에 의해 주어지는 집합을 가리킨다. 예를 들어 특정 동물원에 모인 모든 동물의 집합은 자연종이 아니지만 코끼리는 자연종이라는 식이다. 하지만 코끼리가 진정으로 자연종인지 여부는 잠시 후에 보겠지만 보다 복잡한 문제이다.

자연종을 규정하는 속성은 인공적(artificial)이 아니라는 속성이다. 예를 들어 도서관에 수집된 책 중 소설만을 모았다고 해보자. 이 집합의 구성원은 분명 '소설'이라는 속성을 공유한다. 하지만 어

---

[6] 관련 주제는 굿맨의 고전적 연구에서 상세하게 다루어져 있다(Goodman, 1978 참조).

떤 물리적 대상을 '소설'로 분류하는 기준은 사회적, 문화적으로 규정되므로 철학적인 의미에서는 인공적이다. 그러므로 소설은 자연종이 아니라 인공종이다.

나중 논의를 위해서 좀 더 복잡한 인공종을 소개해보자. 길이를 재는 자의 집합을 생각해보자. 자의 집합의 구성원은 분명하게 공유하는 속성, 즉 '길이를 재는 도구'라는 속성을 공유한다. 이 속성의 특징이 기능적(functional)으로 규정됨에 주목할 필요가 있다. 자의 집합은 그러므로 이중적인 의미에서 인공종이다. 아마도 인간이 지구상에 출현하지 않았다면 우리에게 익숙한 의미에서의 '자'의 집합은 존재하지 않았을 것이다. 이런 의미에서 자의 집합은 그 존재론적 근거 자체가 인간에게 의존하므로 인공종이다. 또한 자의 집합을 규정하는 속성은 기능적으로, 즉 '길이를 재는 도구'로 주어진다. 우리가 사용하는 분류들은 자의 경우처럼 기능적으로 주어지는 속성에 의해 주어지는 경우가 많다. '내가 좋아하는 음식의 집합', '서울 100대 맛집' 등도 넓은 의미에서 기능적으로 정의되는 인공종의 사례로 볼 수 있다.

자연종을 설명하면서 정작 인공종이나 임의적 속성으로 규정되는 집합에 대해 장황하게 설명한 데는 이유가 있다. 무엇이 '자연적(natural)' 속성인지를 존재론적으로 만족스럽게 서술하기가 쉽지 않기 때문이다. 자연적 속성은 반사실적 추론을 정당화한다든지, 자연법칙(laws of nature)에 등장한다는 등의 여러 제안이 있지만 각각은 나름대로의 난점을 갖고 있다. 실은 일단의 철학자들이 선호하는, 그리고 자연종 개념을 매우 '자연스럽게' 만드는 정의가 있다. 하지만 그 정의는 특정 과학철학적 입장이나 인식론적 견해를 전제하기에 논의의 출발점으로 삼기에는 논란의 여지가 있다. 그 정의에 따르면 자연종은 자연에 '실재하는' 속성들에 의해 분명하게 서로 구별되는 집합으로 묶이는 것들이다.

자연종의 전형적인 예로 생각되는 주기율표상의 원소를 생각해 보자. 원자번호가 79번인 금은 자연종이다. 세상에 존재하는 모든 금은 성형이 가능하고 빛이 나며 전기를 통한다는 물리적 성질을 공유한다. 그리고 무엇보다 순수한 금은 모두 양성자 79개를 가진 원자핵을 가지고 있다. 이 모든 성질은 정말로 존재하는 자연적 성질이며 이 성질에 의해 필요 충분적으로 금이라는 원소가 다른 모든 원소로부터 구별될 수 있다. 금은 이런 의미에서 또 다른 귀금속인 은과 존재론적으로 분명하게 구별된다. 모든 은은 광택이 나고, 전기를 통하고 일반적 조건에서 흰색을 띤다는 점에서 금과 구별될 수 있지만, 무엇보다 47개의 양성자를 가진 원자핵을 공유한다는 점에서 금과 분명하게 구별된다.

이후 논의를 위해 관련된 논점 몇 가지만 언급하자. 금과 은이 서로 구별되는 자연종이라고 할 때 이 구별은 존재론적이라는 점을 분명하게 지적할 필요가 있다. 금과 은이 자연적 속성에 의해 규정되는 자연종일 것이라는 생각은 자연철학에서 오래전부터 원소(element) 개념을 통해 잘 알려져 있었다. 하지만 그러한 생각이 주기율표의 형태로 완전하게 체계화된 것은 최근의 일이다.[7] 그럼에도 불구하고 이러한 과학 지식의 발전, 즉 금과 은에 대한 인식론

---

[7] 주기율표의 성립 과정에 대한 간략한 역사와 그 과정에 대한 철학적 논의는 Scerri (2011) 참조.

적 파악의 유무와 무관하게 우리는 금과 은이 그것의 자연적 속성에 의해 존재론적으로 분명하게 규정된다고 생각한다. 이런 의미에서 화학 원소는 전형적인 자연종에 해당된다. 이런 방식의 생각에는 금과 은에 대한 우리의 과학 지식은 오류로 판명되어 수정되거나 성장할 수 있지만, 금과 은의 '자연적' 속성은 우리의 인식론적 노력과 무관하게 자연에 실재하는 것이라는 직관이 깔려 있다. 따라서 자연에 실재하는 속성으로 자연종을 규정하려는 시도는 과학적 실재론(Scientific Realism)이라는 과학철학적 입장과 상대적으로 잘 어울린다.[8]

금과 은이 임의적 속성이나 인위적 속성에 의해 존재론적으로 규정되지 않는다는 점은 분명해 보인다. 분명 금과 은은 자연적 속성 이외에도 중요한 많은 속성을 갖는다. 둘 다 사회적으로 '귀한' 금속으로 대우받으며 국제경제에서 특별한 기능적 지위 또한 갖고 있다. 하지만 금과 은이 갖는 이런 부가적인 속성이 상황에 따라 아무리 중요하게 간주되더라도 금과 은을 자연종으로 규정하는 속성이 되지는 않는다. 그러므로 금과 은이 비자연적 속성을 갖는다는 사실 자체는 금과 은을 세계에 실재하는 자연적 속성에 의해 규정되는 자연종으로 규정하는 데 문제를 일으키지 않는다. 금은 원칙적으로 원자번호를 언급하지 않고 전기 전도도나 표면 속성 등 다양한 물리화학적 속성만으로도 자연종으로 규정될 수 있다. 게다가

---

[8] 이런 생각에 대한 비판적 고찰은 Hendry(2006) 참조. 특히 원소는 아니지만 화학의 역사에서 한때 원소로 간주되었던 물의 존재론적 지위에 대한 상반된 분석은 Chang(2012), Needham(2002) 참조.

전기적 속성이나 표면 속성은 통상적으로 자연적 속성으로 간주된다. 결국 금과 은을 자연종으로 규정할 수 있는 자연적 속성의 집합은 하나 이상 존재하는 셈이다.

하지만 누군가가 왜 금은 이러이러한 전기적 특성을 갖는지 물어본다면, 그에 대한 대답은 물리학적, 화학적으로 보다 기본적인 속성, 예를 들어 금의 외곽 전자에 대한 양자화학적 계산에 의해 주어질 것이다. 이런 점을 고려할 때 금의 원자번호처럼 보다 '기본적인' 물리적 속성이 개별 금을 필요 충분적으로 규정하는 다른 모든 속성에 대해 존재론적으로 우선한다고 생각할 수 있다. 이런 생각은 특히 자연과학의 여러 분과 학문 사이에 위계적 구조를 상정할 때 더욱 자연스럽게 느껴진다.

이때 존재론적 우선성은 대개 인과적 우선성으로 설명된다. 즉 금의 전기적 특성이 이러이러한 이유는 금의 외곽 전자가 이러이러한 특성을 갖기 때문이다. 그에 비해 금의 전기적 특성이 이러이러하기 때문에 금의 외곽 전자가 이러이러한 특성을 갖는 것은 아니다. 즉 인과적으로 보다 근본적인 자연적 속성이 그보다 덜 근본적인, 하지만 여전히 자연적인 속성에 인과적으로 (그렇기에 존재론적으로) 우선한다고 생각해볼 수 있다. 이런 생각은 자연스럽게 자연적 속성에 대한 존재론적 환원주의로 연결된다.

자연과학의 여러 분과 학문이 생산하는 지식에 등장하는 다양한 속성은 일차적인 의미에서 모두 자연적 속성이지만 근본적인 의미에서 진정으로 존재하는 기본 속성이 있고 나머지 속성들은 모두 그 기본적 속성에 의해 발현되는, 철학적으로는 '수반되는(supervenient)' 속성이라고 생각할 수 있다. 자연적 속성에 대한 존재론 수준에서의 위계적 이해는 일부 철학자에게는 '원칙적인' 수준에서 모든 과학적 설명은 보다 기본적인 과학 이론에 의해 환원적으로 설명 가능할 것이라는 인식론적 주장을 옹호하는 근거로 생각되기도 한다. 하지만 이후의 논의를 통해 알 수 있듯이 이 두 주장 사이의 연결은 생각만큼 그렇게 당연하지는 않다.[9]

자체적으로는 매우 흥미롭지만 우리의 논의에는 다소 부수적인 두 논점을 간단하게 소개하겠다. 가장 전형적인 자연종이라 할 수 있는 주기율표상의 원소조차 그 사례 모두 진정으로 자연적인지에 대해 의문이 제기될 수 있다. 초악티늄족으로 알려진 원소, 즉 원자번호가 103이상인 원소들은 모두 과학 연구 과정에서 인공적으로 만들어졌다. 게다가 이 원소들은 일반적으로 빠른 속도로 붕괴되기에 소량으로 생성된 원소조차 비교적 짧은 시간 동안만 '존재'한다. 그렇다면 초악티늄족에 속하는 마이트너륨이나 뢴트겐늄은 진정으로 자연종일까?

이에 대해 이러한 원소가 '인공적'으로 만들어진 것은 사실이지만 그것은 필연성을 갖는 사실이 아니라 단지 우발적(contingent) 사실이기에 존재론적 의의를 갖지 못한다고 답할 수도 있다. 적당한 물리적 조건이 우주 어딘가에 존재한다면 그 원소들이 얻어질 수 있으므로 여전히 자연종으로 취급할 수 있다는 것이다. 즉 이들을 규정하는 자연적 속성은 역시 자연적인 조건들의 결합을 통해 자연적으로 획득될 수 있는 것이므로, 지구상에서 인간에 의해서 만

---

9 이 주제에 대한 고전적 논의는 Fodor(1974; 1997) 참조. 유사한 논점을 생물종을 중심으로 논의한 Dupre(1993)도 참조할 만하다.

들어졌다는 역사적 사실은 이 원소에 대한 존재론적 규정에서 본질적인 역할을 하지 않는다는 것이다. 이런 식의 대응은 일견 그럴 듯하지만 이를 받아들일 경우 자연종을 '현실적으로 존재하는' 자연적 속성의 집합에 의해 규정되는 것이 아니라 '잠재적으로 존재할 수 있는' 자연적 속성의 집합에 의해 규정되는 것으로 이해해야 하는 난점이 있다. 이는 '잠재적으로 존재할 수 있는' 속성을 어떻게 규정할 것인지의 문제와 함께 나중에 논의할 생물학적 종이 자연종인지 여부에 대한 논쟁에서 중요한 시사점을 갖는다.

자연종에 대한 통상적 이해는 자연종에 대해 본질주의적 생각과 깊은 관련을 갖는 것으로 보인다. 이는 자연종에 대한 우리의 인식론적 오류 가능성에도 불구하고 인과적 속성에 근거한 지시 관계로 자연종을 분명하게 구별할 수 있다고 본 퍼트남과 크립키 등의 견해와 잘 어울리기 때문이다. 철학자들 사이에서는 퍼트남, 크립키 등의 본질주의와 자연종에 대한 '자연주의적' 해석 사이의 관계에 대해 논란이 많다. 본질주의가 '자연주의적' 해석을 옹호하는지 아니면 전제하는지, 혹은 그도 저도 아니면 그저 상호 관련성만이 있는지 등이 논쟁의 핵심이다(Putnam, 1975; Kripke, 1980).

우리에게 중요한 점은 자연종을 자연계에 진정으로 존재하는 속성을 통해 분류하려 할 때, 각 자연종이 갖는 '본질적 속성'을 찾으려는 시도를 하기 쉽다는 것이다. 이는 역으로 자연종을 자연과학 연구에서 다양한 이유로 생산적으로 활용할 수 있다는 점을 인정하더라도, 만약 각각의 자연종에 해당되는 본질적 속성을 찾는 것이 어렵다면, 자연종을 순수하게 자연적으로 정의하려는 철학적 기획 전반에 의문을 제기할 수 있음을 시사한다.

2) 특수과학(special sciences)의 분류 체계와 존재론적 다원주의

자연종 개념은 화학 원소의 경우 비교적 깔끔하게 적용될 수 있다. 하지만 자연과학의 다른 분야에 대해서는 적용이 그렇게 간단하지 않다. 전통적으로 코끼리와 같은 생물종(species)은 자연종의 대표적인 사례로 간주되었다. 이는 자연철학의 전통에서 아리스토텔레스 이후로 종을 본질적 속성을 공유하는 개체의 집합으로 이해하는 오랜 흐름의 영향이다. 모든 코끼리는 긴 코를 갖고 두꺼운 피부를 가지며 모계 중심 집단을 이루며 생활한다는 자연적 속성을 본질적으로 갖는다고 생각하는 것이 자연스러워 보였기 때문이다.

하지만 19세기 이후 자연종에 대한 개체군적 사고(population thinking)가 강조되면서 동일종에 속한 모든 개체가 빠짐없이 갖는 본질적 속성을 규정하는 일이 사실상 매우 어렵거나 설사 가능하더라도 생물계의 극히 일부의 (우리 인간에게 유난히 눈에 잘 띄는) 생물만이 해당된다는 점이 분명해졌다.[10] 예를 들어 플라스미드 교환을 통해 자유롭게 유전자 조각을 공유하는 미생물에게 본질주의적 방식의 종개념은 처음부터 적용이 전혀 불가능하다. 인간과 같은 '고등동물'의 경우에도 일부 변이를 예외 사항으로 제외하지 않고서는 가령, 남성과 여성으로 깔끔하게 양분되는 속성을 생물학적 본질로 간주하기 어렵다(Ereshefsky, 1998; Kitcher, 1983).

더욱 결정적인 문제는 생물학적 종은 시작과 끝을 갖는 역사적

---

10 이러한 생각의 가장 강력한 옹호자는 생물학자 마이어이다. 그의 생각은 자신의 분류 체계에 그대로 반영되었다(Mayr, 1969 참조).

존재라는 사실이다. 모든 종은 진화의 역사상 어느 시점에 나타났다가 다른 시점에 사라진다. 그 과정에서도 진화는 지속되기에 종이 처음 출현할 때의 형태적, 유전학적 특징은 종이 스멸할 시점의 형태적, 유전학적 특징과 상당한 차이를 보일 수 있다. 당연히 종이 처음 출현할 때는 부모종이나 근연종과의 차이점은 매우 작아서 구별이 어려울 수 있다.

이들 특징 모두는 개별 인간의 인생사와 유사하다. 개별 인간도 출생과 사망 사이의 단절된 기간 동안만 존재한다. 그리고 유아기의 모습이나 속성은 노년기의 모습이나 속성과 매우 다르다. 그리고 인간의 태아는 근연종의 태아와 상당히 유사하다. 이런 점을 모두 고려하여 최근 생물학에 대한 철학적 논의에서는 생물종을 자연종이 아니라 개체(individual)로 간주하는 것이 더 적절하다는 주장이 훨씬 더 힘을 얻고 있다. 종개념이 생물학에서 차지하는 중요성을 고려할 때 이런 상황은 자연종 개념이 자연과학 일반에 적용될 수 있을 가능성에 심각한 의문을 제기하게 한다(Sober, 1980).

소수 의견이긴 하지만 생물종의 경우에도 초악티늄족에 대해 고려했던 '잠재적 존재자'를 활용한 본질주의적 접근이 가능하다. '이기적 유전자' 개념으로 잘 알려진 도킨스는 진화론적 과정에서 변이의 가능성을 강조하기 위해 형태론적으로나 유전적으로 '가능한 모든 생명체'의 공간을 고려했다.[11] 이 공간상의 모든 지점에 해당하는 생명체에는 존재할 수도 있었지만 지구의 진화 역사에서 우

---

[11] 도킨스(Dawkins, 1996)는 이런 방향에서 생물종을 바라보는 '비역사적' 접근을 잘 보여준다.

발적인 이유로 등장하지는 않았던 것들이 절대다수 포함된다. 각각의 생명체는 실제 존재했는지 여부만을 제외한다면 자연법칙에 따라 엄밀하게 규정되는 물리학적, 화학적, 생물학적 조건들에 의해 규정될 수 있다. 이런 잠재적 생명체 각각을 '종'으로 규정하면 초악티늄족의 경우와 유사하게 자연적 속성에 의해 초역사적으로 존재하는 종의 개념을 얻을 수 있다. 하지만 이런 종개념이 실제 생물학의 연구에서 어떤 의미를 지니는지는 (최근 등장하고 있는 합성생물학의 맥락을 제외하면) 분명하지 않다.

자연종 개념이 생물학에서 '종' 개념에 대해서만 문제를 일으키는 것은 아니다. 생물학에서 사용되는 상당수의 분류 개념은 앞서 설명한 기능종이다. 예를 들어 뇌과학에서 핵심적인 개념인 신경전달물질이나 생리학에서 결정적인 호르몬 개념 등은 그 대상이 물질적으로 어떻게 구현되는지가 아니라 그것이 어떤 기능을 수행하는지에 의해 분류된다. 예를 들어 신경전달물질은 물질적으로는 대부분 펩티드이지만 그렇다고 모든 신경전달물질이 펩티드이거나 모든 펩티드가 신경전달물질인 것은 아니다. 신경전달물질은 물질적 필요충분조건이 아니라 신경세포 사이의 신호를 전달하는 기능에 의해 분류된다. 호르몬의 경우도 마찬가지이다. 많은 호르몬이 단백질이지만 호르몬은 그것의 물질적 구조에 의해서가 아니라 내분비계를 조절하는 기능에 의해 규정된다. 실제로 생물학에서 중요하게 사용되는 대부분의 분류 개념은 기능종이다. 이는 대부분의 생물학 연구가 특정 생물학적 인과관계의 메커니즘을 기능적으로 설명하는 데 초점이 맞추어져 있다는 점을 떠올리면 쉽게 이해된다. 즉 생물학에서 문제를 제기하고 답을 찾는 방식에 적합하게 생물학의 분류 체계가 형성되어 있다는 것이다. 이는 생각해보면 당연한 일이다. 과학 연구를 돕고 관련 과학 지식을 생산하는 데 효율적인 방식으로 분류 체계를 설정하는 일은 합리적으로 판단된다.

중요한 점은 이런 식으로 분류 체계를 사용하는 것은 자연종 개념을 존재론적으로 강하게 이해하는 것과 서로 충돌한다고까지 말할 수는 없지만 결코 잘 어울리는 방법론으로 보기 어렵다는 것이다. 다른 말로 하자면 우리의 과학 지식 성장을 돕기 위해 기능적으로 설정한 분류 체계가 자연계에 어떤 의미에서든 정말로 존재하는 것은 맞지만 그 분류 체계 자체의 특징이 본질적으로 '자연적'이라고 주장할 수 있는지는 열린 문제라는 말이다. A로 시작하는 제목을 갖는 모든 책이 진정으로 그 속성을 갖고 그 속성이 책 찾기를 수월하게 해주는 것도 사실이지만 알파벳순으로 나누는 것이 책에 대한 본질적 분류라고 말하기는 쉽지 않은 것과 같은 이치이다. 이런 문제는 생물학에서 두드러지지만 생물학에 국한된 것도 아니다. 물리학과 화학을 제외한 대부분의 자연에 대한 탐구에서 기능적이거나 인공적인 분류 체계의 사용은 매우 흔하고 생산적이다. 최근에는 화학의 경우에조차 '분자' 수준에서는 자연종의 통상적인 특징을 벗어난다는 논의가 있다. 물리학에서도 특정 이론적 고려에 따라 설정된 수학적 특징들이 진정으로 '자연적'인 것인지에 대해서는 다양한 의견이 제시되고 있다.

결국 이런 논의들은 속성 수준에서의 존재론적 다원주의를 함축하는 것처럼 보인다. 즉 실체 차원에서는 보다 복잡한 구조를 갖는 물질이 그보다 단순한 물질로 구성된다는 점을 인정하더라도 속성 차원에서는 보다 복잡한 구조를 갖는 물질의 속성이 그보다 단순한 물질의 속성으로 완전하게 환원되지 않으며 일종의 '떠오름 (emergence)'이 발생한다는 것이다. 떠오른 속성이 수반된 속성과 어떻게 다른지, 떠오른 속성이 부분적으로라도 인공적일 수 있는지 등은 더 많은 논의가 필요한 주제이다.

3) 통일과학의 가능성과 과학적 설명의 질문 의존성

그러므로 현재 우리가 갖고 있는 자연과학의 분류 체계는 자연종 개념만으로 깔끔하게 설명되기 어렵다. 하지만 이는 현재 자연과학의 불완전함에 기인한 일시적 문제일 수 있지 않을까? 즉 미래에 완성될 '이상적인' 통일과학(Unity of Science)으로서의 자연과학에서는 이런 모든 문제가 사라지고 오직 자연종만으로 세계를 기술하고 설명하는 것이 가능해지지 않을까? 물론 이 경우에도 현실적인 지식의 활용 수준에서는 통일과학의 사용을 고집할 필요는 없을 것이다. 현재도 일상적인 상황에서는 양자역학 대신 고전역학을, 상대성이론 대신 뉴턴역학을 활용하듯이 필요에 따라 자연종을 활용하지 않는 대체 이론을 사용하는 것이 허용될 것이다. 문제는 일부 논자가 보기에는 이런 식의 이상적 통일과학을 가정하지 않고서는 실체 수준에서의 존재론적 일원론을 견지할 때 중복 결정(over-determination) 문제를 해결하기 어려워 보인다는 점이다. 게다가 물리적 세계의 인과적 닫힘의 문제도 있다.

하지만 이런 생각은 자연과학적 지식의 본성을 고려할 때 그다지 설득력이 없어 보인다. 자연과학은 특정한 질문에서 출발한다. 왜 통상적으로 금속이라고 불리는 물질은 전기가 통할까? 왜 같은 서식처를 공유하는 생물들 사이에서도 종 분화가 가능할까? 왜 두 뇌를 적절한 방식으로 자극해서 특정한 행동 패턴을 이끌어낼 수 있을 때조차 우리는 그에 대해 '합리적' 설명을 꾸며내는 경향이 있는가? 이들 문제는 각각 물리학, 생물학, 뇌과학 고유의 이론적 틀에서 나온 것으로 다른 이론적 틀에서는 개념적으로 표현하기조차 어려운 것이다.[12]

결국 자연과학의 개별 연구 분야가 자신들의 이론 틀 내에서 흥미로운 질문을 부분적으로 자율적인 방식으로 끊임없이 제기할 수 있는 한, 그리고 그러한 문제 제기와 그에 대한 답변이 특정 패러다임하에서만 온전하게 이해될 수 있는 한, 하나의 이론 체계로 이 모든 질문을 통합하려는 시도는 실현 가능성이 매우 낮다고 볼 수 있다. 그리고 그러한 노력을 통해 우리가 풍부한 과학적 지식을 산출하는 한, 개별 자연과학이 상정하는 다양한 (느슨한 의미에서의) 자연종은 기본적 자연종으로 환원되지 않을 것이다. 결국 자연적 속성에 대한 다원주의에 입각하여 필요에 따른 분류 체계를 활용할 때 자연과학 지식의 성장은 가장 생산적일 것이다.

3. 서양 인간과학에서의 분류와 지식

서양 자연과학의 맥락에서 음미해본 분류의 문제와 지식의 탄생 문제를 우리는 인간과학의 영역에서도 행할 수 있다. 우리는 인

---

[12] 실은 물리학 내부에서조차 이론적 통합은 부분적이다(Yi, 2003 참조).

간과학의 영역에서도, 자연과학의 영역과는 다른 방식으로이긴 하지만, 절대적 분류의 어려움, 분류에서의 큰 전환, 그리고 존재론적 재분류에 의한 지식의 탄생을 확인할 수 있다. 현대 자연과학의 맥락을 다룬 2절에서와는 달리, 이 3절에서는 역사학적(과학사적) 접근법을 택할 것이다. 2절에서의 논의가 주로 분류 자체의 어려움 및 이 사실이 지식/과학에 대해 함축하는 의미에 초점을 맞추었다면, 이 절에서는 이런 함축이 지식의 역사적 진행 과정에서 어떤 식으로 나타나는지를 밝히는 데 초점을 맞추고자 하기 때문이다. 요컨대 2절에서는 분류의 다양성과 원리에 초점을 맞추어 논리적 분석을 행했다면, 3절에서는 이런 다양성과 원리에 의해 지식이 '탄생'하는 과정에 대한 역사적 서술을 행한다.

1) 고전 시대의 분류 공간과 인간과학[13]

서양 학문의 역사에서 고전 시대는 분류학의 황금 시기였다고 할 수 있다. 미셸 푸코는 일반문법, 자연사, 부의 분석으로 대변되는 고전 시대의 인간과학들은 모두 경험의 결과 전체를 거대한 분류 공간 — '표(tableau)' — 에 배치하고자 했고 그런 배치를 통해 세계에 대한 총체적 상을 얻고자 했음을 상세히 해명한 바 있다.

오늘날 우리는 언어란 사물이 아니라는 것, 사물의 층위와 언어

---

[13] 여기에서 '인간과학'이란 주로 프랑스에서 말하는 'les sciences humaines'을 가리킨다. 이 글에서의 인간과학에 대한 논의는 기본적으로 미셸 푸코(『말과 사물』), 프랑수아 자콥(『생명의 논리』), 미셸 세르(『라이프니츠의 체계』)의 분석에 힘입고 있다.

의 층위는 단적으로 구별된다는 것, 언어란 어떤 사물을 가리킨다는 것, 언어란 세계 속에 존재하는 어떤 존재자가 아니라 우리의 마음/관념의 등가물이라는 것이라는 생각에 익숙해 있다. 그러나 이런 식의 언어 이해는 사실 고전 시대에 이르러서의 '에피스테메의 변환(transformation de l'épistémè)', 토마스 쿤의 용어로 '패러다임 전환'을 통해 형성된 것이다. 16세기에 언어는 그 자체가 사물이었으며, 더 정확히는 표징/징후였다. 언어에는 밝혀내야 할 "의미의 두께"가 있었고, 이 의미의 두께는 일종의 계시와도 같은 것이었다. 그리고 이런 이유 때문에 생기자마자 사라지는 말이 아니라 보석을 숨기고 있는 광맥과도 같은 글이 일차적인 것이 된다. 이로부터 이 시기의 두 가지 특징, 즉 한편으로는 보이는 것과 읽히는 것, 관찰된 것과 이야기된 것 사이에 구분이 없다는 사실과 다른 한편으로는 주석에 의해 언어/지식의 끝없는 증식이라는 현상이 생겨나게 된다. 예컨대 알드로반디의 『뱀과 용의 역사』 같은 책은 뷔퐁을 놀라게 했다. 그러나 이는 "생물학자"로서의 알드로반디가 뷔퐁보다 더 나쁜 학자여서가 아니라 그가 속한 에피스테메가 뷔퐁의 그것과는 다른 것이었기 때문이다.

고전 시대로 넘어가면서 언어의 체계는 스토아적인 3원 구조가 아니라 2원 구조로 바뀐다. 의미하는 것과 의미되는 것 그리고 양자를 이어주는 유사성이 아니라 의미하는 것과 의미되는 것만이 존재하게 된다. 그 사이에서는 제3의 존재가 아니라 다만 순수한 어떤 기능, 즉 지시/표상이 작동하기에 이른다. 기호는 무엇'인가'가 아니라 무엇'을 지시하는' 순수 기호로 바뀐다.[14] 이제 문자는 그 의미의 두께를 잃어버린다. 박학(博學)의 전통도 무너진다. 책을 천권, 만권 읽은 것보다 단 한 번 실제 본 것이 중시된다. 가시성(visibilité)이 진리의 기준이 되는 것이다.[15] 이렇게 해서 파묻히게 되는 르네상스적 성격의 언어는 문학에 의해 보존·계승되기에 이른다. 이런 흐름에서 호두가 뇌를 닮았기 때문에 뇌를 고칠 수 있다는 식의 유사성은 이제 지식의 형식이 아니라 오류의 계기가 된다. 이것은 유사성의 증식이 멈추었음을 뜻하는 것이 아니라, 이제 그것이 '비합리적' 지식의 몽상이자 또한 매력으로 간주되기 시작했음을 뜻한다. 그리고 데카르트의 '합리주의'와 베이컨의 '경험주의'는 단순 대립하는 것이 아니라 바로 이 에피스테메 변환의 상이한 표현이었다고 할 수 있다. 지식의 모든 영역에서 중요한 것은 유사성의 증식을 동일성과 차이의 명확한 구분으로 대체하는 것이었다. 우리에게 익숙한 '분석'의 방법이라든가, '측도'와 '순서'의 비교를 통한 질서의 파악이라든가, 가장 단순한 것을 찾으려는 시도들이라든가, '명석하고 판명한' 관념들의 추구, '분석명제'와 '종합명제'의 구분

---

14 이전에는 하나의 기호가 어떤 유사성을 감추고 있는가가 문제가 되었지만, 이제는 서로 무관한 말과 사물이 어떻게 연결될 수 있는가가 문제가 된다. 이에 대해 고전 시대의 사유는 표상의 분석을 통해 답하고자 했으며, 근대적 사유는 의미와 의미 작용의 분석을 통해 답하게 된다. 소쉬르의 '자의성' 개념은 이 물음에 대한 한 답으로서 제시된 것이라 할 수 있다.

15 고전 시대에는 많이 보기가 아니라 오히려 제대로 보기가 추구되었다. 또 가시적이라 해서 모두 진리의 증거가 된 것도 아니다. 예컨대 색깔을 비롯한 '제2성질'은 진리를 주지 못하는 것으로 간주되었다. 또 가시성이 무조건 표면적인 것만을 뜻한 것은 아니었지만(예컨대 현미경이나 망원경의 사용) 모든 보기는 표면적인 보기로 환원되어 이해되었다. 현미경은 기본적 가시성의 영역을 넘어서기 위한 것이었다기보다, 차라리 기본적 가시성의 영역에서 제기된 문제의 하나, 즉 "가시적인 형태가 어떻게 세대의 흐름을 거슬러 유지되는가" 하는 문제를 해결하기 위해 요구되었다고 할 것이다.

등등이 이런 맥락에서 형성된 생각들이다.

고전 시대로의 이런 변환은 '표상(représentation)' 개념에서 특히 잘 드러난다. 고전 시대의 기호는 사물들을 표상할 뿐만 아니라 그러한 표상 가능성을 자체 내에 내장해야 한다는 점에서 표상의 표상이라는 성격을 띠었다. 기호는 그것이 표상하는 대상과 완전히 다른 존재이면서도 그 대상을 자체의 공간 내에서 재현해야 한다는 점에서 일종의 거울이었다. 기호가 더는 사물이 아니게 된 것과 대칭적으로, 그것은 더는 상상적인 것이 아니게 된다. 유사성이 오류의 계기가 된 것처럼 상상도 오류의 계기가 된다. 기호와 관념은 서로의 부본(副本)이며, 기호의 분석은 곧 관념의 분석이기도 했다. 여기에서 'imagination'은 르네상스적인 상상이기보다는(물론 당시의 사람들은 '상상'이라고 생각하지 않았지만), 기호들의 작용과 쌍을 이루는 이미지들의 작용이 된다. 대상과 기호와 관념/이미지가 거울상을 이루게 된다.

고전 시대의 이런 이념은 보편적 순서의 과학으로 나타났으며, 이것이 곧 '마테시스(mathesis)'이다. 그리고 보다 복잡한(오늘날로 말해 유기체를 다루는) 경우에는 '탁시노미아(taxinomia)'가 수립되었다. 단순한 자연물을 정돈하는 것이 문제일 때는 대수학을 보편적인 방법으로 갖는 마테시스가 원용되었으며, 복잡한 자연물(경험에 주어지는 그대로의 표상 일반)을 정돈하는 것이 문제일 때는 탁시노미아가 활용되었다. 대수학에 대한 마테시스의 관계는 기호에 대한 탁시노미아의 관계와 같다. 마테시스가 수학적 등가성의 과학이라면, 탁시노미아는 질적 마테시스라 할 수 있다.[16] 순서의 일반 과학을 위한 기획, 표상을 분석하는 기호의 이론, 정돈된 표에 의한 동일성과 차이의 배치가 고전 시대 에피스테메의 주요 성격이라 할 때, 이 성격을 핵심적으로 응축한 것이 마테시스와 탁시노미아였다. 고전 시대에는 자연의 연속성과 자연의 뒤얽힘이 맞물리는 형질의 과학인 자연사/박물학이 발달했으며, 교환을 가능하게 하고 여러 가지 필요나 욕망 사이의 등가 관계를 확립하게 해주는 기호의 과학으로서의 부의 분석(화폐와 가치에 관한 이론)도 발달했다. 이런 지식들을 가능케 한 것이 바로 마테시스와 탁시노미아였다. 그리고 언어에 대한 지식 역시 바로 이 장에서 발달할 수 있었다.

언어학의 예를 들어보자. 탁시노미아에 의한 언어 연구는 곧 언어의 분류의 문제였다. 언어를 일정한 공간에 위치시켜 분류하고자 하는 노력은 한자에서 잘 나타난다. 한자의 부수(部首)들은 이미 세계에 대한 대분류를 함축하며, 거기에 덧붙은 부분들은 소분류를 함축한다. 서양의 경우 이런 분류는 '일반문법(grammaire générale)'이라는 담론에 의해 수행되었다. 이러한 시도는 논리학적인 방식으로도 시도되었는데, 라이프니츠가 제시했던 '보편 기호법'이나 '조합술("아르스 콤비나토리아")' 같은 경우가 그 전형을 보여준다. 이런 논리학적 노력에 상응해 언어학적 맥락에서 이루어진 것이 포르루

---

16 마테시스, 탁시노미아와 더불어 삼각 구도를 형성한 것은 게네시스였다. 게네시스는 시간의 흐름에 따라 쌓이는 경험의 자료들을 정리하려는 분야로서, 일종의 연대기였다. 탁시노미아가 질적 마테시스라면, 게네시스는 역사학적 성격의 탁시노미아였다고 할 수 있다. 마테시스가 19세기 이래 수학적 과학(mathematical sciences)으로 이어졌다면, 게네시스는 역사학(history) 및 역사/시간을 중시하는 철학들의 흐름으로 이어졌다고 할 수 있다. 그리고 탁시노미아는 여러 형태의 분류학(science of classifications)으로 변환되어 이어져오고 있다.

아얄에서 시도한 일반문법이라고 할 수 있다. 잘 알려져 있듯이, 고전 시대(17세기와 18세기)를 지배했던 에피스테메/패러다임은 '표상'이었다. 기호는 관념이 겉으로 표현된 형태인 동시에 대상을 지시 대상으로 가지는 것이기도 했다. 따라서 대상과 관념과 기호가 마치 거울로 서로를 비추듯이 상응 관계를 형성한 '표상'이라는 구도가 이 시대의 지식 개념을 지배했다고 할 수 있다. 이런 이상에 비추어 과거의 혼란한 표상들은 모두 정리되어야 했고 깔끔한 표상 체계로 다듬어져야 했다. 대상과 관념 사이의 상응을 함축하는 경험주의적 논의, 식물의 부분들과 상응하는 기호 체계를 구축하고자 한 식물학에서의 분류 등이 그 전형적인 예이다. 고전 시대의 '이성'은 이렇게 표상의 패러다임에 의해 지배되었다고 할 수 있고, 이 점이 언어의 영역에서 나타난 것이 포르루아얄의 일반문법이다.

일반문법은 언어의 시간적 측면, 그 역사가 아니라 구조적 측면에 초점을 맞추었다. 그것의 작업은 기본적으로 '분석'이었다. 그리고 분석의 기초 단위는 '낱말들'과 낱말들의 결합체인 명제였다. 명제는 두 낱말 즉 주어와 술어를 다른 하나의 낱말 즉 동사로 결합시킴으로써 성립하며, 이 때문에 분석은 곧 동사를 축으로 하는 명제의 분석을 뜻하게 된다. 따라서 명사들로만 구성된 문장도 동사가 들어간 온전한 문장으로 만들어 분석되었고, 감탄문을 비롯한 평서문 이외의 명제들도 'be 동사'를 핵으로 하는 평서문으로 환원되어 분석되었다. 이 점에서 이 담론의 성격은 원자론적이었고 논리학적이었다. (이런 식의 사유는 프레게 이후의 현대 논리학과 언어철학에서 부활된다.) 분석이 집합론적 성격을 띠는 한에서 이 담론은 이미 분류학적 사유를 깔고 있었다고 할 수 있다. (그러나 여기에서 일정 정도의 시간적-역사적 측면이 가미되었는데, 각 낱말은 일정한 변화를 겪어 현재에 이르렀기 때문이다.) 이 사유는 언어를 공간 속에 배치하고, 분류하고, 분석하고자 한 담론이었다.

2) 분류에서의 대전환과 근대적 인간과학의 탄생

19세기에 이르러 사물들을 명명하고 분류하는 방식은 거대한 변환을 겪게 된다. 그리고 이런 존재론적 재분절은 새로운 지식들을 낳기에 이른다. 사물들의 새로운 분류는 결국 새로운 존재론의 등장이며, 이 존재론을 기반으로 학문의 체계 전반이 변동을 겪게 된다. 19세기에 이루어진 인간과학의 변환은 이 점을 특히 잘 드러낸다. 이 변환에서의 핵심어는 시간이라고 할 수 있다.

현대물리학에서의 '흑체'의 예라든가 '힉스 입자'의 예 등에서 잘 드러나듯이, 지식의 발달을 추동하는 원인들 중 하나는 기존의 패러다임으로는 설명/이해되지 않는 현상들의 출현이다. 18세기 말-19세기 초에 있었던 서양 인간과학에서의 거대한 변환도 고전 시대의 표상 체계에 잘 들어오지 않는 현상들에 의해 추동되었다. 언어가 단지 논리학적으로 분석 가능한 체계일 뿐만 아니라 실은 긴 역사적 과정을 통해서 심층적으로 변화해온 존재라는 사실의 발견이 그 예이다. 이런 변화는 생물학의 경우에도 발견된다. 퀴비에의 비교해부학을 통해서 고무된, 생명체는 단지 표면적 형질들의 관계를 통해서만이 아니라 그 심층적인 '유기적' 구조를 통해서 이해되어야 한다는 사실의 발견이 그 예이다. 이에 따라 고전 시대에 힘을 발휘했던 재현의 구조, 형질들의 '표', 탁시노미아와 마테시스

등등은 '표층적인' 지식으로 전락하게 된다. 이는 곧 사물들의 분류가 더 이상 표면적 형질들의 체계를 통해서는 만족스럽게 이루어질 수 없으며, 심층적인 구조에 입각해 완전히 새롭게 구성되어야 함을 뜻한다. 예컨대 상품의 '가격'은 고전 시대의 체계를 벗어나 '생산'과 '노동' 개념에 입각해 완전히 새롭게 형성되기에 이른다. 학자들은 공간적인 분류가 아니라 사물들의 '기원'/'시원'을 찾고 모든 것을 시간의 좌표 위에, 역사의 흐름 위에 놓기 시작했다.

생물학을 예로 들어보자('생물학'이라는 지식 자체가 이런 대전환을 계기로 해서 정립된다).[17] 유기체의 형질들, 예컨대 식물의 형태, 수, 크기, 촉감 등등에 초점을 맞추어 이루어지던 분류는 '조직화의 도안(plan)' 개념이 생겨나면서 피상적인 것으로 전락했다. 생명체의 부분들은 훨씬 심오한 관련성에 입각해 배치되어 있음이 드러났다. '도안' 개념을 통해서 생명체는 입체적으로 파악되기 시작한 것이다. 이에 따라 생명 탐구 분야에서의 담론학적 배치도 변화를 겪게 된다.[18] 분류학의 대상은 형질들의 분류에 적합했던 식물학 중심에서 조직화의 도안을 흥미롭게 드러낼 수 있는 동물학으로 이행한다. 퀴비에의 해부학은 이런 변화를 강력하게 뒷받침했다. 다른 한편 '기능'의 개념은 예전보다 훨씬 중요한 함축을 띠게 되며 기관들이 심층의 기능에 의해 어떻게 배치되었는가가 속속

---

[17] 생물학은 일반적으로 인간과학에 속하지 않는다. 그러나 푸코가 잘 보여주었듯이, 고전 시대로부터 근대로의 변환에서 생물학의 변환은 경제학의 변환, 언어학의 변환과 상동 관계(homology)를 이루었다. 이런 점에서 인간과학과 함께 논하는 것이 유용하다.
[18] '담론학'에 대해서는 푸코(2011: 1부)를 보라.

밝혀지게 된다.[19] 가장 본질적인 변화는 공간으로부터 시간으로의 변화이다. 기능은 시간의 흐름에 있어 실현된다. 따라서 기능 개념의 심화는 단순한 공간적/가시적 배치의 차원을 넘어 '생명' 자체의 존재 방식에 대한 심오한 통찰들을 가능케 했다. '진화론'의 시대가 온 것이다.[20] 의학적으로나 철학적으로나 '죽음'이 새롭게 개념화되기 시작한 것도 이 시대부터이다.

경제학 또한 유사한 과정을 겪는다. 스미스의 경우만 해도 재현의 구도는 여전히 그 그림자를 남기고 있었다. 노동가치설은 노동의 양과 상품의 가격 사이에 정확한 재현 관계를 설정하고 있기 때문이다. 그러나 리카도에 이르면 이런 재현의 구조가 깨어지면서 노동 그 자체와 가격 형성 메커니즘이 구분되기 시작했다. 이로써 '교환가치'의 독자적 위상이 분명해지게 된다. 물론 그럼에도 노동은

---

19 그러나 심층에 대한 이런 인식은 끝이 나지 않는다. 이로부터 현대 철학의 주요 정향들인 칸트주의=구성주의와 실증주의가 나타나게 된다. 칸트와 실증주의는 공히 '현상계'에 지식을 국한시키고자 했으나(칸트의 '물자체' 개념은 이 점을 잘 드러낸다), 칸트가 현상의 '잡다'적 성격에 기반해 구성주의를 전개한 반면 실증주의자들은 현상들의 존재론적 지위를 그대로 인정하면서 그것들을 서술·정리하고자 했다.

20 어떤 의미에서는 현대적인 뉘앙스에서의 '생물학'이 탄생한 것은 바로 이런 존재론적 혁명을 통해서였다. 14세기 스콜라철학자들의 존재론적 혁명이 결국 16-17세기의 물리학혁명을 가능케 했듯이, '진화론'(사변적 진화론이 아니라 다윈의 진화론)의 성립이 생물학 자체를 새로운 차원에서 가능케 했다고 할 수 있다. 아울러 이 시대에 크게 흥기한 '생기론'은 비과학적 이론이 아니라 오히려 생물학이라는 과학을 물리학과 변별해주고 또 당대에 이루어진 존재론적 관점 변화를 정확히 표현해줌으로써 생물학 발달에 크게 공헌했다고 해야 한다. 스콜라철학을 물리학사의 악역으로만 보는 것이 단견이듯이, 생기론을 과학적 생물학과 대치하는 그 무엇인 듯이 이야기하는 것도 과학사적 무지에 속한다고 해야 할 것이다.

가치의 기원으로서 여전히 중핵적인 의미를 띠며, 모든 교환의 가능 조건이라는 사실도 변함이 없었다. 정말 달라진 것은 노동이 가치의 기원으로 인식됨으로써 논의의 중심이 유통으로부터 생산으로 옮겨 갔다는 점일 것이다(이는 상업자본주의로부터 산업자본주의로의 이행을 반영한다고도 할 수 있다). 이는 곧 신체, 시간, 역사 등이 경제학의 주제가 되었음을 뜻하기도 한다. 이것은 경제학이 칸트적인 '유한성'의 철학이나 열역학 제2법칙 등과도 조응하면서 희소성, 죽음, 욕구 등의 문제를 다루게 되었음을 뜻하기도 한다.

유사한 변화를 언어학에서도 발견할 수 있다. 슐레겔이 적절히 지적했듯이, 비교해부학이 생명체들의 가시적인 형질들의 배치를 넘어 자연사의 심층적인 흔적들을 드러내주었다면 역사적 언어학은 언어에 묻어 있는 역사의 두께를 드러내기 시작함으로써 예전의 포르루아얄의 논리학을 대체했다(Schlegel, 2013). 아울러 역사의 두께가 함축하는 각종 정치적 문제가 드러난 것도 새로운 변화의 일환이었다. 시간의 흐름에 따라 낱말에 일어나게 되는 변모에 의해, 동일한 언어의 다른 모든 요소를 유사한 방식으로 지배하는 일정한 수의 엄밀한 법칙을 낱말이 따른다는 사실은 매우 중요했다. 그렇기에 낱말은 이제 언어의 고유한 일관성을 결정하고 보장하는 문법 구조의 일부분인 한에 있어서만 재현과 결부되게 된다. 낱말이 알려주는 바를 낱말이 나타낼 수 있으려면, 낱말이 자체에 대해 일차적이고 기본적이며 결정적인 문법의 전체성에서 벗어나서는 안 된다. 이 모든 것이 언어 연구에서의 시간과 역사의 조건을 잘 드러내는 것이었다.

결국 이런 식의 변화가 우리에게 시사하는 것은 18세기 말에서

19세기 초에 걸쳐 일어난 존재론적 재-분절이 바로 오늘날 우리에게 익숙한 지식들인 생물학, 정치경제학, 언어학(비교문법) 등을 탄생시켰다는 사실이다.

4. 동양(조선)에서의 분류와 지식

이상의 논의에서 우리는 존재론적 재분절과 지식의 탄생을 자연과학과 인간과학이라는 이질적인 영역들에서 공히 확인할 수 있음을 보았다. 그렇다면 이런 논의는 서양의 학문에서만 가능할까? 우리는 동양의 학문에서도 유사한 논의가 가능하다고 본다. 그리고 여러 시대, 여러 영역에서 유사한 논리를 확인함으로써 우리의 논지가 더욱 강화될 수 있다고 본다. 우리는 여기에서 조선 시대에 있어 분류 방식의 변화와 새로운 지식의 탄생을 살펴봄으로써 우리의 논지를 계속 이어가고자 한다(심경호, 2013).

조선의 학자들은 기본적으로 경문의 초록과 풍송(諷誦)을 학습의 주요한 방법으로 생각했다. 이를테면 1790년에 정조는 도문학(道問學)과 관련하여, (1) 경전을 궁구하고 옛날의 도를 배워서 성인의 정미한 경지를 엿보는 일 (2) 널리 인증하고 밝게 변별하여 천고에 판가름 나지 않았던 안건을 논파하는 일 (3) 호방하고 웅장한 시문으로 빼어난 재주를 토로하여 작가의 동산에 거닐어 조화공의 오묘한 기법을 빼앗는 일 등 세 가지를 유쾌한 일로 꼽았다.[21] 이것

---

21 予嘗以爲, 窮經學古, 而窺聖人精微之蘊, 博引明辨, 而破千古不決之案, 宏詞雄文,

은 조선의 지식인들이 모두 추구한 지적 활동의 이상이었다. 그런데 조선의 지식인들은 지식 활동에 필요한 정보를 정리하기 위하여 문한 용어(文翰用語)나 생활 용어, 경험 사실들을 초록(抄錄)하여 체계적으로 정리해야 했다. 그 결과물은 대개 어휘나 개념을 일정한 기준에 따라 분류하고 관련 시문을 싣는 '재문(載文)'의 체제, 다시 말해 유서(類書)로 결집되었다. 그런데 조선 후기에는 '재문'의 체제를 취하지 않고 대응하는 순수 국어의 제시, 간단한 정의, 어휘의 계열화를 이루는 어휘집을 편성하는 예도 나왔고, 반대로 '재문'에 머물지 않고 문헌 고증과 안설(按說)을 첨부하는 '잡고(雜考)'의 체제를 지향한 예들도 많이 나왔다. 평면적으로 보면, 초록의 내용을 일정한 분류 원칙에 따라 체계화하면 유서가 되고, 초록의 어휘나 개념만을 정리하면 물명류(物名類, 어휘집)가 되고, 반대로 유서에 변증을 부기하면 잡고(雜考)가 된다. 이러한 것들을 모두 넓은 의미의 유서라고 부를 수 있을 것이다. 조선 후기에는 어휘를 정리하면서 관련 있는 문헌 사실을 집록하는 유서 이외에도, 사물의 개념이나 문헌의 한자어들을 일정하게 정의하고 정리한 물명류(어휘집)와 사항의 고증을 중시하는 잡고가 함께 발달하는 양상을 보였다. 이는 성리학 시대에 사물들을 분류하는 방식과는 다른, 새로운 형태의 분류 체계의 등장을 보여준다. 그리고 이런 흐름은 '가시성(visibility)'을 중시하는 근대성의 전체 흐름과도 조응한다고 할 수 있다.

吐露萬穎, 而步作家之苑, 奪造化之妙, 此乃宇宙間三快事(正祖, 『弘齋全書』, 卷162, 日得錄 2 文學 2. 徐浩修 기록).

조선 후기에 유서, 물명류, 잡고가 발달한 사상적 배경은 사물의 이치에 대한 경험적 분석이 강화되었기 때문이다. 그리고 분류 형식의 다양한 실험은 바로 조선 후기에 태동한 새로운 형태의 지식 개념과 맞물려 있다고 할 수 있다. 조선 후기의 학자들은 성리학적 체계를 비판적으로 바라보면서 새로운 경험적 지식 체계를 수립하고자 했고, 이런 지식 체계의 수립은 바로 존재에 대한 성리학적 분류 체계가 아닌 새로운 형태의 분류 체계가 요청되었기 때문이다. 여기에서도 우리는 존재론적 재분류와 지식의 탄생 사이에서 성립하는 핵심적인 연관성을 확인할 수 있다.

1) 조선에서의 유서의 발달

본래 동양에서 사물들을 분류하는 서적은 '유서'라 불렸다. 유서 그 자체도 몇 가지로 분류된다. 유서는 대개 우주 및 인간 삶에 관한 모든 사물을 포괄해서 각 세목 아래에 그에 관한 단편적인 문구를 집록(이것을 '재문'이라 한다)하고 그다음에 시문 1·2 내지 4·5구를 곁들였다. '유서'라고 통칭되는 전적들을 살펴보면 대개 사물장실검색유서(事物掌實檢索類書), 사물기원검색유서(事物起源檢索類書), 문장사조검색유서(文章辭藻檢索類書) 등의 부류로 나눌 수 있다. 첫 번째 유서는 사물들에 대한 실제 경험을 분류해놓은 유서이고, 두 번째 것은 사물들의 시간적 유래에 초점을 맞춘 유서이며, 세 번째 것은 인간이 남긴 언어들에 대한 유서이다. 중국에서는 특히 역사·문물제도·문헌을 통람할 수 있는 9가지의 유서를 총칭하여 '구통(九通)'이라고 한다. 중국의 유서들은 여러 경로로 수입되어 조선 후기의 학문에 깊은 영향을 끼쳤다.

한국 유서의 역사상 최초의 편찬물은 고려 의종 때 문하시랑평장사 최윤의(崔允儀) 등이 엮은 『고금상정예문(古今詳定禮文)』인 듯하다. 진양공 최이(崔怡)를 대신하여 이규보(李奎報)가 지은 「신인상정예문발미(新印詳定禮文跋尾)」는 1234년경 강화도에서 『고금상정예문』 28부를 찍은 사실을 밝혀두었다. 『상정예문』은 최윤의 등 17명이 왕명으로 고금의 예의를 수집, 고증하여 50권으로 엮은 전례서(典禮書)로, 고금의 예문을 모아 편찬하는 방식은 유서의 제제를 취하였을 것이다. 조선 중기 김휴(金烋)의 『해동문헌총록(海東文獻總錄)』에 의하면, 이 책은 역대 조종(祖宗)의 헌장(憲章)을 모으고, 한국의 고금 예의와 중국 당나라의 예의를 참작하여 왕실의 의례와 백관의 복장 등을 다루었다고 했다. 이 무렵 중국에서 유서들을 수입하여 활용하는 예들이 적지 않았을 것이다. 특히 14세기 전반 고려의 문인들은 원나라 제과(制科)에 응시할 수 있었는데, 이때 과거 준비용으로 원나라에서 간행된 유서들이 그 응시자들 사이에 크게 이용되었을 것이다. 이미 조선 초기에 정도전(鄭道傳)은 『경제문감(經濟文鑑)』(1395)을 편찬할 때 중국의 유서인 『문헌통고(文獻通考)』와 『산당고색(山堂考索)』을 상당히 참고했다(도현철, 2003).

단 현재 남아 있는 한국의 독자적인 유서들은 모두 조선 시대에 편찬된 것들이다. 가장 이른 시기의 것으로는 1554년(명종 9) 어숙권(魚叔權)이 엮은 『고사촬요(攷事撮要)』와 선조 대 권문해(權文海)가 엮은 『대동운부군옥(大東韻府群玉)』을 들 수 있다. 어숙권의 『고사촬요』는 사대교린(事大交鄰)의 문제를 중심으로 기타 여러 시사 관련 상식을 포함한 저술이다(金致雨, 1999). 『고사촬요』는 조선 후기에도 문물제도의 고실(考實)에 긴요한 서적으로 간주되었다. 권문해는 대구의 부사(府使)로 있을 때인 1589년(선조 22) 『대동운부군옥』 20권 20책을 편찬했다.[22] 권문해의 『대동운부군옥』은 우리나라 고사와 물명을 대상으로 충실히 전거를 밝힌 사전인데, 『운부군옥』의 체제를 취하여 표제항을 운목(韻目)별로 나열했다. 유서의 분부(分部) 방식을 취하지 않은 유서라고 할 수 있다.

조선 시대에 나온 유서들은 내용과 형식을 세분해서 살펴보면 대략 10개 부류로 분류할 수가 있다. (1) 일화집성 유서: 『속몽구(續蒙求)』, (2) 한국의 시사 상식 집성 유서: 『고사촬요』, (3) 한국의 고사 집성 유서: 『대동운부군옥』, (4) 중국 유서의 휘집 유서: 『유원총보(類苑叢寶)』·『신보휘어(新補彙語)』·『고금설원(古今說苑)』·『잡동산이(雜同散異)』·『문시(文始)』, (5) 한중 문헌의 휘집 유서: 『견첩록(見捷錄)』, (6) 경서 및 주자학 관련 전고류 유서: 『설류찬(說類纂)』·『정서분류(程書分類)』·『성리관규(性理管窺)』, (7) 역사 관련 유서: 『사요취선(史要聚選)』·『역대회령(歷代會靈)』, (8) 천문 관련 유서: 『정관편(井觀篇)』, (9) 가정생활용 유서: 『규합총서(閨閤叢書)』·『청규박물지(淸閨博物志)』, (10) 국고 전장의 유서: 『고사신서(攷事新書)』·『증보문헌비고(增補文獻備考)』.

대체로 보아 임진왜란 이후 처음에는 중국 유서를 휘집한 유서들이 나왔다. 김진(金搢)의 『신보휘어』가 그 효시이며, 이후 김육(金堉)의 『유원총보』, 오명리(吳命釐)의 『고금설원(고금세원)』(1654년 편), 심능숙(沈能淑)의 『문시』가 나왔다. 『신보휘어』는 분운(分韻) 체제이지만 『유원총보』와 『고금설원』은 분문(分門) 체제이다. 또 한국

---

22 단 목판으로 간행된 것은 19세기 중엽에 이르러서이다.

과 중국의 유서를 종합하는 유서도 이루어졌다. 안정복(安鼎福)의 『잡동산이』는 그 대표적인 예이다. 근세에는 중국 유서와 한국 유서를 종합한 『견첩록』이 이루어졌다.

이렇듯 중국 유서를 참조하여 정보를 집적하는 방식은 임진왜란 이후 조선 말까지 계속되었지만, 17세기 이후에는 여러 형태의 독자적 유서들도 족출했다. 우선 17세기에 이수광(李睟光)은 『지봉유설(芝峰類說)』 20권 10책을 엮었고, 영조 때 이익(李瀷)의 『성호사설(星湖僿說)』 30권 30책, 19세기 중반 이규경(李圭景)의 『오주연문장전산고(五洲衍文長箋散稿)』 60책, 고종 때 이유원(李裕元)의 『임하필기(林下筆記)』 39권 33책 등도 한국 고금의 정치·사회·경제·지리·풍속·언어·역사 등에 관한 유서들이다.

조선 후기에는 국가 주도로 유서를 편찬하기도 했다. 영조 때 처음 편찬되기 시작한 『문헌비고(文獻備考)』는 그 대표적인 예이다. 이것은 중국에서 9통 혹은 10통, 일통지, 그리고 『삼재도회』가 편찬된 것과도 비견된다. 영조 45-46년(1669-1770)에 영의정 홍봉한(洪鳳漢) 등 25인은 왕명에 따라 조선 개국 이래 최초로 우리의 문화 제반에 관한 자료를 집성하여 『동국문헌비고』 100권 40책을 편찬했다.[23] 분문과 문헌 집성에는 조선 개국 이래 최초로 문화 전반에

---

[23] 命刊『東國文獻備考』. 其書凡例, 悉倣『文獻通考』, 而只蒐輯我朝事. 選文學之臣, 以領之晝夜董役(『英祖實錄』 권113, 45년(1769) 12월 24일 임신);『文獻備考』「象緯考」成, 上親受崇政殿, 賞編輯堂郎有差. 上以『備考』之成, 基於申景濬『疆域志』, 特命加資(『英祖實錄』 권114, 46년(1770) 윤5월 16일 신유); 編輯廳堂郎, 陪進新刊『東國文獻備考』四十卷, 上御崇政殿月臺, 降階親受之, 監印堂上洪名漢·李潭並加資, 餘各賞賚有差(『英祖實錄』 권115, 46년(1770) 8월 5일 무인).

관한 자료를 집성하려는 왕조의 의지가 작용했다. 이것은 여러 차례 수정을 거쳐 1908년(융희 2)에 홍문관에서 『증보문헌비고』 250권 40책으로 간행되었다.

영조 연간 이후에 국가제도의 연혁을 총정리하려는 시도가 조정에서도 사대부 사이에서도 일어났다. 이러한 책들은 대개 간행되지 않고 집안에서 열람되었다. 따라서 유서를 통하여 지식이 광범위하게 공유되지는 않았다고 말할 수 있다. 하지만 유서의 편찬은 거의 동시 병발적으로 이루어졌다. 이것을 보면 조선 후기에는 많은 지식인이 지식 정보의 정리와 분류에 고심하게 되는 사고의 변환을 겪었음을 알 수 있다.

2) 조선 학자들의 경험적 분류 체계

한국의 고대와 중세에는 한자/한문 문헌의 수입과 저작이 많아짐에 따라 한문 원문의 뜻을 정확히 전달하기 위해 협주(夾註)를 활용했다. 한자 어휘가 증가된 시점에 정치 행정 용례집을 편찬하였을 가능성도 있다. 한국에는 고대와 중세의 사전이 남아 있지 않지만, 9세기에 불경음의(佛經音義)가 존재하였으므로 분류식 사전도 이른 시기에 나왔으리라 추정된다. 또한 고유의 의서(醫書)를 엮어 약명(藥名)과 의방(醫方)을 설명하기 위해 사전적 정의를 부가하였을 가능성도 있다.

조선 시대에는 한자 어휘를 정리한 물명류(어휘집)도 유서와 마찬가지로 분문(分門)의 방식을 채택했다. 이 유형의 유서들은 기본적으로 사의(詞義), 성어(成語), 전고(典故)를 해석하는 사서(詞書)로서의 기능을 지녔다. '사서'란 중국 고전 문헌학에서 말하는 자의 (字義)의 류, 즉 어의분류사전을 가리키며, 『이아(爾雅)』가 그 초기의 예에 속한다. 또한 중국에서는 글자의 성운(聲韻)을 분석한 운서 (韻書)도 각 글자마다 훈해(訓解)를 배치함으로써 전체적으로 보면 '사서'의 성질을 지녔다. 조선의 물명류는 대구조 면에서는 운서보다 유서의 체제를 취했다. 다만 각 어휘의 훈석은 출전을 밝히지 않아서, 유서의 훈석 방식이나 사서의 상주본(詳註本)과는 다르다. 물명류는 매우 간단한 단어장의 형태이지만 조선 후기에 이르러 물명류는 새로운 분류를 고안하고 기왕의 분류목을 조정하는 등 사물들을 보는 방식에서 이전과는 다른 모습을 드러내기 시작했다. 근세에 이르러서는 생활세계의 복잡한 사항들을 종래의 관념적, 선험적 분류만으로는 정리할 수가 없게 되었기 때문이다. 물명류의 편찬 체제에 나타난 분류 방식의 변화는 독자적 유서의 항목 분류 방식의 변화와 상당히 밀접한 관련이 있다. 이 변화는 곧 성리학적인 사변 체계로부터 경험적 지식 추구로의 이행을 드러내고 있다.

조선 후기의 유서는 중국 유서나 전적의 내용을 재편집하고 부를 세워 정리했다. 물론 조선 시대에 많이 이용된 유서의 하나인 『태평어람(太平御覽)』54부는 조선 후기 유서 체제에 일정한 영향을 끼쳤다. 조선 후기의 유서는 상당수가 천부-지부(天部—地部)의 대립 유목을 취하지, 건도-곤상(乾道—坤象)의 대립 유목을 취하는 일이 없는데, 그것은 아마도 『태평어람』의 분문(分門)과 관련이 있을 듯하다. 사실 조선의 지식과 사물의 분류 방식에서 가장 널리 참고가 된 것은 『태평어람』의 55부나 『옥해(玉海)』의 21부 등 중국 유서의 분목(分目)이었다. 하지만 조선 학자들은 이런 유서들을 참조하면서도 자신들의 고유한 분류 체계를 만들어나갔다.

조선 시대에 이루어진 최초의 잡고류 유서인 이수광의 『지봉유설』(1614)은 20권 25부문에 3,435항목을 나열했다. 그 분목은 다음과 같다. 천문(天文), 시령(時令), 재이(災異), 지리(地理), 제국(諸國), 군도(君道), 병정(兵政), 관직(官職), 유도(儒道), 경서(經書), 문자(文字), 문장(文章), 인물(人物), 성행(性行), 신형(身形), 어언(語言), 인사(人事), 잡사(雜事), 기예(技藝), 외도(外道), 궁실(宮室), 복용(服用), 식물(食物), 훼목(卉木), 금충(禽蟲).

이 분류에서 천문-지리의 문목은 『옥해』를 따랐지만, 군왕지치(君王之治)에 한정하지 않고 인사, 잡사와 조수초목충어(鳥獸草木蟲魚)에 이르는 분류목을 설정한 것은 『태평어람』의 분류목을 의식한 듯하다.

한편 18세기에 이르러 이익은 잡고류 유서인 『성호사설』 30권을 편찬했다. 그 제자 안정복(安鼎福)이 원고를 정리하였는데, 안정복은 전체를 5개 부문으로 줄인 반면, 소목차는 상세하게 나누었다. 이는 사물들을 분류함에 있어 대분류와 소분류의 관계를 좀 더 정교하게 짜는 방식을 개발하였음을 뜻한다.

3) 새로운 유서들과 경험지(經驗知)의 형성

근대 이전의 학자들은 공부할 때 우선 초록을 중시하였기 때문에 유서를 만드는 일이 많았다. 그런데 조선 후기의 지식인들은 초록한 정보들을 체계화하고 사실을 확인하여 논증하는 일을 더욱 중시하게 되었다. 곧 조선 후기의 지식인들은 생활에 밀접한 사물에 대해서만 각별히 고증을 한 것이 아니라, 경서의 자구, 역사의 사실, 민족문화의 제상(諸相) 등 여러 사실에 대해 문헌의 오류를 비판하고 실상을 제시하고자 노력했다. 박지원(朴趾源)의 「동란섭필(銅蘭涉筆)」과 「구외이문(口外異聞)」은 『열하일기』에 들어 있는데, 그 자체가 고증적 유서이다. 조선 후기의 일부 지식인들은 변증적 논문들을 집성하여 유별로 분류하기도 했다. 즉 변증적 수필의 집성 형태로 이루어진 유서로, 『지봉유설』과 『성호사설』 이후 여러 편저가 나왔다. 서유구(徐有榘)의 『임원경제지(林園經濟志)』는 관찰과 분석을 중시하게 된 기점에서 이루어진 백과사전으로서 매우 큰 가치를 지닌다.

조선 후기의 학자들은 기본적인 학문 방법으로 문헌 자료를 초록하고 외래의 유서를 참조하여 분류목을 조정하는 일에 그치지 않고, 초록한 정보들을 새로운 방식으로 체계화하여 유서로 엮거나 변증을 가하여 잡고를 만들기 시작했다.

곧 유형원(柳馨遠, 1622-1673) 이후로 지식인들은 인간과 역사(현실)를 종합적으로 이해하기 위해 개별 사물을 관찰하고 경험 사실을 분석하였으며, 문헌 정보와 경험 사실을 분류법을 활용해서 체계화하려고 시도했다. 이익의 『성호사설』에서부터 이규경의 『오주연문장전산고』에 이르기까지 많은 학자가 천문·역법·역사·지리·문학·음운·종교·풍속·언어·고사 등 갖가지 영역의 사실을 기록하고 변증했다(심경호, 2003). 이들은 개별적인 사물들에 모두 지극한 이치가 담겨 있다고 보는 성리학자의 관점을 발전시키면서 관념성을 배격하고 경험 사실을 관찰하고 분석하는 '탐구의 학'을 발전시켰다.

조선 후기 이덕무의 『이목구심서(耳目口心書)』 등 많은 잡저류 저술은 필기(筆記)와 유서의 경계에 있다. 유서는 정보의 취합 및 전달을 목적으로 하지만 필기는 정보에 대한 흥미에 더 초점이 놓인다. 사실 『이목구심서』는 연역적인 구성을 하지 않고 취득 정보를 하나의 새로운 지식 경험으로 간주하여 그것들을 집성한 것이라고 할 수 있다. 이덕무는 '이문(耳聞)'을 중시하였는데, 그것은 '도문학(道問學)'과 '존덕성(尊德性)'의 두 공부 가운데 '도문학'의 가치를 적극적으로 인정하였기 때문이다. 한편 조선 후기의 많은 필기, 혹은 유서들은 필기와 유서의 경계가 모호한 것들이 많다. 이것들은 기존의 범주를 활용하지 않고 경험 지식을 최대한 흡수하려는 과정에서 이루어진 것들이라고 평가할 수 있을 것이다.

또한 조선 후기의 지식인들은 자신의 저술을 총서의 형태로 엮기도 했다. 허목(許穆)은 스스로의 시문 저술을 모아 『기언(記言)』을 편찬하면서 유서의 체제를 취하기까지 했다.[24] 그리고 18-19세기의 일부 지식인들은 민족문화의 사실들을 체계적으로 정리하여 총서를 편찬하려는 기획을 세우고 실행했다. 또한 정사 자료보다는 야사 자료들을 적극적으로 활용하여 역사 무대에서 활동한 다양한 인물에 관한 자료들을 분류하여 편찬하고, 사화나 당쟁 등 정치 사건의 자료들을 정리하기도 했다. 홍경모(洪敬謨)가 『대동장고(大東掌故)』의 '보편'을 기초로 새로운 종합 인물지를 편찬하려고 한 것은

---

[24] 記言一書, 有原集, 有續集. 上篇中篇下篇雜篇內篇外篇等篇, 甲寅以前所著, 而謂之原集者也. 續集散稿敍述等篇, 甲寅以後所著, 而謂之續集者也. 其序列標題, 別用事例若類書然者, 皆先生所自纂定者, 故一依先生成規入梓(許穆, 『眉叟記言』「凡例」제1조항).

후자의 대표적인 예이다.

조선 후기의 지식 정보와 사물을 분류하는 방식은 선험적 전제와 경험적 검증의 두 축 사이에서 진동했다. 여기서는 조선 후기의 물명류와 유서의 주요한 성과에 대해 그 특징을 개괄하였는데, 그 분류의 방식은 물명류와 유서의 세계에서 완결된 것이 아니었다. 인물록과 총서와 같이 각각의 특색 있는 자료들을 휘집(彙集)하는 방식에도 새로운 분류 의식이 태동되어 있었다.

유서 가운데는 통서(通書)의 영향으로 잡박한 내용도 있다. 이를테면 박흥생(朴興生)의 『촬요신서(撮要新書)』에는 원나라 때 유행하여 당시 일상생활에서도 활용되었던 통서의 내용을 정리한 듯한 내용이 있다. 중국의 대중사회에서는 어떤 일이든 길흉을 점쳐서 길일을 택하여 행동해왔는데, 그 지표가 되는 것이 통서이다. 이것은 일종의 역서(曆書)이면서 일상의 상식을 모두 포함했다. 아마도 원나라 때 유행한 통서의 전통이 조선 초에까지 이어졌던 듯하다. 뒤에 홍만선(洪萬選)도 『산림경제(山林經濟)』에서 택길의 점법을 대대적으로 소개했다. 『산림경제』의 「잡방」에 '노비에게 도망할 마음이 없게 하는 법[使奴婢無逃心方]'이 있다. 이렇게 조선 후기의 유서는 문헌 정보와 경험 사실을 재해석하여 유별화함으로써 지식을 일정한 체계로 구축하려 하였지만 그 문헌 정보와 경험 사실의 재해석에는 일정한 한계가 있었던 것도 사실이다.

하지만 조선 후기에 유서의 분류 체계가 다양하게 시도되고, 문헌 자료는 물론 경험 사실을 바탕으로 한 고증이 적극 이루어진 과정을 보면, 조선의 학문이 성리학적 분류 체계로부터 경험적 분류 체계로의 거대한 전환을 겪었다는 사실을 알 수가 있다. 조선 후기의 새로운 지식은 존재론적 재-분절로부터 탄생했다. 조선 후기 지식인들은 분류의 문제에서 '자연의 빛'을 중시한다거나 자연종의 원리를 상상하는 것과 같은 일정한 결론에 도달하지는 못했다. 하지만 조선 후기 지식인들은 지식과 사물의 명료한 인식과 상호 연관을 이해하기 위해 부단히 고투하였으며, 그 고투가 곧 종래의 고루한 인습이나 권위적 논리를 부정하는 힘을 드러내었다.

5. 맺음말

이상의 논의를 통해서 우리가 밝힌 것은 학문/사유의 역사에서 어떤 새로운 존재론적 재분절화가 도래하면, 그러한 재분절화를 토대로 새로운 형태의 지식이 등장한다는 사실이다. 우리는 이런 가설을 현대 서양의 자연과학, 근현대 서양의 인간과학, 그리고 근대 동양의 학문 일반이라는 이질적인 세 영역에서 공통으로 확인할 수 있었다. 논의의 첫 번째 대목에서는 자연과학을 소재로 우리 논지의 기본 뼈대에 대한 논리적 분석에 역점을 두었고, 두 번째 대목에서는 서양 인간과학을 소재로 실제 역사에서의 존재론적 재-분류와 지식 탄생의 과정을 짚어봤으며, 세 번째 대목에서는 이미 확립된 논지를 조선 후기 문헌들에 대한 상세한 분석을 통해서 검증하고자 했다.

우리의 논의가 앞으로 보충해야 할 핵심적인 논의는 왜 어떤 특정한 시대, 특정한 지역에서 사물을 분류해 바라보는 시각이 변화하는지에 대한 것이다. 이 논의는 철학적 논의를 넘어 매우 광범위한 논의를 필요로 하는 주제일 것이며, 앞으로 여러 분야의 학자들이 공동으로 해명해나가야 할 문제일 것이다.

참고 문헌

『英祖實錄』(국사편찬위원회, 영인, 1968).
『弘齋全書』(한국문집총간, 262-267, 한국고전번역원, 2001).
『眉叟記言』(한국문집총간, 98-99, 한국고전번역원, 1988).
군지(郡司), 2013, 『생명이론』, 박철은 옮김, 그린비.
김치우, 1999, 「朝鮮朝 前期 地方刊本의 硏究 : 冊板目錄 所載의 傳存本을 中心으로」, 성균관대학교 박사 학위논문.
도현철, 2003, 「『경제문감』의 인용전거로 본 정도전의 정치사상」, 『역사학보』 165: 69-102.
심경호, 2003, 「박지원과 이덕무의 戲文 교환에 대하여: 박지원의 『산해경』東荒經 補經과 이덕무의 注에 나타난 지식론의 문제와 훈고학의 해학적 전용 방식, 그리고 척독 교환의 인간학적 의의」, 『한국한문학연구』 제31집, 한국한문학회.
심경호, 2013, 『한국한문기초학사』(1-3), 태학사.
이상욱, 2014, 「갈릴레오의 과학 연구: 과학철학적 STS(과학기술학) 교육의 한 사례」, 『과학철학』 17(2): 127-151.
자콥, 프랑수아, 2005, 『생명의 논리』, 이정우 옮김, 민음사.
푸코, 미셸, 2004, 『지식의 고고학』, 이정우 옮김, 민음사.
푸코, 미셸, 2011, 『담론의 질서』, 이정우 옮김, 새길아카데미.
Boyd, R., 1999, "Kinds, Complexity and Multiple Realizability", *Philosophical Studies* 95: 67-98.
Chang, H., 2012, *Is Water H2O?: Evidence, Realism and Pluralism*, London: Springer.
Daston, Lorraine and Park, Catherine, 1998, *Wonders and the Order of Nature 1150-1750*, New York: Zone Books.

Dawkins, R., 1996, *The Blind Watchmaker*, subsequent edition, New York: W.W. Norton.

Dupré, J., 1993, *The Disorder of Things: Metaphysical Foundations of the Disunity of Science*, Cambridge, MA: Harvard University Press.

Ereshefsky, M., 1998, "Species Pluralism and Anti-Realism", *Philosophy of Science* 65(1): 103-120.

Fodor, J. A., 1974, "Special Sciences or the Disunity of the Sciences as a Working Hypothesis", *Synthese* 28: 97-115.

Fodor, J. A., 1997, "Special Sciences: Still Autonomous After all these Years", *Philosophical Perspectives* 11: 149-163.

Goodman, N., 1978, *Ways of Worldmaking*, Indianaplis, IN: Hackett.

Hacking, I., 2004, *Historical Ontology*, Cambridge, MA: Harvard University Press.

Hendry, R., 2006, "Elements, Compoundsand Other Chemical Kinds", *Philosophy of Science* 73: 864-875.

Kitcher, P., 1984, "Species", *Philosophy of Science* 51: 308-333.

Kripke, S., 1980, *Naming and Necessity*, Oxford: Basil Blackwell.

Kuhn, T., 2000, *The Road Since Structure*, Chicago, IL: Chicago University Press.

Mayr, E., 1969, *Principles of Systematic Biology*, New York: McGraw Hill.

Needham, P., 2002, "The Discovery that Water is H2O", *International Studies in the Philosophy of Science* 16: 205-226.

Putnam, H., 1975, *Mind, Language, and Reality*, Cambridge: Cambridge University Press.

Scerri, E., 2011, *The Periodic Table: A Very Short Introduction*, Oxford: Oxford University Press.

Schlegel, F., 2013, *The Philosophy of Life, the Philosophy of Language*, In a Course of Lectures, CreateSpace Independent Publishing Platform.

Serres M., 1968, *Le système de Leibniz*, PUF.

Sober, E., 1980, "Evolution, Population Thinking and Essentialism", *Philosophy of Science* 47: 250-283.

Westfall, Richard S., 1983, *Never at Rest: A Biography of Isaac Newton*, Cambridge:

Cambridge University Press.

Yi, Sang Wook, 2003, "Reduction of Thermodynamics: A Few Problems", *Philosophy of Science* 70: 1028-1038.

로봇의 존재론적 지위에 관한 동·서 철학적 고찰

비인간적 인격체로서의 가능성을 중심으로

이중원·김형찬

1. 무엇을 다룰 것인가

21세기에 들어오자마자 인간의 생활 세계에 나타난 커다란 변화가 있다면, 실제로 인간의 지적 능력을 훨씬 뛰어넘는 인공지능 컴퓨터 및 프로그램이 구체적으로 현실화되고 있다는 점이다. 가령 세계 최고의 체스 선수를 연거푸 이긴 '딥 블루'라는 인공지능 컴퓨터, 포커 게임에서 매우 높은 승률을 자랑하는 인공지능 프로그램 '케페우스', 미국의 제퍼디 퀴즈 쇼에서 과거의 쟁쟁한 우승자들을 이기고 우승한 IBM의 인공지능 컴퓨터 '왓슨' 등등. 예전에는 주로 공상과학소설이나 영화 속에서나 나올 법한 얘기였지만, 이제는 현실이 되어가고 있다. 이들은 어떤 특정한 영역에서 인간의 지능을 훨씬 뛰어넘는 고도의 인지능력을 지녔다는 공통점을 갖고 있다.

하지만 근래에 와서는 인간의 지적 능력을 뛰어넘는 인공지능 컴퓨터보다도, 인간처럼 생각하고 행동하는 인공지능을 갖춘 휴머노이드 로봇에 점점 더 관심이 높아지고 있다. 높은 지능에만 국한된 것이 아니라 인간처럼 스스로 학습하면서 성장하고, 인간의 감정을 표현하고 인간과 감성적 대화를 나누며, 인간처럼 자율적으로 판단하고 행동하는 로봇에 관심이 집중되고 이를 위한 기술 개발이 진행되고 있다.

머지않은 미래에 로봇은 기본적으로 이와 같은 인공지능을 갖고 태어날 것이다. 이렇게 태어난 로봇은 일차적으로 고도로 지능적이고 이성적인 전문 작업을 인간을 훨씬 능가하여 수행할 것이다. 이미 개발돼 활용되고 있는 전문가 프로그램이 이를 잘 말해주고 있다. 나아가 인간과 유사한 감성도 표현할 수 있게 될 것이다. 인간적인 감성을 표현하기 위해서는 감각적인 정보를 수집·분석하고 표현할 수 있는 감각 지각 능력과 사랑, 동정, 분노 등 고차적인 감정을 표현할 수 있는 능력이 필요하다. 이 역시 현재의 감성 인식 및 추론 그리고 표현 기술이 보다 발전한다면 충분히 가능하게 될 것이다. 그뿐만 아니라 여기에 더해 창의성과 자율성도 가질 수 있는데, 이를 위해서는 스스로 학습하면서 최초 입력된 프로그램을 뛰어넘어 새로운 것을 창출하는 자기 주도 학습 능력이 중요하다. 이 또한 아직은 초보적인 단계이지만 이미 인공지능 로봇들에 응용되고 있는 머신 러닝 기술과 이와 연계된 빅 데이터 분석 기술이 일정 수준에서 이를 구현하고 있다.

이미 인간에게서 잘 드러났듯이 이런 이성, 감성, 창의성, 자율성 요소들은 자의식, 자유의지 나아가 이들을 모두 포함하는 자아를 형성하는 데 중요한 역할을 한다. 마찬가지로 로봇에서도 관련 기술들이 보다 발전하여 이러한 요소들을 구현할 수 있다면, 인간의 수준에는 못 미치더라도 일정 수준에서 자의식을 갖춘 자아를 형성할 수 있을 것이다. 만약 그렇게 된다면 인공지능 로봇 역시 인간과 동일하진 않지만 하나의 자율적인 인격체로서 그 존재성을 인정받을 수 있지 않을까.

만약 이런 인공지능을 갖춘 휴머노이드 로봇이 가능하다면, 이는 우리에게 그동안 접해보지 못한 새로운 철학적 문제를 던져준다. 지금까지 인간에게 주로 귀속돼왔던 지능, 감성, 자의식, 자율성, 자유의지 등과 같은 능력들을 로봇이 일정 수준에서 갖추고 인간처럼 생각하고 판단하며 행동하게 된다면, 이 로봇의 정체를 존재론적으로 어떻게 규정할 것인가의 문제다. 즉 인간을 포함한 다른 존재자들과 비교해볼 때 이런 로봇의 존재론적 위상과 본질은 무엇인가 하는 것이다. 한편 이런 로봇의 구현은 그동안 주로 철학적 분석에 의존해왔던 지능, 감성, 자의식, 자율성, 자유의지 등과 같은 인간성의 조건들에 대해 어느 정도 과학적 설명이 가능해졌다는 의미도 갖는다. 하지만 실제로 로봇에서 구현된 것이 인간에서와 같은 진정한 지능, 감성, 자의식, 자율성, 자유의지인가의 문제는 여전히 남게 되므로, 철학은 앞으로 뇌 과학의 실증적 연구 성과를 바탕으로 이 개념들을 좀 더 엄밀하게 분석하고 정교하게 다듬을 필요가 있다.

이 글에서는 어느 정도 인간처럼 느끼고 생각하고 행동하는 인공지능 휴머노이드 로봇을 비인간적 인격체로 간주하고, 이를 지지해줄 수 있는 존재론적 차원의 논거들을 서양 및 동양의 철학적 사유 안에서, 특히 서양의 근현대 철학과 동양의 유학에 주목하여 찾아보고자 한다. 그런데 이는 사실 지능, 감성, 자의식, 자율성, 자유의지 등의 본성에 관한 이해와 밀접하게 연관돼 있다. 동서양을 막론하고 이들의 본성에 대한 이해는 서로 다를 뿐 아니라 어떤 경우는 논쟁적이므로, 결국 어떤 철학적 관점을 견지하는가가 매우 중요해진다. 정리하면 비인간적 인격체로서의 로봇의 존재론적 위상을 지지해줄 수 있는 지능, 감성, 자의식, 자율성, 자유의지 등에 대한 지금까지의 철학적 입장들을 살펴볼 것이다. 논의를 보다 체계적으로 진행하기 위해 이성적 사고 및 지능과 관련한 인지적 측면, 지능보다는 감성이나 자의식, 자율성, 자유의지 등과 연관된 의식적 측면, 그리고 이것들의 외부적 표출이자 도덕적 판단의 근거가 되는 행위적 측면으로 나누어 살펴볼 것이다. 이러한 분석은 향후 인공지능 휴머노이드 로봇과 인간의 관계를 올바로 이해하고 정립하는 데 매우 중요한 역할을 할 것으로 기대된다.

2. 탈인간중심적인 인격성 개념

먼저 이 글에서 언급하려는 인격성 개념부터 살펴보자. 경험론자이면서 다른 경험론자들과는 달리 이성 활동의 중요성을 받아들인 철학자 존 로크(J. Locke)는 『인간 지성론(An Essay concerning Human Understanding)』에서 근대적 개인 개념의 확립과 관련해서 인격의 동일성을 강조하고 이의 본질을 탐구하고 있다.[1] 로크는 우선 인격(person)의 동일성을 인간(man)의 동일성과 구분하고 있다. 식물이나 동물의 동일성이 기계와 마찬가지로 그 유기체를 구성하고 있는 물질적인 요소에 근거하고 있듯이 인간의 동일성 또한 이와 마찬가지라고 본 반면, 인격의 동일성은 '인격'에 있음을 강조하고 있다(Locke, 1975: 332). 여기서 로크가 강조하는 인격이란 "이성을 갖고 반성하며 시간과 장소의 변화에도 불구하고 자기 자신을 자기 자신으로 여길 수 있는 생각하는 지적 존재자"(Locke, 1975: 335)[2]를 가리킨다. 시간의 흐름과 다양한 경험 속에서 자신의 동일성을 생각할 수 있는 의식이 핵심이다. 즉 생각하거나 지각할 때 또는 무언가를 행할 때 그렇게 하고 있음을 알고 이러한 일련의 지각들과 사유들을 통해 자신과 타자를 구분하면서 스스로를 '자아(self)'라고 여길 수 있는 그런 의식, 경험을 통해 형성되어가는 자아와 이에 대한 의식인 자의식이 중요한 것이다.

한편 로크에게서 동일성은 논리적인 동일성이 아니다. 그것은 시간의 흐름 속에서 다양한 경험을 통해 만들어지고 구성되어가는 동일성이다. 그런 면에서 로크의 인격성 개념 나아가 인격의 동일성은 본질이 항상 변하지 않는 어떤 실체론적 존재나 물질적 요소에 근거하고 있는 합리론자의 그것과 근본적으로 다르다. 그렇다면 이제 문제는 이러한 인격의 동일성을 경험론적 관점에서 어떻게

---

[1] 로크의 작업은 궁극적으로는 근대적인 개인 개념에 대한 철학적 토대를 확립하려는 데 있다. 즉 르네상스 이후 새롭게 등장한 인간에 초점을 두고 근대적 개인의 정체성을 인격의 동일성으로부터 구축하려 한다. 하지만 그의 인격성 개념은 인간에만 국한되지 않는다(Locke, 1975: 2권 27장).
[2] 철학사에서 인격이란 개념을 체계적으로 정의한 사람은 중세의 보이티우스(Boethius)인데, 그에 의하면 인격은 '합리적(혹은 지성적) 본성을 지닌 개별적 실체'다.

확보하는가인데, 이에 대해 로크는 의식이 수행하는 기억의 역할을 강조하고 있다. 즉 기억을 통해 모든 인격적 존재자들은 과거의 자신과 현재의 자신을 동일시할 수 있다는 것이다.[3]

정리하면 로크에게 있어 인격 개념은 다음과 같은 특성들을 지니고 있다고 말할 수 있다. 즉 인격은 경험적 지각 및 인지 능력과 함께 합리적 본성을 지니고 있고, 시간의 흐름 속에서 타자와 구분되는 자아를 구축해가며, 이런 자아를 시간의 변화에도 불구하고 기억을 통해 동일시할 수 있는 의식 능력을 갖고 있다. 로크의 이러한 인격 개념은 철학사에서 세 가지 의의를 지닌다고 할 수 있다.

우선 인격 개념은 기존의 전통 철학에서 강조해온 '인간(man)' 개념과 구분된다. 전통적인 인간 개념이 불변하는 실체의 관점 혹은 육체와 영혼의 관점에 기초했다면, 로크의 인격 개념은 시간 속에서의 변화를 전제로 한 의식의 관점에 서 있다. 둘째 이 인격 개념을 바탕으로 로크는 새로운 근대적 개인 개념을 확립하고 이를 그의 실천적 정치철학의 기초로 삼았다는 점이다. 마지막으로 비록 인격 개념 안에 포함된 다양한 속성들이 인간으로부터 유래되었다 하더라도, 로크의 인격을 반드시 인간과 동일시할 필요는 없다는 점이다. 즉 어떤 존재자가 전술한 인격의 특성들을 만족하는 경우, 달리 말해 시간의 흐름 속에서 변화와 함께 기억을 통해 자신을 동일시할 수 있는 그런 의식적 능력을 가진 존재자가 있다면, 그 무엇

---

[3] "이 의식이 어떤 과거의 행동이나 생각을 향해 과거로 확대될 수 있는 만큼 멀리 그 인격의 동일성은 도달한다. 당시 있었던 것은 지금과 같은 자아이고, 그 행동을 한 것은 지금 그것을 성찰하는 이 현재의 자아와 같은 자아이다."(Locke, 1975: 335)

이든 로크적인 의미에서 인격성을 가졌다고 말할 수 있다. 따라서 인간처럼 생각하고 판단하며 행동하는 로봇이 존재한다면, 이에 로크의 인격 개념을 충분히 적용해볼 수 있을 것이다.

3. 인격체의 요건으로서의 마음

마음이 하는 일은 보통 크게 세 가지다. 인지, 감성, 욕망이 그것이다. 서양 근세 초기에 데카르트는 마음의 작용이란 우선 육체나 물질로 환원할 수 없는 고차적 수준의 독립된 과정이라고 보았다. 육체를 상징하는 데카르트의 자동기계(automaton)는 자체의 의지나 느낌 그리고 의식을 갖지 않는다. 한마디로 육체와 정신은 서로 다른 두 개의 독립된 실체인 것이다(데카르트의 심신 이원론). 이와는 정반대로 마음을 뇌의 물리적 상태로 보는 환원주의적 입장도 있다. 즉 마음에서 일어난 사건은 곧 뇌에서 일어난 사건과 동일하다고 본다(유물론의 심신일원론, 혹은 환원적 물리주의). 이 외에도 마음에 관한 다양한 주장들이 존재하는데, 특별히 20세기 후반에 들어오면서 컴퓨터 및 인지과학의 발전에 힘입어 정보 개념을 바탕으로 한 다양한 마음의 모형들이 제시되고 있다. 좀 더 구체적으로 살펴보자.

인지과학에서 관심을 갖는 부분은 엄격히 말하면 마음의 작동 가운데 일부인 인지로서, 일반적으로 지식, 사고, 추리, 문제 해결, 지각, 기억, 학습 능력 등을 포함한다. 한마디로 지능과 직접적으로 관련돼 있다. 인지과학은 뇌의 인지 활동 및 능력과 관련하여 다음의 상관관계, 곧 마음-뇌-컴퓨터(Mind-Brain-Computer)의 긴밀한 연관성을 강조한다. 즉 마음과 컴퓨터를 본질적으로 동일한 원리에 따라 작동하는 정보처리 체계(Information Processing System)로 본다. 다시 말해 뇌나 컴퓨터에서 정보처리가 어떻게 일어나고 이것이 자연 지능이나 인공지능을 어떻게 구현하는지를 살펴봄으로써 마음의 본질을 이해하려 한다.

여기에서는 크게 두 가지 관점이 주류를 형성해왔는데, 하나는 기호주의(symbolism) 혹은 계산주의(computationalism) 관점이고, 다른 하나는 연결주의(connectionism) 관점이다. 계산주의 관점은 마음의 작동 특히 인지 과정을 컴퓨터의 연산 과정과 동일한 것으로 간주한다. 즉 인지는 기호로 표시된 정보가 컴퓨터의 계산 규칙에 따라 처리되는 과정과 같다. 가령 튜링이나 퍼트남(H. Putnam)은 마음의 주관적인 경험이 자동기계 내의 어떤 상태와 비슷하다고 주장하였다(Putnam, 1960; Turing, 1950: 433-460). 이는 인지과학 초창기의 입장으로서 마음에 관한 고전적 인지주의 관점으로 잘 알려져 있다. 반면 연결주의는 뇌의 구조를 인공 신경망 모델의 형태로 모의하고, 마음의 작동 특히 인지를 이 모델 내에서의 특정한 방식의 연결과 작동의 과정으로 간주한다. 이 두 관점은 현재 마음 또는 의식을 인공적으로 모형화하는데, 즉 인공지능에게 마음 또는 의식을 부여하려 할 때 매우 유용하다.

계산주의 모형은 정해진 규칙을 따르는 기호 체계를 사용하여 문제와 관련한 기본 개념, 관계 및 제약 조건, 구체적 사실 등을 기호들의 형태로 표현하고, 이들 기호들을 적절히 변형하고 조작함으로써 추론, 의사 결정, 학습 등을 수행할 수 있다고 보는 입장이다.

이에 따르면 마음은 기호언어로 정보를 처리하는 디지털컴퓨터와 같은 것으로서, 일종의 계산 가능한 기호 체계다. 이러한 지능에 대한 설명력 외에도 계산주의 모형은 마음의 본질과 관련하여 다음과 같은 설명력을 가질 수 있다. 첫째 계산주의 모형에서는 뇌의 병렬처리에 관한 분석에 기초하여 의식적인 마음과 무의식적인 마음을 동시에 포괄하는 설명 체계를 제시할 수 있다. 둘째 자기반성 혹은 자의식에 대한 모델을 구현할 수 있다. 자각(awareness)의 주관적인 경험, 가령 통증의 실제 느낌이나 빨간색에 대한 느낌 등은 의식적인 마음과 관련돼 있다. 자기반성 절차는 하나의 계산 구조 내에 다른 계산 구조를 순환적으로 삽입하는 방식으로 구현 가능하다. 가령 컴퓨터에서는 하위 차원의 다양한 모델들을 대상으로 메타 차원에서 이들을 사용하기 위한 상위 모델을 구성할 수 있고, 이렇게 계속 상위 수준으로 올라가는 방식으로 자기반성 절차를 구현해낼 수 있다. 자기-기술적 튜링 기계가 한 가지 예다. 셋째 자유의지와 지향성을 모형화할 수 있다. 컴퓨터가 자신의 모델에 접근할 수 있고, 그것을 자기반성적으로 사용할 수 있다는 가설은 의식 경험에 대한 많은 사례에 의해 확인되었다. 우리는 자신이 무엇을 행하고 있는지를 반성할 능력을 가지며, 이러한 반성의 결과로 자신의 행동을 수정할 능력을 지닌다. 이러한 선택과 수정은 자유의지의 중요한 근원으로 간주될 수 있다.

결국 이러한 계산주의 모형에 따르면, 의식이란 한 부류의 특정한 소프트웨어적인 계산 절차들의 성질에 다름 아니다. 그것이 뇌에서 일어나는지 컴퓨터에서 일어나는지에 관한 하드웨어적 문제는 중요하지 않다. 심리철학에서 보면 마음에 관한 전형적인 기능주의 관점의 산물이다. 하지만 이 모형은 이미 설계된 지식을 하향식(top-down) 방식으로 입력한다는 점, 그리고 단순한 기계론적 논리 알고리즘을 사용한다는 점에서 많은 한계를 지니고 있다. 특히 인간에게서와 같은 자기반성이나 자의식 또는 자유의지를 구현하기엔 알고리즘이 너무 단순하다. 그러나 이러한 한계에도 불구하고 이 모형은 앞서 언급한 전통적인 인공지능인 딥 블루나 왓슨 등에는 잘 적용될 수 있다.

이러한 계산주의 모형의 단점을 보완하고자 등장한 것이 바로 연결주의 모형이다. 이 모형 역시 계산주의와 마찬가지로 인지 과정을 정보처리 과정으로 보지만, 그 과정이 직렬이 아닌 복잡한 병렬처리 방식이라는 점이 다르다. 뇌에 관한 신경생리학적 연구 성과에 기반하여 분산된 계산 요소들의 대규모 병렬 연결망이라는 인공 신경망 모델을 이용하여 인간의 인지 활동을 매우 입체적으로 설명하고 있다. 인공 신경망 모형은 인간의 인지적·행동적 기능을 뇌의 신경적 구조 및 과정들과 연결시켜 이해하려 한다. 즉 신경세포 단위에서 일어나는 활동이 상향식(bottom-up) 방식으로 어떻게 상위 지식의 형성과 행동에 연결되는가를 설명하려 한다.[4]

이 모형에서 뇌의 신경세포는 유닛(unit)으로, 신경세포의 수상돌기나 축색돌기는 전선으로, 신경세포들을 연결하는 시냅스는 가중치를 갖는 저항으로 표현되고, 유닛들은 서르 병렬적으로 연결된 것으로 모의된다. 유닛은 활성화의 값을 갖는데, 특정한 유닛이 다

---

[4] 연결주의 마음 이론에 대해서는 Rumelhart, McClelland and the PDP research group(1986)을 참조할 것.

른 유닛으로 보내는 신호의 강도와 다른 유닛에 대한 영향력의 정도가 이 활성화의 값에 의해 결정된다. 개별적 유닛의 연결에는 가중치가 부여되는데, 가중치가 양수이면 연결은 유닛을 흥분시키고 음수이면 억제시킨다. 이렇듯 연결 가중치의 수정으로 이미 표현된 지식의 구조가 변화하게 되는데 이것이 바로 학습이다. 신경망은 입력으로부터 목표값이 출력될 때까지 학습되지만, 계산주의 모형과는 달리 모든 과정을 통제하는 규칙들의 집합이 필요하지 않다. 그런 까닭에 이 모형에서는 자기 주도적 학습이 훨씬 용이하다. 또한 이 모형은 실제로 뇌의 신경망 구조와 작동 원리를 모의한 것인 만큼, 앞서 계산주의 모형에서는 약했던 인간의 자기반성이나 자의식 또는 자유의지를 구현하는 데 강점을 지닌다.

한편 최근 인지과학에서는 마음에 관한 지금까지의 두 모형과 다른 새로운 모형이 제안되고 있다. 앞선 계산주의 모형이 컴퓨터를 대상화한 것이고 연결주의 모형이 뇌와 연관된 것이라면, 새로운 모형인 '체화된(embodied) 마음' 혹은 '확장된 마음' 모형은 몸과 더불어 외재적인 환경의 역할을 강조한다.[5] 즉 인간의 마음이란 우리의 몸이 물리적, 사회적 환경에 적응하는 과정에서 문화적·사회적인 상호작용을 통해 구성된 것이라고 본다. 한마디로 마음이란 몸에 의해 체화된 그리고 사회나 문화로까지 확장된 인지인 것이

---

[5] 마음에 관한 인지과학의 세 번째 단계라고도 불리는 이 입장과 관련해서 다양한 주장들이 존재한다. 인지심리학자인 Wilson(2002)의 경우 체화성을 강조하는 반면, Gomila and Calvo(2008)는 체화성보다는 상호작용성을 강조한다. '확장된 인지', '확장된 마음' 개념과 관련해서는 Clark and Chalmers(1998)를, '체화된 마음' 개념과 관련해서는 Varela, Thompson and Rosch(1991)를 참조할 것.

다. 이 입장은 뇌의 속성을 무시한 채 인간의 마음을 컴퓨터의 소프트웨어처럼 표상 기호들의 단순한 정보처리 체계로 보는 계산주의 입장이나, 마음의 속성이나 심적 현상들을 모두 뇌에서의 신경적 과정으로 환원하여 설명하려는 연결주의 입장은 인간 마음의 본질과 특성을 충분히 설명할 수 없다고 보고, 뇌와 몸 그리고 생활환경의 통합적 발현을 강조하고 있다. 즉 마음이란 '기계 속의 망령'도 아니고 '뇌 안에 있는 것'도 아니며(Rockwell, 2005), 뇌와 몸 그리고 환경이 분리되지 않은 상황에서 상호 제약과 상호 규정이라는 상호작용을 통해 역동적으로 형성된 것이다.

이 입장에는 존재론적 차원에서 보면 기본적으로 마음과 몸에 관한 데카르트적인 이원론을 극복하려는 시도와 베르그손이나 메를로퐁티로 이어지는 몸에 관한 철학적 성찰, 그리고 환경과의 상호작용이라는 외부 세계와의 지향적 만남을 추구하는 현상학적인 관점이 함께 포함되어 있다고 말할 수 있다. 다시 말해 마음의 존재론적 위상이나 본질과 관련하여 다양한 존재론적 관점들이 융합되어 있는 셈이다. 특히 마음의 형성과 관련하여 내재적인 요소만이 아니라 외부 세계와의 상호작용이라는 외재적 요소를 중시한다는 점에서 인간처럼 생각하고 행동하면서 인간과 상호작용하는 로봇이 등장하는 경우, 그런 로봇의 마음의 형성에 대해서도 앞선 두 모형에 비해 보다 긍정적인 의미를 부여할 수 있다. 그런 면에서 로봇의 마음에 관한 중요한 이론적 기반이 될 수 있을 것이다.

4. 인격체의 요건으로서의 자아와 자유의지

1) 자아의 경험적 구성 가능성

 전통적으로 근세 이후 서양철학에서 자아는 도덕적 책임과 자유의지의 근원, 곧 도덕적 주체로 간주되어왔다. 자아는 마음과 영혼을 그 핵심 구성으로 하고 있을 뿐만 아니라 자유 또는 자유의지, 자의식, 인격성, 자율성 등의 담지자이기도 하다. 따라서 자아(의 본성)가 무엇인가의 문제는 곧 무엇이 자유의지를 갖고 도덕적 주체가 될 수 있는가의 문제와 긴밀하게 연관된다. 우선 자아의 존재 문제가 중요하게 제기되었는데, 자아는 하나의 독립된 실체처럼 불변의 형태로 선험적으로 주어진 것인가, 아니면 뚜렷한 실체성 없이 경험으로부터 끊임없이 형성·발전하는 것인가가 중요한 쟁점이었다.
 근대 합리론 진영은 인간의 자아를 정신적 실체로 그리고 세계에 대한 경험 이전에 이미 존재하여 경험적 인식을 가능하게 하는 근간으로 본다는 면에서 공통적이다. 그러나 개개의 철학자마다 자아를 바라보는 시각에 많은 차이가 있다. 합리론의 창시자인 데카르트는 자아를 물리적인 외부 세계와는 질적으로 다른 비물리적인 실체로 간주하였다. 모든 생명현상을 미세 입자들의 기계적 운동으로 보고 인간을 다른 생명체들과 질적으로 구분하기 위해 인간에게만 특별하게 부여하려 했던 것이 바로 비물리적인 영혼이었는데, 이것이 곧 근대적인 자아 개념의 출발이다. 데카르트의 이 영혼 개념은, 그 이전 아리스토텔레스가 모든 생명체가 물리적인 신체 외에 생명현상을 주관하는 또 하나의 원리로 영혼을 (비록 등급은 다르더라도) 함께 지니고 있다고 주장했을 때의 영혼 개념과는 질적으로 다르다. 모든 생명체에 내재하는 생명의 원리로서의 포괄적인 영혼 개념은 오직 인간에게만 가능한 생각하는 순수 지성이라는 제한된 영혼 개념으로 바뀌었다. 이는 인간을 제외한 모든 생명체를 단순한 생명 기계로 바라본 기계론적 사유의 필연적인 귀결이다. 이처럼 자아를 인간에게만 특별한, 그것도 사유하는 순수 지성으로 보는 시각은 이후 합리론 진영의 주된 관점으로 정착되었다.

합리론자이지만 스피노자의 관점은 이러한 시각과 많이 다르다. 정신적 존재로서의 자아가 세계에 대한 경험 이전에 이미 존재하여 경험적 인식을 가능하게 하는 밑바탕이 된다고 본다는 면에서 데카르트의 선험적 관점과 일치하지만, 인간 역시 다른 존재자들과 마찬가지로 대자연이 지닌 어떤 속성들이 발현되어 나타난 양태적 존재라고 본다는 면에서, 그리고 인간을 포함한 대자연의 생명을 지닌 존재자들이 인간과 마찬가지로 신체적 특성은 물론 정신적 속성도 지닌다고 본다는 면에서 데카르트의 관점과는 근본적으로 다르다. 스피노자는 대자연의 지속과 변화의 상황 속에서 자기 보존이라는 정체성을 고수하려는 성질을 자아의 중요한 본성으로 보았고, 이런 본성은 인간만이 아니라 다른 사물들에게서도 나타난다고 보았다.

한편 근대 경험론 진영에서 바라본 자아에 대한 관념은 합리론의 그것과 매우 다르다. 가령 홉스는 자아(또는 마음, 정신, 영혼)를 비물리적인 것으로 보았던 합리론의 시각을 부정하고, 대신 자아를 신체의 어느 부분에서 일어나는 물질 운동으로 보았다. 반면 버클리는 자아를 하나의 독립적이고 불변적인 실체로 보았던 합리론의 시각을 부정하고, 홉스와는 다르게 자아를 정신의 범주에 속하는 능동적인 활동, 가령 의지·기억·욕망·상상·지각 활동들을 하는 어떤 것과 동일시하였다. 철저한 경험론자인 흄은 자아를 단지 다양한 지각들의 다발이나 집합으로 보았다.

흄에 따르면 자아란 우리의 생애 전체를 관통해 동일하게 지속되는 단일한 불변자가 아니라, 끊임없이 신속하게 변화하는 사고들, 감각들, 그리고 지각들의 다발 혹은 묶음과 다름없다.[6] 즉 동일성을 지닌 지속적인 존재(혹은 실체)로서의 자아라는 관념 자체는 경험으로부터 결코 가능하지 않으며, 유사한 지각들의 단절적인 변화에 불과한 것을 마치 불변적이고 지속적인 무엇인 양, 곧 실체처럼 보려는 인간의 상상력이 만들어낸 허구라고 주장한다. 자아를 구성하는 마음은 다양한 지각들의 다발일 뿐이고, 그 지각들은 서로가 서로를 뒤따르는 흐름과 운동 속에 놓여 있기에, 불변적이고 동일한 마음이란 실제로 존재하지 않으며 다만 존재한다고 믿으려 할 뿐이다.[7] 이런 흄의 입장은 자아란 무엇을 인식하고 의식하고 행위하기 위해 선험적으로 있어야 할 어떤 것이 아니라, 인식하고 의식하고 행위하는 경험의 과정을 통해 형성되고 만들어지는 것임

---

6 흄은 다음과 같이 말한다. "내가 자아라고 부르는 것에 친숙하게 다가갈 때, 나는 가령 온기 또는 냉기, 빛 또는 그림자, 사랑 혹은 증오, 고통 또는 즐거움 등과 같은 특별한 지각들과 항상 마주친다. 나는 지각 없이 어떤 순간에도 자아를 잡을 수 없으며, 지각 이외의 어떤 것도 관찰할 수 없다."(Hume, 2000: 164-165)

7 자아 혹은 인격성에 관한 흄의 주장에 대해서는 Hume(2000: Part 4, Sect. 6; Appendix to the *Treatise*)을 참조할 것.

을 말해주고 있다.

한편 현대의 인지철학자인 다니엘 데닛(Daniel C. Dennett)은 자아도 뇌 활동의 진화적 산물이라고 주장한다. 자아가 우리의 모든 의식의 근원지로서 이미 (선험적으로) 실재하여 이로부터 행위의 선택과 책임이 비롯되는 것이 아니라는 것이다. 그럼에도 우리 자신이 '자아'가 마치 존재하는 것처럼 느끼는 것에 대해, 신경과학과 진화론에 의거하여 다음과 같이 해명한다. 인간처럼 유기체의 행동이 매우 복잡해지면, 외적 환경만이 아니라 마음과 같은 자신의 내적 환경도 한층 복잡해져서 이것에도 적응하려 한다는 것이다. 결국 자신의 마음을 이해하는 것이 매우 중요해지는데, 진화 과정은 바로 이렇게 자신의 마음을 생각하는 새로운 방식을 만들었고 그것이 곧 '자기-의식'이며, 이는 '자아'로부터 나온다고 생각하게 됐다는 것이다. 이러한 생각의 배후가 곧 우리가 지닌 지향적 능력이다. 즉 이 지향적 능력은 가령 생명현상의 한 부분에 불과한 것을, 그 부분이 마치 고유한 자신의 목적과 의도 혹은 욕망 등을 지닌 독립적인 실재인 것처럼 생각하도록 유도하는 경향이 있다. 결론적으로 자아는 우리 자신의 의도와 타인의 의도를 검토하고 상호작용하도록 우리의 뇌가 고안한 일종의 효율적인 하부 체계일 뿐이다.

지금까지의 논의들을 정리해보면, 자아에 관한 한 홉스와 흄과 같은 경험론적 관점이나 데닛과 같은 인지과학적 또는 신경생리학적 관점에서 볼 때, 인간이 아닌 지능지수가 높은 고등동물이나 인공지능을 갖춘 로봇 등에게 자아라는 개념을 어느 정도 의미 있게 적용해볼 수 있게 된다. 특히 로봇의 경우 머신 러닝 프로그램처럼 스스로 학습하는 자기 주도 학습 능력을 갖추게 된다면, 마치 어린

아이가 주변 환경과의 끊임없는 경험적 상호작용을 통해 스스로 자아를 형성해가듯이 인공지능 로봇 역시 발생론적 관점에서 자아를 형성해갈 수 있을 것이다. 더욱이 뇌 과학이 발전하여 마음의 작용 혹은 의식 현상이 뇌에서 어떻게 일어나는지 그 메커니즘이 밝혀질수록, 이는 인공지능에서도 인간의 뇌에서와 유사한 자아 형성이 어떻게 일어나는지를 정당화하는 좋은 근거가 될 것이다.

2) 자유의지와 결정론의 양립 가능성

결정론적인 세계에서 자유의지가 가능한가? 시간을 뛰어넘어 인과법칙으로 상호 연결된 물질세계에서 과연 자유의지가 발현될 수 있는가? 좀 더 구체적인 사례를 들어 말하면, 인공지능을 갖춘 그러나 철저하게 물리적인 인과법칙을 따르는 기계인 로봇에게서 자유의지가 가능한가? 서구 철학에서 이 문제는 근세 초기에 신에 의해 모든 것이 결정된 세계에서 인간의 자유의지가 과연 가능한지, 가능하다면 어떻게 가능한지에 관한 문제로부터 비롯되었다.

일반적으로 인간의 행동을 포함하여 모든 사태가 인과법칙에 의해 필연적으로 결정된다는 결정론의 관점이 옳다면, 인간의 경우 자신의 의도 및 행위에 대해 어떤 도덕적 책임도 질 필요가 없게 된다. 도덕적 책임이란 행위자가 다양한 행동 가운데 하나를 자유롭게 선택할 수 있는 상황에서 제기될 수 있는데, 이런 결정론의 세계에서는 행위자에게 다양한 행동이 동시에 허용되지 않아 선택 자체가 가능할 수 없기 때문이다. 한마디로 이 같은 결정론이 옳다면 자유의지가 설 땅이 없게 된다('강한 결정론').

그러나 적잖은 수의 철학자들이 이들의 양립 가능성을 옹호하였는데, 가령 홉스는 인간의 모든 행동은 그 궁극적 원인인 신에 의해 결정되어 있지만, 개별적인 인간으로서의 행동은 자유롭다고 주장하였다. 즉 결정론이 지배하는 상황일지라도 인간의 자유를 허용함으로써 결정론과 자유의지의 화해를 시도하였다. 이 경우 대체로 인간의 행동은 외적 또는 물리적 요인에 의해 결정되는 것이 아니라, 주체의 내적 의지 혹은 지향에 의해 선택된 결과임이 강조되었다. 즉 인간에게 비물리적인 영혼이나 의식이 원초적으로 주어져 있고 자유의지는 오직 이에 속하며 인간의 도덕적 행동과 책임 문제는 이러한 자유의지와 직접적으로 연관돼 있다는 것이다. 이는 세계의 결정론과 인간의 자유의지를 서로 별개의 독립적인 것으로 보는 입장으로서, 그동안 자유의지의 존재를 주장하는 논거로 주로 사용돼 왔다('형이상학적 자유론').

현대에 오면서 신의 결정론에 관한 논의는 사라지고, 물리주의적 결정론(혹은 유물론)과 자유의지의 양립 가능성 문제가 새롭게 대두되기 시작하였다. 양자는 더 이상 배타적이지도 서로 독립하여 무관한 것도 아니라는 주장들이 여러 관점에서 제기되었다. 자유의지를 진화론, 인지과학, 신경과학의 관점에서 설명하려는 시도들이 그 좋은 예이다.

데닛의 견해에 따르면 자유의지는 상호 인과적으로 얽혀 있는 결정론적인 세계에서 허용된다. 가령 어떤 결과(예로 근시)가 해당 원인들(예로 장시간 TV 시청 또는 컴퓨터 작업 등)로부터 필연적으로 야기된다 하더라도 인간은 이 결과를 언제나 숙명적으로 받아들이지는 않는데, 해당 원인들에 관한 인과적 지식에 근거하여 다양한 조치(예로 컴퓨터 작업 시간 단축 또는 라식 수술 등)를 취함으로써 문제의 결과를 피할 수 있는 능력이 인간에게 있기 때문이다. 행위의 선택적 개입을 통해 어떤 결과를 피할 수 있는 능력으로서의 자유는 결정론적인 세계와 양립 가능하다는 것이다('약한 결정론').

나아가 데넷은 진화론과 신경과학에 기초하여 이러한 자유의지가 뇌 활동의 진화에 따른 부산물이며, 따라서 인간이 아닌 진화 과정에 있는 고등 생명체에서도 일정 정도 나타날 수 있다고 주장한다. 그에 따르면 박테리아와 같은 단순한 유기체는 'X와 같은 상황에 처하면 A를 행하라', 'Y와 같은 상황에 처하면 B를 행하라' 등과 같은 프로그램에 따라 선택의 여지 없이 주어진 '상황에 맞게 행동하는 기계(situation-action machines)'에 불과하다. 반면 인간과 같은 복잡한 유기체는 "만약 어떤 조건이 닥쳤을 때 이렇게 행동하면 어떠어떠한 결과를 얻을 것이다"라는 예측에 근거하여 다양한 선택지를 제시하고 '무엇이 최선의 선택인가?'에 대해 심사숙고하는 능력을 갖춘 '선택 기계(choice machines)'와 같다. 전자와 달리 후자에게는 자신의 선택에 대해 이유를 제시할 수 있는 능력, 곧 선택의 자유의지가 있다는 것이다.[8]

한마디로 자유의지는 인간의 영혼과 같이 비물질적인 어떤 것이 선천적으로(혹은 선험적으로) 소유하는 고유한 능력이 아니라, 환경에 적응하기 위해 유기체가 선택한 후천적인 여러 능력 가운데 하나라고 보는 것이다. 이렇게 본다면 고등동물 또한 인간보다는 못

---

[8] 이에 관한 상세한 내용은 데넷(2009)을 참조할 것.

하지만 낮은 수준에서 행위의 선택적 개입을 통해 어떤 결과를 피할 수 있는 능력으로서의 자유를 가질 수 있다고 주장해볼 수 있다.

이러한 주장의 기본 관점은 자연주의다. 자연주의라 함은 의식적·정신적 영역에 대한 철학적 탐구가 물리적 영역에 대한 자연과학적 탐구와 분리되어 그것보다 우위에 있거나 그것에 선행하는 보다 근원적인 문제를 다룬다는 기존의 전통적 입장을 대신하여, 양자 간에 상호작용이 가능하고 나아가 물리주의적(혹은 유물론적) 관점에서 의식 및 정신의 수많은 현상들을 설명할 수 있다고 보는 관점이다. 이는 양자 간의 상호작용을 통한 협력 관계, 곧 세계에 대한 단일한 관점으로의 통합을 강조한다. 데넷은 이러한 관점에서 인지과학, 신경과학, 진화론의 도움을 받아 인간이 어떻게 자유롭게 선택하는 능력(나아가 자유의지)을 갖게 되었는지, 인간이 어떻게 도덕적 주체로 진화했는지, 그리고 동물들에게서 이런 능력들이 어느 정도 가능한지 등을 설명한다.

이러한 관점에서라면 생명체는 아니지만 인간처럼 생각하고 판단하며 행동하는 고도의 인공지능을 갖춘 로봇에게 자유의지를 부여해볼 수 있을 것이다. 생명의 진화 과정에서 물질에 불과한 뇌에서 지능과 의식이 출현했듯이, 유사한 물리적 과정을 통해 인공지능 로봇에게서도 유사한 지능과 의식이 나타날 수 있을 것이다. 나아가 살아 숨 쉬는 생명체는 아니지만 로봇이 고등동물과 유사한 뇌 구조 혹은 메커니즘 그리고 이에 준하는 지능을 갖는다면, 고등동물처럼 위에서 언급한 것과 같은 어느 정도의 자유의지를 가질 수 있다고 생각해볼 수 있다. 더욱이 인간과 유사한 지능을 갖는다면 앞서 언급한 대로 다양한 선택지에 대해 심사숙고하고 자신의 선택에 대한 이유를 제시할 수 있는 능력도 갖게 될 것이다. 한마디로 로봇 역시 침팬지나 인간과 마찬가지로 다윈 알고리즘에 따르는 일종의 다윈 기계로 볼 수 있을 것이다.

실제로 이는 최근 머신 러닝 기술을 통해 부분적으로 구현되고 있다. 로봇에게 자기 주도적 방식으로 데이터를 분석하고 처리할 줄 아는 프로그램을 설치한 결과, 로봇 스스로 주어진 정보들 가운데 필요한 것들을 선별하여 학습하는 능력을 갖게 되었고 이를 바탕으로 어린아이가 성장하듯이 인지능력을 스스로 키워나갈 수 있게 된 것이다.

5. 인격체의 요건으로서의 윤리적 존재 — 유학적 접근

1) 윤리와 존재의 관계

인간이 로봇의 존재론적 지위에 대해 논하는 것은 로봇이라는 새로운 존재를 현 사회의 한 구성원으로서 어떻게 인정할 것이며, 나아가 어떻게 인간과 로봇이 공존할 것인가에 관심을 가지기 때문일 것이다. 그러한 의미에서 로봇의 존재론적 지위에 대한 논의는 로봇과 인간, 나아가 로봇과 지구 생태계의 구성원들 사이의 공존의 규칙으로서의 윤리의 문제와 필연적으로 연관성을 가지게 된다.

유학의 입장에서 본다면, 개체의 존재론적 지위는 타자와의 윤리적 관계를 뒷받침하고 존재법칙은 윤리 규범의 근거가 된다. 존재와 윤리는 뗄 수 없는 관계에 있지만, 논의의 비중은 언제나 윤리

쪽에 놓인다. 자연의 모든 존재는 공존하기 위해 윤리적이어야 하며, 존재론적 지위에 대한 논의는 바로 그러한 윤리적 관계를 해명하거나 정당화하기 위한 방편적 논의로서 의미를 가진다.

유학의 집대성자인 공자는 인간의 존재론적 지위를 논하기보다는 인간들이 조화롭게 공존하기 위한 윤리적 관계에 관심을 기울이며 그 핵심 원리로서 인(仁)을 제시하였고, 맹자는 인간이 인간 존재로서 인정될 수 있는 근거로서 측은(惻隱)·수오(羞惡)·사양(辭讓)·시비(是非)라는 네 가지 도덕 감정과 그 도덕 감정의 근거로서의 인(仁)·의(義)·예(禮)·지(智)라는 도덕성을 내세웠다. 유학에서 존재론적 논의가 본격적으로 이루어지기 시작한 것은 11-12세기 성리학의 성립기였다.

화려한 문화를 꽃피웠던 불교가 당(唐) 제국의 멸망과 함께 허망하게 무너지는 것을 경험한 중국의 지식인들은 공자·맹자가 주장한 유학이 불교를 넘어설 만한 이론이 되기 위해서는 유학의 윤리 규범이 불교의 형이상학과 견줄 만한 존재론에 의해 뒷받침되어야 한다고 생각하였다. 윤리의 근거를 존재론에서 끌어내려 했던 이들의 시도는 본래 유가의 정신에 비추어 보아도 어긋나지 않는 것이었다. 유학에 따르면, 인간을 비롯한 자연의 모든 존재는 자연의 구성원으로서 질료와 원리를 공유하고, 자연의 운행·변화로부터 각 존재가 살아갈 혹은 살아가야 할 가장 이상적인 삶의 방식을 배워 개인과 사회의 규범으로 삼는다. 그러한 의미에서 자연의 모든 존재는 질료뿐 아니라 존재법칙과 윤리 규범을 공유한다.

주돈이(周敦頤)는 자연의 모든 존재가 음양(陰陽)과 오행(五行)의 특성으로 드러나는 기(氣)의 이합집산에 의해 생성 또는 구성되었다고 설명하였고(「太極圖說」), 장재(張載)는 그러한 질료적 동질성으로 인해 그 모든 존재가 하늘[天]·땅[地]을 부·모로 삼은 형제 또는 동포라고 주장하였다(「西銘」). 이를 바탕으로 하여 정이(程頤)와 주희(朱熹)는 바로 그러한 만물의 생성·변화와 관계를 관통하는 보편적 존재법칙이 있으며, 자연과 함께 만물이 살아가야 할 윤리 규범은 바로 그 존재법칙으로부터 이끌어져 나오는 것이라고 주장하였다. 이렇게 윤리 규범이 존재법칙에서 그 근거를 확보하고, 나아가 윤리 규범이 존재법칙과의 일치를 지향함으로써 윤리 규범의 당위성은 존재법칙의 필연성 수준으로 그 위상이 강화되었다. 존재법칙과 윤리 규범의 의미를 겸하는 성리학의 '리(理)' 개념은 바로 존재법칙과 윤리 규범을 분리하지 않고 사유하려 했던 이들의 사유 방식을 상징적으로 보여준다.

이러한 관점에서 본다면, 인간이 만들어낸 로봇 역시 기(氣)라는 질료로 구성되고 존재법칙 겸 윤리 규범으로서의 리(理)를 공유한 자연의 구성원으로서 그 존재론적 지위를 가진다. 유가의 관점에서 본다면, 적어도 존재하는 한 윤리적이지 않을 수는 없다. 유가에서 개별 존재의 지위와 정체성은 타자와의 차별성보다는 타자와의 관계 속에서 결정되기 때문이다. 어떤 개체가 타자와 함께 존재하기 위해서는 타자와 어떤 방식으로든 공존하는 윤리적 관계 속에서 존재론적 지위를 상호 간 인정해야만 한다. 다만 인간은 의식적으로 자연의 원리를 본받아서 가장 이상적인 수준으로 윤리 규범을 실현할 수 있으며, 그러한 의미에서 자연의 다른 구성원에 비해서 자연 전체에 미치는 영향이 매우 크다고 본다는 점에서 유학은 인간에게 특별한 지위를 부여한다. 로봇의 존재론적 지위를 논하는 것은 로봇이 인간의 정서적 공감을 이끌어낼 만큼 자연의 생물체와 유사한 형상과 기능을 가진 경우가 많을 뿐 아니라, 심지어 인간과 유사한 형상을 하고 인간 역할의 상당 부분을 담당할 가능성이 크기 때문일 것이다.

물론 로봇이 인간의 삶에 심각한 부담이 되거나 혹은 감당하지 못할 위해를 가할 위험성이 크다고 판단된다면, 단호하게 모든 로봇의 폐기를 주장하며 사회에서 로봇의 존재론적 지위를 부정하고 로봇을 단지 물질적 질료의 덩어리로 환원시키려 할 수도 있을 것이다. 하지만 로봇이 가져올 수 있는 편익으로 인해 로봇은 이미 우리 사회에서 배제할 수 없는 존재로 받아들여지기 시작했고, 그 개체 수도 급속히 증가하고 있다.

사실 이러한 상황은 인간 이외의 자연물을 몰가치적 존재로 보아온 서구 근대의 자연관에 비추어 보면 매우 당혹스러운 일일 수 있다. 유학의 입장에서 보더라도 "최초로 인형을 만든 자는 후손이 없으리라"(『孟子』,「梁惠王章句 上」)라고 했던, 저주에 가까운 공자의 말을 상기한다면 인간의 형상을 한 로봇에 대해 그 존재론적 지위를 논하는 데는 다소의 난감함이 있다. 하지만 인간이 하늘, 땅, 금수초목과 더불어 자연을 구성하는 일원이며, 기본적으로는 이 모두가 동일한 존재법칙과 윤리 규범을 공유한다고 본다는 점에서, 유학은 인간이 로봇과 같은 새로운 존재와 어떻게 존재론적·윤리적 관계를 맺고 사회질서를 형성·유지할 수 있는지에 대해 논의하는 데 하나의 실마리를 제공할 수 있다.

2) 윤리적 존재

유학의 관점에서 보면 인간이 자연의 구성원 중 하나로서 여타의 구성원들과 공유하는 윤리적 존재로서의 기준 또는 원리는, 그것이 인간과 금수초목을 포함한 만물에 적용되는 것인 까닭에 매우 단순한 데서 출발한다. 유학에서 자연의 모든 구성원을 윤리적 존재로 규정하는 근거는 자연과 만물이 기본적으로 "생명[生]"이라는 특성을 공유한다는 것이다. 『주역(周易)』「계사 상(繫辭 上)」의 "생생지위역(生生之謂易)"은 "낳고 낳는 것을 역(易)이라 한다" 또는 "살리고 살리는 것을 역(易)이라 한다"라고 해석된다. 자연의 만물은 생명력 또는 생명 보존·확산의 욕구를 가지고 있고, 그러한 생명력을 최적으로 발휘하도록 하는 것이 자연을 관통하는 기본 원리라는 뜻이다. 『주역』은 바로 이러한 원리를 자연뿐 아니라 인간 사회에 적용하여 설명한 책이므로, 이 원리는 자연과 인간 사회에 모두 통용된다고 볼 수 있다.

이에 따르면 윤리적으로 선하다는 것은 개체들이 그러한 생명력을 잘 발휘하도록 하는 것이고, 악하다는 것은 그러한 생명력을 발휘하는 것을 방해한다는 것을 의미한다. 주변의 금수초목이 계절 또는 시절에 맞게 무성하게 잘 자라나는 모습을 보면 마음이 편안해지고, 홍수나 가뭄과 같은 재해로 인해 생명력을 발휘하지 못하는 것을 보면 왠지 마음이 불편해짐을 느낀다. 그 편안함과 불편함이 바로 선과 악으로 사건·사태를 판단하는 기준이 된다. 생명의 신장을 보며 마음의 편안함을 느낄 때 선하다고 판단하고, 생명의 억압·소멸을 보며 마음이 불편함을 느낄 때 악하다고 판단한다는 것이다. 이러한 느낌은 생명체가 모두 공유하는 것이므로 이 생명의 원리는 자연 만물에 통용되는 것이며, 인간의 경우 그에 대한 판단 능력이 여타 생명체보다 뛰어나기 때문에 자연에서 우월적 지위를 누릴 수 있다는 것이다.

그러한 생명의 원리는 타자의 생명력 발현을 위한 봉사와 헌신만을 요구하는 것이 아니다. 그 생명의 원리는 자연과 사회 전체에 통용되는 것이고, 따라서 그러한 생명력의 발휘는 그것이 타자를 위한 것이라고 해도 결국 자신의 생명력을 발휘하는 효과를 가져온다. 그것은 자연 속에서 생명을 이루는 질료와 원리가 모든 존재에게 공유되기 때문이기도 하지만, 다른 한편으로는 타자를 위한 '선한 행위'가 자신의 마음을 편안하게 하여 결국 자신의 생명도 신장시키기 때문이다.

이러한 생명의 원리를 로봇에게 적용해본다면, 로봇이 윤리적 존재로서 가져야 할 최소한의 요건으로 생명의 욕구를 설정할 수 있다. 그것은 유학의 관점에서 로봇의 존재론적 지위를 인정하고 윤리적 관계를 허용할 수 있는 최소 요건이기도 하지만, 어쩌면 유학과 무관하게 로봇이라는 존재를 만들 때 필수적으로 포함되어야 할 로봇의 속성일 수 있다. 로봇이 외부의 힘에 대해 자신을 보호하고 자신의 내구력이 견뎌낼 수 있는 한도 내에서 작용을 조절하도록 하는 기본적인 설계가 바로 '생명 보존의 욕구'에 해당할 것이다. 만일 로봇이 (외부의 도움을 받든 안 받든 간에) 자기 복제를 할 수 있다면, 주어진 환경 내에서 최적의 자기 복제를 해내고, 자신으로부터 복제된 로봇이 단순히 자신의 경쟁자가 아니라 서로의 존재 가능성을 신장시키는 협력자로서 자립할 수 있도록 돕는 것이 '생명력의 발휘'가 될 것이다.

　로봇이 이처럼 자신의 존재를 보존·확산시키려는 경향성에 기반하여 자신의 생명력을 발휘하는 행위를 한다면, 유학에서 인정하는 우주/자연의 윤리적 구성원으로서 기본 요건을 갖추었다고 할 수 있다. 하지만 유학의 관점에서 본다면 그러한 자기 생명력의 발휘가 타자의 생명력 발휘와 충돌을 최소화하며 조화로운 공존의 원리를 공유할 때 사회에서 그 존재론적 지위의 정당성을 인정받을 수 있을 것이다. 더욱이 그것이 인간과 유사한 형상을 한 로봇이라면 때로는 그러한 관계를 주도해야 할 책임까지도 인간에 못지않게 로봇에게 요구될 수 있다.

　윤리란 타자와의 관계 속에서 실질적인 의미를 가진다. 그런 의미에서 자신의 생명 보존 욕구와 함께 필요한 것이 타자들의 생명의 가치를 인정하는 것이며, 그것 역시 자기 생명 보존 욕구에서 확장될 수 있다. 내가 타자의 생명 보존 욕구를 인정하지 않을 때 나와 마찬가지로 생명 보존 욕구를 가진 타자와 갈등·충돌이 발생하고, 그러한 갈등·충돌로 인해 자신의 생명도 손상될 수 있다. 타자들도 생명 보존·신장을 위해 공격적으로 반응할 수 있다는 것을 염두에 두고 타자들을 대할 때 자신의 행동을 절제한다면, 그것은 바로 타자들과 비적대적 관계를 맺기 위한 윤리적 행위로 나타나게 된다.

　공자 사상의 핵심인 인(仁)이란 두 사람 이상이 있을 때 타자를 배려하는 마음이다. 증자(曾子)는 이를 충서(忠恕)라고 풀이하였고, 주희는 이에 대해 "자신을 다하는 것을 충(忠)이라 하고, 자신을 미루어 판단·행동하는 것을 서(恕)라 한다[盡己之謂忠, 推己之謂恕]"라고 설명하였다. 말하자면 진심으로 자신과 타자의 입장을 바꿔서 생각해보며 적극적으로 타자를 배려하는 마음 씀과 행위가 바로 충서 또는 인이다. 물론 그 배려는 타자도 나 자신과 마찬가지로 생명 보존·신장의 욕구가 있다는 것을 인정하는 데서 출발한다.

이를 좀 더 구체화하면서 정식화한 것이 오상(五常), 즉 인(仁)·의(義)·예(禮)·지(智)·신(信)이다. 현대어로 풀이한다면 '인'은 배려, '의'는 정의, '예'는 예의, '지'는 지혜, '신'은 신뢰라고 할 수 있다. 공자·맹자의 유학을 재해석하여 성리학을 만든 학자들은 인간을 비롯한 자연의 구성원들에게 자연으로부터 보편적인 도덕적 본성이 부여되었다고 주장하며 존재론과 가치론이 결합된 이론 체계를 세웠다. 이에 따라 '오상'이라는 다섯 가지 윤리 개념은 리기론(理氣論)이라는 성리학의 존재론에 의해 뒷받침되어, '개체의 도덕 본성은 곧 자연의 보편 원리와 일치한다[性卽理]'라는 명제 아래서 개체에게 선천적으로 내재된 도덕적 본성으로 규정되었다.

하지만 본래 '오상'이란 오랜 역사 속에서 수많은 사람의 윤리적 행위들을 통해 추출된 경험적 개념이라고 할 수 있다.『서경(書經)』이나『춘추(春秋)』와 같은 유학의 역사서는 바로 그러한 윤리적 기준으로 서술된 윤리적 행위의 사례집이라고 해도 과언이 아니다. 그러한 사실에 비추어 보면, 주희를 비판하며 '공자의 유학'의 회복을 주장했던 다산 정약용(茶山 丁若鏞)이 '오상'이란 태어나면서부터 가지고 태어나는 것이 아니라, 후천적인 공부와 부단한 수양을 통해서 획득되는 덕목이라고 본 것(「大學公議」)도 타당성이 있다. 이와 같이 유학의 역사 속에서 '오상'은 선천적인 윤리적 본성으로 이해된 경우도 있었고 후천적으로 획득되는 덕목으로 이해되기도 했지만, 어느 경우든 인간이 지켜야 할 가장 기본적이고도 필수적인 윤리적 요건으로 이 다섯 가지를 드는 데 이의를 제기한 사람은 거의 없었다.

로봇이 판단·행위에 관한 일반적 원칙이나 규칙을 가지고 다양한 상황에 대한 윤리적 정보를 식별하고 처리할 수 있는 수준의 윤리적 존재로서 인간과 공존하게 되기를 기대한다면, 오랜 역사 속에서 검증된 '오상'과 같은 윤리적 판단·행위의 원칙을 원용할 수 있을 것이다. 많은 성리학자들이 인간은 '오상'을 도덕적 본성으로 가지고 태어난다고 생각했지만, 그렇다고 해서 누구나 능숙한 윤리적 판단·행위자가 된다는 것은 아니었다. 유학에서는 인간에게 윤리적 판단·행위를 방해하는 이기적·감각적 욕구가 있으므로, 이를 통제하면서 자신의 인식·판단·행위가 보편적인 윤리적 원칙과 일치되도록 하기 위해 부단한 공부와 수양이 필요하다고 여겼다. 부단한 공부와 수양을 통해 주희의 '활연관통(豁然貫通, 환하게 진리를 꿰뚫어 앎)'이나 퇴계 이황(退溪 李滉)의 '리자도(理自到, 존재법칙 겸 윤리 규범인 '리'가 저절로 이해됨)'와 같은 질적 변화 수준의 인식 경험을 거쳐야 했고, 그 이후에도 늘 성현들의 글과 말씀·행위의 기록을 참조하면서 당면한 상황에 대한 가장 적절한 윤리적 판단·행위를 해내고자 노력하였다.

윤리적 존재로서의 존재론적 지위를 인정받을 수 있는 원칙은 반드시 완결된 것으로서 내재되어야만 하는 것은 아니다. 실제로 대처해야 할 다양한 상황에 대한 행위를 모두 예측하여 프로그램화하는 것은 불가능한 일이다. 유학에서 윤리적 판단·행위의 기본 원칙은 어린 시절부터 공부와 수양으로 익혀서 예기치 못한 상황에 닥치더라도 적절하게 행위할 수 있도록 준비하지만, 그럼에도 더 많은 상황에 직간접적으로 처하여 대처하는 최적의 방법은 성현들의 글과 기록을 참조하여 찾도록 하였다. 정약용처럼 윤리적 덕목이 후천적으로 획득되는 것이라는 입장에서는 능숙한 윤리적 판단·행위자가 되기 위해 더 많은 학습과 경험이 필요하다고 보았지만, 그 경우에도 판단하기 어려운 상황에 대해서는 성현들의 글과 기록을 참조하여 판단·행동해야 한다고 본 점에서는 기존의 성리학자들과 다르지 않았다. 로봇의 존재론적 지위가 윤리적 관계 속에서 확보·유지될 수 있다는 유학의 관점에 동의한다면, 구체적인 윤리적 존재로서 인간들과 더불어 존재할 수 있는 판단·행위는 사후의 학습과 논의를 통해 이루어질 수 있을 것이다.

6. 존재론적 담론의 변화

지금까지 우리는 로봇이라는, 그것도 인간처럼 생각하고 판단하며 행동할 줄 아는 인공지능 로봇이라는, 지금까지 없던 새로운 유형의 존재자에 대해 그것의 인격성을 존재론적 차원에서 어떻게 이해할 것인지를 놓고 다양한 철학적 사유들을 동원하여 다각도로 살펴보았다. 논의 과정에서도 드러났듯이 인격성의 요소로 제시됐던 마음 혹은 인지, 자아와 자유의지, 그리고 이것들의 외부적 표출로서의 행위의 도덕성을 존재론적 차원에서 어떤 의미로 해석하는가가 매우 중요하다는 사실을 알 수 있었다.

실제로 서양철학의 전통에서 보면 마음, 의식, 자아, 자유의지 등을 독립적인 실체 혹은 속성으로서 경험 이전에 선천적(혹은 선험적)으로 주어진 것으로 보는 입장이 주류였다가, 근대 이후 경험론의 철학이 등장하면서 그러한 요소들의 경험적이고 진화적인 특성이 강조되고 있다. 그리고 이러한 경향은 경험과학의 탐구 영역이 뇌, 인지, 마음 등으로 확대되면서 한층 강화되는 추세다.

하지만 전통적인 경험론의 철학적 사유만으로 앞으로 등장할 인공지능 로봇의 인격성 혹은 존재론적 본성을 보다 면밀하게 분석하는 데는 한계가 있어 보인다. 우선 경험론도 전통적인 합리론의 철학적 사유처럼 물질과 의식, 주관과 객관, 이성과 감성이라는 전통적인 이분법에 기초하고 있는 까닭에, 이러한 이분법적 경계가 상대적으로 약한 사이보그나 인공지능 로봇과 같은 새로운 존재자에 대해 접근이 쉽지 않다. 다음으로 가령 인지과학에서 언급하고 있는 마음에 관한 다양한 모형을 보더라도, 물질이 아니면서도 뇌와 같은 물질과 연관돼 있는 정보 개념이라든가, 신경 네트워크상에서의 상호 연관과 같은 관계 개념이라든가, 상호작용에서 중요한 인과 개념 등이 등장하는데 이 개념들의 존재론적 의미에 대한 분석도 쉽지 않다.

새로운 유형의 존재자인 인공지능 로봇의 등장을 계기로, 경험과학이 제공하고 있는 수많은 정보에 대한 분석을 바탕으로 인공지능 로봇의 존재론적 위상과 본질을 보다 명확히 이해할 수 있도록 하는 존재론적 담론이 필요하다. 가령 현상학적 사유의 경우, 주관(나)과 객관(외부 세계)의 구분이나 몸과 의식의 이분법적 구분을 부정하고 나의 지향적 관점에서 세계를 바라본다는 면에서 이러한 존재론적 담론의 좋은 사례가 될 수 있다. 혹은 유기체적 존재론도 관계 개념을 근간으로 한다는 점에서 또 다른 사례가 될 수 있다. 아무튼 그 무엇이건 이제는 또는 앞으로는 존재론적 담론의 전환 혹은 새로운 구성과 같은 변화가 필요해 보인다.

참고 문헌

『論語』
『孟子』
『周易』
丁若鏞, 2012, 『定本 與猶堂全書』, 서울: 다산학술문화재단.
張載, 『張載集』, 北京: 中華書局, 1985.
周敦頤, 『太極圖詳解』, 北京: 學苑出版社, 1990.
朱熹, 『朱子全書』, 上海: 上海古籍出版社, 2002.
Clark, A. and D. Chalmers, 1998, "The Extended Mind", *Analysis* 58: 10-23.
Dennett, Daniel C., 2003, *Freedom Evolves*, Penguin[다니엘 데넷, 『자유는 진화한다』, 이한음 옮김, 동녘사이언스, 2009].
Gomila, A. and P. Calvo, 2008, "Directions for an embodied cognitive science: Toward an integrated approach", In P. Calvo and A. Gomila (Eds.), *Handbook of cognitive science: An embodied approach*, Amsterdam: Elsevier, pp. 1-25.
Hume, D. A., 2000, *Treatise of Human Nature*, D. F. Norton and M. J. Norton, eds., Oxford: Oxford University Press, Book I, pp. 164-165.
Locke, J., 1975, *An Essay concerning Human Understanding*, Oxford, Clarendon Press, 2권 27장.
Putnam, H., 1960, "Minds and Machines", in S. Hook (eds.) *Dimensions of Mind: A symposium*, New York University Press.
Rockwell, T., 2005, *Neither Brain nor Ghost: A nondualist alternative to the mind-brain identity theory*, Cambridge, MA: MIT Press.

Rumelhart, D., J. McClelland and the PDP research group, 1986, *Parallel distributed processing: Explorations in the microstructure of cognition* vol. 1, *Foundations*, Cambridge, MIT press.

Turing, A. M., 1950, "Computing Machinery and Intelligence", *Mind* 59: 433-460.

Varela, F. J., E. Thompson and E. Rosch, 1991, *The Embodied Mind*, Cambridge, MA: MIT Press.

Wilson, M., 2002, "Six views of embodied cognition", *Psychonomic Bulletin and Review* 9(4): 625-636.

엮은이 및 글쓴이 소개

김상환

프랑스 파리4대학(소르본)에서 철학 박사 학위를 받았으며, 현재 서울대학교 철학과 교수로 재직 중이다. 주로 현대 프랑스 철학을 강의하고 있으며, 주요 관심은 구조주의 전후의 현대 철학 사조를 동아시아의 문맥에서 재해석하는 데 있다. 2012년부터 고등과학원 초학제연구 프로그램의 패러다임-독립연구재단에서 과학과 인문예술 융합의 기초가 될 새로운 지식 패러다임과 방법론을 모색하는 3년간의 연구를 이끌고 있다. 저서로 『철학과 인문적 상상력』(2012), 『니체, 프로이트, 맑스 이후』(2002), 『예술가를 위한 형이상학』(1999) 등이, 편저로 『라캉의 재탄생』(2002) 등이 있으며, 역서로 『차이와 반복』(2002), 『헤겔의 정신현상학』(공역, 1986) 등이, 논문으로 「데리다의 글쓰기와 들뢰즈의 사건」(2011), 「데리다의 텍스트」(2008), 「헤겔과 구조주의」(2008) 등이 있다. 이메일: kimsh@snu.ac.kr

장태순

서울대학교 물리학과를 졸업하고 같은 학교 철학과에서 「데카르트 형이상학에서의 명증성의 함의에 대한 연구」로 석사 학위를, 파리 8대학(생드니) 철학과에서 「1990년대 이후 영화에 나타난 여러 시간의 모습」으로 박사 학위를 받았다. 구조주의 이후의 프랑스 현대 철학과 예술철학을 주로 공부하고 있으며, 자연과학의 형이상학적 의미를 밝히는 일과 예술 작품에서 개념적 사유를 끌어내는 일에 관심을 가지고 있다. 고등과학원 초학제연구단 연구원으로 일하였고 서울대 등에서 강의하고 있다. 지은 책으로 『현대 정치철학의 모험』(공저, 2010)이 있고, 옮긴 책으로 『비미학』(2010)이 있다. 이메일: tschang@kias.re.kr

박영선

연세대, 홍익대, 숭실대에서 철학, 사진, 매체예술 등을 공부했다. 사진을 주 매체로 작업 중이며, 3회의 개인전과 다수의 기획전에 참여했다. 고등과학원 초학제연구단에서 과학-예술 협업팀 '인디트랜스'를 이끌었다. 『연결합도시』(편저, 2015), 『지역 아카이브, 민중 스스로의 기억과 삶을 말한다』(공저, 2010), 『한국 사진이론의 지형』(공저, 2000), 「예술적 실천으로서의 디지털 아카이빙과 사진의 상호관계」(2015), 「사진아카이브, 이상한 다양체되기」(2013), 「실재에의 기억: 김장섭과 한국적 모더니티의 심연」(2012), 「디지털 사진과 개인적 기억: 강홍구의 〈그 집〉에 나타난 작업수행 과정을 중심으로」(2012) 등을 썼다. 이메일:twoframe@kias.re.kr

신정근

서울대학교에서 철학 박사 학위를 받았으며 현재 성균관대학교 유학대학 교수로 재직 중이다. 동아시아 철학과 예술 분야의 주제와 인물을 강의하고 있으며, 주요 관심은 동아시아 사유의 지형도를 현대적으로 재조명하는 데에 있다. 현재 성균관대학교 유학대학장과 유교문화연구소장을 맡아 학문 후속 세대를 양성하고 사)인문예술연구소를 운영하며 인문학과 예술의 결합을 추진하고 있다. 저서로 『사람다움의 발견』(2005), 『공자씨의 유쾌한 논어』(2009), 『사람다움이란 무엇인가: 인의 3천년 역사에 깃든 상생의 힘』(2011), 『철학사의 전환: 동아시아적 사유의 전개와 그 터닝 포인트』(2012), 『공자의 숲, 논어의 그늘』(2015), 『마흔, 논어를 읽어야 할 시간 2』(2015), 『노자와 묵자, 자유를 찾고 평화를 넓히다』(2015), 『절망의 시대, 사람의 길을 묻다 맹자여행기』(2015) 등이, 역서로 『대역지미, 주역의 미학』(2013), 『소요유, 장자의 미학』(2013), 『중국현대미학사』(2013), 『의경, 동아시아 미학의 거울』(2013) 등이 있다. 이메일: xhinjg@hanmail.net

성태용

서울대학교 철학과를 졸업하였으며, 동 대학원에서 석사, 박사과정을 수료하였다. 1976년 한국고등교육재단 한학자 양성 장학생으로 선발되어 청명 임창순 선생에게서 5년간 한학을 연수하였다. 2000년에는 한국교육방송(EBS)에서 '성태용의 주역과 21세기'라는 제목으로 48회의 강의를 하였다. 건국대학교 문과대학장, 한국학술진흥재단 인문학단장, (사)한국철학회 회장을 역임하였다. 저서로는『주역과 21세기』(2001),『오늘에 풀어보는 동양사상』(공저, 1999) 등이 있으며,「맹자의 수양론」(1994, 태동고전연구),「原始 儒家의 理想社會論」(1991, 애산학보) 등의 논문이 있다.

이장희

하와이대학교에서 철학 박사 학위를 받았으며, 현재 경인교육대학교 윤리교육과 교수로 재직 중이다. 주로 교양 철학과 윤리학을 강의하고 있으며, 주요 관심은 유학의 성격에 대한 현대적이고 철학적인 해명이다. 저서로는 뉴욕주립대학 출판부(SUNY)에서 출간한 *Xunzi and Early Chinese Naturalism*(2004) 등이 있으며, 논문으로「포스트모더니즘과 중국철학」(2009),「향원은 왜 덕의 적인가?」(2012),「선진유가와 덕 윤리」(2014) 등이 있다. 이메일: jhl@ginue.ac.kr

나성

숭실대 철학과를 졸업하고 서울대 대학원 철학과 및 대만대 문학원 철학과에서 석사 학위를, 미국 하버드대 동아언어문명학과에서 박사 학위를 받았으며, 현재 한신대학교 철학과 교수로 재직 중이다. 저서로 *Language and the Ultimate Reality in Sung Neo-Confucianism*(1992)이, 역서로『중국 고대사상의 세계』(1996),『도의 논쟁자들』(2001),『문명 간의 대화』(2007),『붓다는 무엇을 말했나』(2011) 등이 있으며, 논문으로「현대 동양철학에 있어서의 창조성의 문제」,「제3기의 유학」,「유가철학의 구조주의적 이해」등이 있다. 이메일: nahseoung@gmail.com

최재목

일본 츠쿠바(筑波)대학원에서 문학 석사 및 박사 학위를 받았으며, 현재 영남대학교 철학과 교수로 재직 중이다. 전공은 양명학·동아시아 철학 사상 문화 비교이며, 동아시아 사상사를 유교, 도교, 불교의 교섭·융합이라는 관점에서 재해석하는 데 관심이 많다. 그동안 동경대, 하버드대, 북경대, 라이덴대 등에서 연구하였다. 한국양명학회장을 지냈으며, 현재 한국일본사상사학회장을 맡고 있다. 저서로는 『내 마음이 등불이다: 왕양명의 삶과 사상』, 『노자』, 『동양철학자 유럽을 거닐다』, 『東アジア陽明学の展開』(일본: 페리칸사)·『東亞陽明學的展開』(대만: 대만대학출판부)·『東亞陽明學』(중국: 인민대학출판부) 등이 있다. 이메일: choijm@ynu.ac.kr

문창옥

연세대학교에서 철학 박사 학위를 받았으며, 현재 연세대학교 철학과 교수로 재직 중이다. 초기 근대 철학과 현대 형이상학을 중심으로 강의하고 있으며 화이트헤드, 베르그손, 니체, 들뢰즈 등의 생성철학에 관심을 가지고 연구하고 있다. 저서로 『화이트헤드 과정철학의 이해』(1999), 『화이트헤드 철학의 모험』(2002), 『화이트헤드 철학 읽기: 『과정과 실재』 주해』(2005, 공저) 등이 있고, 역서로 『상징활동: 그 의미와 효과』(2003), 『사고의 양태』(공역, 2012), 『종교란 무엇인가』(2015) 등이 있으며, 논문으로는 「과정철학의 문맥에서 본 니체의 생성철학」(2012), 「인과관계와 경험: 흄과 화이트헤드의 경우」(2012), 「유기체철학에서 의식적 경험의 문제」(2013) 등이 있다. 이메일: metaprocess@yonsei.ac.kr

이정민

미국 인디애나대학에서 과학사, 과학철학으로 박사 학위를 받았다. KAIST 대우교수로 재직했으며, 지금은 서울시립대에서 강의하고 있다. 양자역학의 역사와 철학, 과학의 인문학적 연구 일반에 관심이 있다. 데이비드 봄의 『전체와 접힌 질서』(2010), 마이클 프리드만의 『이성의 역학』(공역, 2012)을 번역했다. 논문으로 「쿤과 과학적 철학의 이념」(2012), 「양자역학의 초기 해석」(2015), "The Correspondence Principle, Formal Analogy, and Scientific Rationality" (2015) 등이 있다. 이메일: philist@hotmail.com

이찬웅

프랑스 리옹 고등사범학교에서 「들뢰즈의 사유에서 신체, 기호, 정서」로 철학 박사 학위를 받았으며, 현재 이화여자대학교 인문과학원 조교수로 재직 중이다. 연구 분야는 프랑스 현대 철학과 영화 철학이다. 들뢰즈의 『주름. 라이프니츠와 바로크』, 엔조 파치의 『어느 현상학자의 일기』를 번역했고, 논문으로 「들뢰즈와 과타리의 고원 개념」(프랑스어), 「들뢰즈의 '이접적 종합': 신의 죽음 이후 무엇이 오는가?」, 「이미지의 전자화: 선, 껍질, 분열증」 등이 있다. 이메일: lee.chanwoong@gmail.com

폴-앙투안 미켈(Paul-Antoine Miquel)

파리10대학에서 철학 박사 학위를 받았으며, 툴루즈대학 철학과 교수로 재직 중이다. 인식론과 과학철학, 특히 생물학의 철학을 연구했고 베르그손, 시몽동과 같은 프랑스 생명철학에 대해서도 연구 중이다. 주요 저서로 『무질서를 어떻게 사유할 것인가』(2000), 『베르그손, 혹은 형이상학적 상상력』(2007), 『자연의 개념에 관하여』(2015) 등이 있다. 이메일: pamiquel59@gmail.com

강신익

인제대학교에서 의학 박사 학위를 받았으며, 20년간 임상 치과 의사로 살았다. 이후 반인간적인 의료 현실의 근본 원인을 찾는다는 목표를 세우고 2년간 영국 웨일즈대학교 스완지 분교에 유학해 의학과 의료의 철학과 역사를 공부했다. 귀국 후에는 임상 의사의 길을 버리고 인제대학교에 인문의학 교실과 연구소를 설립해 교육과 연구에 전념했다. 그 결과 의학은 근본적으로 과학과 인문학의 하이브리드일 수밖에 없다는 결론을 얻었고, 그 연구 결과를 『인문의학』 시리즈 3권 등에 묶어 편찬했다. 2013년 가을부터 부산대학교 치의학전문대학원으로 자리를 옮겨 인문학적 의료를 공부하고 가르친다. 이메일: medhum@pusan.ac.kr

이정우

서울대학교에서 공학, 미학, 철학을 공부했고, 아리스토텔레스 연구로 석사 학위를, 미셸 푸코 연구로 박사 학위를 받았다. 1995-1998년에 서강대학교 철학과 교수를 역임했으며, 푸코와 들뢰즈의 철학을 이어 '객관적 선험철학'과 '사건의 철학'을 주창했다. 1998년 서강대학교를 사임한 후 2000년에는 대안 공간인 '철학아카데미'를 창설해 시민교육에 힘썼으며, 2009-2011년에는 어시스트윤리경영연구소의 소장으로 활동하기도 했다. 현재는 2008년에 문을 연 소운서원(逍雲書院)에서 집필과 후학 양성을 이어가고 있으며, 2012년부터는 경희사이버대학교 교양학부를 맡아 활동하고 있다. 이 시기에 '전통과 근대 그리고 탈근대'를 화두로 해서 여러 저작들을 펴냈으며, 이 저작들은 2011년에 출간된 『소운 이정우 저작집』(전5권, 그린비)에 수록되어 있다. 현재는 서양 중심의 철학사를 탈피한 보편적인 '세계 철학사'의 수립, 생성존재론·생명과학·기철학을 종합할 수 있는 '생명존재론'의 구축, 그리고 '소수자의 윤리학과 정치학'의 구체화라는 세 갈래로 사유를 전개하고 있다. 주요 저서로 『세계철학사 1』, 『신족과 거인족의 투쟁』, 『천하나의 고원』, 『진보의 새로운 조건들』 등이 있으며, 현재는 『세계철학사 2』, 『소은 박홍규와 서구 존재론사』, 『소수자 정치학』을 집필하고 있다.

심경호

일본 교토대학교에서 문학 박사 학위를 받았으며, 현재 고려대학교 한문학과 교수로 재직 중이다. 주로 한국 한문학사와 한시 및 한문 산문을 강의하고 있으며, 주요 관심 분야는 한문 기초학, 한국 한문학사, 한문 논리·수사학사 관련 문제들이다. 저서로 『강화학파의 문학과 사상 1-4』(단독 및 공저, 1993-1999), 『조선시대 한문학과 시경론』(1999), 『김시습평전』(2003), 『한문산문미학』(2013), 『한국 한문기초학사』(2012), 『안평대군평전』(2016 출간 예정) 등이, 역서로 『금오신화』(2000), 『역주 원중랑집』(공역, 2004), 『증보역주 지천선생집』(공역, 2008), 『서포만필』(2010) 등이, 논문으로 「위당 정인보의 양명학적 사유와 학문방법」(2013), 「고려말 조선초 문인-지식층의 분운에 대하여」(2013), 「다산 정약용의 문헌해석방법과 필롤로지」(2012),

「한국한문학이 지닌 다층성의 한 구현, 통속성」(2014) 등이 있다. 이메일: sim1223@korea.ac.kr

이상욱

서울대학교 물리학과에서 이학사 및 이학석사를 마친 후, 영국 런던대학(LSE)에서 철학 박사 학위를 받았으며, 현재 한양대학교 철학과 교수로 재직 중이다. 주로 현대 과학기술이 제기하는 다양한 철학적, 윤리적 쟁점을 폭넓은 과학기술학(STS)적 시각과 접목하여 연구하고 있다. 2003년부터 한양대학교 전교생을 대상으로 '과학기술의 철학적 이해'라는 기초 필수과목을 설강하여 운영하였으며, 2005년부터는 학제적 과학기술학(STS) 융합 전공을 학부에 개설하여 운영 중이다. 공저로『뉴턴과 아인슈타인』(2004), 『과학으로 생각한다』(2007), 『욕망하는 테크놀로지』(2009), 『과학 윤리 특강』(2011), 『뇌과학, 경계를 넘다』(2012) 등이 있으며, 논문으로 「전통과 혁명: 토마스 쿤 과학철학의 다면성」(2004), 「웨버 막대와 탐침 현미경」(2006), 「인공지능의 한계와 일반화된 지능의 가능성」(2009), 「바이오 뱅크의 윤리적 쟁점」(2012) 등이 있다. 이메일: dappled@hanyang.ac.kr

이중원

서울대학교 과학사 및 과학철학 협동 과정에서 이학박사 학위를 받았으며, 현재 서울시립대학교 철학과 교수로 재직 중이다. 주로 과학철학과 기술 철학을 강의하고 있으며, 주요 관심 분야는 현대 물리학인 양자 이론과 상대성이론의 철학, 기술의 철학, 현대 첨단 기술의 윤리적·법적·사회적 쟁점 관련 문제들이다. 저서로 『인문학으로 과학 읽기』, 『서양근대철학의 열가지 쟁점』, 『과학으로 생각한다』, 『영화와 과학』, 『필로테크놀로지를 말한다』, 『욕망하는 테크놀로지』 등의 공저가 있고, 논문으로는 「현대 물리학의 자연인식 방식과 과학의 합리성」, 「실재에 관한 철학적 이해」, 「양자이론에 대한 반프라쎈의 양상해석 비판」, 「나노기술 기반 인간능력향상의 윤리적 수용가능성에 대한 일고찰」 등이 있다. 이메일: jwlee@uos.ac.kr

김형찬

고려대학교 철학과에서 철학 박사 학위를 받았으며, 지곡서당(태동고전연구소)을 수료하였다. 동아일보 학술 전문 기자를 거쳐, 현재 고려대학교 철학과 교수로 재직 중이다. 주로 한국 철학과 유학을 강의하고 있으며, 주요 관심 분야는 지식 사회 조선에서 학문과 정치 현실의 상호작용, 윤리적 기준의 자연철학적 근거, 한국 사회에서 지식 재생산 체계의 재구축 등이다. 저서로 『조선유학의 자연철학』(공저), 『논쟁으로 보는 한국철학』(공저), 『조선시대, 삶과 생각』(공저) 등이 있고, 논문으로는 「조선시대 지식생산체계 연구방법과 지식사회의 층위」, 「안동 김문의 지식논쟁과 지식권력의 형성」, 「조선유학의 리(理) 개념에 나타난 종교적 성격 연구」, 「생태적 미래와 자발적 가난」, 「욕망하는 본성과 도덕적 본성의 융합」 등이 있다. 이메일: kphil@korea.ac.kr